本书系国家社科基金一般项目
"清代阳明学文献整理与思想演变研究"
(批准号:20BZX070)阶段性成果

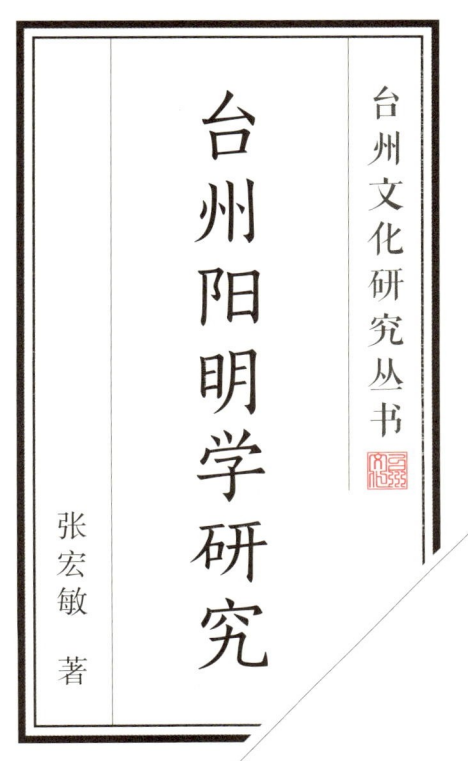

台州阳明学研究

台州文化研究丛书

张宏敏 著

上海古籍出版社

图书在版编目(CIP)数据

台州阳明学研究 / 张宏敏著. —上海：上海古籍出版社，2021.4
(台州文化研究丛书)
ISBN 978-7-5325-9912-7

Ⅰ.①台… Ⅱ.①张… Ⅲ.①王守仁(1472-1528)—哲学思想—研究 Ⅳ.①B248.25

中国版本图书馆 CIP 数据核字(2021)第 050372 号

台州文化研究丛书·第五辑
台州阳明学研究
张宏敏 著
上海古籍出版社出版发行
(上海瑞金二路 272 号 邮政编码 200020)
(1) 网址：www.guji.com.cn
(2) E-mail：guji1@guji.com.cn
(3) 易文网网址：www.ewen.co
江阴市机关印刷服务有限公司印刷
开本 710×1000 1/16 印张 19 插页 7 字数 250,000
2021 年 4 月第 1 版 2021 年 4 月第 1 次印刷
印数：1—1,800
ISBN 978-7-5325-9912-7
B·1200 定价：88.00 元
如有质量问题.请与承印公司联系

王阳明铜像（余姚王阳明故居）

王阳明像及赞文拓片（临海博物馆藏）

黄绾画像（洞山黄氏宗谱）

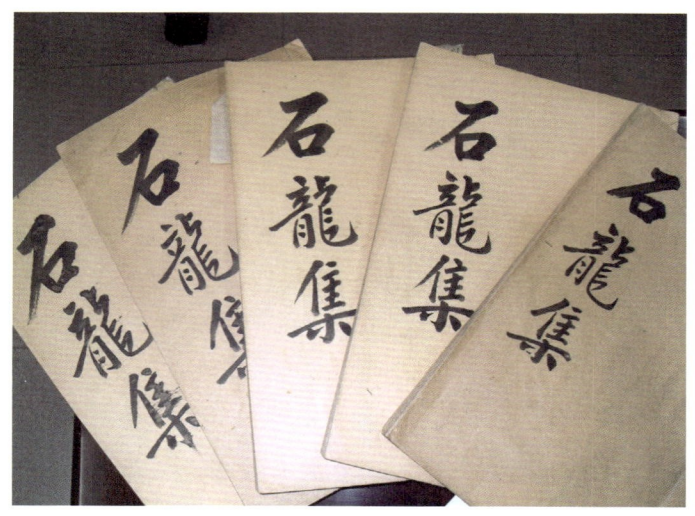

黄绾《石龙集》（浙江省图书馆古籍部藏民国抄本）

叶良佩纪念堂（温岭市泽国镇八份村）

叶良佩塑像（叶良佩纪念堂）

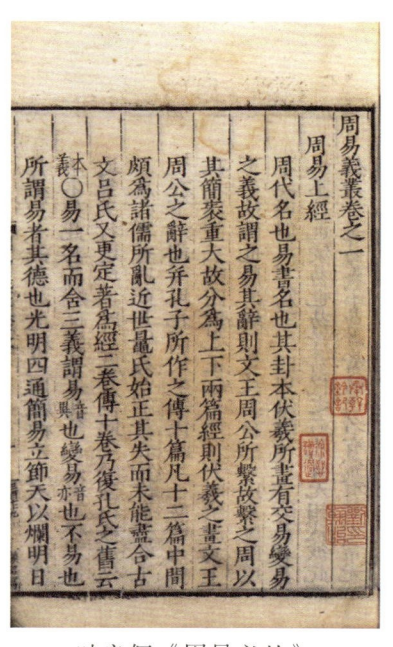

叶良佩《周易义丛》
（台湾"国家"图书馆藏明刻本）

王宗沐篆额"大参戎南塘戚公表功记"
（临海东湖石刻碑林）

王宗沐画像（《章安王氏宗谱》）

王宗沐故居"三抚基"
（临海古城紫阳街）

王宗沐墓志铭石碑
（局部，临海文保所提供）

《台州文献丛书》编纂指导委员会

主　　　任	李跃旗　吴海平
副　主　任	叶海燕　沈宛如　吴丽慧　李立飞
	陈光亭　陈　春
执行副主任	叶海燕
委　　　员	颜邦林　李创求　张海星　赵小明
	陈红雷　林　慷　李玲玲　孙　敏
	郑志敏　颜士平　黄人川　陈　曦
	吕振兴　陈文献　李欠梅

《台州文献丛书》编纂委员会

主　任　吕振兴
副主任　陈　波　蒋天平　周　琦　徐三见
委　员　胡正武　毛　旭　劳宇红　李先供
　　　　叶慧洁　姜金宇　王荣杰　李东飞
　　　　舒建秋　蒋朝永　华　伟　戴　峥

《台州文献丛书》咨询委员会

主　任　陈高华
副主任　张涌泉
委　员（按姓氏笔画为序）
　　　　　史晋川　吴秀明　林家骊　陈立旭
　　　　　龚贤明　董　平

《台州文献丛书》文化研究编辑部

主　编　周　琦
副主编　严振非
编　委　何善蒙　陈　雄　胡平法　丁式贤
　　　　曾其海　王　及　楼祖民　任林豪
　　　　马曙明　郑瑛中　徐永恩　许世琪
　　　　吴茂云

台州文献丛书总序

台州位于浙江中部沿海，境内群山起伏，丘陵错落，河道纵横，岛屿众多。1984年发现的仙居下汤遗址，证明早在9 000至1万年前，就有先民在这里活动。今台州、温州、丽水以及闽北一带古称"东越"。战国时期，越王子裔在这一带与东瓯人融合，建立东瓯政权。即使从西汉昭帝始元二年（公元前85年）置回浦县算起，至今也有2 000多年的历史。一代又一代的台州人在这里耕山耘海，战天斗地，与时俱进，在改造自然、改造社会、发展自己的同时，积累了丰富的知识，留下了浩繁的文献。

三国吴沈莹著《临海水土异物志》，对台州的水稻双熟制及野生植物有所记载。宋朝陈仁玉著成《菌谱》，为目前所知世界最早的食用菌专著。徐似道著的《检验尸格》是我国第一部司法验尸技术著作。陈骙著的《文则》为我国第一部修辞学著作。赵汝适撰有《诸蕃志》，为我国第一部记述中外交通、贸易与外国物产风土的志书。贾似道著有《促织经》，为世界上第一部昆虫学专著。陈咏著成《全芳备祖》，为我国第一部植物学辞典。明朝王士性所著《广志绎》包含丰富的地理学思想与地理学资料。戚继光在台州抗倭靖海，留下了不朽的军事著作《纪效新书》。清朝的齐召南历经三十年著成《水道提纲》，是研究河流的巨著。李诚编《万山纲目》，是研究山脉的杰作。台州在南朝时就开创了佛教天台宗，北宋时又创立了道教南宗祖庭，被称为佛宗道源，历代高僧名道留下了许多佛学、道教著述。唐朝郑虔左迁台州，聚徒讲学，开台州教育之先河；南宋时台州成为辅郡，淳熙年间，著名理学家朱熹驻节台州，讲学各地，文教特盛。台州被称为"小邹鲁"，历代的儒学著作蔚为大观。历朝历代，有许多台州人出仕游宦，留下了许多"经济之学"的奏疏，至于属于"辞章之学"的诗文，更是车载斗量。台州文献是祖国文化宝藏的一个有机组成部分，有许多著作在全国乃至全世界产生了广泛的影响，对人类文明做出了巨大的贡献。

古人文献虽然也记载着一些自然科学知识，但记载得更多的是历史、人物、典章制度、诗词文赋等人文科学知识。文献不仅记载着知识，也承载着精神。知识经常更新，精神一脉相承。台州精神的发展是有台州传统文化基因的。台州人的硬气自古有名，台州的和合文化近年来也被广为传扬。改革开放以来，台州人敢为天下先，发展民营经济，创造了"台州现象"，使台州从一个相对落后的地区，发展成为股份合作制经济发祥地、长三角地区先进制造业基地、中国民营经济最具活力城市、国家小微企业金融服务改革创新试验区、国家社会信用体系建设示范城市、浙江省湾区经济发展试验区、国家卫生城市、国家森林城市、全国环保模范城市、中国优秀旅游城市、全国文明城市、中国最具幸福感城市，这些都与台州精神的发扬光大不无关系。台州精神，不同的学者有不同的表述，但都与硬气、和合等台州传统文化的基因有千丝万缕的联系。

当前，台州发展已经迈上了新时代新征程。我们要以党的十九大精神统领全局，高举习近平新时代中国特色社会主义思想伟大旗帜，拉高标杆，争先进位，全力推动高质量发展，全面深化改革，再创民营经济新辉煌，加快建设独具魅力的"山海水城、和合圣地、制造之都"，奋力谱写"两个高水平"台州篇章。这不仅需要我们总结台州的新民主主义革命、社会主义革命和社会主义建设，特别是近四十年改革开放的实践和经验，也要总结自清朝上溯至先秦等台州先人积累的各种知识和经验，继承其精华，抛弃其糟粕，使传统与现代融为一体，坚定台州文化认同、文化自信。因此加强台州文献的发掘、研究、整理和利用，意义非常重大。

台州人对文献的发掘、整理和研究，有着悠久的历史传统。南宋台州学者陈耆卿在编撰台州现存的第一部总志《嘉定赤城志》时，首设《辨误门》，记载了他对文献的一些研究成果，被认为是台州文献整理工作的滥觞。至清朝、民国，滥觞演变为巨流，出现了一大批成果：如黄瑞《台州金石录》、洪颐煊《台州札记》、戚学标《台州外书》、王棻《台学统》、宋世荦《台州丛书》等。这些成果有的属于考据，有的属于辑佚，有的属于汇编。从民国进入新中国的项士元先生，为台州文献的保护和整理工作做出了重要贡献。至改革开放以后，台州文献的整理、研究工作得到地方党委、政府的高度重视，其中启动于2011年的《台州文献丛书》编纂工程，因其科学性、系统性、丰富性，以及巨大的工作量形成地方文献整理、研究的一个高峰！

　　《台州文献丛书》包括台州文献典籍的影印、台州先贤著作的点校整理以及对台州历史文化进行理论研究的《台州文化研究丛书》三大块面。《台州文献丛书》的编纂工程，是一项聚全市之力的重大文化工程，在台州文化史上具有里程碑意义。这部丛书是地方历史文化的结晶，为世人打开了解台州地方文化的窗口。愿优秀的历史文化更好地传承和弘扬，服务当代，惠泽未来。

《台州文献丛书》编纂委员会

2018 年 4 月

序

阳明学的兴起无疑是自晚明以来中国思想界的一个重要事件,深刻影响着中国(乃至于东亚)的思想史进程。台州天台山与甬上四明山在历史上有着深刻的联系,在文化上也有着亲缘性,但是,长期以来,尤其是在阳明学的研究中,天台山是被忽视的。台州,应该是阳明学发展的一个特殊区域,但由于天台山文化作为佛道文化的标志性定位,对于天台山(台州)儒学的忽视,可能也在情理之中。然而,情理之中并不代表历史事实即是如此。比如在《明儒学案》《台学统》《续台学统源流》等作品中,我们都可以发现一大批台州儒家学者的身影。台州儒学的研究,从总体上来说,是一个长期被忽视或者说被掩盖的事实。从这个角度来说,无论是对于朱子学,还是阳明学,在台州的发展都没有受到足够的重视。

张兄宏敏博士的新著《台州阳明学研究》,从这个角度来说,是一部具有开拓意义的力作,该书以"交游"和"文献"为关键词,对台州籍阳明弟子以及阳明学者群体进行了深入的考辨,由此呈现出了台州阳明学的一个基本发展脉络。将"台州阳明学"作为一个学术命题重新确立起来,这是该书最大的一个贡献。而全书的脉络则是围绕"交游"与"文献"来展开的。按照作者的区分,"交游"指的是王阳明与台州籍阳明弟子(如黄绾、应良、林元叙、林元伦、赵渊等)之间结识交往,王阳明针对台州籍诸弟子各人不同的学术根基与禀赋志趣而进行传"道"(圣人之道)、授"业"(良知之教)、解"惑"(致良知之法)的具体过程,也包括以黄绾为中心的台州籍阳明门人群体之间的相互交往与学术切磋;"文献"是对台州籍阳明弟子门人的文献史料的盘点与梳理,主要包括黄绾、叶良佩、王宗沐的著作文献的编撰缘由、传世版本、文献价值等,还包括围绕江右王门学者邹守益的佚文《应方伯良墓志》而对应良的生命历程与学术交游的梳理,浙中王门学者王畿佚文《明故南京通政司经历石洞黄公墓志铭》而对黄承文的生平学行的论述。这两个角度的选择，应该说也是非常准确的，对于台州阳明学的群体以及相关的著述都作了非常清楚的梳理。尤其是作者不仅以文献考辨为基础，同时对于相关历史遗迹都作了深入的田野调研，从而掌握了关于台州阳明学的大量第一手资料，这对于准确揭示台州阳明学的议题来说，是具有非常重要的学术意义的。具体而言，这种意义可以表现为：

首先，将"台州阳明学"作为一个议题提出来，这就是一个值得认可的举措。虽然天台山和四明山在地理上有密切关联，阳明学以及阳明后学在区域传播上也各有特点，但是如前所言，正是因为天台山和四明山的这种特殊关系，似乎在提示我们应当更加重视在台州区域阳明学传播的具体表达，台州学者对于阳明学究竟有怎样的意义呢？《四库全目总目提要》对于明代台州临海籍儒学家金贲亨《台学源流》的介绍称："是书叙述台州先儒，自宋徐中行迄明方孝孺、陈选，凡三十八人，各为之传。其疑而莫考者又有十五人，各以时代类附姓名于传末。其《传》虽多采《晦庵文集》《伊洛渊源录》诸书。然（金）贲亨当明中叶，正心学盛行之时，故其说调停于朱、陆之间。谓朱子后来颇悔向来太涉支离，又谓朱子与象山先异后同云云，皆姚江晚年定论之说也。"这里就很明显地呈现出了金贲亨理学所具有的"调和"程朱陆王之学的学术特质。再如黄绾，山东大学陈坚教授有一篇文章，题为《黄绾心学与天台宗佛学》（见《天台山文化当代价值理论研讨会论文集》，2015年未刊稿），就是一个非常有意义的探索，天台的宗教传统，天台宗的义理和道教的义理会不会影响台州学者对于阳明学的接纳呢？由此，作为一个独特区域概念的"台州阳明学"，自有其存在的意义，而宏敏兄的提法，有开研究风气之先的意义。

其次，"交游"与"文献"这两个点是本书侧重的重点，也是本书所花精力的重点所在，从学术研究的角度来说，这也是非常扎实的一种工作。因为经由这两个方面的梳理，我们可以对阳明学在台州的具体发展有一个非常直观的理解。虽然，由于时间和精力的关系。从本书对于这两个主题的处理效果来说，前者要优于后者。即作者对于阳明台州籍弟子之间的交游关系作了全面的考察，呈现出一种非常充分的、丰富的互动活动，这是阳明学在台州传播的鲜活例子。而在文献的部分，作者对于著述本身都作了比较深入的梳理，也基本上可以看出台州籍阳明弟子（及再传弟子）的著作情况。但是，作品乃是思想的载体，也就是说，台州阳明学的独特意义恰恰是呈现在作品的具体描述之中，本书对于作品的思想内涵讨论方面,则稍显不足。但是,从总体上来说,瑕不掩瑜,本书已经从"交游"和"文献"的角度,较为丰富地呈现了台州阳明学所具有的积极意义。尤其是对于目前学界尚未集中关注的台州阳明学来说,有一定的指示性。

最后,对台州阳明学的总体特质以及它在阳明后学中所具有的理论特质的概括,极具学术价值。这是一个极为重要的话题,而且从这个提法来看,宏敏兄对此也是颇费思量的。阳明后学的七大流派,自《明儒学案》以来就成为定型,而近年以来,黔中阳明学研究兴盛,故而又有八派之说。其实不管派别的具体数目如何,都表达出阳明后学兴盛的基本事实。而台州阳明学的提出,应该也是一个比较重要的话题,也是一个极具学术潜力的领域。宏敏兄从学术谱系、学术地位以及学术特质的角度对台州阳明学进行了高度的概括,尤其是突出了台州阳明学实学的品格和实践的属性,这个概括也是非常到位的。

宏敏兄是专注于阳明学研究而颇有建树的优秀青年学者,尤其是对于台州阳明学的研究用力精深,编校整理有《黄绾集》《叶良佩集》《王宗沐集》等文献,撰著有《黄绾生平学术编年》《黄绾年谱简编》《黄绾道学思想研究》等专著,发表有《阳明学与天台山:兼论"台州阳明学"学术命题之成立》《王宗沐文献著作考论》等一系列论文。如今,其宏著《台州阳明学研究》出版在即,因我是天台人,对阳明学也略有所知,故嘱我为序。这对于我来说,是非常忐忑以及充满挑战的!以上一些粗浅的想法,是我对宏敏兄著作阅读的感想。不到之处,尚祈见谅!

何善蒙

2020 年 6 月 29 日于浙江大学中国思想文化研究所

目　录

台州文献丛书总序 ……………………………………………………… 1

序 …………………………………………………………………… 何善蒙 1

前言 ………………………………………………………………………… 1

第一章　阳明学与天台山 ……………………………………………… 1
　第一节　以"和合圆融"为核心理念的天台山文化 ……………… 2
　第二节　阳明学是儒佛道三教"和合圆融"的学术结晶 ………… 4
　第三节　王阳明与天台山之关联 ………………………………… 11
　第四节　阳明学者与天台山之关联 ……………………………… 18

第二章　黄绾与王阳明之间的交往 …………………………………… 27
　第一节　黄绾与王阳明的结识 …………………………………… 28
　第二节　黄绾与正德六年的新科进士群体 ……………………… 32
　第三节　黄绾拜别王阳明归隐故山 ……………………………… 38
　第四节　黄绾对王阳明"致良知"之教的服膺 …………………… 55
　第五节　"大礼议"前后的黄绾与阳明学士人 …………………… 60
　第六节　王阳明去世之后黄绾的所作所为 ……………………… 87
　第七节　晚年黄绾对阳明良知学的态度 ………………………… 107

第三章　应良的生命历程与学术交游 ………………………………… 126
　第一节　邹守益佚文《应方伯良墓志》 ………………………… 126

第二节　应良的生命历程与学术交游 ………………………………… 128

第四章　林元叙、林元伦、赵渊、金克厚、石简、林应麒合论 ………… 135
　　第一节　林元叙、林元伦与黄绾之间的交往 ………………………… 135
　　第二节　赵渊与王阳明、黄绾之间的往来 …………………………… 141
　　第三节　金克厚师从王阳明的经历 …………………………………… 143
　　第四节　石简与黄绾之间的学术交游 ………………………………… 144
　　第五节　林应麒、黄绾同为王阳明"辩诬" ………………………… 149

第五章　叶良佩的生平学行与著作文献 ………………………………… 153
　　第一节　叶良佩的为学仕宦经历 ……………………………………… 153
　　第二节　叶良佩与黄绾等阳明后学的交游 …………………………… 159
　　第三节　叶良佩的著作 ………………………………………………… 173

第六章　黄承文的生平学行及其阳明学之间的关联 …………………… 179
　　第一节　王畿《明故南京通政司经历石洞黄公墓志铭》 …………… 179
　　第二节　黄承文的生平学行及其阳明学之间的关联 ………………… 181

第七章　王宗沐的生平学行与著作文献 ………………………………… 189
　　第一节　王宗沐年谱简编 ……………………………………………… 189
　　第二节　王宗沐的"不息之学" ……………………………………… 206
　　第三节　王宗沐编纂的史学著述 ……………………………………… 208
　　第四节　王宗沐汇编的子学及其他文献 ……………………………… 219
　　第五节　王宗沐撰著的诗文集 ………………………………………… 223

第八章　台州阳明学在阳明学发展史上的学术地位与理论特质 ………… 227
　　第一节　台州阳明学的学术流派传承谱系 …………………………… 227
　　第二节　台州阳明学在阳明学发展史上的学术地位 ………………… 229

第三节　台州阳明学的"实学"品格与"实践"属性 …………………… 233

附录　王宗沐遗迹考察散记 ………………………………………… 237

参考文献 ……………………………………………………………… 267

后记 …………………………………………………………………… 277

前　言

2011至2014年间,在博士学位论文《从理学、心学到经学:黄绾道学思想之进展》的撰写过程中,我从《王阳明全集》《明儒学案》《台学统》《续台学源流》和台州市县的地方志文献中,陆续发掘出一批台州籍的阳明学者。

除去《明儒学案·浙中王门学案》中的黄绾(1480—1554,字宗贤,号久庵,黄岩人,一作太平人)、王宗沐(1524—1592,字新甫,号敬所,临海人)之外,尚有林元叙(1477—1525,字典卿,号益庵,临海人)、林元伦(1487—1557,字彝卿,号颐卿,临海人)、应良(1480—1549,字原忠,号南洲,仙居人)、金克厚(生卒年待考,字弘载,号竹峰,仙居人)、赵渊(1483—1537,字弘道,号竹江,临海人)、叶慎(1488—1564,字允修,号恒阳,仙居人)、李一瀚(1505—1567,字源甫,仙居人)、林应麒(1506—1583,字必仁,号介山,仙居人)、石简(？—1551,字廉伯,号玉溪,宁海人)、钟世符(生卒年待考,字阶甫,号笃庵,太平人)[①]、潘珹(生卒年待考,字子良,号梅壑,天台人)等亲炙王阳明的弟子,叶良佩(1491—1570,字敬之,号海峰,太平人)、黄承文(1500—1560,黄绾之子,黄岩人)、黄承德(1524—1564,黄绾之子,黄岩人)、林文相(生卒年不详,黄绾门人)[②]、吴国鼎(生卒年不详,黄绾门人)[③]、李汝玉(生卒年不详,黄绾门人)、冯子通(生卒年不详,黄绾门人)、钱介夫(生卒年不详,黄绾门人)、李源甫(生卒

[①] (清)吴观周撰,徐三见点校:《续台学源流》(《台州丛书乙集》本),上海古籍出版社2013年版,第73页。

[②] 林文相撰《明道编序》云:"吾师久翁夫子,道德英华昭著于言议之间……文相及门最久,……"(黄绾著,刘厚祜、张岂之标点《明道编》,中华书局1959年版,第15—16页)据此可知,台州籍学者林文相系黄绾最早的及门弟子。

[③] 吴国鼎撰《明道编跋》署名"嘉靖庚戌春三月望,黄岩儒学教谕、门生吴国鼎顿首百拜书",并云:"(吴国)鼎尝与闻绪言之教,窃窥先生之道,愈简易愈广大,愈切实愈高明,是故高明配日月,广大配天地,其唯圣人乎!"(《明道编》,第75—76页)据此可知,吴国鼎系黄绾门人,也就是王阳明的再传弟子。

年不详,黄绾门人)、林治征(生卒年不详,黄绾门人)①、王士性(1547—1598,字恒叔,号太初,王宗沐族侄,临海人)、吴时来(1527—1590,字惟修,号悟斋,仙居人,师从南中阳明学者徐阶)等王阳明的再传门人,以及章士麟(生卒年不详,字祉盛,宁海人)②、邬中涵(生卒年不详,字世元,号槐东,宁海人)③、林贵兆(1509—?,字道行,号白峰,太平人)④等师承不甚明朗的台州籍阳明学者。

据文献记载,黄岩黄绾、仙居应良,系最早一批的阳明学者,他们二人分别在正德五年(1510)冬、六年春于京师追随阳明先生⑤。正德十年,临海林元叙、林元伦兄弟在南都游学之时,师从王阳明而"得求仁之旨"。林氏兄弟归省临海之时,王阳明赠"序"文,以"立诚"相劝勉,并嘱托林元叙以"立诚"之论转述于当时正在黄岩、仙居一带隐居讲学的黄绾、应良;同时,王阳明也期待林氏兄弟能够向黄绾、应良二人问学以求"圣人之道"。正德八年到十年间(1513—1515),黄绾、应良、林元叙、林元伦等在浙南天台、雁荡间隐居读书以证圣人之道,王阳明前后两次决定亲赴天台,与道友门生相聚,但因家事牵绊、政务繁忙,致使天台之行未遂。正德十一年至十六年间(1516—1521),王阳明受命至南赣汀漳等地平乱剿匪,随后"经宸濠、忠泰之变","从百死千难中得来""良知"之说,正式揭"致良知"之教;正德十六年,王阳明归省至越(绍兴),黄绾从黄岩动身前往越中,在服膺"良知"之教后,正式向阳明先生行弟子礼⑥。与此同时,金克厚、赵渊、叶慎、潘珹、李一瀚等一批台州籍学者,亦前往绍兴,听闻并受教"致良知"学说。

清代黄岩学者王棻编《台学统》,其《性理之学》"明儒别派"中特辟"姚江王氏学派",裒辑台州籍阳明门人应良、金克厚、石简、叶慎、林应麒、黄绾等人的传记、墓志及论著等文献史料⑦,这从一个侧面论证了"台州阳明学"命题的成立。

---

① 黄绾《赠三子序》文云:"予台人也,台士之从予于金陵者五人焉,曰李汝玉、曰冯子通、曰钱介夫、曰李源甫、曰林治征。"(见张宏敏编校:《黄绾集》,上海古籍出版社2014年版,第219页)
② 《续台学源流》(《台州丛书乙集》本),第73页。
③ 同上,第74页。
④ 同上,第75—76页。
⑤ 张宏敏著:《黄绾年谱简编》(《台州文化研究丛书》"第二辑"之一种),上海古籍出版社2017年版,第16—17页。
⑥ 《黄绾年谱简编》,第32页。
⑦ (清)王棻撰:《台学统》,1918年吴兴刘氏嘉业堂刻本,《续修四库全书》第545册,上海古籍出版社2002年版,第583—623页。

台州仙居人金克厚，在年少之时，尚志励行，无奈困于科举，闻王阳明之学为圣贤之学，即往事之，"笃信力行，若贾之攒货、水之趋壑"①。嘉靖元年（1522）二月，王阳明父王华谢世，门人弟子经办丧事，因才分任，金克厚得监厨之职。是年即举于乡，明年（1523）成进士，语人曰："我学得司厨而大益，且私之以取科第耳。"（引语见《姚江渊源录》）金克厚任江苏六合县令，离乡上任之时，乡人应大猷②有序文相赠，即《送金宏载令六合序》，其中，应大猷对金克厚中进士事与阳明良知学两者之间的关系进行解读："其不知者曰：'阳明之学之利于科目也如是。'其知之者曰：'阳明之能以善及人之速也如是。'予曰：'否。阳明犹夫教诸人者也，宏载犹夫学阳明者也。譬之种艺，其种美、其地沃，及其时而播种之、而培植灌溉之，则勃然生矣。阳明固善树艺者，奚能变其不美之种、毛不沃之地也？'"③这里，应大猷既认可了金克厚的天赋才智，又肯定了王阳明启发、教育学生的高超手法，澄清了外人关于"阳明之学之利于科目"的不实之论。在序文之末，应大猷以王阳明启导金克厚之法为例，希望"生意俱足"的金克厚在六合县令任上，以"阳明之学播种之、培植灌溉之"，教化六合县民众，从而"以不忍人之心行不忍人之政"，造福一方。此后，金克厚曾任礼部仪制司主事，以廉洁称，可惜早卒。

宁海学者石简，嘉靖二年（1523）中进士，授江西余干知县，升南京兵部武选司郎中，后转刑部陕西司郎中、改南京吏部文选郎；出知广东高州府、调直隶安庆府，升云南兵备使，转湖广按察使，升贵州左布政使，补山东左布政使，晋云南巡抚都御史。石简为官卅载、历官十一任，且"为天下清官"，平生中介刚信，利之所在，一介不苟，义所当为，贞志不回。石简自幼笃学，在阳明先生从江西归越（绍兴）后，前往越地师从阳明先生，敦尚实行，不务空谈，著有《石氏

---

① 喻长霖、柯骅威等纂修：《民国台州府志》卷一百零五《人物传六·金克厚传》，上海游民习勤所1936年承印本，第4页。
② 应大猷（1487—1581），字邦升，号容庵，浙江台州仙居人。明正德九年（1514）进士，任南京刑部主事。因平朱宸濠之乱有功，升兵部职方司，旋任稽勋郎中。嘉靖六年（1527）任广东参政，后擢云南右布政、广东左布政，又两度巡抚云南、广东。旋升任副都御史，巡抚四川、山东，回京复任吏部右侍郎。三十一年（1552），任刑部尚书。后因得罪严世蕃，于嘉靖四十年（1561）致仕还乡。著有《周易传义存疑》一卷、《容庵集》十卷。至于应大猷是否曾向王阳明问学不可考，但是，应大猷对王阳明在明代中叶的事功、文章颇为知晓。
③ 应大猷序文详见王棻撰：《台学统》，《续修四库全书》第545册，第589—590页。上文载金克厚诸事见《台学统》，第583—623页。

家藏稿》①。石简与阳明晚年高足钱德洪交谊笃深,曾应钱德洪之请写成《游白水洞天记》②,记王阳明门下四大高徒钱德洪、徐汝佩、柴鸣治、吴应元,陪同年届六旬但"三岁而瞽"的钱蒙(即钱德洪父亲,浙江余姚人,字希明,别号心渔)游览越东四明胜景——白水洞天的经过,详细描述此次游玩所见所闻。

太平学者叶慎在补为县邑博士弟子员后,目睹当时"举业"大都芜烂破碎、与六经旨要不合,又见以举业发身者往往营殖自私,遂弃举业。乃从学王阳明于会稽,得闻良知之旨,跃然曰:"是矣,是矣,圣人决可学而至也。"③返乡之后,叶慎以其所学语诸乡人,乡人囿于旧识,相互指目,称叶慎为"叶圣人";叶慎不以为怪,持之愈力。与阳明先生同时,有学者以"随处体认天理为教",亦有学者以"洗涤心垢为教",而恪守阳明良知心学的叶慎,以为"理非外铄,心本无垢"。超悟自信的叶慎,深得同门之敬慕,人人以为不及也。叶慎与阳明高徒王龙溪交好,有《寄王龙溪侍御》诗。叶慎卒后,其子叶涵因乃父与仙居林应麒同学于阳明先生,请林应麒撰《恒阳叶贞士墓志铭》。在铭文之中,林应麒对叶慎恪守师说的做法大加赞许:"守其师说,反躬实证,终始不悖,若贞士者,讵多得哉!"叶慎有诗集曰《励志稿》,同邑同宗的阳明学者叶良佩有《恒阳山人诗集序》④。

黄绾早年学术引路人之一、天台学者夏鍭(1455—1537,字德树,号赤城)⑤与王阳明有直接交往,并多有书信往来。夏鍭在王阳明平定宁王朱宸濠叛乱后,有《答王阳明书》,云:"久别甚想望,稍闻安方干略为慰。顷又树此大功,益见儒生之用。区区山草中,无补于时,相去何止千万?仰愧仰愧!承示《传习录》《大学古本》,亟读一过,具见执事用工夫大略,区区何足与此!"⑥于此可知,阳明先生曾向夏鍭赠阅《传习录》《大学古本》等心学名作的刊刻本,而夏鍭对王阳明的事功、学行评价甚高。

---

① (清)吴观周撰,徐三见点校:《续台学源流》(《台州丛书乙集》本),第71—72页。《续台学源流·石中丞(简)》云:"(石简)子(石承芳),……不坠家学焉",由此可以认为,石简之子石承芳也是阳明学者,确切说,是王阳明的再传弟子。
② (清)王棻撰:《台学统》,第590—591页。
③ 喻长霖、柯骅威等纂修:《民国台州府志》卷一百零五《人物传六·叶慎传》,第4页。
④ (明)叶良佩撰,张宏敏、张德胜、李青云点校:《叶良佩集》,浙江大学出版社2016年版,第336—337页。
⑤ 《续台学源流》(《台州丛书乙集》本),第59页。
⑥ (明)夏鍭著:《夏赤城先生文集》卷十二,清乾隆三十七年映南轩活字印本,第24—25页。

曾任台州知府的顾璘(1476—1545,字华玉,号东桥居士,江苏长洲人),与王阳明交谊甚笃①,对阳明学在浙南台州的传播也有促进,如在正德十三年(1518)正月,以台州知府身份在郡城临海接待闽中阳明学人郑善夫的来访,就足以说明;而郑善夫游学台州,黄绾、应良等全程陪同,也促成了台州阳明学群体的整合②。郑善夫到访台州,还与夏鍭结识,兹有夏鍭《次太白山人孙一元韵赠少谷》诗作③。正德十六年(1521)顾璘离任台州,新任台州知府罗侨(1462—1534,字维升,号东川,江西吉水人),在王阳明起兵吉安镇压朱宸濠叛乱之时,"首赴义",且"留守吉安";而罗侨履任台州知府,王阳明也必然与罗侨提及自己远在台州的好友黄绾、应良等人。故而"世宗即位,即家授台州知府"的罗侨,在到台州之后必然会与黄绾联系,正德十六年秋,罗侨邀请黄绾至郡城临海,共登云峰也就显得顺理成章了,黄绾《罗太守邀登云峰》诗有云:"千岩万壑远相求,拄杖凭虚兴转幽。日照海门波浪静,风回天柱草花浮。三生解忆山僧话,五马还陪野客游。更喜高轩消暇日,杯盘狼籍暮云秋。"④与此同时,黄绾应罗侨之请,为其诗文集《东川集》题跋,作《题〈东川集〉》。罗侨上任伊始,有告台州百姓《谕民》文,邑社之人相率为诗以颂之;黄绾读罢,乃作《题罗太守〈谕民〉文》⑤。

　　王阳明在南昌平定宁王朱宸濠叛乱之时,也得到临江知府、临海人戴德孺(?—1523,字子良,号双江)的襄助。戴德孺系弘治十七年(1504)浙江乡试举人,翌年(1505)春中进士,后历任刑部主事,工部主事、员外郎、郎中、临江知府。正德十四年(1519)六月,宁王朱宸濠谋反,因临江府毗邻南昌府,朱宸濠遣人前来收郡符,戴德孺斩之以徇,与家人誓曰:"吾死守孤城,脱有急,若辈沉池中,吾不负国也。"即日戒严。时提督南赣等处军务都御史王阳明将赴闽,取道丰城,戴德孺即建言王阳明驻师临江府以讨逆贼;阳明以临江毗邻南昌城,南趋吉安府,戴德孺则据临江以御敌。七月十三日,王阳明乃与吉安知府伍文定自吉安率兵北上,讨伐宁王。十五日至樟树,知府戴德孺自临江,徐琏自袁

---

① 《传习录》中《答顾东桥书》所言及的"顾东桥"即是顾璘。
② 《黄绾年谱简编》,第25页。
③ (明)夏鍭著:《夏赤城先生文集》卷十七,第18—19页。
④ (明)黄绾著,张宏敏编校:《黄绾集》(《阳明后学文献丛书》本),上海古籍出版社2014年版,第69页。
⑤ 《黄绾年谱简编》,第30页。

州,邢珣自赣州,通判胡尧元、童琦自瑞州,皆引兵至;共同收复南昌,其中戴德孺攻永和门,入南昌城;而后,戴德孺、伍文定等合领精兵五百,在鄱阳湖生擒朱宸濠。事后,王阳明上疏为戴德孺等请功,有"戴德孺等冒险冲锋,功烈尤懋"云云;正德十六年(1521)十一月,诏论江西平宸濠功,以邀击有功,临江知府戴德孺升三级。后戴德孺丁忧离任临江,临江府请为其立生祠,时任江西巡抚王阳明有《批临江府耆民建立生祠呈》:"据临江府清江县耆民董惟谦等呈立知府戴德孺生祠,看得知府戴德孺素坚清白之守,久著循良之政,今其去任,而郡民建祠报德,此亦可见天理之在人心,自不容已。仰该府县官俯顺民情,量行拨人看守,非徒激励后人,俾有所兴;且以成就民德,使归于厚。"①据此可知王阳明对戴德孺德行、才能的认可。当然,王阳明的弟子也知道业师与戴德孺的关系。嘉靖二年(1523)二月,临江府知府戴德孺升为云南布政司右布政使,途中舟次徐州,覆水而卒,年五十二;时任监察御史的阳明弟子朱节,请于朝,赠光禄大夫。而后,黄绾在京师光禄寺少卿任上,上疏以德孺未任而死,得荫一子为国子监②。

还有台州临海人叶忠(1482—1530,字一之,号山南),中正德六年(1511)进士。王阳明系正德六年会试同考官,必然知晓叶忠;中进士后,叶忠授重庆府推官,黄绾受朝中同乡之托,作《送叶一之序》③。正德十四年左右,叶忠擢任江西道监察御史,巡按南昌府;朱宸濠叛,叶忠效忠朝廷,并暗作防备。王阳明平定宁藩叛乱后,正德皇帝决定御驾亲征,劳民伤财;王阳明、叶忠均上疏反对亲征。叶忠奏疏有云:"今幸御史王守仁等凭仗天威,元凶系获,此正陛下振旅还师之时也。"④由此可见,叶忠对王阳明、戴德孺等人平定宁藩叛乱之事,颇为了解。在一定意义上可以说,叶忠属于阳明学的"同情者"。

再有临海人秦文(1464—1529,字从简,号兰轩,晚号雪峰),与王阳明系弘治五年(1492)浙江乡试的同科举人,且秦文系当年乡试第一(解元),翌年(1493)中进士,王阳明则遗憾落榜。弘治十年(1497)三月上巳日,王阳明与时任南京行人司行人的秦文,同至绍兴兰亭游玩;先是,秦文感于《兰亭集序》"临

---

① (明)王守仁撰,吴光等编校:《王阳明全集》(简体版),上海古籍出版社2015年,第505页。
② 何奏簧纂,丁伋点校:《民国临海县志》(下),中国文史出版社2006年版,第37页。
③ 《黄绾年谱简编》,第17页。
④ 《民国临海县志》(下),第39页。

文嗟悼"语，赋诗一首以"畅叙幽情"。王阳明随即和诗《兰亭次秦行人韵》："十里红尘踏浅沙，兰亭何处是吾家？茂林有竹啼残鸟，曲水无觞见落花。野老逢人谈往事，山僧留客荐新茶。临风无限斯文感，回首天章隔紫霞。"①通过诗文，二人相互倾诉各自的心境。弘治十二年(1499)，第三次参加会试的王阳明中进士，任刑部云南清吏司主事，秦文则任刑部郎中，两人由同年又成同事，交情益加深厚。正德初年，因得罪宦官刘瑾，王阳明、秦文先后离京。王阳明被贬为贵州龙场驿驿丞。正德五年(1510)，王阳明离开贵州，升任江西庐陵知县。翌年春，秦文升任贵州提学副使。正德七年(1512)，在京师吏部供职的王阳明有《寄贵阳诸生书》，云："且得吾同年秦公(秦文)为之宗主，诸友既得所依归，凡吾所欲为诸友劝励者，岂能有出于秦公之教哉？吾是可以无忧于诸友矣，诸友勉之！"②这里，王阳明希望自己昔日在贵州(贵阳)所收的弟子门人能够继续求教于"宗主"秦文，据此可知王阳明对秦文学行的认可。

此外，黄宗羲《明儒学案》卷十五《浙中王门学案五》为王阳明再传弟子王宗沐立传："王宗沐，字新甫，号敬所，台之临海人。嘉靖甲辰进士。在比部时，与王元美为诗社七子中之一也。久历藩臬，值河运艰滞，以先生为右副都御史，查复祖宗旧法，一时漕政修举。犹虑运道一线有不足恃之时，讲求海运，先以遮洋三百艘试之而效，其后为官所阻而罢。万历三年，转工部侍郎，寻改刑部。先生师事欧阳南野，少从二氏而入，已知所谓良知者在天为不已之命，在人为不息之体，即孔氏之仁也，学以求其不息而已。其辨儒、释之分，谓佛氏专于内，俗学驰于外，圣人则合内外而一之。此亦非究竟之论，盖儒、释同此不息之体，释氏但见其流行，儒者独见其真常尔。先生之所谓不息者，将无犹是释氏之见乎！"③王宗沐作为阳明心学第二代传人，师承江右王门学者欧阳德(1496—1554，字崇一，号南野，江西泰和人)，并对王阳明良知学有所发明。王宗沐中嘉靖二十三年甲辰(1544)科进士之时，黄绾、应良已经65岁，尽管未有文献直接证明王宗沐与黄绾、应良等台州籍阳明学者有直接交往，但是黄绾早年与欧阳德有交往；所以说，王宗沐对黄绾、应良等前辈学者还是有一定了解的。

---

① 吴光等编校：《王阳明全集》(新编本)，浙江古籍出版社2011年版，第1700页。
② 《王阳明全集》(新编本)，第1789页。
③ 王维和、张宏敏编校：《〈明儒学案〉〈宋元学案〉之黄宗羲案语汇辑》，杭州出版社2012年版，第56页。

在爬梳上述台州籍阳明学人学术交游的同时，我还在海内外图书馆中发现了不少台州籍阳明学者的文献典籍，诸如黄绾的《知罪录》《明道编》《石龙集》《久庵先生文选》，叶良佩的《海峰堂前稿》《叶海峰文集》《周易义丛》，王宗沐的《敬所王先生文集》《宋元资治通鉴》《江西大志》《漕抚奏疏》《海运详考》《南华经别编》，林应麒的《介山稿略》，潘珹的《天台胜迹录》，李一瀚的《景山存稿》，吴时来的《横槎集》《瘄斋先生遗稿》等。为此，在 2014 年 6 月完成博士学位论文并到浙江省社会科学院国际阳明学研究中心专职从事阳明学与浙学研究之后，我决定继续从事浙南台州籍阳明学者文献整理与相关研究。近年来，相继完成了《黄绾集》①、《叶良佩集》②的编校整理与《黄绾年谱简编》③《黄绾道学思想研究》④的编撰出版，进而继续从事《王宗沐集》的编校整理及其学术思想的综合研究等，同时也拟定了本书的写作提纲。

本书的架构与写作，主要围绕"交游"与"文献"这两组关键词来展开："交游"是指王阳明与台州籍阳明弟子（黄绾、应良、林元叙、林元伦、赵渊等）之间结识交往，王阳明针对台州籍诸弟子（如黄绾、应良、金克厚等）各人不同的学术根基与禀赋志趣而进行的传"道"（圣人之道）、授"业"（良知之教）、解"惑"（致良知之法）的具体过程，也包括以黄绾为中心的台州籍阳明门人群体之间的相互交往与学术切磋；"文献"，是对台州籍阳明弟子的文献史料的盘点与梳理，主要包括黄绾⑤、叶良佩、王宗沐的著作文献的编撰缘由、传世版本、文献价值等，还包括围绕江右王门学者邹守益佚文《应方伯良墓志》而对应良的生命历程与学术交游的梳理，浙中王门学者王畿佚文《明故南京通政司经历石洞黄公墓志铭》而对黄承文的生平学行的论述。

在此，还需要向读者朋友说明的是，本书主要围绕"交游"与"文献"两方面展开论述，尽管书中也有大量篇幅涉及黄绾、叶良佩等学者对阳明良知心学的

---

① （明）黄绾著，张宏敏编校：《黄绾集》（《阳明后学文献丛书》本），上海古籍出版社 2014 年版。
② （明）叶良佩著，张宏敏、张德胜、李青云编校：《叶良佩集》（《温岭丛书》本），浙江大学出版社 2016 年版。
③ 张宏敏：《黄绾年谱简编》（《台州文化研究丛书》之一种），上海古籍出版社 2017 年版。
④ 张宏敏：《黄绾道学思想研究》（《浙江省哲学社会科学规划后期资助课题成果文库》之一种），中国社会科学出版社 2017 年 10 月版。
⑤ 在此，特别需要说明的是，笔者关于黄绾著作文献的相关考述文稿即《黄绾著作考述》，已经收录在《台州文化研究丛书》第二辑《黄绾年谱简编》（第 124—151 页）中，故本书不再重复收录。读者如有需要，可以查阅《黄绾年谱简编》中的相关内容。

接受、传承、发展,但是台州阳明学者的"思想"论述及相关呈现,则略显薄弱。这其中有主客观两方面的原因,主观原因是笔者近年来研究方向的转移,致使自己从事的台州阳明学文献整理进度放缓(诸如《王宗沐集》的编校整理尚未完成);客观原因是明朝中后期的台州"倭患"猖獗、战乱频仍以及台风暴雨的侵袭,致使大多台州籍阳明学者的学术文献(诸如应良、林元叙、林元伦、金克厚、赵渊、石简等人诗文集)未能传世。当然,笔者也深信,随着《台州文献丛书》包括《仙居丛书》《温岭丛书》《宁海丛书》的陆续整理出版,当有更多学界同仁关注台州籍阳明学者的文献与思想;同时,笔者也会持续关注台州阳明学包括台州朱子学研究,继续从事台州阳明学"思想"内涵、特质的学术发掘与学理阐释工作,使得台州阳明学的学术内涵与独特价值更为丰满地显现出来。

第一章　阳明学与天台山

位于浙江台州的天台山，素以"佛宗道源，山水灵秀"著称。其实，作为"中国十大历史文化名山"之一的天台山，不仅是佛教名山、道教名山，还是儒学名山。

对于这座"佛道双栖"的"文化名山"，我们有充分的史实与证据，比如：汉代高道葛玄炼丹于此，唐代高道司马承祯修炼于此，南宋临海人张伯端①在此创建了道教南宗祖庭——桐柏宫，赤城山上的玉京洞被道家（道教）称为"第六洞天"。天台山是佛教天台宗的发源地，国清寺也是日、韩佛教天台宗的祖庭与朝圣之地，在中国和亚洲佛教史上占有重要地位。此外，天台山还是诗僧寒山子、神僧道济和尚的隐居地。我们提及传统儒学，自然会联想到孔子、孟子、荀子、董仲舒、文中子（王通）、周敦颐、张载、二程、朱熹、陆九渊、王阳明、刘宗周、黄宗羲等历史上著名的儒学大家；一般认为，宋明理学是传统儒学发展的高峰，而实际上，它是儒佛道三教文化相互影响、融摄合一的学术产物。我们说，天台山是一座"儒学名山"，是说儒家文化在"天台山文化圈"中的辐射与影响，尤其体现为程朱理学、阳明心学在以天台山为中心的台州一带的传承、弘扬与发展（下文详述）。

说道寒山、拾得这两位"和合二圣""和合二仙"，普罗大众并不陌生。著名的《寒山拾得问对录》有云："寒山问拾得曰：'世间有人谤我、欺我、辱我、笑我、轻我、贱我、恶我、骗我，如何处置乎？'拾得曰：'只是忍他、让他、由他、避他、耐他、敬他、不要理他，再待几年，你且看他。'"②我们还知道：寒山亦称寒山子，

---

① 何奏簧纂，丁伋点校：《民国临海县志》（下），第212页。
② 转引自徐麟：《和合修养，一种积极的人生态度：读〈寒山拾得问对录〉》（文载2010年11月13日在江苏苏州召开的《第四届寒山寺文化论坛·国际和合文化大会论文集》）。2015年9月18日，在江苏苏州召开的"第九届寒山寺文化论坛"上，台州市天台山文化研究会许尚枢撰写的论文《和合不废斗争：从〈寒山问拾得〉说起》（文载《第九届寒山寺文化论坛论文集》），则指出《寒山问拾得》并非寒山、拾得所作。

居天台始丰县寒岩,好吟词偈,状似疯癫;拾得是孤儿,天台山国清寺寺僧丰干拾而养之,故名"拾得",在寺执炊涤器,与寒山友善。寒山、拾得二人,与人无求,与世无争,纵情山水,唱和诗歌,返璞归真而臻天人合一之境。此外,寒山还留下了300多首诗,这些诗被称为"寒山诗","寒山诗"通俗易懂,又富有禅机佛理,在日本、韩国、美国、英国、法国等都有一定的社会影响。他们的对话、诗篇、图画、事迹广为世人传颂,清雍正皇帝敕封寒山、拾得为"和合二圣",清朝统治者以程朱理学为主流意识形态,故而也可以说,儒家(儒教)尊寒山、拾得为"和合二圣";佛教则称他们为"文殊、普贤两位菩萨的化身",道教称他们是"和合二仙";而在河北任县、陕西华阴、湖南望城、江苏宜兴、浙江嘉兴、安徽当涂、江西南丰等地的民俗传说中,①寒山、拾得被称为"和合神""和合大仙",进而成为老百姓顶礼膜拜的喜神、爱神和婚姻神。

第一节 以"和合圆融"为核心理念的天台山文化

儒释道三教共处于天台山这座文化名山,互融共促,长盛不衰,进而传承并造就了以"和合圆融"为核心理念的"和合文化",充分体现了以儒、佛、道为主体的中华传统文化"和而不同"(语出儒家经典《论语》)、"因缘和合"(语出佛教典籍《大智度论》)、"和光同尘"(语出道家经典《老子》)的思想精髓与深层智慧。

习近平同志主政浙江在天台考察时,对天台山文化中的"和合"理念就非常赞赏,要求深入挖掘"和合文化",以进一步弘扬中华优秀传统文化。2005年7月28日,习近平同志在浙江省委十一届八次全会上作报告时,明确指出:"我们的祖先曾创造了无与伦比的文化,而'和合'文化正是这其中的精髓之一。'和'指的是和谐、和平、中和等,'合'指的是汇合、融合、联合等。'和合',就是指对立面的相互渗透和统一,而且,这种统一是处于最佳状态的统一,对立的双方没有离开对方而突出自己。"②

---

① 徐永恩编著:《天台山和合文化》,中国文史出版社2015年版,第191—205页。
② 习近平:《干在实处,走在前列》,中共中央党校出版社2006年版,第295页。

2005年8月16日,习近平同志又在《浙江日报》"之江新语"栏目上发表《文化育和谐》的短文,再次指出:"我们的祖先曾创造了无与伦比的文化,而'和合'文化正是这其中的精髓之一。'和'指的是和谐、和平、中和等,'合'指的是汇合、融合、联合等。这种'贵和尚中、善解能容、厚德载物、和而不同'的宽容品格,是我们民族所追求的一种文化理念。自然与社会的和谐,个体与群体之间的和谐,我们民族的理想正在于此,我们民族的凝聚力、创造力也正基于此。"①

2014年5月15日,习近平总书记"在中国国际友好大会暨中国人民对外友好协会成立60周年纪念活动上的讲话"中对中国"和"文化内涵也有深刻揭示:"中华文化崇尚和谐,中国'和'文化源远流长,蕴涵着天人合一的宇宙观、协和万邦的国际观、和而不同的社会观、人心和善的道德观。在5000多年的文明发展中,中华民族一直追求和传承着和平、和睦、和谐的坚定理念。以和为贵,与人为善,己所不欲、勿施于人等理念在中国代代相传,深深植根于中国人的精神中,深深体现在中国人的行为上。"②

改革开放40多年来,在台州历届市委市政府的支持下,以天台山文化研究会为主体的台州历史文化工作者,为挖掘天台山"和合文化"的历史内涵与现代价值、打造天台山"和合文化研究品牌"付出了巨大的努力,也取得了不少的学术成果,比如他们与中国社会科学院世界宗教研究所、中国人民大学孔子研究院合作,先后召开了多次以"天台山佛道二教""和合文化"为主题的国际学术研讨会,还选辑、编印了三大册数百万言的《天台山文化论文选编》,目前正在陆续整理、编撰出版《台州文献丛书》《台州文化研究丛书》《和合文化丛书》等系列丛书。

近年来,台州市委市政府提出:要立足于台州深厚的历史积淀,以和合文化为精髓,努力把台州打造成底蕴深厚、古今交融、包容大气的中华和合文化标志地、传播地——"和合圣地"。而"和合文化"的深度挖掘与推广、"和合精神"的高度凝练与传承,则是打造中华文化"和合圣地"的题中应有之义。2017年11月,台州市委、台州市人民政府印发《台州市"和合圣地"建设行动纲要》,

---

① 习近平:《之江新语》,浙江人民出版社2007年版,第150页。
② 习近平:《在中国国际友好大会暨中国人民对外友好协会成立60周年纪念活动上的讲话》,《人民日报》2014年5月16日。

明确到 2030 年要使和合文化根植于台州,与城市深入融合,其传播力、影响力更加广泛深远,让台州真正成为中华和合文化的标志地、传播地、示范地,享誉中外的"和合圣地"①。

在此,笔者愿谈谈自己对"天台山和合文化"的界定与理解:首先,是狭义(微观)的天台山和合文化,用来指称在海内外具有颇高知名度与美誉度的寒山、拾得二人,作为"和合二圣"、"文殊、普贤两位菩萨的化身"、"和合二仙"的生平事迹、活动遗迹、禅机对话、诗篇唱和、民间传说以及与之相关联的学术研究与社会影响;其次,是中义(中观)的天台山和合文化,可以解读为儒佛道三教在天台山文化圈中的"和合圆融",以"和而不同、兼容并蓄、融摄互补、共生共存"为基本表征,这在天台宗"三谛圆融"的教义理论中也体现得淋漓尽致;再次,广义(宏观)的天台山和合文化,则不局限于天台山、"和合二圣"、天台宗、道教南宗等具体的研究对象,而是要突破时代、区域尤其是地域、国度的界限,以"尚和合、求大同"、"维护世界文明的多样性"为思想路径,以中华传统文化(儒佛道三教为主体)为切入点,来挖掘、传承、弘扬源远流长的"和合文化"中所蕴含的和生、和谐、和睦、和平、中和、合作、共存、共享、共赢的思想智慧与现实价值,为"同心构建人类命运共同体"贡献"文化软实力"所具有的独特魅力与智力支持。

进而言之,本书所关注的"阳明学与天台山之关联",也可以以儒佛道三教文化视域下的"和合圆融"理念为主线而展开论述。

第二节 阳明学是儒佛道三教"和合圆融"的学术结晶

儒佛之辨、儒道之辨,抑或儒佛交涉、儒道交涉,这是宋明时期每一位理学家在建构自己的学术体系之时,不可能绕过去的话题。清代浙东经史学派著

---

① 《台州印发"和合圣地"建设行动纲要》,《台州商报》2017 年 11 月 8 日。2017 年 11 月 11 日,在"2017 天台山和合文化论坛"举办期间,由中国人民大学张立文教授题写碑名、浙江大学何善蒙教授撰写碑文的"和合圣地碑",作为展示台州"和合文化"的重要工程,在天台县赤城山下的和合小镇内揭幕。

名学者全祖望《题真西山集》有云："两宋诸儒，门庭径路半出于佛老。"①而"出入于佛老有年而归本于儒"，也是大多数宋明理学家必经的思想历程与人生轨迹。明儒王阳明也不例外，先看看钱德洪编《阳明先生年谱》②中所讲述的王阳明与佛道二教的因缘吧。

一、王阳明与佛道二教的因缘

有研究表明，在明成化十五年（1479），时年八岁的王阳明随父受教于海盐兵寓居资圣寺，是年起"始好佛老之说"③。其实在这以前，王阳明即与佛道二教有关联。

王阳明于成化八年（1472）九月三十日出生之时，便有"瑞云送子"的传说，《年谱》载："太夫人郑娠十四月。祖母岑梦神人衣绯玉，云中鼓吹，送儿授岑，岑惊寤，已闻啼声。祖竹轩公异之，即以'云'名。乡人传其梦，指所生楼曰'瑞云楼'。"可见，王阳明原名为"云"，即与"神人衣绯玉，云中鼓吹"的道教神仙传说有关。

或许是"道破天机"之故，阳明五岁时，尚不会说话。《年谱》载："一日与群儿嬉，有神僧过之，曰：'好个孩儿，可惜道破。'竹轩公悟，更今名（守仁），即能言。""神僧"即是佛教中的高僧大德，在"神僧"的指点下，阳明的祖父为其易名，由"云"改为"守仁"。而"守仁"则源于《论语·卫灵公》"知及之，仁不能守之，虽得之，必失之"之句④。

成化十七年（1481）王阳明父亲王华中进士，随即迎养父（竹轩公）、儿子（阳明）至京师。阳明在京师就读私塾，"一日，与同学生走长安街，遇一相士。异之，曰：'吾为尔相，后须忆吾言：须拂领，其时入圣境；须至上丹台，其时结圣胎；须至下丹田，其时圣果圆。'（阳明）先生感其言，自后每对书辄静坐凝思。"此处的"上丹台""结圣胎""下丹田""圣果圆"则显然源自道教。弘治元年（1488），王阳明至南昌迎娶夫人诸氏，新婚之夜，他并没有与妻子在一起，而是

---

① （清）全祖望著，朱铸禹汇校集注：《全祖望集汇校集注》，上海古籍出版社2000年版，第1373页。
② 钱德洪编《阳明先生年谱》定稿本，见吴光等编校整理《王阳明全集》，上海古籍出版社2015年简体字版，第1000—1093页。为行文流畅，本节"王阳明与佛道二教的因缘"所及王阳明事迹，所引《阳明先生年谱》不再一一标识《王阳明全集》的页码。
③ 束景南：《阳明大传："心"的救赎之路》，复旦大学出版社2020年版，第39—40页。
④ （宋）朱熹撰：《四书章句集注》，浙江古籍出版社2013年版，第130页。

到铁柱宫（今南昌万寿宫）拜谒道士，谈论养生之术。对此，《年谱》载："合卺之日，偶闲行入铁柱宫，遇道士趺坐一榻，即而叩之，因闻养生之说，遂相与对坐忘归。……次早始还。"弘治十一年（1498），寓京师的王阳明"偶闻道士谈养生，遂有遗世入山之意"。

弘治十四、十五年间（1501—1502），任刑部主事的王阳明，奉命到南直隶（淮安府、凤阳府、庐州府、池州府）审决积案重囚；期间，王阳明游佛教名山——九华山，宿无相、化城诸寺。在此，《年谱》中有两处记载了阳明与两位方外高人的对话，一处是与道士蔡蓬头的交谈："道者蔡蓬头善谈仙，（阳明）待以客礼，请问。蔡曰：'尚未。'有顷，屏左右，引至后亭，再拜请问。蔡曰：'尚未。'问至再三，蔡曰：'汝后堂后亭礼虽隆，终不忘官相。'一笑而别。"另外一处是王阳明寻觅地藏洞神僧的故事："闻地藏洞有异人，坐卧松毛，不火食，历岩险访之。正熟睡，（阳明）先生坐傍抚其足。有顷醒，惊曰：'路险何得至此！'因论最上乘曰：'周濂溪、程明道是儒家两个好秀才。'后再至，其人已他移，故后有'会心人远'之叹。"由于阳明本人身体欠佳（"有旧疾"），而道教养生之术的确有诱惑，游九华山后，又至镇江府，登三茅之巅，访茅山高道。

或许是九华山、茅山之行所遇高道的指引，阳明在弘治十五年（1502）八月，上《乞养病疏》，归越并筑室于会稽山阳明洞中，究极仙经秘旨，静坐行导引术，为长生久视之道。或许是筑室于道教"十大洞天"之一"会稽山阳明洞"的经历，他以"阳明"为别号，"阳明先生"由此而来。而"阳明洞天"也成为王阳明与道教之间特殊因缘的一个标记：正德三年（1508），在贵州龙场悟道后，特辟龙场一洞窟为"阳明小洞天"；正德十二年（1517），在江西龙南玉石岩小憩，又辟一处"阳明别洞"；嘉靖七年（1528），在广西南宁青秀山又辟一"阳明别洞"。

因长时间地切实践行道家道教所提倡的"静坐""导引术"诸工夫，王阳明也具备了"先知"的灵验力。《年谱》载：其友许璋、王文辕等四人来访阳明，方出五云门；阳明即命仆迎于路，四人惊以为神。对于道教式的宗教体验，以"读书学圣贤""为第一等事"的王阳明，并不满足，借此悟出："此簸弄精神，非道也。"这，标志着儒者王阳明从道教中走了出来。

从道教中走出来的王阳明，内心世界依旧空虚，"又屏去"，转入佛教来寻找精神的支柱。佛教讲求"出世间"，修证佛法者要摆脱父子、君臣、夫妇等"人伦"关系；已然静久的王阳明也有离世远去的打算，但是祖母岑氏、父亲龙山公

(王华)尚在,对祖母、父亲的牵挂("孝心")使他因循未决。久之,阳明忽然开悟,曰:"此念生于孩提。此念可去,是断灭种性矣。"

为了验证自己体悟的真实性,弘治十六年(1503)春,王阳明至钱塘(杭州)西湖,往来于南屏、虎跑诸佛刹,还结合自己对儒家亲情、孝道的挂念,以摆弄禅机的方式感化了一位坐关三年的禅僧。《年谱》载:"有禅僧坐关三年,不语不视,(阳明)先生喝之曰:'这和尚终日口巴巴说甚么!终日眼睁睁看甚么!'僧惊起,即开视对语。先生问其家。对曰:'有母在。'曰:'起念否?'对曰:'不能不起。'先生即指爱亲本性谕之,僧涕泣谢。明日问之,僧已去矣。"弘治十六年感化禅僧这一事件,标志着王阳明从佛教中走了出来。这也是《年谱》"弘治十五年"所载"是年,(阳明)先生渐悟仙、释二氏之非"的缘起。

从道教、佛教中走出来的王阳明,复以孔孟圣学为人生指针,"复思用世",故在弘治十七年(1504)复出,并主考了山东乡试,还编纂了《山东乡试录》。其中,乡试策问,阳明议礼乐之制,云:"老佛害道,由于圣学不明;纲纪不振,由于名器太滥;用人太急,求效太速。"又及分封、清戎、御夷、息讼,皆有成法。藉《山东乡试录》①,可管窥阳明"经世之学"之一斑。

山东乡试毕,阳明至京师,供职兵部。弘治十八年(1505),与翰林院庶吉士湛若水定交②,共以倡明圣学为事;同年,阳明门人始进,专志授徒,讲明身心之学,教人先立必为圣人之志。

以上所述,便是青年王阳明"陷溺于邪僻(佛老)"二十年的求学经历。

二、"致良知"说对佛道二教的理论资源的吸收

应该承认,王阳明在正式归宗儒家、创立良知心学思想体系的过程中,也吸收了不少佛教的理论资源,为"我"(儒家)所用,可谓是:"圣人与天地民物同体,儒、佛、老、庄皆吾之用,是之谓大道。二氏自私其身,是之谓小道。"③

王阳明《别湛甘泉序》文有云:"某(按:王阳明)幼不问学,陷溺于邪僻者二十年,而始究心于老、释。赖天之灵,因有所觉,始乃沿周、程之说求之,而若

---

① 《王阳明全集》,第692—718页。
② 王阳明与湛若水定交时间,黄绾、钱德洪、邹守益等阳明门人主"弘治十八年(1505)乙丑"说,湛若水本人则称在"正德元年(1506)丙寅"。
③ 《王阳明全集》,第1059页。

有得焉。"①其《寄邹谦之书》有言："德一而已，仁者见之谓之仁，智者见之谓之智。释氏之所以为释，老氏之所以为老，百姓日用而不知，皆是道也，宁有二乎？"②《重修山阴县学记》文提道："夫禅之学与圣人之学，皆求尽其心也，亦相去毫厘耳。"③由此不难发现，阳明的心学本质上是儒家圣人之学，"致良知"则是成就圣人之"道"，而佛老之学则是儒教的陪衬品。

故而，黄宗羲《明儒学案·姚江学案》"王守仁传"有王阳明早年"学凡三变"而归于"圣人之学"的记载："先生之学，始泛滥于词章，继而遍读考亭之书，循序格物，顾物理吾心终判为二，无所得入，于是出入于佛老者久之。及至居夷处困，动心忍性，因念圣人处此更有何道，忽悟格物致知之旨，圣人之道，吾性自足，不假外求。其学凡三变而始得其门。"④可以说，佛老之学也是王阳明建构自己"良知学"、推行"良知教"的一种思想、学术资源。那么，王阳明作为一位儒学家，在推行"良知教"时，又是如何看待佛、道二教的呢？

其实，王阳明在"龙场悟道"之时的"静坐"工夫及其面对生死的心智考验，也曾受益于佛教禅宗的修养法门，故而王阳明本人并不因为儒佛二家门户不同，就不敢称引、讲论佛道。他在《答徐成之书》中说："释氏之说亦自有同于吾儒，而不害其为异者，惟在于几微毫忽之间而已，亦何必讳于其同而遂不敢以言，狃于其异而遂不以察之乎？"⑤故而，王阳明在发明"良知教"后，曾对门人弟子说"致良知"："如佛家说心印相似，真是个试金石、指南针"⑥，好比"圣教正法眼藏""学问的大头脑""学者究竟的话头""天下的大道"。以上这些言论，足以表明王阳明以儒为宗、"援佛入儒"、会通佛老、兼容并包的学术特色。

晚年的王阳明在绍兴传授、推行"良知教"时，对门人指出：如果切实修习、体证"良知之教"，那么佛教所追求的"解脱生死"和道教所追求的"长生不老"也都可以一并获得。

据《年谱》记载，嘉靖二年（1523）十一月，致仕刑部尚书林俊（1452—1527，

---

① 《王阳明全集》，第195—196页。
② 同上，第173—174页。
③ 同上，第217页。
④ （清）黄宗羲著，沈善洪主编、吴光执行主编：《黄宗羲全集》第7册，浙江古籍出版社2005年版，第201页。
⑤ 《王阳明全集》，第666—667页。
⑥ 同上，第82页。

字待用,号见素,福建莆田人)由京师归乡,路经浙江杭州,顺道渡江(钱塘江)至绍兴造访王阳明。林俊大阳明二十岁,是王阳明的长辈,王阳明尊称其"林公",并特地前往萧山迎接林公至绍兴新建伯府。当时,王阳明的弟子张元冲(字叔谦,号浮峰)一并乘舟随行,在舟中,问业师阳明先生:"二氏与圣人之学所差毫厘,谓其皆有得于性命也。但二氏于性命中着些私利,便谬千里矣。今观二氏作用,亦有功于吾身者。不知亦须兼取否?"王阳明回答说:"说兼取便不是。圣人尽性至命,何物不具?何待兼取?二氏之用,皆我之用,即吾尽性至命中完养此身谓之仙;即吾尽性至命中不染世累谓之佛。但后世儒者不见圣学之全,故与二氏成二见耳。譬之厅堂三间,共为一厅,儒者不知皆我所用,见佛氏则割左边一间与之,见老氏则割右边一间与之,而己则自处中间,皆举一而废百也。圣人与天地民物同体,儒、佛、老、庄皆吾之用,是之谓大道。二氏自私其身,是之谓小道。"① 在王阳明看来,如果认真修行儒学,那么佛教所言的"空无"和道教所言"长生"都可以一并求得。但道教、佛教也有偏颇,要加以批判。

再比如,《传习录》下卷中就有不少王阳明站在儒家("良知本体")的立场,批判道、老"虚、无"的记载:"仙家说到虚,圣人岂能虚上加得一毫?佛氏说到无,圣人岂能无上加得一毫有?但仙家说虚,从养生上来;佛氏说无,从出离生死苦海上来,却于本体上加却这些子意思在,便不是他虚无的本色了,便于本体有障碍。圣人只是还他良知的本色,更不着些子意在。良知之虚便是天之太虚,良知之无便是太虚之无形,日、月、风、雷、山、川、民、物,凡有貌象形色,皆在太虚无形中发用流行。未尝作得天的障碍。圣人只是顺其良知之发用,天地万物俱在我良知的发用流行中,何尝又有一物起于良知之外,能作得障碍?"②

在王阳明看来,儒家之学的"本体"即是"良知",追求的是与天地万物一体的绝对虚无,其中不含半点私欲。而道教和佛教虽然也都坚持"虚、无"的说教,但他们追求的却是"长生不老"和"脱离生死苦海",说到底,追求的还是自己的私欲,这就遮蔽了"良知本体",所以他们并没有达到真正的虚无之境。而儒家则只是复其良知本体,并顺良知本体而行,如此,则天地万物无不在良知

---

① 《王阳明全集》,第1059页。
② 同上,第93页。

的发用流行之中，人心所呈现的良知本体也便与天地万物融为一体。

具有儒家的"五伦"，王阳明还对佛教徒逃脱"人伦"的行为予以批评："佛怕父子累，却逃了父子；怕君臣累，却逃了君臣；怕夫妇累，却逃了夫妇，都是为个君臣、父子、夫妇着了相，便须逃避。如吾儒有个父子，还他以仁；有个君臣，还他以义；有个夫妇，还他以别，何曾着父子、君臣、夫妇的相?"①父子、君臣、夫妇这些关系，都是客观存在的事实，可佛教徒却极力否定它们的存在，主张通过出家修行、遁迹山林的方式逃避客观存在的人伦关系。佛教的目的是"不着相"，但刻意为之、逃避现实，就变成"着相"了。儒家与佛教不同，儒家承认父子、君臣、夫妇即五伦关系客观的存在，不以相为相，顺势而为，从中复其良知之本来面目，看起来是"着相"，其实已经变成佛教所追求的"不着相"了。这就是儒家圣人之教高明于佛教的地方。

综上所论，可以得出这么一个结论：王阳明之所以成为"传奇王阳明"，就是良知之教集儒、佛、道三家智慧于一身。

在此，我们还可以谈谈临海籍的阳明学者王宗沐（师从江右王门学者欧阳德）。其学术思想的最终形成与确立，也是集儒、佛、道三家智慧于一身。黄宗羲《明儒学案》"王宗沐传"有云："先生师事欧阳南野，少从二氏而入，已知所谓良知者，在天为不已之命，在人为不息之体，即孔氏之仁也。学以求其不息而已。其辨儒释之分，谓佛氏专于内，俗学驰于外，圣人则合内外而一之。"②毫无疑问，作为阳明学者的王宗沐，是一位儒家学者，但是其对阳明学核心范畴"良知"本体的"仁"体解读，也是从佛、道二教转入，故而黄宗羲方有"少从二氏而入"云云③。

---

① 《王阳明全集》，第86—87页。
② 王维和、张宏敏编校：《〈明儒学案〉〈宋元学案〉黄宗羲案语汇辑》，第56页。
③ 2017年9月30日上午，笔者在临海市社科联专职副主席潘晓春女士、临海市博物馆员王海波先生帮助下，详细考察了临海古城紫阳街的王宗沐故居——"三抚基""十伞巷"。在考察过程中，笔者对王宗沐学术思想"少从二氏而入"有较为深刻的实地体会：王宗沐年少之时为考取功名，必然要熟读儒家经典以及程朱理学论著（诸如《四书章句集注》）；然而王宗沐少年时代所住的王氏居所（今临海市三抚基、十伞巷一带），距离佛教古刹——临海"龙兴寺"（今临海市赤城路2号）颇近，只有几百米的距离，由此推断，少年王宗沐在读书之时必多次光临"龙兴寺"，进而对佛教天台宗教义有一定了解；再有，道教南宗始祖张伯端（紫阳真人）是临海人，为纪念紫阳真人，今人在临海古城街道特辟"紫阳古街"，亦可推断，王宗沐的为学之方曾受张伯端《悟真篇》中"三教一理"及内丹术的影响。此外，临海城中的巾子山也是佛道名山，王宗沐一生之中曾多次登临巾子山。显而易见：王宗沐"少从二氏而入"阳明良知心学的学思历程，与王阳明的人生经历有相似之处，这样我们就不难理解王宗沐"辨儒释之分"的学理依据之所在。

此外，王宗沐"号撄宁"，即源于《庄子·内篇·大宗师第六》："其为物无不将也，无不迎也，无不毁也，无不成也，其名为撄宁。撄宁者，撄而后成者也。"①"撄宁"的意思就是，不受外界事物的纷扰，而后保持心境的宁静。王宗沐辑校刊刻《南华经别编》，足以证明其本人与道教之间的特殊因缘。

再有，王宗沐还曾为世传贞观年间台州刺史闾丘胤所辑编的《寒山子诗集》，作过"序"文一篇。而王宗沐一生之中也是多次登临天台山，并寻访佛教国清寺、道教桐柏宫，这也足以说明王宗沐与内涵丰富的天台山"和合文化"之间存有诸多关联。

第三节 王阳明与天台山之关联

前文已经提道：以"和合文化"为聚焦点，是天台山文化魅力之所在，而天台山和合文化在本质上就是一种儒、佛、道三教文化兼容并蓄的学术共同体。阳明学作为一种儒佛道三教合流交融、和合共生的学术范式，与"儒佛道三教萃于一山"的天台山文化之间，必然存有一种天然的契合。

浙南天台山辖地的佛教天台宗、道教南宗，对于青年时期"陷溺于"佛道长达二十年的王阳明来说，肯定不陌生；尽管绍兴府至台州府的路途也不算遥远，尽管有"地利"之便，然而不具备"天时""人和"的条件，王阳明就无法亲临天台山，体悟这座文化名山的真正魅力。顾名思义，"人和"，需要王阳明与台州籍人士（台州籍的阳明门人）有深度的交往；"天时"，则要有人在合适的时机（王阳明人在绍兴之时），邀请王阳明前来台州一同登临天台山。下面，我们就以"天时""地利""人和"三者为线索，来梳理王阳明以及阳明弟子门人与天台山之间的关联。

一、王阳明与黄绾、应良等台州籍学者的结识

明正德五年（1510），已过而立之年的黄岩学者黄绾，因母命而出仕②，并以

---

① （清）郭庆藩：《庄子集释》，中华书局1961年版，第253页。
② （明）黄绾：《石龙集》卷十四上，台湾"国家图书馆"藏明嘉靖年间刻本，第12页。李一瀚《礼部尚书兼翰林院学士黄公绾行状》云："（黄绾）因母鲍太淑人强命出仕。"（载焦竑辑：《国朝献征录》卷三十四，明万历年间刻本，第11页）

祖荫授后军都督府都事；这就为黄绾与明代两位最著名的心学宗师——王阳明、湛若水——在京城的结识、共学，提供了机缘。

《阳明先生年谱》"正德五年冬十一月条"载，时有"龙场悟道"经历并升任江西庐陵知县的王阳明入觐，即前来京师觐见正德皇帝："先生（王阳明）入京：馆于大兴隆寺，时黄宗贤绾为后军都督府都事，因储柴墟巏请见。先生与之语，喜曰：'此学久绝，子何所闻？'对曰：'虽粗有志，实未用功。'先生曰：'人惟患无志，不患无功。'明日引见（湛）甘泉，订与终日共学。"①

因为笃志于圣人之学的共同追求，黄绾、王阳明、湛若水在正德五年冬十一月便结为道友。是年冬十二月，吏部拟升王阳明出任南京刑部四川清吏司主事。为了挽留阳明在京师供职，湛若水、黄绾恳请户部左侍郎乔宇去游说吏部尚书杨一清；杨一清也通人情，擢王阳明为吏部验封司主事，让其得以在京师供职。如此一来，黄绾、王阳明、湛若水三人自职事外，"稍暇，必会讲。饮食起居，日必共之，各相砥砺"②。

黄绾与王阳明在京师聚众会讲、切磋论道之时，还同以"圣人之学"提携后进，使得不少青年才俊加入"阳明心学"的队伍中来。比如在正德六年（1511），或许因同乡之故，黄绾介绍台州仙居籍学者应良③，一同问学于王阳明；王阳明也介绍应良与湛若水结识，应良与王、湛之间也确立了"亦师亦友"的同志关系。湛若水《赠别应元忠吉士序》云："辛未（正德六年），（湛若水）因阳明得吾仙居应子者，……日夕相与论议于京邸。……应子者，忠信而笃学，其于吾与阳明也，始而疑，中而信，以固非苟信也。"④

因系同籍（浙江台州）之故，黄绾与应良多一起向王阳明请益。一次，黄、应、王三人就"学者成为圣人"的实践功夫从何处下手、"儒释之辨"等议题，争鸣切磋至深夜，方才散去；翌日，王阳明犹有"意犹未尽"之感，乃修书《答黄宗贤应原忠》（辛未，1511）继续发挥之：

---

① （明）王守仁著，吴光、钱明、董平、姚延福编校：《王阳明全集》（新编本，以下《王阳明全集》引文均自此"新编本"），浙江古籍出版社2011年版，第1237页。《阳明先生年谱》中尚有钱德洪"按语"一条："宗贤（黄绾）至嘉靖壬午（嘉靖元年，1522）春，复执贽称门人。"对此，黄宗羲《明儒学案·黄绾学案》中也有同样的记载。

② 《王阳明全集》（新编本），第1428页。

③ 关于应良的生平学行及其与阳明学的关联，可参阅李青云《浙中王门学者应良论考》文，载《贵州师范大学学报》（社会科学版）2015年第4期，第38—43页。

④ 转引自王棻撰《台学统》卷四十三《性理》三十一，第4页。

昨晚言似太多，然遇二君亦不得不多耳。……圣人之心，纤翳自无所容，自不消磨刮。若常人之心，如斑垢驳杂之镜，须痛加刮磨一番，尽去其驳蚀，然后纤尘即见，才拂便去，亦自不消费力。到此已是识得仁体矣。……昨论儒释之异，明道所谓"敬以直内则有之，义以方外则未。毕竟连'敬以直内'亦不是"者，已说到八九分矣①。

此函之中，尽管儒者王阳明"辟佛"意向明确，但在论说儒家成圣功夫的实践路径时，仍借用了佛教禅宗神秀和尚（606—706）"身是菩提树，心如明镜台。时时勤拂拭，莫使有尘埃"的偈语，来告诫作为"常人"的黄绾、应良，应如何"痛加刮磨一番"以体证"圣学"，进而走进"圣人之心"。伸而言之，"去私存理"，破除"私意气习"，证悟而得"仁体"，乃是王阳明对道友黄绾、应良的殷切期望。正德六年春，在王阳明的介绍下，黄绾与时任祈州（今河北安国）太守并至京城考绩的徐爱（1487—1518，字曰仁，号横山，浙江余姚马堰人，系王阳明的妹夫）结识，二人一见如故，还"假馆共榻，无言不谋"②。

为了"真修实证"以求得圣学之"仁体"，应良在正德七年（1512）春即以"亲老归养"名义，返回台州仙居，隐居读书。据湛若水《赠别应元忠吉士序》文所云，应良离开京城，奉命出使安南国的湛若水与他一路偕行："壬申春，予奉使南行而应子归奔，乃与俱焉。"③同年深秋，黄绾在任后军都事满考后，三疏乞养归，终以疾告归。黄绾《少谷子传》云："岁在壬申（1512），予官后军，知未足于道，将隐故山求其志。"④离京之时，王阳明有《别黄宗贤归天台序》相赠："君子之学以明其心。……守仁幼不知学，陷溺于邪僻者二十年。疾疢之余，求诸孔子、子思、孟轲之言，而恍若有见，其非守仁之能也。宗贤于我，自为童子，即知弃去举业，励志圣贤之学。……今既豁然，吾党之良，莫有及者。谢病去，不忍

---

① 《王阳明全集》（新编本），第158页。《阳明先生年谱》亦摘录《答黄宗贤应原忠书》，其后附钱德洪"按语"一条："先生（王阳明）立教皆经实践，故所言恳笃若此。自揭'良知'宗旨后，吾党又觉领悟太易，认虚见为真得，无复向里着己之功矣。故吾党颖悟承速者，往往多无成，甚可忧也。"（《王阳明全集》，第1237—1238页）
② 《石龙集》卷二十七，第6页。黄绾与徐爱的交往经历，详参拙文《浙中王门先驱徐爱、蔡宗兖、朱节合论：以黄绾与徐、蔡、朱三人的交游为中心》，载张伟主编《浙东文化研究》第1辑，浙江大学出版社2014年版，第124—129页。
③ 转引自王棻撰：《台学统》卷四十三《性理》三十一，第4页。
④ 《石龙集》卷二十二，第13页。

予别而需予言。……宗贤归矣,为我结庐天台、雁荡之间,吾将老焉,终不使宗贤之独往也!"①这篇别序文中,王阳明对黄绾的天资、材质颇为欣赏,"吾党之良,莫有及者"之语足以说明一切。王阳明还现身说法,以自己由佛老返归儒家的修学悟道历程("龙场悟道",悟"心即理",创"知行合一"说)为例,劝诫黄绾在学习、体悟"圣贤之学"的过程中,当扬弃程朱理学家"格致"论强调的"向外"用功之路数,以孔子、思孟之学为指针,向自家内心用功,去欲祛习,克己立诚,借此明心见性。除了赠"序"文,阳明还赋诗《赠别黄宗贤》②。

不难发现,已经"悟道"而笃志"圣人之学"的王阳明,对道友黄绾(包括应良)是寄予厚望的。而从赠别诗、序文中,我们还可以得知:或许是对(正德)时政的不满,"穷则独善其身,达则兼济天下"的王阳明亦有致仕归隐之意,"宗贤归矣,为我结庐天台、雁荡之间,吾将老焉,终不使宗贤之独往也"云云,可资为证③。离京月余,南归途中的黄绾有《寄阳明先生书》(四首之一),继续就"心学"的修证功夫予以讨教:"登舟月余,默验此心,惟宿根难去,时或郁郁不乐,竟不知为何事。此道在人,诚不易得。苟非直前担当,难行能行,非忍能忍,恶可得哉!相去日远,疑将谁质?行将谁考?言之不觉泪下。世事如此,先生归计,亦宜早决。"④言语之中,黄绾也希望王阳明能早日致仕,一道归隐读书。

承续上文,黄绾离京之时,对王阳明、湛若水二位道友是有承诺的,那就是在浙南天台、雁荡间为王、湛二公各建草亭一处,且以其别号标之,供三人隐居终老之用。黄绾《别甘泉子序》载有三人的对话,阳明曰:"吾将与二三子启雪窦、帚西湖以居诸。"甘泉曰:"吾其拂衡岳、拓西云行,与我三人游之。"阳明、甘泉同谓黄绾曰:"子其揭天台、掀雁荡,以候夫我二人者。"黄绾曰:"我知终身从二子游,二子有欲,我何弗勤,且我结两草亭、各标其号以为二子有焉,何如?"⑤对此,湛若水《阳明先生墓志铭》有云:"(王阳明)时讲于大兴隆寺,而久庵黄公宗贤会焉。

---

① 《王阳明全集》(新编本),第248—249页。
② 同上,第762页。
③ 对于正德七年王阳明离开京师之原因,任文利有《〈式古堂书画汇考〉王阳明佚书四札:附考论》(载中华孔子学会主办《中国儒学》第3辑,中国社会科学出版社2008年版,第220—226页)文,其中对正德年间王阳明在京师的出处进退之心迹进行了考论,并提到正德六、七年间王阳明诸讲友黄绾、方献夫、湛若水纷纷离开京师,而王阳明亦离京的原因有三:君上昏庸、佞幸结党、大臣攀附;对于这种情况,非士人君子所能为,当此之时,可为之事即"退而修省其德"。据此,亦可推知黄绾、应良离开京师之真实缘由。
④ 《石龙集》卷十七,第11—12页。
⑤ 《石龙集》卷十一,第4—5页。

三人相欢语,合意。久庵曰:'他日天台、雁荡,当为二公作两草亭矣。'"①其实,王、湛、黄三人,最终均兑现了各自对友人的承诺。

黄岩黄绾、仙居应良与王阳明在正德六年左右的结交与共学,再加上正德七年秋致仕家居的黄绾(应良在同年春已致仕返乡)在天台、雁荡间的翠屏山为王阳明建草亭一处——"阳明亭",故而黄绾、应良就是王阳明能够前来天台山的"人和"。

在应良、黄绾相继离开京师后,王阳明在正德七年十二月升任南京太仆寺少卿,南下供职,并顺道返家(绍兴、余姚)归省。是时,徐爱升任南京兵部车驾司员外郎,遂与乃师阳明一道,同舟归越②。这是为王阳明前往天台山创造了"地利"与"天时"。"天时""地利""人和"三条件具足,就为王阳明与天台山拉近了距离、铺平了道路。

二、黄绾数次诚邀王阳明至天台山游学,遗憾未能如愿

据《阳明先生年谱》记载,正德八年(1513)春,王阳明归省至越,即拟与徐爱同游台、荡,以寻访尚在台州归隐读书的道友黄绾、应良。先是在三、四月间,阳明为宗族亲友所牵绊,未得自由;五月底,阳明决意前往,时又值酷暑,阻者益众且坚,复不果;六月,王阳明与徐爱在绍兴会稽山傍的一处"东南林壑最胜绝处",与数友聚讲,等候黄绾的到来,再同赴天台,亦未能如愿;徐爱至南都兵部供职的时限已至,乃翁督促,不可复待。六月中旬,阳明、徐爱、朱节(1475—1523,字守中,号白浦,浙江山阴人)、许璋(生卒年不详,字半圭,浙江上虞人)、王琥(生卒年不详,字世瑞,浙江绍兴人)一行,遂从上虞入四明山,观白水冲瀑布,至秘图山王氏远祖居住地(今余姚市大岚镇隐地龙潭村)③,寻龙溪之源("三龙潭"),后至"四明山心"处,登杖锡,至于雪窦,上千丈岩,南望天姥、华顶④;阳明、徐爱

---

① 《王阳明全集》(新编本),第1410页。
② 同上,第1241页。
③ 2020年5月14至15日,应余姚市委宣传部之邀,笔者陪同业师吴光先生到王阳明祖居地——余姚市大岚镇隐地龙潭村考察调研。据悉,隐地龙潭村位于余姚市大岚镇西南5公里,历史上属上虞,后划属余姚。该村既是上虞达溪王氏发源地,也即是秘图山王氏的发源地,故而为王阳明的祖居地。据该村王氏后裔介绍,王阳明十二世祖伯三公墓至今尚存,今存清光绪十五年"四修本"《虞南达溪王氏宗谱》中载王阳明所撰写的《伯三公像赞》。
④ 李白有诗作《梦游天姥吟留别》"天姥连天向天横,势拔五岳掩赤城。天台四万八千丈,对此欲倒东南倾",倾情歌颂天姥山的不凡气势与天台山的壮丽雄姿。

原本设想取道宁波奉化至天台(台州),"适彼中多旱,山田尽龟裂,道傍人家,彷徨望雨,意惨然不乐",遂从宁波乘舟还越,时值正德八年七月二日①。王阳明、徐爱的第一次天台、雁荡之行,遂中止不成。

此时,身在台州苦候阳明的黄绾,遂有书信,询问其中缘由,同时还有"明春之期",即希望阳明在明年(正德九年)之春再来游学。王阳明在复函《与黄宗贤书》中②,一方面,对未能履约前往台、雁一事,进行了解释,并表达了歉意;另一方面,王阳明回忆往昔在京师与黄绾共学之情景,期望继续与黄绾(包括应良)保持联系,一道笃志于圣人之学。

在《与黄宗贤书》中,王阳明还提到,此番赴约前往台州的"相从诸友亦微有所得,然无大发明。其最所歉然,宗贤(黄绾)不同兹行耳!……闻彼中山水颇佳胜,事亦闲散。宗贤有惜阴之念,明春之期,亦既后矣。"③由此,我们还可以提炼出王阳明在传播心学过程中,所提倡的"寓教于游"(抑或说是"情景教学")的教育理念;易言之,王阳明的教育实践活动往往是与门生偕游自然山水相结合。对于阳明、徐爱、朱节、许璋、王琥等人偕同游学会稽、四明山、白水冲、龙溪源、杖锡、雪窦、千丈岩的活动,钱德洪总结道:"盖先生(王阳明)点化同志,多得之登游山水间也。"④就是说,王阳明善于在观赏山水间,点拨门生,从而诱发他们对圣人之道的向往与体证。申而言之,王阳明此番前往台、荡的真实意图,不在于游玩天台、雁荡间的秀山清水,而在于提携、点拨黄绾、应良等归隐读书的道友。

对于上引王阳明《与黄宗贤书》所云,在会稽山与徐爱数友期候黄绾、而黄绾"不至"的原因,可能是因为黄绾因酷暑而病倒,兹有黄绾诗作《病中习辟谷寄阳明甘泉》"伏疴久未愈"云云为证⑤。同年(正德八年)十月,王阳明至滁阳

---

① 关于此次四明山之行程,可以参阅徐爱所撰《游雪窦因得龙溪诸山记》(载《徐爱·钱德洪·董澐集》,凤凰出版社 2007 年版,第 78—81 页),也可以参阅今人蔡亮、陈雪军著《宁波阳明文化》(宁波出版社 2019 年版,第 111—126 页)一书的相关记载。
② 《王文成全书》[《王阳明全集》(新编本)]中称此书信为《与黄宗贤二》,并标识成文年代为"壬申"即 1512 年;而据文献记载:1512 年冬黄绾已引疾告归,王阳明随后亦离京南下;再根据此书所记时间(五月、烈暑)、地点(天台、雁荡、上虞、四明、白水、龙溪、杖锡、雪窦、千丈岩等),完全可以推知王阳明《与黄宗贤二》成文年代非"壬申",当系为"癸酉"即 1513 年为正。又据《阳明先生年谱》相关记载,成文时间可判定为八、九月间,时王阳明尚未越中。
③ 《王阳明全集》(新编本),第 162 页。
④ 同上,第 1242 页。
⑤ 《石龙集》卷二,第 5 页。

(今安徽贵池县),督马政。是年底,王阳明有书函《与黄宗贤》(癸酉)①,相告滁阳讲学近况:"日与门人遨游琅琊、瀼泉间。月夕则环龙潭而坐者数百人,歌声振山谷。诸生随地请正,踊跃歌舞";与此同时,"旧学之士皆日来臻",故而希望身在台州的黄绾,能够前来,于"登游山水间"而共学论道。当时,许多读书人追侍阳明左右,与他"寓教于游"、讲学布道时所营造的自由、轻松、活泼的气氛有关。

而为了兑现先前对王阳明、湛若水二友共学天台、雁荡的承诺,正德九年(1514)左右,黄绾在黄岩紫霄山中构建草庵,并在灵岩为王、湛各建一亭,起名曰"阳明公亭""甘泉公亭",合称"二公亭"②。黄绾还赋诗《紫霄怀阳明甘泉》敬候王、湛的来访:"我庵新构紫霄间,万壑松烟翠自环。却忆曾盟骑鹤侣,两京寥落几时还。草庵初与两亭完,二妙高明落此山。怪我蒲团终日望,天涯人远掩松关。"③同时,黄绾有《寄阳明先生书》(四首之二)告知此事:"近于山中构一庵,更结二亭,各标尊号,以俟二君子共之。偶成小诗数首,敢录请教。"④

正德十年(1515)春,黄绾又致书在南都鸿胪寺任职的王阳明,劝说他早日归隐,来游台、荡,以再续昔日京师论道之前缘。王阳明复函《与黄宗贤书》(癸酉[乙亥])⑤,对自己在南都的近况予以相告,同时告知黄绾:湛若水因丁母忧返乡(广东增城),近期肯定无法赴约而前往台、荡。同时,阳明还告以徐爱等昔日京师学友之动向,并有等时机成熟,再次与徐爱一道游学台、荡的设想:"曰仁(徐爱)又公差未还;宗贤之思,靡日不切!又得草堂报,益使人神魂飞越,若不能一日留此也,如何如何!……曰仁入夏当道越中来此,其时得与共载,何乐如之!"⑥

为了达成黄绾在天台接待友人来访的期许,王阳明于是年(1515)八月上

---

① 《王阳明全集》(新编本),第163页。
② 《石龙集》卷十七,第15页。
③ 《石龙集》卷七,第2页。此诗所云"我庵"为一草庐,系黄绾日后所创石龙书院前身。黄绾还把《紫霄怀阳明甘泉》诗镌刻于黄岩灵岩山左崖石壁上,款署"石龙"。详见喻长霖等纂修:《民国台州府志》卷九十三《金石考六》,《中国地方志集成·浙江府县专辑45》,上海书店1993年版,第318页。
④ 《石龙集》卷十七,第12页。此书"偶成小诗数首"云云,即上引诗《紫霄怀阳明甘泉》。
⑤ 《王文成全书》[《王阳明全集》(新编本)系此函于"癸酉",即1514年,显系误记。根据阳明在此函所书"甘泉丁乃堂夫人忧,近有来索铭,不久且还增城"云云,而湛母病逝于正德十年(1515)正月。据此,可以推定王阳明此函写于"乙亥"即1515年。
⑥ 《王阳明全集》(新编本),第163—164页。

《乞养病疏》①，不允。是年，王阳明在南都之时，台州临海籍学人林典卿（林元叙）、林彝卿（林元伦）兄弟，同问学于阳明。林氏兄弟归省，临行之前，与业师道别，阳明先生有《赠林典卿归省序》（乙亥）②，特别叮嘱：林氏兄弟在返乡之后，要以"立诚"之言劝勉台、荡间的道友——黄绾、应良。人算不如天算，尽管"人和""地利"已经充分具备，而"天时"不予，致使王阳明数次游玩天台山的愿望未遂。

行文至此，我们初步总结一下王阳明本人、台州籍门人与天台山之间的关联：在正德八年至十年间，尽管有黄绾、应良、章达德、林典卿、林彝卿在浙南天台、雁荡间隐居读书，以证斯"道"；王阳明前后两次决定亲赴天台，与道友门生相聚，个中原因，主要是家事牵绊，政务繁忙，致使阳明的天台之行未遂。但是，在笔者看来，这并不妨碍阳明心学在天台山一带的传播（可称之为"阳明学地域化"），以及地域化阳明学的学术命题——"台州阳明学"的成立。

这是因为：正德十一年至十六年（1516—1521），王阳明受命至南赣汀漳平乱剿匪，随后"经宸濠、忠泰之变"，"从百死千难中得来""良知"之说，正式揭"致良知"之教；正德十六年，王阳明归省至越（绍兴），黄绾又前往越中，在服膺"良知"之教后，正式向阳明先生行弟子礼。与此同时，金克厚、赵渊、叶慎、潘珹、李一瀚等台州籍学者亦前往绍兴，听闻并受教"致良知"学说。还有，在嘉靖七年（1528）阳明先生病逝之后，为照料阳明先生的哲嗣王正亿，黄绾携其至台州抚养；而阳明的诸多门生，像王畿、钱德洪、薛侃、陈明水、闻人邦正等，纷纷前来台州黄岩探视，"知者乐水，仁者乐山"，天台山自然就成为他们的游学论道之所，从而在一定程度上助推了阳明良知心学在台州一带的传播。

第四节　阳明学者与天台山之关联

据文献记载：黄绾、应良、叶良佩、潘珹等台州籍阳明学者，还有薛侃、郑

---

① 《王阳明全集》（新编本），第311—312页。
② 同上，第250—251页。

善夫、钱德洪、王畿、沈谧、闻人邦正、王正亿、陈明水等粤闽、江右、浙中的阳明学者,都曾在"佛宗道源,山水神秀"的天台山寻访、游学。在天台山诸胜景之中,他们赋诗对饮、切磋问道,这又何尝不是对王阳明生前所极力提倡的"寓教于游"的教化之道的生动实践。而王阳明未能游学、布道天台的遗憾,最终也由其弟子、后学所弥补。

一、黄绾、应良、应典、郑善夫论学于天台山

正德七年春,应良、湛若水二人一同离京南下,路经江苏境内的浒墅关,与郑善夫(1485—1523,字继之,号少谷,福建闽县人)结交①,并言及尚在京师讲学的黄绾、王阳明等友朋,希望郑善夫有朝一日与他们相识。同年暮秋,托疾请辞后军都督府都事的黄绾,乘舟南归,过浒墅关,即与郑善夫相识结交并成为挚友。黄绾《少谷子传》有云:"少谷子为户部主事,督税吴江之浒墅。予过而遇之,握手与予语,竟日而别,别犹眷恋,曰:'吾亦自此遁矣,子不我弃,其将访子于天台、雁荡间乎!'"②郑善夫许诺黄绾,日后致仕,定至天台、雁荡间寻访道友。

正德十一年(1516),家居黄岩的黄绾与新任台州知府顾璘(1476—1545,字华玉,号东桥,江苏长洲人)结识③。顾璘上任伊始,郑善夫有《与顾华玉书》,云:"黄石龙(黄绾),邦之贤者。其道未尽信者,乡间之间贵耳贱目矣,奖进之责,实在君子。"④故而可以推断,黄绾与顾璘的结交与郑善夫有关。这也为郑善夫在正德十二年(1517)冬前去台州,寻访黄绾、应良、顾璘等好友提供了机缘。郑善夫在大雪浃旬中来访黄绾,"相与论圣人之学,以及天地万物之奥极于无穷"⑤。仙居应良、永康应典(生卒年待考,字天彝,号石门,浙江永康人)得知郑善夫来访,亦前来会合。是年岁末,黄绾、应良、郑善夫、应典冒雪来

---

① 拙著《黄绾生平学术编年》,浙江大学出版社 2013 年版,第 65 页注⑤。
② 《石龙集》卷二十二,第 13 页。
③ 据《台州府志》记载,顾璘于武宗正德十一年(1516)至正德十六年(1521)任台州知府。见喻长霖等纂修《民国台州府志》卷十《职官表二》,《中国地方志集成·浙江府县专辑44》,上海书店 1993 年版,第 144 页。先前,顾璘已与阳明结识,但是顾璘并不太认同阳明的"良知心学",二人为此有过论辩,《传习录》中就有王阳明《答顾东桥书》,言及学术史上著名的"拔本塞源"之论。其实,顾璘可称为阳明心学的"同情者"抑或学术诤友。
④ 《少谷集》卷十,《文渊阁四库全书》本。
⑤ 《石龙集》卷二十二,第 13—14 页。

访顾璘,顾璘得知好友来访,盛情款待,有五言律诗《雪中郑少谷黄石龙过郡》为证:"大雪满山城,惊闻屐齿声。本非安道室,真接剡溪情。小阁梅花笑,寒灯秫酒清。相看兴难尽,楼鼓下三更。"①嗣后,众人又同游天台山,郑善夫赋诗《岁暮寻天台山水》:"桃源未可极,天台烟雾深。行歌白云调,坐见赤霞心。草次千峰会,鸿濛万壑阴。藏身一大事,聊观世人眼。"②翌年(1518)初,郑善夫离开台州前往京师之时,与黄绾言:"吾为父母赠典未获,有此行,行当不远,再访子于兹山,以共老焉。"③这就是郑善夫《少谷集》中所称的"北山之约",即相约三年后再访黄绾于天台山。关于郑善夫此次天台之行的收获,其《会城中诸友》有"与黄宗贤、应元忠参究圣学,又是一大痛快"云云④,可谓是不虚此行。

正德十五年(1520)秋,郑善夫履行昔日的"北山之约",即三年后再来访黄绾、应良于天台。当时永康应典亦来访黄绾,遂一道偕游雁荡、天台。黄绾《少谷子传》云:"(郑善夫)既而告归,果再来山中,又同入雁荡,登天台,卧龙湫、华顶之间,粮绝肴尽,则掇山花、乞僧糜以食,各旬月而去。"⑤黄绾、应良、郑善夫的这次天台山之行,在共学论道的同时,偕游了国清寺、华顶、石梁等天台胜景。黄绾有七绝诗歌《观石梁》:"天台四万八千丈,足蹑飞霞五百年。秋日天风散冥霭,银河照眼石桥悬。"⑥《登华顶》:"昔年曾读中峰语,今日来寻华顶行。俯视云烟空界里,丹霞映壑日冥冥。"⑦出山之时,黄绾赋诗《天台山赠应郑二子》:"二子生平湖海客,风云岁晚共徘徊。紫阁丹台正待尔,樵歌莫作剑歌哀。"⑧郑善夫则有《天台杂诗》:"一夜雨声吹不断,国清寺前溪水鸣。欲过天台拾瑶草,秋风无限石梁情。"⑨

前文言及:王阳明在江西战事结束后,于正德十六年秋归越(绍兴)省亲。得知王阳明归越讯息,嘉靖元年(1522)秋,黄绾启程至越中寻访之,路经天台,因忆及去年秋与郑善夫偕游天台时,郑善夫吟有《懒椿诗》,黄绾乃赋《天台道

---

① (明)顾璘:《顾华玉集·息园存稿诗》卷九,《文渊阁四库全书》本。
② 转引自潘珹纂:《天台胜迹录》,浙江大学出版社2010年版,第23页。
③ 《石龙集》卷二十二,第14页。
④ 《少谷集》卷十七"书一",《文渊阁四库全书》本。
⑤ 《石龙集》卷二十二,第14—15页。
⑥⑦⑧ 《石龙集》卷七,第5页。
⑨ 转引自李德耀纂:《康熙天台县志》卷十四《诗》,康熙二十二年刻本,第48页。

中诵少谷懒椿诗因忆之》①。至绍兴，黄绾向王阳明请益，阳明即授以"致良知之教"，黄绾闻后，大为叹服，遂执贽称门弟子。黄宗羲《明儒学案·黄绾传》载："阳明归越，先生（黄绾）过之，闻'致良知'之教，曰：'简易直截，圣学无疑，先生真吾师也，尚可自处于友乎？'乃称门弟子。"②黄绾此次在越地，停留月余，侍从阳明先生宣讲"致良知"之教。

嘉靖二年（1523），隐居蛰伏十年之久的黄绾在御史朱节（1475—1523，字守中，号白浦，浙江山阴人，亦系阳明门人）的举荐下，"再次出山"，出任南京都察院经历。奔赴南都之时，途经天台山，寻访唐代高道司马承祯昔日所留"悔石"，赋七言绝句《坐悔石》（有引）："唐司马承祯应聘出山，憩此而悔，遂得名。千古清风白云子，出山知悔亦依违。我来倚仗寒烟暮，翠壑丹厓几涕挥。"③此外，黄绾在正德十一年（1516）前后曾携客登天台山，并赋有七言律诗《登天台》《桃源洞》等④。

二、潘珹、金克厚、石简、叶良佩等在天台山留下的文化足迹

也正是因为台州籍学人黄绾、应良、林典卿等先后师从阳明先生，参悟心学、服膺"良知"之教并有所得，再加上王阳明的学问事功在正德、嘉靖年间确实首屈一指，故而不少台州籍的青年才俊，诸如潘珹、金克厚、石简、叶慎、李一瀚、赵渊等纷纷前往越中，寻访并师从阳明先生。而潘珹等人正是土生土长的台州人，自然时常以登游天台、吟诗其中为乐。

天台学者潘珹早年游学越地，师从阳明，与邹守益、王畿、钱德洪等阳明高足，一起讲明良知心学。嗣后，便隐居不仕，以畅游天台诸胜景为乐，有诗句"石梁华顶峰头酒，桐柏桃源涧底诗"为证；还裒辑历代学者吟咏天台诗篇，编成《天台胜迹录》，其中收录潘珹本人的诗作《石桥路》⑤《天封》⑥《天封宿雪》⑦《华顶》⑧《华

---

① 《石龙集》卷七，第6页。
② 《明儒学案》卷十三《浙中王门学案三·尚书黄久庵先生绾》，载沈善洪主编、吴光执行主编《黄宗羲全集》第7册，浙江古籍出版社2005年版，第318页。
③ 《石龙集》卷七，第7页。
④ （明）黄绾：《久庵先生文选》卷三，日本内阁文库藏明万历年间刻本，第2页。
⑤ 转引自潘珹纂：《天台胜迹录》，第67页。
⑥ 同上，第71页。
⑦ 同上，第72页。
⑧ 同上，第76页。

顶和韵》①《华顶雪霁》②《八月十三夜宿护国寺》③等数十首。作为阳明学者,潘珹的《天台胜迹录》收录的阳明学者诸如黄绾、郑善夫、王畿、钱德洪、叶良佩等讴歌天台胜景的诗篇居多,达三十余首。

仙居学者金克厚早年困于科举,闻王阳明讲学于越中而往事之,"笃信力行,若水趋壑"④。嘉靖元年(1522),王阳明父亲王华病逝,门人弟子经办丧事,因才分任,生性"谨恪"的金克厚得监厨之职。《阳明先生年谱》载:"(嘉靖元年)二月十二日己丑,海日翁年七十七,疾且革。……(阳明)门人子弟纪丧,因才任使。以仙居金克厚谨恪,使监厨。克厚出纳品物惟谨,有不慎者追还之,内外井井。……是年,克厚与(钱德)洪同贡于乡,连举进士,谓洪曰:'吾学得司厨而大益,且私之以取科第。先生常谓"学必操事而后实",诚至教也。'"⑤某年春,金克厚偕友人游览桐柏宫、石梁等天台道教胜迹,有诗作《游天台山》(三首):"夜宿清溪览桐柏,又从桐柏上琼台。仙人跨鹤归何处?岩下碧桃空自开。去年东去寿山房,清梦萧然到石梁。今日春风舒眼病,昙华亭外雨花香。踏破烟霞千万重,石梁桥上笑春风。桃花瀑布年年在,应有仙人在眼中。"⑥

关于石简师从王阳明、叶良佩私淑王阳明的经过,叶良佩《答钱绪山王龙溪论学书》⑦称,嘉靖六年(1527)秋,石简在杭州候迎王阳明,并执弟子礼以师从之;而叶良佩因故先行离杭,未得阳明先生亲炙。在阳明殁后,石简曾托人将自己收藏的王阳明著作《抚夷节略》《居夷录》赠叶良佩;叶良佩读后,"惨然不能终卷"⑧,并对阳明良知心学深信不疑。石简欣赏天台石桥"石梁飞瀑"之胜景,曾赋诗《石桥》:"爱尔真奇绝,神游今几春。飞虹横碧落,奔汉断红尘。古往千年恨,霞栖百虑嗔。中天才尺五,何处问通津。"⑨叶良佩任职南都之时,与同在南都供职的黄绾交好,对阳明的"致良知""知行合一"说亦有参究;叶良

---

① 转引自潘珹纂:《天台胜迹录》,第 79 页。
② 同上,第 82 页。
③ 同上,第 191 页。
④ 喻长霖等纂修:《民国台州府志》卷一〇五《人物传·金克厚传》,第 4 页。
⑤ 《王阳明全集》(新编本),第 1293—1294 页。
⑥ 转引自潘珹纂:《天台胜迹录》,第 20—21 页。
⑦ (明)叶良佩:《海峰堂前稿》卷十六,日本内阁文库藏嘉靖刻本,第 7 页。
⑧ 《海峰堂前稿》卷十六,第 8 页。
⑨ 转引自潘珹纂:《天台胜迹录》,第 106 页。

佩亦向江右王门学者邹守益请教"致良知"之教,邹守益有《简叶旗峰秋卿》,对乃师"良知"之论予以阐释①。而叶良佩也曾多次登临天台山,留有大量的诗赋、游记,诸如《游天台山记》②《游天台国清寺》《石桥》《万年寺》《桃源》《天封寺》《华顶峰》《寒明路》《桐柏观次蔡中甫韵》等③。

黄绾的哲嗣黄承文、黄承德作为阳明学者,也曾登临天台山,寻访胜迹,潘璞的《天台胜迹录》就录有黄承文的诗作《天台道上》(二首)④,黄承德的《石桥》⑤。林文相作为黄绾的高足,曾陪同潘璞畅游天台山,有诗作《同潘梅墅征君游国清》,潘璞还次韵和之;⑥林文相还有《至石桥》⑦《寓万年寺》⑧等诗篇。

仙居林应麒幼年颖悟,乡前辈、阳明门人应良钟爱之,"尝为弟二女择婿,一以妻李一瀚,一以妻(林)应麒"⑨。在应良举荐下,林应麒"少登王守仁之门","讲明绝学而所造益精";又因应良而拜谒过邹守益,一生笃守阳明心学,终身推服之。林应麒亦有登临天台、夜宿华顶的经历,留有诗篇《宿华顶》:"一万八千丈,悠然海岳迥。不登华顶上,犹是失天台。太白读书堂,东有望海石。石上未三更,已见海底赤。"⑩

此外,临海学者王宗沐师承江右王门学者欧阳德,系王阳明再传弟子。其族侄王士性(1547—1598)受王宗沐影响,既是一位人文地理学家,也是一位阳明学者,曾至杭州天真书院游学,并向王畿等资深阳明学者请益。王士性更是钟爱天台山,其《五岳游草》卷四《入天台山志》,详细介绍了他从多条路径上天台华顶的经过,并勾画出一幅绝妙的天台山立体蓝图⑪;在桃源、华顶、石梁等天台胜景处,还留下了大量的诗歌⑫。

---

① (明)邹守益著,董平编校整理:《邹守益集》,凤凰出版社2007年版,第574页。
② (明)叶良佩撰,张宏敏等编校整理:《叶良佩集》,第274—278页。
③ 《叶良佩集》,第186—188页。
④ 转引自潘璞纂:《天台胜迹录》,第27页。
⑤ 同上,第114页。
⑥ 同上,第52页。
⑦ 同上,第121页。
⑧ 同上,第138页。
⑨ 喻长霖等纂修:《民国台州府志》卷一〇五《人物传六·林应麒传》,第4页。
⑩ (明)林应麒:《介山稿略》《仙居丛书》本,浙江人民美术出版社2013年影印版卷六,第6页。
⑪ (明)王士性著,朱汝略点校:《王士性集》,浙江古籍出版社2013年版,第80—85页。
⑫ 《王士性集》,第163—167页。

王宗沐长子王士崧①，也在天台山国清寺留有诗歌。王宗沐之孙、王宗沐第二子王士琦之子王立准，在崇祯六年（1633）以选贡出任福建漳州府平和县知县。由于平和县系王阳明生前平乱后奏设县邑，并有阳明祠，故而王宗沐上任伊始，即"选胜东郊，负郭临流"，将阳明祠移建于平和县城东郊，祠三进，面阔三间，并命名为"王文成公祠"。祠中竖立阳明先生塑像，时任漳州知府施邦曜（1585—1644，字尔韬，号四明，浙江余姚人）"从姚江得文成像，遂貌之，并为祠费具备"，还题匾"正学崇勋"。时任詹宫学士黄道周应约，作《王文成祠碑记》（《王文成公碑》②），碑文勒石，置于祠中。崇祯八年（1635），王立准刊刻了漳州知府施邦曜辑编的《阳明先生集要》③，施邦曜、黄道周分撰"序"文④，王立准先后撰跋文两种⑤。而后，王立准陪祀平和县王文成公祠⑥。在此，我们称王立准为阳明学者（确切说为阳明先生四传弟子），也是名正言顺的。

三、王畿、薛侃、沈谧、钱德洪、陈明水等因寻访黄绾、王正亿而登临天台山

王阳明在嘉靖七年（1528）去世之后，其年幼的哲嗣王正亿（1526—1577）由黄绾携之台州抚养长大。而王阳明生前的诸多门生，像王畿、钱德洪、薛侃、陈明水、闻人邦正等纷纷前来台州探视先师的哲嗣，与此同时，天台山自然也就成为他们的游学论道之所，这就在一定程度上，助推了良知心学在天台、雁荡间的传播。

嘉靖十六年（1537），王畿"因病归里"⑦，是年秋冬之交，与薛侃、郑邦瑞、王正宪（王阳明继子）一行，前来台、荡间寻访黄绾、王正亿。湛若水在《答王汝中兵曹》《答薛尚谦》中，言及王畿、薛侃是年（嘉靖十六年）有"天台、雁荡之游，此

---

① 何奏簧纂，丁伋点校：《民国临海县志》（下），第47页。
② （明）黄道周撰，翟奎凤、郑晨寅、蔡杰整理点校：《黄道周集》，中华书局2017年版，第1106—1108页。
③ 《阳明先生集要》，今有中华书局2008年版点校本。
④ （明）王守仁著，施邦曜辑评，刘宗碧点校：《阳明先生集要三编》，西南交通大学出版社2019年版，第1—3、15—16页。
⑤ 《阳明先生集要三编》，第17—19页。
⑥ 何奏簧纂，丁伋点校：《民国临海县志》（下），第49页。
⑦ 彭国翔撰《王龙溪先生年谱》："嘉靖十六年，龙溪因病归里，与薛侃聚学杭州天真精舍。"载氏著《良知学的展开：王龙溪与中晚明的阳明学》，北京三联书店2005年版，第531页。

心飘然,欲往与之俱而不可得也"①。薛侃在天台山万年寺留有诗篇《寓万年漫兴》(亦作《题万年寺》):"人间何处是天台,柱杖穿云却复回。一卧山房尘梦醒,远空孤鹤下琼台。我亦当年行脚仙,石梁华顶了心缘。桃花开落空流水,翠壁苍崖自岁年。"②

嘉靖二十一年(1542)秋,王畿再次偕阳明学人沈谧(1501—1553,字靖夫,嘉兴人)、杨珂(1502—1572,字汝鸣,余姚人)来访台州,黄绾派女婿正亿前去天台迎接。王畿、沈谧、杨珂、王正亿等遂偕登天台,王畿有诗作《再游天台山次少谷韵》:"雨里云霞显不飞,碧桃零落洞门稀。刘郎已去无消息,应有王乔采药归。曾跨飞虹瞰石湫,重来孤兴未全消。寥天落木千峰净,尘世无劳梦铁桥。"③而王正亿亦有《赤城招仙赋》之作:"发兴绕天涯,赤城千丈霞。登临秋日霁,吟咏晚风斜。树密遮虚洞,山寒集暮鸦。桃源还浪迹,此地拟为家。"④王畿一行在天台山万年寺住宿,并有《寓万年山房联句》,王畿的诗联为"浮踪投野寺,远思结云丘";沈谧的是"天姥频年梦,霞城此日游";杨珂的作"石溜含风晚,岩花带雨秋"⑤。翌日清晨离开万年寺,杨珂又赋诗《发晓万年》⑥。嗣后,王畿、杨珂、沈谧等到黄岩,黄绾、曾才汉(生卒年不详,江西泰和人,时任太平县令,阳明学者)、叶良佩、王正亿、石简等又陪王畿一行同游雁山;黄绾因追忆三十年前(正德十五年,1520)与郑善夫、应良、赵渊同游之往事,此时郑、应、赵已作古,故而感怀,有七言律诗三首以抒发感叹⑦。王畿离开雁荡,拟同石简一道前往临海桐岩,黄绾、叶良佩有诗歌相赠,叶良佩诗作题名系《奉陪久翁送石玉溪王龙溪至桐岩作》⑧。

嘉靖二十五年(1546)春,江右王门学者陈九川入越,省先师(王阳明)之

---

① (明)湛若水著,钟彩钧、游腾达点校:《泉翁大全卷》十《答王汝中兵曹》《答薛尚谦》,台湾"中研院"中国文哲研究所2017年版,第302—303页。
② (明)薛侃著,陈椰编校:《薛侃集》,上海古籍出版社2014年版,第373页。
③ 转引自潘瑊纂:《天台胜迹录》,第25页。
④ 同上,第60页。
⑤ 同上,第139页。
⑥ 同上,第141页。
⑦ 《久庵先生文选》卷三,第9页。该诗题名曰《与王汝中沈静夫曾明卿叶敬之冯子通杨汝鸣婿王正亿儿承式承忠同游雁山忆往年与郑继之应元忠赵弘道弟约同游继之元忠弘道久已鬼录》(三首)。据陈瑞赞编《侯一元年谱》,此次王畿来访台州,曾与浙江乐清学者侯一元会晤,侯一元作《窑岙驿赠王龙溪》《王龙溪由雁山访王公子黄岩赋赠》诗歌相赠。(见陈瑞赞编校:《侯一元集》,黄山书社2011年版,第547—548页)
⑧ 《叶良佩集》,第196页。

墓,并入台州寻访王正亿、黄绾。陈九川《简湛甘泉先生》云:"丙午初春,即入越,省先师之墓及其家。乃入台,问其子仲时,因拜久庵,遂穷石梁、雁荡之胜,至秋而还。"①同年夏,黄绾与女婿王正亿接待了陈九川一行的造访,并陪同他游览台、雁等名山大川。陈九川在畅游天台胜景"石梁飞瀑"后,有诗歌《发石梁》:"晓起初阳照石床,虹桥飞瀑送韶音。云深仍失归时路,不似刘郎业障深。"②

嘉靖二十九年(1550),阳明高足钱德洪至台州拜访黄绾、王正亿,曾有天台之游,并护送正亿入胄监(南雍读书)③。嘉靖四十三年(1564),钱德洪应临海阳明学者王宗沐之邀,再游天台,并与王宗沐、潘璟等台州籍阳明学者在赤城(今天台县)举行会讲④,论辩"良知之旨"。在偕游天台山时,钱德洪因年事已高,一度养病于万年寺,留下诗作《卧病万年寺》:"病夫高卧得天台,落木云深是再来。三十峰头借禅扇,月明飞锡下琼台。一入天台便是仙,可怜尘世苦残缘。三更月出梦初觉,真与人间隔几年。"⑤

浙中王门学者柴凤亦游学至天台山,登华顶,过石梁,留有道教题材的诗作《石桥》:"天台华顶势如飞,路绝层霄人迹稀。真诀百年应自悟,何须采药竟忘归。危崖老树覆灵湫,飞瀑千年雪未消。我自清风生两足,轻轻飞度石梁桥。"⑥此外,余姚籍阳明学者闻人邦正至天台游学,参访国清寺时,即景抒情,有诗作《国清寺》:"郭北青山十里遥,珠林栋宇旧岩嶤。清尊吸尽昙华老,翠壁穷跻贝叶飘。喜对云堂酬凤赏,细模碑藓认前朝。松涛万丈仙源溢,银汉何年驾铁桥。"⑦

我们可以清楚地发现:不仅王阳明本人,乃至黄绾、应良、金克厚、叶良佩等台州籍阳明学者,还包括应典、薛侃、郑善夫、钱德洪、王畿、陈明水等众多的浙中、粤闽、江右的阳明学者,均与具有鲜明的地域文化特征的"天台山文化"关系甚为密切,作为浙江乃至中国思想史上重要版块的阳明心学,完全可以称得上是思想史意义上的"天台山文化"一个有益补充。

---

① (明)陈九川:《明水陈先生文集》卷一,《四库全书存目丛书》集部第72册,齐鲁书社1997年版,第39—40页。
② 转引自潘璟纂:《天台胜迹录》,第121页。
③ 钱明:《浙中王学研究》,中国人民大学出版社2009年版,第197页。
④ 吴震:《明代知识界讲学活动系年》,学林出版社2003年版,第253页。
⑤ 转引自潘璟纂:《天台胜迹录》,第137页
⑥ 同上,第106页。
⑦ 同上,第45—46页。

第二章　黄绾与王阳明之间的交往

王阳明于明成化八年(1472)生于浙江绍兴府余姚县[①]，黄绾于成化十六年(1480)生于浙江台州府黄岩县，王阳明长黄绾八岁。从自然地理分野意义上讲，黄岩、余姚同属浙东地区。对于黄绾与王阳明之间的学术交往，我们可以通过《王文成公全书》《王阳明全集》、《石龙集》中关于二人之间的唱和诗歌、往来书函，佐以《阳明先生年谱》《阳明先生行状》《明史》《明世宗实录》等予以检录、盘点、解读。

在考察黄、王二人之间交往始末之前，我们有必要对其二人父辈的交往，略加说明。

黄绾之父黄俌于成化十七年(1481)三月中辛丑科二甲进士[②]，后授兵部职方司主事。而该科状元为王华[③]，即王阳明的父亲，授翰林院编修职。黄俌与王华同属浙江籍，又同年中进士，且同在京师任职，故而二人彼此交好。黄绾《实翁先生寿序》云："公(王华)蚤以文章第状元，出入青闼，为讲官，位卿长，获

[①] 为避免行文重复，拙著此处对于王阳明的生平仕宦、学术成就，暂不作详细考察。目前海内外学术界关于王阳明传记的权威读本，尚无定论。笔者建议读者诸君以黄绾《阳明先生行状》(载《王阳明全集》)为基础文献，进而阅读钱德洪等编撰的《阳明先生年谱》以及当代学人的一些传记，诸如浙江阳明学研究专家吴光先生的《吾心自有光明月：王阳明的生平事功与思想学说简介》(载《王阳明全集》[简体]卷首，上海古籍出版社2012年版)、董平先生的《王阳明的生活世界》(中国人民大学出版社2009年版)等；此外，海外学者冈田武彦的《王阳明大传》(《冈田武彦全集》卷1至卷5，中文版由重庆出版社于2015年出版)、秦家懿的《王阳明》(生活·读书·新知三联书店2011年版)、浙江大学古籍研究所束景南教授的《王阳明年谱长编》(上海古籍出版社2017年版)、《阳明大传："心"的救赎之路》(复旦大学出版社2021年版)也值得一读。

[②] 多洛肯：《明代浙江进士研究》，上海古籍出版社2004年版，第250页。

[③] 王华(1446—1522)，字德辉，号实庵，晚号海日翁，人称龙山先生。成化十七年(1481)中状元后，授翰林院编修，官至南京吏部尚书。著有《诸书杂录》二十卷、《龙山稿》十五卷等(详参钱明《儒学正脉：王守仁传》，浙江人民出版社2006年版，第12—13页)。

天子眷宠，为士雅望。……绾先选部（黄俌），公同年而好。公子守仁，绾则从而赖其成，即所谓得圣人之学者。"①黄绾《阳明先生行状》有黄岩黄家"与公（王阳明）有通家之旧"②云云。黄俌与王华的结交，为日后黄绾与王阳明之间确立"亦友亦师"的关系，也为黄绾在王阳明离世之后为保护其哲嗣王正亿而将小女黄姆许配之埋下了"伏笔"。总之，在黄绾与王阳明尚未正式谋面之前，台州黄家与绍兴王家已有"通家之好"③。

行文至此，我们也有必要说明一下，黄绾与王阳明之间是一种"先友后师、亦师亦友"的关系。浙中王门高足钱德洪在答江右王门学者罗洪先《论年谱书[四]》中提道："黄久庵宗贤见师于京师，友也；再闻师学于越，师也，非友也，遂退执弟子礼。"④

第一节 黄绾与王阳明的结识

黄绾结识王阳明主要是由"好推引知名士"的储巏所引荐。

储巏（1457—1513），字静夫，号柴墟，江苏泰州人。据《明史》本传称：储巏九岁能属文。成化十九年（1483）乡试，明年（1484）会试，皆第一。授南京考功主事，久之进郎中，再调北部，考注臧否，一出至公。擢太仆少卿，进本寺卿。正德二年（1507），改左佥都御史，总督南京粮储。召为户部右侍郎，寻转左，督仓场，所至宿弊尽厘。正德五年（1510）春，因愤刘瑾，引疾求去；同年秋，瑾败，以故官召，辞不赴。后起南京户部左侍郎，改吏部，卒官。巏体貌清羸，若不胜衣；淳行清修，介然自守。工诗文。好推引知名士，辟远非类，不恶而严⑤。著有《柴墟文集》十五卷⑥。

---

① 《黄绾集》，第193—194页。
② （明）黄绾：《阳明先生行状》，转引自《王阳明全集》（新编本），第1428页。
③ 笔者目前没有掌握黄绾少年时代的恩师谢铎与王阳明有直接交往的相关文献，但是谢铎与王阳明之父王华有交情。《谢铎集》之中有《重庆堂诗》序》文，适王华母岑氏寿辰，在朝公卿大夫"因匾其所居曰'重庆堂'，皆为诗以咏叹之"，诗歌汇为一帙，由谢铎作"序"即《重庆堂诗》序》。既然谢铎与王华有交往，再加上阳明在少年时代多次寓居于王华京师官邸，可以推断，谢铎是应该知道王华之子王阳明的。
④ 转引自《王阳明全集》（新编本），第1387页。
⑤ 《明史》（简体字本），第4909—4910页。
⑥ 《四库全书存目丛书》集部第42册影印收录山东大学图书馆藏《柴墟文集》十五卷，系明嘉靖四年刻本。

一、储罐系黄绾与王阳明结识的中间人

黄绾与储罐的相识，当在黄绾侍父于京师之时（弘治十六、十七年间），时储罐为太仆寺少卿，黄俌任吏部文选郎中，而储罐、黄俌二人业已结交为友。黄俌多以储罐之言论教诲黄绾兄弟，黄绾有言："向者先君（黄俌）居铨司，每公退，辄述执事（储罐）言以不肖（黄绾）兄弟。"①正德二年（1507）太仆寺卿储罐②委托还任官吏刘大尹吊奠已于前一年（正德元年，1506）辞世于台州黄岩的好友黄俌。为示感激，黄绾寄书函一封即《寄储柴墟先生书（三首之一）》③，并恳求储罐利用职务之便矜恤黄俌父子。

是年（正德二年），储罐由太仆寺卿升为都察院右佥都御史，时在黄岩的黄绾从邸报上得知此讯，又有书函一封即《寄储柴墟先生书（三首之二）》，建言前辈学人储罐"于无事之时，广求天下之才，如宋陈古灵之用意，收其名、定其价、荐之于朝、布满庶位，以待有用之日，使朝廷享荐贤之用，天下获荐贤之福"④，并附录近作《寄西涯先生书》，恭请储罐指教。嗣后，储罐复函《与黄绾秀才》书，对黄绾所及"求天下之才"之建言予以认可："所论时事在引拔人才，最为至论"，并且对后学黄绾寄予厚望，建议黄绾日后亲炙时贤士大夫蔡清⑤、王阳明辈：

> 承惠长书并见谢、李二先生书，快读数过，为之惊叹无已。曩固奇足下，及今益奇。……独足下超然，攻古文词。迈往之气、特立之操，间见诸楮墨间，此罐所以敛衽起敬，直以古人期之，非凿空逐影，妄诔后辈以自要誉也。……所论时事在引拔人才，最为至论。……近时士大夫如蔡君介夫（蔡清）、王君伯安（王阳明）皆趋向正，造诣深，讲明义理，不专为文字之学。今介夫致仕归泉州；伯安雅有山水之乐，计不久亦归越中。以足下卓

---

① 《黄绾集》，第308页。
② 《明武宗实录》卷七"弘治十八年十一月甲辰"："升太仆寺少卿储罐为本司卿"。
③ 《黄绾集》，第307—308页。
④ 同上，第308—309页。
⑤ 蔡清（1453—1508），字介夫，别号虚斋，福建晋江人。官至南京文选郎中、江西提学副使。其学宗朱熹，初主静，后主虚。著有《四书蒙引》《易经蒙引》《河洛私见》《太极图说》《通鉴纲目随笔》《虚斋文集》等。《明儒学案》卷四十六《诸儒学案上四》有传。

识高才,服阕后间出往从之游,所得当益胜矣①。

嗣后,黄绾又有《寄储柴墟先生书(三首之三)》:"辱教蔡公介夫、王君伯安当亲炙者,绾久闻其人,及今益慕。俟释服后,即当裹粮抠衣以趋之矣。"②此外,黄绾《阳明先生行状》有云:"执友柴墟储公罐与予(黄绾)书,曰:'近日士夫如王君伯安,趋向正、造诣深,不专文字之学,足下肯出与之游,丽泽之益,未必不多。'予因而慕公。"③据此可知,在正德二年,黄绾对王阳明之大名闻之已久,明确表示在服阕、释服之后即裹粮抠衣而师从之。

恰在是年(正德二年),王阳明因忤宦官刘瑾而赴谪贵阳龙场驿④,其《赴谪诗》五十五首之中即有数首赠与储罐。比如《忆昔答乔白岩因寄储柴墟(三首之三)》:"柴墟吾所爱,春阳溢鬓眉。白岩吾所爱,慎默长如愚。二君廊庙器,予亦山泉姿。度量较齿德,长者皆吾师。置我五人末,庶亦忘崇卑。迢迢万里别,心事两不疑。北风送南雁,慰我长相思。"⑤还有《夜泊石亭寺用韵呈陈娄诸公因寄储柴墟都宪及乔白岩太常诸友》⑥。年长的储罐与王阳明早有交往,王阳明以"长者皆吾师"比拟自己与储罐之间的关系;而储罐对王阳明的学问、人品,则予以赞扬。缘此之故,储罐乐意介绍后进黄绾结交王阳明,以期二人共学证道。

二、黄绾与王阳明于正德五年冬在京城结交

先是在正德四年(1509)冬,已届而立之年的黄绾,在为父守丧三年后,以母亲强命出仕,随例赴部听选⑦。正德五年(1510),三十一岁的黄绾在京城任

---

① (明)储罐:《柴墟文集》卷十四,山东大学图书馆藏明嘉靖四年刻本(见《四库全书存目丛书》集部第42册),第22页。
② 《黄绾集》,第309页。
③ 《王阳明全集》(新编本),第1428页。
④ 先是,刘健、谢迁等先后去职,给事中戴铣等请留刘健、谢迁,杖斥除名;兵部主事王阳明上书救戴铣等,廷杖四十,谪贵州龙场驿丞。
⑤ 《王阳明全集》(新编本),第719页。
⑥ 同上,第723—724页。《王阳明全集》之中还录有《答储柴墟一、二(壬申)》文,壬申即正德七年(1512),此时身在京城的黄绾已经与王阳明订交,笃志学道。
⑦ 黄绾《学易轩记》:"三十而后仕。"(《黄绾集》,第268页)李一瀚《礼部尚书兼翰林院学士黄公绾行状》:"(黄绾)因母鲍太淑人强命出仕。"(载[明]焦竑辑:《国朝献征录》卷三十四,明万历年间刻本,第11页)

后军都督府都事①;冬十一月,时任江西吉安府庐陵县(今江西省吉安市)知县的王阳明入觐正德皇帝。这就为黄绾与王阳明、湛若水结识并共学于京城大兴隆寺,提供了契机。

据钱德洪等编《阳明先生年谱一》载:"(正德)五年庚午,……冬十一月,入觐。先生(王阳明)入京:馆于大兴隆寺,时黄宗贤绾为后军都督府都事,因储柴墟巏请见。先生与之(黄绾)语,喜曰:'此学久绝,子何所闻?'对曰:'虽粗有志,实未用功。'先生曰:'人惟患无志,不患无功。'明日引见甘泉,订与终日共学。"②对于黄绾结识王阳明情景,黄绾《阳明先生行状》也有详细的记载:

> 是岁(正德五年)冬,(王阳明)以朝觐入京,调南京刑部主事,馆于大兴隆寺。予(黄绾)时为后军都事,少尝有志圣学,求之紫阳、濂、洛、象山之书,日事静坐。虽与公有通家之旧,实未尝深知其学。执友柴墟储公巏与予书,曰:"近日士夫如王君伯安,趋向正、造诣深,不专文字之学,足下肯出与之游,丽泽之益,未必不多。"予因而慕公,即夕趋见。适湛公(湛若水)共坐室中,公出与语,喜曰:"此学久绝,子何所闻而遽至此也?"予曰:"虽粗有志,实未用功。"公曰:"人惟患无志,不患无功。"即问:"曾识湛原明否?来日请会,以订我三人终身共学之盟。"明日,公令人邀予至公馆中,会湛公,共拜而盟③。

总之,因储巏之介绍,基于"圣人之学之道"这一共同的志业,黄绾与王阳明、湛若水因志同道合而"订三人终身共学之盟"、"相与矢志于学"。"百闻不如一见",初次相见,谈学论道,黄绾即被王阳明的学识、人格所折服:"阳明子坐与我语,归而犹梦之,恍若阳明子临之,而不敢萌一毛于私,于是乃源源而见之,遂不知有我之百骸九窍矣。"④

是年冬十二月,王阳明升任南京刑部四川清吏司主事。为了挽留王阳明

---

① 《明世宗实录》卷四一四"嘉靖三十三年九月":"正德中,(黄绾)以祖荫授后军都督府都事。"
② 《王阳明全集》(新编本),第1237页。
③ 同上,第1428页。《明儒学案·黄绾传》:"先生初师谢文肃,及官都事,闻阳明讲学,请见。阳明曰:'作何工夫?'对曰:'初有志,工夫全未。'阳明曰:'人患无志,不患无工夫可用。'复见甘泉,相与矢志于学。"
④ 《黄绾集》,第186—187页。

在京师任职,湛若水、黄绾特委托好友乔宇游说时任吏部尚书的杨一清;杨一清遂从中斡旋,擢王阳明为吏部验封司主事,王阳明得以在京师供职。如此一来,黄绾、王阳明、湛若水三人自职事之外,"稍暇,必会讲。饮食起居,日必共之,各相砥励"。

第二节 黄绾与正德六年的新科进士群体

黄绾与王阳明在京师聚众会讲、切磋论道之时,还一道以"圣人之学"提携、劝勉后进,使不少青年才俊纷纷加入"阳明心学"队伍中来。

一、黄绾与王阳明早期门人的交往

正德六年(1511)春,贡士会试,王阳明为礼部会试同考试官,借此之故,不少考中进士的青年才子成为王阳明的门生,如邹守益(字谦之)、郑杰(字伯兴)、梁谷(字仲用)、王道(字纯甫)、王元正(字舜卿)等。而黄绾与阳明门人(后学)的交往,则始于正德六年的这批新科进士;与此同时,士大夫之有志者如徐爱、应良、方献夫、顾应祥等皆相率从游。会试甫毕,黄绾、王阳明、徐爱、应良、方献夫、顾应祥便偕郑杰、梁谷、王道、王元正等后学在京畿近郊踏青赏景。暮色降临,黄绾、王阳明一行难以返回京师官邸,只得夜宿香山功德寺,通宵畅谈,并有唱和诗歌多首。黄绾有七绝《香山夜坐》:"故山风物旧关情,异境登临感慨生。万竹暝烟如梦里,千岩月色共松声。"[1]王阳明有《夜宿功德寺次宗贤韵(二首)》:"山行初试夹衣轻,脚软黄尘石路生。一夜洞云眠未足,湖风吹月渡溪清。水边杨柳覆茅楹,饮马春流更一登。坐久逐忘归路夕,溪云正泻暮山青。"[2]此时,香山功德寺寺僧有询问黄绾官职者,黄绾作七律《游香山次阳明韵》以答之:"帝畿何处散幽情,林谷高深逸兴生。不问金闺还有籍,岂图空界尚论名。台前春色湖天远,阁上烟华象纬平。面壁亦能随处静,花飞松径不闻声。"[3]此次

---

[1] 《黄绾集》,第106页。
[2] 《王阳明全集》(新编本),第760页。
[3] 《黄绾集》,第65页。

香山春游,黄绾、王阳明一行还在西湖逗留吟诵,黄绾有七绝《望湖亭》①。王道赋有《同阳明先生游西山次韵三首》(《功德寺》《望湖亭》《香山寺》)②。

同在京师任职的御史林以吉立志求"圣人之学",请益于黄绾、王阳明。林以吉离开京师(至福建莆田)归省而与友人道别之时,黄绾成《赠林以吉侍御》:

> 人心犹镜乎?垢翳之则失其明,明不现则昧于照。照之不精,明未足也,则务尽去其垢。《六经》、濂洛之言,其去垢之朽楮欤!今将之以去垢而反以为障,可乎?莆田林以吉志将求圣人之学,来吾徒而取友,惜吾晚学,得之尚浅,无可为益,告之以此。庶以吉之自得,终有以益我哉!③

王阳明作《赠林以吉归省序(辛未)》:

> 阳明子曰:"求圣人之学而弗成者,殆以志之弗立欤!天下之人,志轮而轮焉,志裘而裘焉,志巫医而巫医焉,志其事而弗成者,吾未之见也。轮、裘、巫医遍天下,求圣人之学者间数百年而弗一二见,为其事之难欤?亦其志之难欤?弗志其事而能有成者,吾亦未之见也。"林以吉将求圣人之事,过予而论学。予曰:"子盍论子之志乎?志定矣,而后学可得而论。子闽也,将闽是求;而予言子以越之道路,弗之听也。予越也,将越是求;而子言予以闽之道路,弗之听也。夫久溺于流俗,而骤语以求圣人之事,其始也必将有自馁而不敢当;已而旧习牵焉,又必有自眩而不能决;已而外议夺焉,又必有自沮而或以懈。夫馁而求有以胜之,眩而求有以信之,沮而求有以进之,吾见立志之难能也已。志立而学半,四子之言,圣人之

---

① 《黄绾集》,第106页。按:黄绾在嘉靖十二、三年任礼部左侍郎时,又游功德寺,并作七言绝句《功德寺(并序)》(《黄绾集》,第123页)追忆正德六年春那次游历经过。黄绾晚年丁内艰之时(嘉靖十六秋冬),王阳明继子王正宪偕郑邦瑞自越地(绍兴)来访黄绾及王正亿于黄岩紫霄山,临别之时,黄绾作七言律诗《赠王仲肃郑邦瑞归越》,其"有引"提道:"阳明、甘泉二先生曩在京国,期予同隐天台。予得告先归,结穿紫霄迟之,已而竟不果来。予复出历官且二纪,兹以忧归释吉。而仲肃偕邦瑞来,顾因追阳明先生同游西山、借宿僧房、月树映室、终宵不寐,如昨日事。"(《黄绾集》,第89—90页)据此可知,正德六年春之京畿郊游,在黄绾心目中已经留下了不可磨灭的记忆。
② (明)王道:《顺渠先生文录》卷十一,浙江省温州市图书馆藏明嘉靖年间刻本,第2页。
③ 《黄绾集》,第146页。嗣后,黄绾与林以吉之间依旧保持联系,正德十年左右,黄绾尚有《与林以吉书》(《石龙集》卷十七,第10页;《黄绾集》,第337页)。

学备矣。苟志立而于是乎求焉,其切磋讲明之益,以吉自取之,尚其有穷也哉?见素先生,子诸父也;子归而以予言正之,且以为何如?"①

在此,我们分析黄、王二人分别所成《赠》《序》文,可以发现:此时的黄绾与王阳明已经拥有共同的"道学话语":一是"求圣人之学"须先"立志","志立而学半","求圣人之学而弗成者,殆以志之弗立欤";二是"四子"(四书)、"六经"系"圣人之学之道"的载体,立志学道当以"六经四子"为入门之书;三是求证圣人之学,贵在自得于"心"。此外,黄绾"六经、濂洛之言,其去垢之朽楮欤"云云,还说明此时的黄绾尽管已与阳明共学"圣人之学",但黄绾依旧眷恋着早年曾刻苦用功的"濂洛之言"即程朱理学。当然了,此时的王阳明尽管有"知行合一"的认识论,但是以"良知"为本体("道体")、"致良知"为工夫("体道")的心学体系尚未建构成熟。

时因山东寇乱,王道欲奉祖母由山东避地江南,拜疏而得应天教授一职。王道在离京之时,黄绾作为其道友,王阳明作为其业师,皆有序文相赠。黄绾作《送王纯甫序》②,王阳明成《别王纯甫序(辛未)》③。在王道抵应天任教之后,王阳明又有《与王纯甫(壬申)》书,云:"近日相与讲学者,宗贤之外,亦复数人,每相聚辄叹纯甫之高明。今复遭时磨励若此,其进益不可量,纯甫勉之!"④于此可见,王阳明(包括黄绾)对王道天资的欣赏与厚爱。

正德七年(1512),汪景颜在师从王阳明三月之后,将赴大名府任职;临行之际,与王阳明、黄绾等京城师友道别。

王阳明《与王纯甫(壬申)》有云:

> 汪景颜近亦出宰大名,临行请益,某告以变化气质。居常无所见,惟当利害、经变故、遭屈辱,平时愤怒者到此能不愤怒、忧惶失措者到此能不忧惶失措,始是能有得力处,亦便是用力处。天下事虽万变,吾所以应之不出乎喜怒哀乐四者。此为学之要,而为政亦在其中矣。景颜闻之,跃然

---

① 《王阳明全集》(新编本),第242—243页。
② 《黄绾集》,第187—188页。
③ 《王阳明全集》(新编本),第247—248页。
④ 同上,第167页。正德八年(癸酉)、正德九年(甲戌),王阳明与王道之间又有数通书函往来(见前揭书,第167—170页)。

如有所得也①。

黄绾作《赠汪景颜》,诚勉之,曰:

> 古者君子学道,即心无不通。……子但尽子之心、坚子之志,则先生(王阳明)之道在子矣②。

对比分析黄绾、王阳明二人与汪景颜之赠言,不难发现:经过近两年时间的砥砺共学,黄绾已经深得阳明"心学"之精髓,并能用之教诲后进。黄绾"古者君子学道,即心无不通"语,与南宋心学大家陆九渊所说的"宇宙便是吾心,吾心即是宇宙。东海有圣人出焉,此心同也,此理同也。西海有圣人出焉,此心同也,此理同也。南海北海有圣人出焉,此心同也,此理同也。千百世之上至千百世之下,有圣人出焉,此心此理,亦莫不同也"语③,颇有异曲同工之妙。

除提携后学外,在友人离京之时,黄、王二人也均有诗文相赠,这充分体现了传统儒家"以文会友,以友辅仁"的交友之道。比如,正德六年,台州黄岩学者章达德将归东雁,因系乡人之故,黄绾请王阳明、湛若水各撰序文以赠之,王阳明乃有《送章达德归东雁序(辛未)》:"章达德将归东雁,石龙山人为之请,于是甘泉子托以《考盘》,阳明子为之赋《衡门》。"④同年,翰林院检讨张邦奇将归省宁波鄞县,黄绾赋诗《赠张太史常甫省觐》⑤,王阳明则成《别张常甫序(辛未)》⑥,皆以立志学圣人之道相勖。

---

① 《王阳明全集》(新编本),第 167 页。
② 《黄绾集》,第 146—147 页。
③ (宋)陆九渊著,钟哲点校:《陆九渊集·年谱》,中华书局 1980 年版,第 483 页。
④ 《王阳明全集》(新编本),第 919 页。
⑤ 《黄绾集》,第 11—12 页。张邦奇(1484—1544),字常甫,号甬川、兀涯,浙江鄞县人。弘治十八年,登进士第,由庶吉士授检讨,出为湖广提学副使,与修《孝宗实录》。正德十年,任湖广提学副使,任上修缮了明山书院、岳麓书院、崇正书院。之后,历任四川提学、福建提学、右庶子兼翰林院侍讲。嘉靖改元之后,历任南京国子监祭酒、南京吏部右侍郎、南京吏部左侍郎并代尚书、南京吏部尚书。嘉靖十六年执掌翰林院事,十七年任会试主考官,《玉牒》纂修官,十八年任太子宾客并充日讲官。后进礼部尚书,以母亲年迈改任南京兵部尚书。嘉靖二十三年(1544)十一月卒。邦奇之学宗程朱,与王阳明友善。著述甚富,有《学庸传》《五经说》《兀涯两汉书议》《环碧堂集》《纾玉楼集》《四友亭集》等。《明史》卷二百一《列传》第八十九有传(见《明史》[简体本],第 3542—3543 页)。
⑥ 《王阳明全集》(新编本),第 245 页。

二、王阳明与黄绾、应良共论"实践之功"

正德六年左右，或许系黄绾介绍，台州仙居学者应良①亦问学于王阳明；王阳明又介绍应良与湛若水结交，应良与王、湛之间也确立了"亦师亦友"的道友关系。湛若水《赠别应元忠吉士序》有云："辛未（正德六年），（湛若水）因阳明得吾仙居应子者，……日夕相与论议于京邸。……应子者忠信而笃学，其与吾与阳明也，始而疑，中而信，以固非苟信也。"②

或许系同籍（浙江台州）之故，黄绾与应良多一起向王阳明请益。一次，黄、应、王三人就"学者成为圣人"的实践工夫、"儒释之异"等议题，争鸣、切磋至深夜，方才散去；翌日，王阳明颇有"意犹未尽"之感，乃修书《答黄宗贤应原忠（辛未）》，继续发挥之：

> 昨晚言似太多，然遇二君，亦不得不多耳。其间以造诣未熟，言之未莹则有之，然却自是吾侪一段的实工夫。思之未合，请勿轻放过，当有豁然处也。圣人之心，纤翳自无所容，自不消磨刮。若常人之心，如斑垢驳杂之镜，须痛加刮磨一番，尽去其驳蚀，然后纤尘即见，才拂便去，亦自不消费力。到此已是识得仁体矣。若驳杂未去，其间固自有一点明处，尘埃之落，固亦见得，亦才拂便去。至于堆积于驳蚀之上，终弗之能见也。此学利困勉之所由异，辛弗以为烦难而疑之也。凡人情好易而恶难，其间亦自有私意气习缠蔽，在识破后，自然不见其难矣。古之人至有出万死而乐为之者，亦见得耳。向时未见得向里面意思，此工夫自无可讲处。今已见此一层，却恐好易恶难，便流入禅释去也。昨论儒释之异，明道所谓"'敬以直内'则有之，'义以方外'则未。毕竟连'敬以直内'亦不是"者，已说到八九分矣③。

---

① 关于台州阳明学者应良其人其事其学，可参阅李青云《浙中王门学者应良论考》一文（载《贵州师范大学学报》[社会科学版]，2015 年第 4 期，第 38—53 页）。
② （明）湛若水：《赠别应元忠吉士序》，转引自王棻《台学统》卷四十三《性理》三十一，第 4 页。
③ 《王阳明全集》（新编本），第 158 页。《阳明先生年谱》："先生（案：王阳明）与黄绾、应良论圣学久不明，学者欲为圣人，必须廓清心体，使纤翳不留，真性始见，方有操持涵养之地。应良疑其难。先生曰：'圣人之心如明镜，纤翳自无所容，自不消磨刮。若常人之心，如斑垢驳蚀之镜，须痛刮磨一（转下页）

此函之中，尽管王阳明"辟佛"意向明显，但在论说儒家成圣工夫论的道德实践之时，仍借用了佛教禅宗神秀（606—706）和尚"身是菩提树，心如明镜台。时时勤拂拭，莫使有尘埃"的偈语，来指导作为"常人"的黄绾、应良如何"痛加刮磨一番"以体证"圣学"。申而论之，"去私存理"，破除"私意气习"以求证悟"仁体"，乃是王阳明对当时挚友黄绾、应良的殷切期待。

黄绾依照王阳明所开示的成圣工夫理路予以践履，小有收获。然对"仁、恕之别"、"仁、勇之辩"等《论语》所云"仁学"话题，略带疑惑，有书函请教阳明。此时的黄绾虽非严格意义上的王门弟子，阳明先生却恪尽"师道"之责，复函而成《与黄宗贤（辛未）》书①，予以"传道、授业、解惑"：

> 夫加诸我者，我所不欲也；无加诸人，我所欲也；出乎其心之所欲，皆自然而然，非有所强；勿施于人，则勉而后能，此仁、恕之别也。然恕，求仁之方，正吾侪之所有事也。子路之勇，而夫子未许其仁者，好勇而无所取裁，所勇未必皆出天理之公也。事君而不避其难，仁者不过如是。然而不知食辄之禄为非义，则勇非其所宜，勇不得为仁矣。然勇为仁之资，正吾侪之所尚欠也②。

在王阳明看来，"己所不欲，勿施于人"的"恕道"系"求仁""证仁"之方，即"仁"本"恕"用。而"三达德"之"勇"系辅助"求仁"之策，在圣学的本体工夫论体系之中，"仁"比"勇"更具"本体论"的意义。简言之，"恕"、"勇"皆是"圣学"的实践工夫。这也符合孔子的本意。

（接上页）番，尽去驳蚀，然后纤尘即见，才拂便去，亦不消费力。到此已是识得仁体矣。若驳蚀未去，其间固自有一点明处，尘埃之落，固亦见得，才拂便去；至于堆积于驳蚀之上，终弗之能见也。此学利困勉之所由异，幸勿以为难而疑之也。凡人情好易而恶难，其间亦自有私意气习缠蔽，在识破后，自然不见其难矣。古之人至有出万死而乐为之者，亦见得耳。向时未见得里面意思，此功夫自无可讲处，今已见此一层，却恐好易恶难，便流入禅释去也。"（《王阳明全集》[新编本]，第1237页）《阳明先生年谱》之下尚有钱德洪"按语"一条："先生（王阳明）立教皆经实践，故所言恳恳若此。自揭'良知'宗旨后，吾党又觉领悟太易，认虚见为真得，无复向里着己之功矣。故吾党颖悟承速者，往往多无成，甚可忧也。"

① 钱德洪等编《阳明先生年谱》把王阳明此函录于正德五年"十有二月"条目之下，系误记；当系于正德六年（1511）为正。

② 《王阳明全集》（新编本），第161页。

第三节　黄绾拜别王阳明归隐故山

为了进一步"真修实证"以求证悟圣学之"仁"道,正德七年深秋之时,黄绾在任后军都事职满考之后,三疏乞养归,终以疾告归。黄绾《少谷子传》记:"壬申,予官后军,知未足于道,将隐故山求其志。"①

一、王阳明的《别黄宗贤归天台序》

离京之时,王阳明有《别黄宗贤归天台序(壬申)》一文相赠:

> 君子之学以明其心。其心本无昧也,而欲为之蔽,习为之害。故去蔽与害而明复,匪自外得也。心犹水也,污入之而流浊;犹鉴也,垢积之而光昧。孔子告颜渊"克己复礼为仁",孟轲氏谓"万物皆备于我"、"反身而诚"。夫己克而诚,固无待乎其外也。世儒既叛孔、孟之说,昧于《大学》"格致"之训,而徒务博乎其外,以求益乎其内,皆入污以求清、积垢以求明者也,弗可得已。守仁幼不知学,陷溺于邪僻者二十年。疾疚之余,求诸孔子、子思、孟轲之言,而恍若有见,其非守仁之能也。宗贤于我,自为童子,即知弃去举业,励志圣贤之学。循世儒之说而穷之,愈勤而益难,非宗贤之罪也。学之难易、失得也有原,吾尝为宗贤言之。宗贤于吾言,犹渴而饮,无弗入也,每见其溢于面。今既豁然,吾党之良,莫有及者。谢病去,不忍予别而需予言。夫言之而莫予听,倡之而莫予和,自今失吾助矣!吾则忍于宗贤之别而容无言乎?宗贤归矣,为我结庐天台、雁荡之间,吾将老焉,终不使宗贤之独往也!②

赠序之中,王阳明对黄绾的天资、才质予以赞叹和认可:"吾党之良,莫有及者。"王阳明劝诫黄绾在成就"君子之学"的过程中,当放弃程朱"格致"论所强

---

① 《黄绾集》,第432页。
② 《王阳明全集》(新编本),第248—249页。

调的"向外"用工的路数,以孔子、思孟之学为指针,向内用功,去欲祛习,克己立诚,明心见性。除却赠《序》之外,阳明还赠以诗歌,赋《赠别黄宗贤》:"古人戒从恶,今人戒从善。从恶乃同污,从善翻滋怨。纷纷嫉媢兴,指谪相非讪。自非笃信士,依违多背面。宁知竟漂流,沦胥亦污贱。卓哉汪陂子,奋身勇厥践。拂衣还旧山,雾隐期豹变。嗟嗟吾党贤,白黑匪难辩!"①

这不难发现,年长八岁的王阳明对黄绾是寄予厚望的。而从前揭赠序文中,还可以获知,或许是对时政的不满,王阳明亦有归隐之意:"宗贤归矣,为我结庐天台、雁荡之间,吾将老焉,终不使宗贤之独往也!"离京月余,尚未抵家的黄绾在南返(浙江黄岩)途中有《寄阳明先生书(四首之一)》,继续就心学的修证工夫予以切磋:"登舟月余,默验此心,惟宿根难去,时或郁郁不乐,竟不知为何事?此道在人,诚不易得。苟非直前担当,难行能行,非忍能忍,恶可得哉?相去日远,疑将谁质?行将谁考?言之不觉泪下。世事如此,先生归计,亦宜早决。"②言语之中,黄绾也迫切希望王阳明早日致仕南归(浙江绍兴)③。

承续上文,黄绾离开京城之时,对王阳明、湛若水这二位道友是有承诺的,那就是在浙南天台、雁荡间为阳明、甘泉二公各建草亭一处,并以其别号标之,供三人隐居终老之共用。黄绾《别甘泉子序》云:"阳明子曰:'吾将与二三子启雪窦、帚西湖以居诸。'甘泉子曰:'吾其拂衡岳、拓西云行,与我三人游之。'又相谓予曰:'子其揭天台、掀雁荡以候夫我二人者。'予曰:'我知终身从二子游,二子有欲,我何弗勤,且我结两草亭、各标其号以为二子有焉,何如?'"④黄绾《阳明先生行状》载:"壬申冬,予(黄绾)以疾告归,公(阳明)为文及诗送予,且托予结庐天台、雁荡之间而共老焉。湛公又欲买地萧山、湘湖之间,结庐,与予三人共之。"⑤湛若水《阳明先生墓志铭》言:"(王阳明)时讲于大兴隆寺,而久庵

---

① 《王阳明全集》(新编本),第 762 页。
② 《石龙集》卷十七,第 11—12 页;《黄绾集》,第 338 页。
③ 对于正德七年,王阳明离开京师之原因,任文利先生有《〈式古堂书画汇考〉王阳明佚书四札:附考论》(载中华孔子学会主办《中国儒学》第三辑,中国社会科学出版社 2008 年版,第 220—226 页)一文,其中对正德年间王阳明在京师的出处进退之心迹进行考论,并提及:正德六、七年间王阳明诸讲友黄绾、方献夫、湛若水纷纷离开京师,而王阳明亦离开京师原因有三:君上昏庸、佞幸结党、大臣攀附,对于这种情况,非士人君子所能为,当此之时,可为之事即"退而修省其德"。据此,亦可推知黄绾离开京师真实缘由之一斑。
④ 《黄绾集》,第 187 页。
⑤ 《王阳明全集》(新编本),第 1428 页。

黄公宗贤会焉。三人相欢语,合意。久庵曰:'他日天台、雁荡当为二公作两草亭矣。'"①其实,王阳明、湛若水、黄绾三人最终均兑现了各自的承诺,只是"天意弄人",三人未能偕居终老,实属憾事!

二、隐居紫霄山的黄绾与王阳明继续论学

在湛若水、黄绾相继离开京师之后,王阳明也在正德七年十二月升南京太仆寺少卿,南下任职。是时,徐爱升任南京兵部车驾司员外郎,遂与王阳明一道,同舟归越②。

(一) 王阳明、徐爱受邀游天台、雁荡未遂

承上文所述,黄绾曾承诺王阳明、湛若水在天台、雁荡间为二友各揭草亭一处,藉讲学而终老。上文还提到黄绾曾请王阳明、湛若水撰文赠雁荡山人章达德归乡,王阳明《送章达德归东雁序(辛未)》也提及希望在雁荡之屏霞、天柱、泉石间寻访章达德③;而章达德也有接待湛、王二人来访雁荡的承诺。

正德八年(1513)春,王阳明由京师归省至越地,即拟与徐爱一行同游台、荡以访黄绾、章达德,然卒因宗族亲友牵绊,未能前行。夏五、六月间,阳明在越,等候黄绾前来,再一同偕往,亦未如愿。而后,王阳明、徐爱径从绍兴上虞入四明,观白水,寻龙溪之源,登杖锡,至于雪窦,上千丈岩以望(天台山)天姥、华顶。王阳明、徐爱原本打算取道宁波奉化至台州赤城、黄岩,"适彼中多旱,山田尽龟裂,道傍人家,彷徨望雨,意惨然不乐",遂从宁波乘舟而还越中。王阳明、徐爱的台州雁荡之行,亦遂中止。

此时,身在黄岩的黄绾苦苦等候王阳明而不果,遂有书信与阳明先生,询问台州之行未成之缘由,同时有"明春之期",即希望王阳明在翌年(正德九年)春再来台州(黄岩)游历。是年夏秋之际,王阳明有《与黄宗贤》书④,就未能及时赴雁荡之约,进行书面解释:

---

① 《王阳明全集》(新编本),第 1410 页。
② 同上,第 1241 页。
③ 同上,第 919 页。
④ 《王文成公全书》《王阳明全集》之中称此书信为《与黄宗贤二》,并标识成文年代为"壬申"即 1512 年;而根据史料记载:1512 年冬,黄绾已经引疾告归,而王阳明随后亦离开京城南下;再根据此书信所记时间(五月,烈暑)、地点(雁荡、上虞、四明、白水、龙溪、杖锡、雪窦、千丈岩等),完全可以推知王阳明《与黄宗贤二》成文年代非"壬申",而当系为"癸酉"即 1513 年为正。又据《阳明先生年谱》相关记载,成文时间基本可判定为癸酉年(1513)九、十月间。

使至,知近来有如许忙,想亦因是大有得力处也。仆到家,即欲与曰仁成雁荡之约,宗族亲友相牵绊,时刻弗能自由。五月终,决意往;值烈暑,阻者益众且坚,复不果。时与曰仁稍寻傍近诸小山,其东南林壑最胜绝处,与数友相期,候宗贤一至即往。又月余,曰仁凭限过甚,乃翁督促,势不可复待。乃从上虞入四明,观白水,寻龙溪之源,登杖锡,至于雪窦,上千丈岩以望天姥、华顶,若可睹焉。欲遂从奉化取道至赤城,适彼中多旱,山田尽龟裂,道傍人家彷徨望雨,意惨然不乐,遂自宁波买舟还余姚。往返亦半月余,相从诸友亦微有所得,然无大发明。其最所歉然,宗贤不同兹行耳!归又半月,曰仁行去,使来时已十余日。思往时在京,每恨不得还故山,往返当益易,乃今益难。自后精神意气当日不逮前,不知回视今日,又何如也!念之可叹可惧!留居之说,竟成虚约。亲友以曰仁既往,催促日至,滁阳之行,难更迟迟,亦不能出是月。闻彼中山水颇佳胜,事亦闲散。宗贤有惜阴之念,明春之期,亦既后矣。此间同往者,后辈中亦三四人,习气已深,虽有美质,亦消化渐尽。此事正如淘沙,会有见金时,但目下未可必得耳①。

言语之中,王阳明一方面对未能在正德八年春履行约定而前往天台、雁荡一事的前后缘由进行了解释,并表示了歉意;另一方面,王阳明忆及往昔在京师与黄绾等共学论道之情景,期望继续得以与黄绾(包括徐爱、应良)保持密切联系,进而砥砺学问、共证斯道。

是年(正德八年)夏秋之时,因"伏疴久未愈",黄绾于紫霄山中行道教辟谷之方,成诗作《病中习辟谷寄阳明甘泉(二首)》②。十月,王阳明至(安徽)滁阳,督马政③。是年底,在滁阳的王阳明有书函《与黄宗贤(癸酉)》:

---

① 《王阳明全集》(新编本),第162页。对此,《阳明先生年谱》亦有记载:"先生(王阳明)初计至家即与徐爱同游台、荡,宗族亲友绊弗能行。五月终,与爱数友期候黄绾不至,乃从上虞入四明,观白水,寻龙溪之源;登杖锡,至雪窦,上千丈岩,以望天姥、华顶;欲遂从奉化取道赤城。适久旱,山田尽龟折,惨然不乐,遂自宁波还余姚。绾以书迎先生。复书曰:'此行相从诸友,亦微有所得,然无大发明。其最所歉然,宗贤不同兹行耳。后辈习气已深,虽有美质,亦渐消尽。此事正如淘沙,会有见金时,但目下未可必得耳。'先生兹游虽为山水,实注念爱、绾二子。盖先生点化同志,多得之登游山水间也。"(《王阳明全集》[新编本],第1242页)
② 《黄绾集》,第13页。
③ 据《阳明先生年谱》记载:"冬十月,(王阳明)至滁州(今安徽贵池县)。滁山水佳胜,先生督马政,地僻官闲,日与门人遨游琅琊、瀼泉间。月夕则环龙潭而坐者数百人,歌声振山谷。诸生随地请正,踊跃歌舞。旧学之士皆日来臻。于是从游之众自滁始。"(《王阳明全集》[新编本],第1242页)

> 滁阳之行,相从者亦二三子;兼复山水清远,胜事闲旷,诚有足乐者。故人不忘久要,果能乘兴一来耶?得应原忠书,诚如其言,亦大可喜。牵制文义,自宋儒已然,不独今时。学者遂求脱然洗涤,恐亦甚难,但得渐能疑辩,当亦终有觉悟矣。自归越后,时时默念年来交游,益觉人才难得,如原忠者,岂易得哉!京师诸友,迩来略无消息。每因己私难克,辄为诸友忧虑一番。诚得相聚一堂,早晚当有多少砥砺切磋之益!然此在各人,非可愿望得①。

言辞之中,王阳明告以在滁阳"日与门人遨游琅琊、瀼泉间。月夕则环龙潭而坐者数百人,歌声振山谷。诸生随地请正,踊跃歌舞"之场景;与此同时,"旧学之士皆日来臻",故而王阳明特别期望身在浙南台州的黄绾能够前来,"登游山水间"而共学论道。此时,适在台州仙居的应良有书函与王阳明,请益论学,王阳明便以应良来函之事转告黄绾,希望黄绾在台州(黄岩)读书、证道之时与应良时时保持联系。

而为了兑现先前对王阳明、湛若水二友共学雁荡的承诺,正德九年(1514)左右,黄绾在黄岩城北紫霄山中构建草庵,并在灵岩山中为王阳明、湛若水各建一亭,命名为"阳明公亭""甘泉公亭",并称为"二公亭"②。黄绾有七言绝句《紫霄怀阳明甘泉(二首)》,敬候道友王阳明、湛若水的来访:"我庵新构紫霄间,万壑松烟翠自环。却忆曾盟骑鹤侣,两京寥落几时还。草庵初与两亭完,二妙高名落此山。怪我蒲团终日望,天涯人远掩松关。"③与此同时,黄绾又有《寄阳明先生书(四首之二)》告知此事:"近于山中构一庵,更结二亭,各标尊号,以俟二君子共之。偶成小诗数首,敢录请教。"④

正德十年(1515)春,黄绾有书函与时至南都任职的王阳明,劝说王阳明早

---

① 《王阳明全集》(新编本),第163页。
② 《黄岩县志》:"二公亭在灵岩,黄绾建,以待王阳明、湛甘泉者。"(转引自《雍正浙江通志》卷四十六)黄绾《寄甘泉书(二首之二)》:"向结二亭,今并为一亭,题曰'二公',比旧略宽,可以坐卧,颇得泉石之幽。"(《黄绾集》,第341页)
③ 《黄绾集》,第108页。此诗所提"我庵"即草庐,系黄绾日后所创石龙书院前身。黄绾还将《紫霄怀阳明甘泉》七绝诗歌镌刻于黄岩北乡灵岩左崖石壁上,款署"石龙"。详见喻长霖等纂修:《民国台州府志(二)》卷九十三《金石考六》,《中国地方志集成·浙江府县专辑45》,上海书店1993年版,第318页。
④ 《黄绾集》,第339页。此处"偶成小诗数首",即指上文《紫霄怀阳明甘泉》(二首)等。

日归隐,并来游天台、雁荡,以再续昔日京师论道之"前缘"。王阳明复函,有《与黄宗贤(癸酉)[乙亥]》书①:

> 春初,姜翁自天台来,得书,闻山间况味,悬企之极;且承结亭相待,既感深谊,复愧其未有以副也。甘泉丁乃堂夫人忧,近有书来索铭,不久且还增城。道途邈绝,草亭席虚,相聚尚未有日。仆虽相去伊迩,而家累所牵,迟迟未决,所举遂成北山之移文矣。应原忠久不得音问,想数会聚?闻亦北上,果然否?此间往来极多,友道则实寥落。敦夫虽住近,不甚讲学;纯甫近改北验封,且行;曰仁又公差未还;宗贤之思,靡日不切!又得草堂报,益使人神魂飞越,若不能一日留此也,如何如何!去冬解册吏到,承欲与原忠来访,此诚千里命驾矣,喜慰之极!日切瞻望,然又自度鄙劣,不足以承此。曰仁入夏当道越中来此,其时得与共载,何乐如之!②

此函之中,王阳明写了自己的近况,同时告知黄绾:湛若水因丁母忧,近期肯定无法赴约前往天台、雁荡间。言语之中,阳明还告以徐爱、王道等昔日京师学友之动向;同时,阳明与时在仙居的应良多次联系未果,再次希望黄绾能够与应良一道在浙南台州共学切磋。

是年(1515)八月,王阳明上《乞养病疏》③,不允。据《阳明先生年谱》称:"是年祖母岑太夫人年九十有六,先生思乞恩归一见为诀,疏凡再上矣,故辞甚恳切。"④此年九月三十日,系王阳明之父王华七十寿辰,此前王华女婿、王阳明门人徐爱以"吾子为通家"之故,特修书一封与此时家居黄岩的黄绾,请黄绾为王华七十大寿撰序文一通。盛情难却,黄绾成《实翁先生寿序》文一种,以表祝贺,文中对王阳明(包括徐爱)大为称赞:"令子(王阳明)得圣人之学于无传,方将龙蛇其身,求天地之化、鬼神之妙以为道,以待百世有征;曰仁(徐爱)则公之婿,亦以其学为时伟人;以此为公之至,古今可多有乎?……公子守仁,绾则

---

① 《王文成公全书》[《王阳明全集》(新编本)]系此函成文于"癸酉",即1514年,显系误记。根据阳明在此函所称"甘泉丁乃堂夫人忧,近有书来索铭,不久且还增城"云云,而湛母病逝于正德十年(1515)正月。据此,可以推定王阳明此函成文于"乙亥"即1515年。
② 《王阳明全集》(新编本),第163—164页。
③ 同上,第311页。
④ 同上,第1244页。

从而赖其成,即所谓得圣人之学者。"①

是年(正德十年),王阳明在南都之时②,台州临海林典卿、林彝卿兄弟同问学于王阳明。林氏兄弟归省台州、临行之前,与乃师王阳明道别,阳明赠《赠林典卿归省序(乙亥)》③,属林典卿返乡之后以"立诚"之言劝勉时讲学于天台、雁荡的黄绾、应良。

(二)黄绾调解王阳明与魏校、王道在南都发生的学术论辩

先是在正德九年(1514)四月,王阳明升任南京鸿胪寺卿,专以"良知"之旨指教后学。黄绾《阳明先生行状》云:"甲戌,(王阳明)升南京鸿胪寺卿,始专以'良知'之旨训学者。"④五月,从滁阳至南京后,政事之暇,王阳明即与门弟子相与论学。此时王门弟子"有渐流入空虚、为脱落新奇之论者",以致与阳明之教渐行渐远;此时作为"师者"的王阳明,亦反思之,故而调整讲学内容与教学方式,"只教学者'存天理,去人欲',为省察克治实功"⑤。

1. 黄绾对"王、魏之辩"的调解

正德九年左右,即王阳明在南都讲学期间,因时在南都刑部任职、宗朱学的魏校⑥与王阳明之间有"门户之分",阳明的南都门人与魏校门生之间展开相应的论辩,"是伯安(王阳明)者则以子才(魏校)为谬,是子才者则以伯安为非"。需要说明的是,此场在南都发生的学术争辩,已经传到京师(北京),远在京师的友人致函在浙南黄岩隐居的黄绾,告知"王、魏之辩"一事。

笔者以为,发生在南都的这场"王、魏之辩",颇似南宋的"朱陆之辩":王

---

① 《黄绾集》,第193—194页。
② 据《阳明先生年谱》记:"十年辛亥,先生四十四岁,在京师。……是年当两京考察,例上疏。"[《王阳明全集》(新编本),第1243页]此处"在京师",改为"在南都"为妥。
③ 《王阳明全集》(新编本),第250—251页。又,林典卿日后出任解守时,黄绾有《送林典卿序》文相赠《黄绾集》,第196—197页)。
④ 转引自《王阳明全集》(新编本),第1428页。施邦曜《阳明先生年谱》:"九年甲戌,先生四十三岁。四月,升南京鸿胪寺卿。是年专以'致良知'训学者。"([明]施邦曜辑评:《阳明先生集要》,中华书局2008年版,第10页)值得注意的是,钱德洪《阳明先生年谱》将王阳明揭"致良知"时间系于正德十六年。拙著从钱氏之说。
⑤ 详见《阳明先生年谱》,《王阳明全集》(新编本),第1243页。
⑥ 魏校(1483—1545),《明儒学案》卷三《崇仁学案三》有传:"魏校,字子才,别号庄渠,昆山人。弘治乙丑进士,授南京刑部主事,历员外郎、郎中。不为守备奄人刘琅所屈。召为兵部郎,移疾归。嘉靖初,起广东提学副使。丁忧,补江西兵备,改河南提学。七年升太常寺少卿,转大理。明年,以太常寺卿掌祭酒事,寻致仕。先生(魏校)私淑于胡敬斋。其宗旨为天根之学,从人生而静,培养根基,若是孩提,知识后起,则未免夹杂矣。……先生提学广东时,过曹溪,焚大鉴之衣,椎碎其钵,曰:'无使惑后人也。'谥恭简。"(见《黄宗羲全集》第7册,第41—42页)

阳明主心学,似陆九渊;魏校宗理学,像朱熹;而黄绾则扮演了吕祖谦的角色,极力调和之。此时的黄绾与魏校不曾相识与交往,但是出于维护王学(包括"陆学")的立场,黄绾致函先前在京城结识而此时在杭城任职的李逊庵,且以为李逊庵之学与阳明之学的价值取向、为学路数无异;进而希望作为魏校业师的李逊庵能够从中加以调停、斡旋,即劝说魏校及其门生放弃"门户之见":"朱果有益于此则求之于朱,陆果有益于此则求之于陆,要皆自成其身而已。"从而使王阳明、魏校双方均"以天地为度,各通其志,各尽其力",共倡圣学。

黄绾《复李逊庵书》对南都发生的"魏、王之辩"作如是观:

> 近者京师朋友书来,颇论学术同异,乃以王伯安、魏子才为是非:是伯安者则以子才为谬,是子才者则以伯安为非。若是异物,不可以同。子才,旧于公处见其数书,其人可知。伯安,绾不敢阿所好,其学虽云高明而实笃实,每以去心疚、变气质为本,精密不杂,殊非世俗谤议所言者,但未有所试而人或未信。向者公尝语绾曰:"凡遇事,须将己身放开一边,则当洒然自得其理。"绾每诵以为数字符。及读《易·艮卦》,云:"艮其背,不获其身。行其庭,不见其人。"然后知公言之有自,实与伯安之旨无二。子才素讲于公,学问根本宜无不同。盖皆朋友用功未力,好起争端,添驾为疑,以致有此,诚可慨也。

在《复李逊庵书》中,黄绾还剖析了北宋五子之学"殊途而同归,百虑而一致",点明"门户之见"之于"圣学"的危害性:"昔者二程之学似不同于濂溪,伊川之言若有异于明道,邵、张之绪若不同于二程,但其大本之同,相观相长,卒以同归而皆不失为善学。他如司马、吕、文、韩、富诸公,虽功名道德各有其志,然皆为深交笃契,为国家共济,岂如今日动辄分离也!"与此同时,黄绾又援引"朱陆之辩"事,指出:朱子门人所持"门户之见"之于"德性""圣学"业已造成了无穷弊端:"至于晦翁、象山始有异辩,然亦未尝不相为重,至晦翁门人专事简册,舍己逐物,以争门户,流传至今,尽经纂辑为举业之资,遂满天下,三尺童子皆能诵习,腾诸颊舌。或及德性,即目为禅,乃以德性为外物、圣学为粗迹,道之晦蚀,一至此矣。殊不知古人所谓问学者,学此而已。学不由德性,其为何学?"据此,黄绾希望李逊庵劝诫自己的门生魏校暂时搁置"朱陆之辩"式的"门户之见"与"意气之争",与阳明先生一道"以天地为度,各通其志,各尽其力",从而共证斯道:"贤如子才,岂宜有此!绾知必不然矣。况为学此时,不啻晓天微星,并力共图,犹患寥落磨泯、颓而不振,况志之未笃、工之未力,各相排摈、销沮阻丧,实乃自坏,此事关系非细。区区朱陆之辩,姑置之可也。朱果有益于此则求之于朱,陆果有益于此则求之于陆,要皆自成其身而已。辱深爱,敢并及此。倘得一言子才,只以天地为度,各通其志,各尽其力,斯道之幸何如!"①不难发现,此时的黄绾对于当年的"朱陆之辩"乃至今日的"王、魏之辩"均能秉持开放、包容的学术心态。

与此同时,黄绾还通过好友邵锐②调解"王、魏之辩"。先前,黄绾与邵锐曾在杭城有过一面之缘,彼此较为熟悉。此时,邵锐、魏校同在南都任职,且同与阳明先生及其门人进行了论辩。为说服邵锐摒弃"门户之见",接受陆学"尊德性"之教,黄绾致书邵锐,希望邵锐能够保持"中立"的学术立场,进而积极地从中调解、劝说魏校及其门生摒弃"门户之见",与阳明先生一道共倡圣学。

黄绾在《答邵思抑书》中首先以"吾人学问惟求自得以成其身"为立论前提,指出圣人之学、之道,实无门户可立、名声可炫、功能可矜。当今之世,学者立志于圣学,当对"朱陆之同异"作一理性的审视判断:"苟求之能成吾身而有益于得,虽百家众说皆可取也,况朱陆哉!苟求之不能变吾气质而无益于得,虽圣言不敢轻信,况其他哉!……若朱有益于此则求之于朱,陆有益于此则求之于陆,何彼我之间、朱陆之得亲疏哉!"这里,黄绾还列举自己十多年来于朱子之学克苦用功之事:"仆(黄绾)于朱书曾极力探讨,几已十年,虽只字之微,必咀嚼数四,至今批抹之本、编纂之册皆可验也。"也正是在尽读朱、陆之书并用功体知斯"道"的工夫实践之中,黄绾于"陆学"乃有所得,故而劝告好友邵锐不妨暂且"搁置"俗学之偏见,亦于"陆书"用功一段时间,必有"心得":

---

① 《黄绾集》,第334—335页。
② 邵锐(1480—1535),字思仰,号端峰,别号半溪,浙江仁和塘栖(今杭州市余杭区塘栖镇)人。《明世宗实录》卷一百七十六《邵锐传》:"锐,浙江仁和县人。由正德三年进士改庶吉士,授翰林院编修。调宁国府推官,升南京吏部主事、礼部员外郎、江西提学佥事、福建提学副使、湖广右参政、河南按察使、广东、山东左右布政使,至今官。引疾归。锐质任自然,不为矫饰,而言动必依于理,一时称为端士。故官不过三品而恤典特厚云。"《明史》卷二三八《良政传》:"良政,字师伊。守仁抚江西,与兄良弼,弟良器、良贵咸学焉。提学副使邵锐、巡按御史唐龙持论与守仁异,戒诸生勿往谒,良政兄弟独不顾,深为守仁所许。"[《明史》(简体字本),第4867—4868页]据《明史》所述,可以发现,邵锐的学术立场与王阳明确实有异。

请兄于陆书姑读之,久看所得,比之于朱何如,又比之濂溪、明道何如,则可知矣。世皆以陆学专尊德性而不及道问学,故疑之曰禅。凡其有言,概置之不考;有诵其言者,辄命之曰禅,不复与论。是以德性为外物,圣学有二道哉!殊不知象山每以善之未明、知之未至为心疚,何不道问学之有?又其言曰:"束书不观,游谈无根。"何不教人读书也?但其所明、所知与所读有异于人者,学者类未之思耳!①

言辞之中,黄绾之良苦用心,昭然若揭。易言之,黄绾希望邵锐能够放弃"门户之见"、摒弃"成见",理性地审视此时发生在南都的"王、魏之辩",且利用"身居其间"之利,"据理一言",以使王、魏并其门生共学斯道:

又闻魏君子才学行绝出,仆极倾仰,但与阳明时有门户之驰,浅陋念此,不堪忧怅,惟恨无由一讯其故。然求吾道于此时,真所谓不绝如线。海内有志如吾徒,能有几人?只此几人而又分裂如此,不肯合并切磋、深求至当,往往自高自止,转相讥刺如世俗。斯道一脉,岂不自吾徒坏也?阳明素知其心如白日,决无此事。魏君虽未接,尝得之李逊庵,及见其数书,虚己平恕,可知亦必无此。窃意为其徒者,各持胜心,或私有所怀,巧添密剿,推附开合。如昔朱陆门人以自快一时,却不知此道塞天地、亘古今,无物不该、无人不同,可独为阳明、子才之私,象山、考亭之有也?②

以上便是黄绾对调解"王、魏之辩"所付出的努力,可以推知:黄绾此时的学术立场基本上是"中立"的,但是黄绾毕竟与阳明先生共学论道久矣,再加上自己于朱书、朱学用功颇久而无所得,但于陆书、陆学而有所得:故而黄绾在此偏袒陆、王之学,亦情有可原。

2. 黄绾对王阳明、王道师徒二人论见分歧的调解

吊诡的是,时曾在南都供职的王阳明昔日门人——王道受到魏校、邵锐的影响,与乃师王阳明、好友黄绾渐行渐远。此时的王道,先后有两封书函与黄

---

① 《黄绾集》,第333页。
② 同上,第333—334页。又见黄宗羲编《明文海》卷一百六十五《书》十七"讲学",《文渊阁四库全书》第1454册,第720—721页。

绾,委婉告知自己对昔日业师阳明之学已"疑而不信",并希望黄绾就"王、魏之辩"尽快发表意见,"以尽同异"。作为友人,黄绾以"古圣贤相传之心"为参照,反对"门户之见",及时复函王道①,成《复王纯甫书》(二之一):

> 仆卧病山中,与世隔越,忽邵思抑寄到兄手书。有"各尊所闻、各行所知",不知何以有此,即欲修书请问,度或无益,姑止未敢。昨再得书,知不终弃,喜慰何如!且令仆言以尽同异,尤知与善盛心。
> 夫圣人事业,广博极乎天地。其道虽大,其本只在一心。盖一心之眇,君临百骸,道德仁义由此而备,礼乐刑政由此而出,六经四子由此而作。累于私则蔽而昏,反其本则明而通。蔽而昏则无所不害,明而通故无所不用。用之则三极之道立,害之则三极之道废。今欲学圣人,惟求之吾心而已。不知反之于心,求其累与害者去之,徒以博物洽闻为有事、旁寻远览为会通,是乃逐物而滋蔽也。故古圣传授皆以克己去私为至要,私去则心无所蔽,其体清明而天下之本立矣。故曰"皇建其有极也",非若释老专事生死、不恤其他。昔者朱、陆二先生皆欲明此者也,但所造各有浅深、偏纯之异,不可皆为已至,不思补救其弊以求自成自得之妙,从事纸墨,为按图索骏之误,卒堕俗学之归,以贻轮扁之笑。
> 昨兄书云讲于子才,参之《论语集注》,无有不合。仆不敢易,但谓兄更能以我观书,深求至当,以为先贤忠臣,岂不尤妙!仆尝曰:"苟求之,能变吾气质而有益于得,虽百家众说皆可取也;苟求之,不能变吾气质而无益于得,虽圣言不敢轻信。若朱有益于此则求之于朱,陆有益于此则求之于陆。何彼我之间、朱陆之得亲疏哉!"今若不求其至、不究其是,妄立门户以为异,自矜功能以夸耀,各相离合以为党,圣人之学决不如此,吾人又可以此谓之学哉?仆虽至愚,戒之久矣。卓越如兄,肯为此哉!仆亦何疑,承念敢云,惟兄其谅之,幸甚!②

书函之中,黄绾基于自己于圣学的"体知"、"默会"之所得,告知王道"圣人

---

① 按:王阳明与黄绾之间就王道背离"王门"一事,亦有书函往来,见下文。
② 《黄绾集》,第335—336页。

之道虽大,其本只在一心";朱学也好、陆学也罢,对于"古圣传授"之法并无分歧:"皆以克己去私为至要,私去则心无所蔽,其体清明而天下之本立矣。"这里,黄绾尤其希望王道在为学之时能够"以我观书,深求至当",并以黄绾《答邵思抑书》所云"学问之道,以自得受用为益"云云转告之:"苟求之,能变吾气质而有益于得,虽百家众说皆可取也;苟求之,不能变吾气质而无益于得,虽圣言不敢轻信。若朱有益于此则求之于朱,陆有益于此则求之于陆。何彼我之间、朱陆之得亲疏哉!"简言之,基于维护"圣人之学之道"的基本立场,对于"妄立门户以为异,自矜功能以夸耀,各相离合以为党"的门阀学风,黄绾是坚决反对并予以强烈批评的。

或许系学术立场分歧明显,王道对好友黄绾的书函未作答复。但是,黄绾又有书信与王道即《复王纯甫书》(二首之二),诚恳地希望此时"深得"魏校之说的王道尽快复函,介绍魏校之学的基本路数,以便黄绾通过比较王、魏二家学术之同异,从而做出理性、客观的"裁决":

> 向日一笺,未蒙回示,深用企仰。吾兄尝称魏子才者,虽未识其人,向已闻其略矣。知子才爱玩《易传》,仆于《易》亦尝用心,但求下手之实。苟非心地精一,则不能立天下之大本,本既不立,则将何变易、随时以从道哉?且《易》为洁净精微之教,舍此不求,不知所谓洁净者何所,而所谓精微者何有?况体用一源、显微无间,未有体不立而用独行、显微而二致者。阳明向与吾辈所讲,先此用力而已,自谓元无不同。子才以为不同,谅子才必自有说,吾兄必得之深矣。便中乞不惜详教,使仆得究所以同、不同之实,以俟"同人于野",彼此之益何如?风便谨此附请,伏惟心炤。不具①。

这里,黄绾探知魏校于《易》曾多有用功,乃以自己学《易》心得转告于王道:"《易》为洁净精微之教","苟非心地精一,则不能立天下之大本",《易》之所阐"体用一源、显微无间"之道与圣学之"体"同源同流。如是,黄绾本人即便未曾与魏校相识,也坚决认为王、魏二人的为学宗旨"元无不同"。故而,王道作为阳明先生的昔日门人,更有义务和担当,主动出面调和"王、魏之辩","以天

---

① 《黄绾集》,第 336—337 页。

地为度,各通其志,各尽其力",同心共学,以证斯道!

对于王阳明与王道之间"有隙"一事①,黄绾也有书函直接询问王阳明师徒之间发生分歧之原委。王阳明复函,即《与黄宗贤(癸酉)[乙亥]》②。王氏此书之中,先是对黄绾用心调和"王、魏之辩"的努力予以感谢:"书来,及纯甫事,恳恳不一而足,足知朋友忠爱之至。世衰俗降,友朋中虽平日最所爱敬者,亦多改头换面,持两端之说,以希俗取容,意思殊为衰飒可悯。若吾兄真可谓信道之笃而执德之弘矣,何幸何幸!"③接着,王阳明把在南都之时与王道论学交游,乃至王道转官北上之后的书函往来诸事,予以挑明:

> 仆在留都,与纯甫住密迩,或一月一见,或间月不一见,辄有所规切,皆发于诚爱恳恻,中心未尝怀纤毫较计。纯甫或有所疏外,此心直可质诸鬼神。其后纯甫转官北上,始觉其有悗然者。寻亦痛自悔责,以为吾人相与,岂宜有如此芥蒂,却有堕入世间较计坑陷中,亦成何等胸次! 当下冰消雾释矣。其后,人言屡屡而至,至有为我愤辞厉色者。仆皆惟以前意处之,实是未忍一日而忘纯甫。盖平日相爱之极,情之所钟,自如此也。旬日间复有相知自北京来,备传纯甫所论。仆窃疑有浮薄之徒,幸吾党间隙,鼓弄交构,增饰其间,未必尽出于纯甫之口。仆非矫为此说,实是故人情厚,不忍以此相疑耳。仆平日之厚纯甫,本非私厚;纵纯甫今日薄我,当亦非私薄。然则仆未尝厚纯甫,纯甫未尝薄仆也,亦何所容心于其间哉! 往往见世俗朋友易生嫌隙,以为彼盖苟合于外,而非有性分之契,是以如此,私窃叹悯。自谓吾党数人,纵使散处敌国仇家,当亦断不至是。不谓今日亦有此等议论,此亦惟宜自反自责而已④。

从王阳明的书函之中,我们可以读出王阳明对爱徒王道的器重与信任。

---

① 关于王阳明与王道之间产生"分歧"之前的师生往来,可参考《王阳明全集》之《与王纯甫一(壬申,1512)、二(癸酉,1513)、三(甲戌,1514)、四(甲戌,1514)》《王阳明全集》之《别王纯甫序(辛未,1511)》,第166—170、247—248页。此"有隙"即上文所述,王阳明在南都讲学期间与魏校之间产生学术分歧,魏校宗朱子学,反对陆学;而王道背离"心学",支持魏校,故而师徒二人之间"有隙"。
② 《王文成公全书》《王阳明全集》)系此函于"癸酉",即1514年,系误标。根据王阳明此函内容,当系在"乙亥"即正德十年(1515)为正。
③ 《王阳明全集》(新编本),第164页。
④ 同上,第164—165页。

"君子绝交,不出恶语",尽管王道极力"逃避"业师阳明先生,乃至有"转官北上"之举,率先挑明与乃师的学术"分歧";但是王阳明对爱徒还是予以同情和理解,并为之辩护。此外,在《与黄宗贤(癸酉)[乙亥]》书中,王阳明对时在台州的黄绾、应良依旧充满厚望,并以"立诚"之说予以点拨、劝勉。

行文至此,通过对黄绾调解"王、魏之辩""王(阳明)、王(道)师徒之隙"的上述数种信函的征引与解读,可以得出这么一个结论:尽管黄绾在"朱陆之辩"的问题上反对"门户之见",但是其"宗陆""宗王"的心学立场亦昭然若揭。中年黄绾学术立场的转向,即由(程朱)理学转向(陆王)心学,无疑受到了王阳明、湛甘泉的启发,故而黄绾对"朱陆同异之辩"的学术立场,也深受王阳明的影响。

三、黄绾与王阳明在江西平叛之时的信函交往

正德十一年(1516)九月,王阳明升都察院左佥都御史,巡抚南赣汀漳等处。是时,汀、漳各郡皆有巨寇,兵部尚书王琼特举王阳明前往平叛、镇压。十月,王阳明曾归省至越①。正德十二年(1517)正月,王阳明至赣;二月,平漳寇;四月,班师;五月,立兵符;六月,疏请疏通盐法;九月,改授提督南赣汀漳等处军务,给旗牌,得便宜行事;十月,平横水、桶冈诸寇;十二月,班师②。

王阳明在平定汀、漳巨寇乃至稍后镇压宁王朱宸濠叛乱之时,黄绾、王阳明二人之间主要通过书函往来,继续谈学论道。兹以年代为序,逐一考述。

(一) 正德十三年(1518)

先是在正德十二年五月十七日,王阳明高足、黄绾挚友、时任南京工部都水司郎中徐爱,因得痢疾,暴卒于山阴寓馆,享年三十一岁。时寓赣州的王阳明,于是年七月十五日、八月十一日各有《祭(徐曰仁)文》一种③,以志痛悼之情。

正德十三年春夏之际,有黄岩乡人自江西归来,带来王阳明手札一通(附《祭徐曰仁文》)。随后,黄绾复函阳明即《寄阳明先生书(四之三)》,交流自己近来读书、悟道之"心得",以为程朱之学所倡导的"静坐""主敬""静中看喜怒

---

① 《王阳明全集》(新编本),第1244页。
② 《王阳明全集·年谱》(新编本),第1245—1255页。为便于行文,拙著对于王阳明是年的军事活动一并叙述。
③ 钱明编校整理:《徐爱·钱德洪·董沄集》,凤凰出版社2007年版,第97—98、101—102页。正德十三年四月十七日,王阳明又有《祭文》一种(见前揭书,第106页)。

哀乐未发作何气象","皆非古人极则工夫。所谓极则工夫,但知本心元具至善,与道吻合,不假外求,只要笃志于道,反求诸己而已","夫笃志于道,即所谓'允执厥中'是也":

> 昔者孔子自十五志学,至七十从心不逾矩,进退无已,只此志之日笃也。故语颜子,使之欲罢不能,既竭吾才,至于卓尔。此乃圣门极则之学与极则之传也。若徒知静坐、主敬、观玩光景,而不先之以立志,不免动静交违、灭东而生西也。夫才说静便有不静者在,才说敬便有不敬者在,才说和乐便有不和乐者在,如此用工,虽至没世,无所税驾。乃知"笃志"一语,真万世为学之要诀也①。

在《寄阳明先生书(四首之三)》中,黄绾认为:宋儒自周敦颐、程颢之外,唯陆九渊之言"明白痛快,直抉根原",然而遗憾的是,后世学者反目之为禅而不信。为给陆氏之学"昭雪平反",黄绾特列举比照程颐与陆九渊二人对于"去欲存理"的看法:程颐曰:"罪己责躬之意不可无,亦不可留胸中为悔。"陆九渊则不然,曰:"旧过不妨追责,益追责益见不好。"又曰:"千古圣贤,何尝增损?得道只为人去得病。今若真见得不好、真以为病,必然去之,去之则天理自在,道自流行,所谓'一日克己复礼,天下归仁'者也。"在此,黄绾以为陆氏所主"去欲"之法更为接近圣人之言。

与此同时,黄绾还指出:陈献章、湛若水一脉所主"静坐"的修养工夫,亦非"圣门宗旨"。这里,黄绾提及道友湛若水往年颇疑阳明先生"拔病根"之说,"凡遇朋友责过及闻人非议,辄恐乱志,只以静默为事"。与之相反,黄绾提出了"无欲方是真静"的主张:"若欲无欲,苟非勇猛锻炼、直前担当,何能便得私欲尽净、天理纯全?此处若不极论,恐终为病。"为了与湛若水进行交流,黄绾还致书已归隐西樵山的湛若水,"略论静坐无益"之事。这也标志着黄绾已经对江右心学"主静"的工夫路径产生了怀疑。

在《寄阳明先生书(四首之三)》中,黄绾基于自己所体认的"反己笃志"的"古人极则工夫",又对王阳明在《送甘泉序》中所言"孔子传之颜子,颜子殁而

---

① 《黄绾集》,第339页。

不传,惟曾子以一贯之旨传之"云云,提出了质疑,曰:"夫一贯之要,只在反己笃志而已。颜、曾资禀虽或不同,其为一贯之传则必无二。鄙见如斯,不审日来尊见如何?"①

为了回应黄绾的读书体道之所得,嗣后,王阳明有《与黄宗贤(丙子)[戊寅]》书②,其中有"别后工夫,无因一扣,如书中所云,大略知之。'用力习熟,然后居山'之说,昔人尝有此,然亦须得其源。吾辈通患,正如池面浮萍,随开随蔽。未论江海,但在活水,浮萍即不能蔽。何者?活水有源,池水无源,有源者由己,无源者从物。故凡不息者有源,作辍者皆无源故耳"云云③。

除却是年(正德十三年)春与王阳明有一通书信之外,黄绾还另有书函与王阳明,其中附有诗作一种。嗣后,王阳明复函《与黄宗贤(戊寅)》:"得书,见相念之厚,所引一诗尤恳恻至情,读之既感且愧,几欲涕下。人生动多牵滞,反不若他流外道之脱然也,奈何奈何!近收甘泉书,颇同此憾。士风日偷,素所目为善类者,亦皆雷同附和,以学为讳。吾人尚栖栖未即逃避,真处堂之燕雀耳。原忠闻且北上,恐亦非其本心。仕途如烂泥坑,误入其中,鲜易复出。吾人便是失脚样子,不可不鉴也。承欲枉顾,幸甚幸甚!好事多阻,恐亦未易如愿,努力图之!笼中病翼,或能附冥鸿之末而归,未可知也。"④此函之中,王阳明对"士风日偷"之时局,提出了自己的看法,并提出此时(正德十三年左右)非士人出仕之时;弦外之音,黄绾包括湛若水所选择的归隐读书之道,则是士人的理智选择。

(二) 正德十四年(1519)

正德十四年六月,宁王朱宸濠在南昌发动叛乱,史称"宁王之乱",又称"宸濠之乱"。最终由王阳明平定。据《阳明先生年谱》记载:六月,王阳明奉敕镇压福建叛军,十五日,至丰城,闻宸濠反,遂返吉安;十九日,上疏告变;壬午,再告变;甲辰,引兵发吉安;丙午,大会于樟树;己酉,誓师;庚戌,次市汊;辛亥,拔南昌,纵兵追濠;甲寅,始接战;乙卯,战于黄家渡;丙辰,战于八字脑;丁巳,获濠于樵舍,江西平。八月,王阳明疏谏亲征。九月壬寅,王阳明献俘钱塘,以病

---

① 《黄绾集》,第339—340页。又见于黄宗羲编《明文海》卷一百六十五《书》十七"讲学"。
② 《王文成公全书》[《王阳明全集》(新编本)]标识王阳明此函成文时间系"丙子"即1516年,系误标;根据书函内容及《阳明先生年谱》记载,此函成文当在"戊寅"即1518年。
③ 《王阳明全集》(新编本),第165—166页。
④ 同上,第166页。

留。十月,赴镇江金山寺。十一月,返江西①。

是年,王阳明因平定宸濠之乱而成有功之臣。黄绾有《寄阳明先生书(四之四)》:"鄙陋山居,八易寒暑,不觉髭鬓种种,岂胜愧慨!闻隆勋绝世,位宠不卜可知。《乾》之上九曰:'亢龙有悔。'此不独人君之象,凡为臣子,处功名位望之极,理亦如此。况危疑之际,事势可忧,不但'亢龙'而已。昔孔明谓刘琦曰:'申生在内而危,重耳在外而安。'今奸欺盈朝,欲为宗社深虑而事权在人,惟在外可以终济明哲。煌煌君子,其留意焉。"②此函之中,黄绾以《易·乾》之上九爻辞"亢龙有悔"为例,告诫王阳明尽管因平定"宁王之乱"而有功于朝廷,但是在"奸欺盈朝"的"事势可忧"之时,更要注意明哲保身,远离内庭,免遭群小的妒忌与中伤。

(三)正德十五年(1520)

是年闰八月中秋前夕,黄绾、应良送别来访台州的郑善夫至绍兴,渡江北上。黄绾、应良、郑善夫在绍兴寻访到朱节、王琥等"王门"同志;中秋月夜,黄、应、郑、朱、王五人荡舟镜湖,畅饮作诗。此时,他们不禁想起正在江西前线的好友、业师阳明先生,于是乎,黄绾有七言绝句《同守中世瑞元忠继之乘月泛镜湖忆阳明(二首)》:"三日秦望宿雨霁,百里镜湖秋月明。此夜荡舟同四子,江山重见古人情。云山不改当年见,风月偏牵别恨长。更尔怀人不能寐,虔南应入梦翱翔。"③

是年,王阳明在江西,有《书佛郎机遗事(庚辰)》之作,其中有乐府诗《佛郎机》:"佛郎机,谁所为?截取比干肠,裹以鸱夷皮;苌弘之血衅不足,睢阳之怒恨有遗。老臣忠愤寄所泄,震惊百里贼胆披。徒请尚方剑,空闻鲁阳挥。段公笏板不在兹,佛郎机,谁所为?"④以歌颂老臣林俊⑤督造佛郎机模型并遣人馈赠与王阳明,以助其平"宁王之乱"。王阳明把《佛郎机》之乐府诗寄与黄绾,黄绾次韵和之,成《佛郎机次阳明韵》:"佛郎机,老臣为。赤心许国白日照,蜀岭归来空骨皮。东越山人旧知己,尺书千里情不遗。巨蟒思吞蹴天纪,黄霾

---

① 《阳明先生年谱》,见《王阳明全集》(新编本),第1265—1277页。
② 《黄绾集》,第340页。
③ 同上,第111页。
④ 《王阳明全集》(新编本),第964—965页。
⑤ 林俊(1452—1527),字待用,一作大用,号见素、云庄,福建莆田人。成化十四年(1478)登进士第。历官刑部主事、员外郎,尝上疏请斩妖僧继晓,并罪中贵梁芳。疏入,触帝怒,下狱,贬姚州判官,后复官以右副都御史巡抚四川,又致仕。嘉靖改元,起工部尚书,后改刑部。林俊刚直敢谏,廉正忠诚,是成化、弘治、正德、嘉靖四朝老臣,朝有大政,必侃侃论之,中外想望其风采。卒谥贞肃。有《见素文集》二十八卷,《奏疏》七卷,《续集》十二卷行于世。

澒洞谁敢披。山人九族奋不顾,赤手杖剑当云挥。佛郎机,迟尔来,神交不远应尔为。"①与此同时,江右王门学者邹守益也有七言古诗《佛郎机手卷为见素林先生赋》②,对林俊之义举予以称颂。

第四节 黄绾对王阳明"致良知"之教的服膺

先是在正德十六年(1521),已历经"宸濠、忠泰之变"之"洗礼"的王阳明,在江西(南昌)始揭"致良知"之教。

据《阳明先生年谱》载:"是年,(阳明)先生始揭致良知之教。……自经宸濠、忠泰之变,益信良知真足以忘患难、出生死,所谓考三王、建天地、质鬼神、俟后圣,无弗同者。"此时,王阳明致书江右王门学人邹守益,曰:"近来信得'致良知'三字,真圣门正法眼藏。往年尚疑未尽,今自多事以来,只此良知无不具足。譬之操舟得舵,平澜浅濑,无不如意,虽遇颠风逆浪,舵柄在手,可免没溺之患矣。"一日,王阳明喟然发叹。江右王门学者陈九川问曰:"先生何叹也?"曰:"此理简易明白若此,乃一经沉埋数百年。"九川曰:"亦为宋儒从知解上入,认识神为性体,故闻见日益,障道日深耳。今先生拈出'良知'二字,此古今人人真面目,更复奚疑?"阳明曰:"然譬之人有冒别姓坟墓为祖墓者,何以为辨?只得开圹将子孙滴血,真伪无可逃矣。我此'良知'二字,实千古圣圣相传一点滴骨血也。"又曰:"某于此'良知'之说,从百死千难中得来,不得已与人一口说尽。只恐学者得之容易,把作一种光景玩弄,不实落用功,负此知耳。'"③而"致良知"之教的揭橥,也标志着王阳明良知学体系建构的最终完成。

一、黄绾闻王阳明"致良知"之教"乃称门弟子"

正德十六年六月,王阳明升南京兵部尚书、参赞机务,遂疏乞便道省葬④八

---

① 《黄绾集》,第41—42页。
② (明)邹守益著,董平编校整理:《邹守益集》,第1217页。
③ 《王阳明全集》(新编本),第1287—1288页。
④ 同上,第1290—1291页。

月,归越。冬,王阳明因江西平叛有功,封新建伯①。

嘉靖元年(1522)二月十二日,王阳明父王华病卒,享年七十七②。黄绾得知音讯后,即有祭文《祭实翁先生文》:"於乎！我公以宏才厚德,自布衣魁天下,为时元老,享有寿考。而又笃生令子,以圣人之学,继往躅、开来裔,以济时艰,功存社稷,福及生民,頼仰天地,能几如之？绾从游令子,感淑恩私。于公之逝,伤痛如何！一厄薄酬,物菲情悲。於乎！尚享！"③祭文之中,黄绾不仅称实翁王先生"宏才厚德"、"享有寿考",也对阳明先生的事功、文章予以称颂。这足以表明此时的黄绾经过与阳明先生多年的交往,早已被阳明先生的道德、文章、事功所折服。

是年(即嘉靖元年)秋,黄绾从台州启程至越中(绍兴),寻访将近十年不得相见、且已发明"致良知"之教的道友——阳明先生。在越中,黄绾向王阳明请益问学,阳明即授以从百死千难中得来的"圣门正法眼藏"——"致良知"之教。黄绾闻后,大为叹服,当下即认定"致良知"之教"简易直截,圣学无疑",遂甘愿执贽称门弟子。黄绾《明是非定赏罚疏》云:"臣(黄绾)曩与守仁为友,几二十年。一日自愤寡过之不能,守仁乃语以所自得,时若有省,遂如沉疴之去体,故复拜之为师。则臣于守仁,实非苟然以相信,如世俗师友之比也。"④黄绾《与郑继之书》(三之三)曰:"至越,会阳明,其学大进。所论'格致'之说,明白的实,于道方有下手,真圣学秘传也。"⑤黄宗羲《明儒学案·黄绾传》载:"阳明归越,先生(黄绾)过之,闻'致良知'之教,曰:'简易直截,圣学无疑,先生真吾师也,尚可自处于友乎？'乃称门弟子。"⑥

按,关于黄绾正式师从王阳明的时间,《阳明先生年谱》中有两种说法,一作"宗贤至嘉靖壬午(1522)春,复执贽称门人"⑦;又《阳明先生年谱》在正德七年(1512)条下有一案语,称:"按《同志考》,是年穆孔晖、顾应祥、郑一初、方献夫、王道、梁谷、万潮、陈鼎、唐鹏、路迎、孙瑚、魏廷霖、萧鸣凤、林达、陈洸及黄

---

① 《王阳明全集》(新编本),第1291—1292页。
② 《阳明先生年谱》(《王阳明全集》新编本)作"年七十",误,兹据李丕洋《〈阳明先生年谱〉史料及刻印勘误》(载张新民主编《阳明学刊》第四辑,巴蜀书社2009年版,第122页)一文改正。
③ 《黄绾集》,第555—556页。
④ 同上,第628页。
⑤ 同上,第344页。
⑥ 《明儒学案》卷十三《浙中王门学案三·尚书黄久庵先生绾》,《黄宗羲全集》第7册,第318页。
⑦ 《王阳明全集》(新编本),第1237页。

绾、应良、朱节、蔡宗兖、徐爱同受业。"①陈来《有无之境·〈年谱〉笺考》也以为黄绾"至嘉靖壬午春始执贽称门人"②。笔者以为：当以嘉靖元年(1522)之秋之记载为正③。

黄绾此次在越停留月余，侍从王阳明宣讲"致良知"之教。先是前年(正德十六年)九月，王阳明归余姚，指导后生，钱德洪等请见并师从之。黄绾此行，很可能与钱德洪等相识，并结为同志。此外，在越中之时，黄绾还结交了江右王门之中随侍王阳明至越的众弟子。

是年深秋，黄绾在绍兴辞别王阳明，转道嵊州剡溪(过东阳)至永康寻访道友应典，与黄绾一道成行的，还有临海学者林典卿。黄绾在永康寿岩、方岩、石鼓寮一带讲学，时间达半月有余；永康地方学者应典、周凤鸣、应抑之、周德纯、周晋明、周仲器等参与，"皆欢然有省"，"应天监、赵孟立、徐子实相继复来，论各有得"，"山中小生程梓、周玲、孙桐皆奋然有志"，程舜夫等"皆喜"。此次游学经过，黄绾有《永康山水游记》以纪之④。秋冬之交，黄绾在游毕永康之后，本欲前往闽中寻访郑善夫，"以家事迫归"，未果。

二、征得王阳明同意，黄绾在嘉靖改元后再次"出山"

嘉靖元年(1522)，诏征遗逸。翌年，隐居蛰伏达十年之久的黄绾在浙中王门学者、御史朱节的举荐之下，"再次出山"，出任南京都察院经历。黄绾《学易轩记》云："(绾)隐十余载而复仕。"⑤黄承忠编《洞山黄氏宗谱·黄绾传》称："时

---

① 《王阳明全集》(新编本)，第1241页。
② 陈来：《有无之境：王阳明哲学的精神》，北京大学出版社2002年版，第318页。
③ 拙著《黄绾生平学术编年》(第104页)把黄绾前往越中寻访并师从阳明先生的时间，记于正德十六年秋，系重大疏忽。同时，拙著关于正德十六年秋至嘉靖二年(第104—129页)中所涉黄绾诗文、活动纪事的系年需向后推移一年。如有读者阅览、使用拙作《编年》，请慎重并留意焉！
④ 《黄绾集》，第259—261页。《雍正浙江通志》卷二百六十二《艺文四》、《永康县志》皆载有黄绾的这篇游记。2011年6月，笔者为访求黄绾当年永康之行游学路线，在浙江工贸职业技术学院人文系教师程振设先生(系浙江永康人)陪同之下，依照黄绾《游永康山水记》提示的路线，实地考察了永康寿岩(五峰书院)、方岩、石鼓寮等地。
⑤ 《黄绾集》，第268页。黄绾《读郑少谷诗》："白浦(朱节)又尝荐予(黄绾)。"(《黄绾集》，第414页)黄绾《南台经历司壁记》："予不才，病废山谷，缪为当道论荐，来补兹司(南京都察院经历司)。"(《石龙集》卷十四上，第13—14页；《黄绾集》，第270页)《南京都察院志·黄绾传》："嘉靖元年，诏征遗逸，御史朱节特疏荐起，升南京都察院经历。"([明]施沛：《南京都察院志》卷三十九《人物三·经历列传·黄绾传》，日本内阁文库藏明天启刻本，第46页)汤聘尹《久庵先生文选·序》："会肃皇帝龙飞，诏起遗逸，用柱史朱公荐，官留台。自是屡谢屡起。"(《黄绾集》，第724—725页)

世宗龙飞,收天下遗逸。御史朱公节疏荐府君(黄绾)志专正学,素行孚于士论;心存王佐、学术明于泽物,起升南京都察院经历。"①

嘉靖二年夏秋之际,黄绾有书函与业师阳明先生,就是否出仕一事予以相商。王阳明有《与黄宗贤(癸未)》书,鼓励黄绾"出山",并告知越中讲学之近况,还对黄绾前一年在黄岩、永康一带"引接同志"诸事,予以赞赏:

> 南行想亦从心所欲,职守闲静,益得专志于学,闻之殊慰! 贱躯入夏来,山中感暑痢,归卧两月余,变成痰咳。今虽稍平,然咳尚未已也。四方朋友来去无定,中间不无切磋砥砺之益,但真有力量能担荷得,亦自少见。大抵近世学者,只是无有必为圣人之志。近与尚谦、子莘、诚甫讲《孟子》"乡愿狂狷"一章,颇觉有所省发,相见时试更一论,如何? 闻接引同志孜孜不怠,甚善甚善! 但论议之际,必须谦虚简明为佳。若自处过任而词意重复,却恐无益有损。在高明断无此,因见旧时友朋往往不免斯病,谩一言之②。

按,阳明此函所透露的几点信息值得注意:一是黄绾"南行"即任职南都(都察院)之事,王阳明知晓黄绾之才干足以胜任此职,"想亦从心所欲",而此"闲静"之职于"志于学"颇有益,故而鼓励黄绾在嘉靖改元之后再次出仕;二是此时尚在越中(绍兴)讲学的王阳明,与薛侃(字尚谦)、马明衡(字子莘)、黄宗明(字诚甫)在讲论《孟子》"乡愿狂狷"一章之时,于"圣人之志"颇觉有所省发,希望黄绾赴南都上任之时,顺道至越中相会,再一道讨论之;三是王阳明对黄绾在黄岩、永康一带"接引同志孜孜不怠"的努力表示认可③,同时根据自己的

---

① 《洞山黄氏宗谱》卷四,1915年重修本,第44页。查《明史·职官志》知:"都察院……其属,经历司,经历一人,正六品。"明代都察院的职责主要是主掌监察、弹劾及建议:"职专纠劾百司,辩明冤枉,提督各道,为天子耳目风纪之司。凡大臣奸邪、小人构党、作威福乱政者,劾。凡百官猥茸贪冒坏官纪者,劾。凡学术不正、上书陈言变乱成宪、希进用者,劾。"[《明史》(简体字本)卷七三《职官志二》,第1179页]

② 《王阳明全集》(新编本),第212—213页。《阳明先生年谱》之中亦载有此函,见前揭书第1297页。

③ 上文已述,在嘉靖元年深秋,黄绾在辞别阳明先生之后即前往永康寻访应典,并向永康后生宣讲阳明先生的"致良知"之教。嗣后,在嘉靖二年至五年间,不少永康籍学者诸如周莹、卢可久、杜惟熙、程梓、程文德、李琪、陈时芳、杜惟熙等纷纷前往越中,执贽阳明先生。嗣后复建五峰书院,宣讲"良知"学,从而促成了"永康阳明学派"的成立。对于"永康阳明学",笔者另有专文《永康阳明学论纲》发表,兹不赘述。

讲学经验，建议黄绾在"论议之际，必须谦虚、简明为佳"。

嘉靖二年深秋，黄绾自黄岩启程，赴南都任职。临行之际，黄绾对儿子亦给予厚望，有五言古诗《示儿承文》："揽涕与尔别，风尘路岐修。欲语千万端，气结语不休。要领惟立志，舍圣将何求。念之在精一，良知足嘉谋。啬精固神气，百德将自遒。莫疑老与释，此言非谬悠。造化妙一身，毋忽终见酬。"①剖析此首哲理诗："要领惟立志，舍圣将何求"句说明，黄绾希望儿子黄承文居家勤奋读书，当以成就儒家圣贤为志业追求，而读书之"要领"惟"立志"二字；"念之在精一，良知足嘉谋"句说明，在中年黄绾看来，儒学（"儒教"）之要义在于"精一"与"良知"二说，前者系黄绾读书紫霄山之时从《尚书》"虞廷四句"之中体知与证悟所得，后者系黄绾于前一年前往越地从王阳明处闻"致良知"之教而"接受"、"受用"所得。一言以蔽之，黄绾希望子嗣对阳明先生"良知"之教予以关注，并认真体知其中之"三昧"。

冬十月十二日，黄绾从黄岩出发。十月底，至绍兴，黄绾在绍兴城中拜会了业师阳明先生，并逗留一月有余。时闽中学者郑善夫亦拟再次出仕，就任南都吏部郎中。先是，郑善夫有信函与王阳明，告知近期会至越中拜访②，然后再赴南都；王阳明得知后甚喜，特留黄绾在绍兴等候郑善夫，然后偕赴南都任职。然而，黄绾候郑善夫月余而不果，只得先行。黄绾《少谷子传》云："予出升南京都察院经历，携家过越，闻少谷子升南京刑部郎中，未几改南京吏部郎中。有书期将至越访阳明先生，先生闻之喜，留予候之，月余不至。"③

冬，黄绾赴南都途经杭州之时，曾有书信一封与王阳明，稍后王阳明复函《与黄宗贤一》："别去，得杭城寄回书，知人心之不可测，良用慨叹。然山鬼伎俩有穷，老僧一空无际，以是自处而已。讲学一事，方犯时讳，老婆心切，遂能缄口结舌乎？然须默而成之，不言而信，不量浅深而呶呶多口，真亦无益也。议论欠简切，不能虚心平气，此是吾侪通患。吾兄行时，此病盖

---

① 《黄绾集》，第 16 页。
② 郑善夫《上阳明先生书》："善夫蒙天不弃，癸酉岁得假毘陵之谒，猥承至教。奈以天质凡下，无有其地，因循岁年，幸再私淑诸人，稍知向道。是虽未及先生之门，然窃念先生之恩，信与生我者，同死不忘也。第恨立志不坚，时作时辍。比来业不加修、病不加少，恐一旦即死，与草木同朽，不及终志门下，不无负无涯之憾矣。去秋拟出门，再沮于大病，至今未复，区区抠趋寸忱，未有一日放下也。子莘往，敬布下意，万冀不弃绝于门下。不胜幸甚！"（《少谷集》卷二十，《文渊阁四库全书》本）
③ 《黄绾集》，第 434 页。

已十去八九，未审近来消释已尽否？谦之（按：邹守益）行便，草草莫既，衷私幸亮。"①言中之义，嘉靖初年的"大环境"不利于"王学"（"致良知"之教）的宣讲与传播。

嗣后，黄绾曾就"著察之教"与王阳明互有书函往来。黄绾《寄阳明先生书》（二之一）："承示著察之教，警励何如！但能精切此志，不为他物所杂，则行必自著、习必自察。此意亦时见得，然亦无别事可见。只觉心中有分晓不放过，才杂毫发便昏昧。盖著乃天理昭著，察乃文理密察，所以昭著密察只常见自己过僭而已。不知是如此否？近于人情纷杂中验之，颇觉间断时少，莫非启迪之功，但不知向后又如何耳？黄提学意思颇好，议论皆近里相向之意，亦与他人不同。其他欲俯就与之一处者，亦因时事人情，略觉数端，故敢云云。亦非止为一事而言，幸察之。"②

顺便提及一事，嘉靖二年底，黄绾至南都之后，曾有书函与女婿高洵③（字世仁），劝勉其习举业之时，当以"圣学"为先，并希望高洵与黄绾小儿（黄承文）择机一同前往越中师从王阳明。黄绾《寄婿高洵书》有云："欲往阳明先生门下受业，此意甚好，已备道之。世仁明年必当与小儿同往一拜，以为终身依归。"④同时，告诫高洵"举业与圣学原不相妨"，当立志"为真圣贤、讲真下手工夫"，以辅助举业。

第五节 "大礼议"前后的黄绾与阳明学士人

众所周知，明武宗驾崩，嘉靖以藩王即位。嘉靖即帝位不久，便围绕其生父兴献王朱祐杬（1476—1519）称号之事，即称其为"兴献王"，还是称"兴献皇帝"，引起了"一场规模巨大、旷日持久的政治纷争"，史称"大礼议"。

---

① 转引自钱明：《阳明学的形成与发展·附录·〈王阳明全集〉未刊散佚诗文汇编及考释》，江苏古籍出版社2002年版，第315页。又见《王阳明全集》（新编本），第1821页。
② 《黄绾集》，第348—349页。
③ 黄绾长女黄娟嫁于高洵。黄绾《先府君行状》有"娟适高洵"语（《黄绾集》，第456页）。
④ 《黄绾集》，第349页。

一、"继统"还是"继嗣":"大礼议"之缘起

这里,我们从正德十六年(1521)三月正德帝驾崩一事述起。

正德十六年三月十四日,正德帝朱厚照驾崩于豹房,年三十一,庙号武宗。遗诏召兴献王长子(朱厚熜)嗣位。因为武宗无嗣,故而武宗之母、孝宗皇后即慈寿皇太后与大学士杨廷和定策,遣太监谷大用、韦彬、张锦、大学士梁储、定国公徐光祚、驸马都尉崔元、礼部尚书毛澄,以遗诏①迎兴献王朱厚熜于王邸。四月初七,发安陆。二十七日,至京师,止于郊外。礼官具仪,请如皇太子即位礼。王顾长史袁宗皋曰:"遗诏以我嗣皇帝位,非皇子也。"而杨廷和等正德朝大臣请如礼臣所具仪,由东安门入居文华殿,择日登基。不允。会皇太后趣群臣上笺劝进,乃即郊外受笺。是日,日中,入自大明门,遣官告宗庙社稷,谒大行皇帝几筵,朝皇太后,出御奉天殿,即皇帝位。以明年为嘉靖元年,……戊申,命礼臣集议兴献帝封号②。

七月初三日,(观政)进士张璁言"(嘉靖帝)继统而不必继嗣",请尊崇所生,立兴献王庙于京师③。初,礼臣杨廷和、毛澄等议嘉靖帝考孝宗,改称兴献王皇叔父,并援宋儒程颐议濮王礼以进,不允。至是,帝下璁奏,命廷臣集议。杨廷和等抗疏力争,皆不听。癸丑,帝命自今亲丧不得夺情,著为令。……十月初一,帝追尊父兴献王为兴献帝,祖母宪宗贵妃邵氏为皇太后,母妃为兴献后④。十月,时任兵部主事霍韬上疏反对"廷议",后遭排挤,被迫致仕。十一月,张璁复上疏,进《大礼或问》;十二月,张璁因先前疏"议大礼"而忤廷臣杨廷

---

① 《明史》(简体字本),第145页。武宗驾崩,时内阁大学士杨廷和手持《皇明祖训》,面呈孝宗皇后张太后曰:"大明祖训,帝没而无嗣者,礼当'兄终弟及'。"杨廷和遂与张太后言论,拟以安陆兴献王子朱厚熜承嗣天命。太后乃谕杨廷和草拟遗诏以迎朱厚熜。诏曰:"朕绍承祖宗丕业,十有七年。有孤先帝之付托,惟在继统得人,宗社生民有赖。皇考孝宗敬皇帝亲弟兴献王长子厚熜,聪明仁孝,德器夙成,伦序当立。遵奉祖训'兄终弟及'之文,告于宗庙,请于慈寿皇太后,与内外文武群臣合谋同辞。即日遣官迎取来京,嗣皇帝位。"

② 《明史》(简体字本),第145页。关于"议兴献帝封号"之事,礼部尚书毛澄与杨廷和,皆以汉定陶王、宋濮王之事为据,定曰:"异议者当诛。"时待对公车举人张璁,与同乡礼部侍郎王瓒曰:"此议与汉、宋不同,帝意是矣。"谕下,众臣无不非议,独王瓒以为可,廷和乃出之为南京礼部侍郎。转引自《嘉靖之大礼议》,www.douban.com/group/topic/201463...2013-1-31。

③ 张璁此次所拜之疏曰《正典礼第一》(正德十六年),全文载今人编校《张璁集》(张宪文校注,上海社科院出版社2008年版)卷一,第19—21页。

④ 《明史》(简体字本),第146页。

和等,外调至南京任刑部山西清吏司主事①。

嘉靖元年正月,嘉靖帝称孝宗为皇考,慈寿皇太后为圣母,兴献帝后为本生父母②。

嘉靖三年(1524)正月二十一日,"大礼议"在沉寂两年之后,再次"发酵"。先是,南京刑部主事桂萼上《正大礼疏》,并抄录时任南京兵部右侍郎席书、吏部员外郎方献夫拟成而未上"议大礼疏",请改称孝宗曰皇伯考、兴献帝曰皇考、兴国太后曰圣母。嘉靖帝阅览,甚喜,乃"下廷臣议"③。二月十一日,迫于帝权之高压,杨廷和被迫致仕④。

总之,"大礼议"之争的核心是"继统"还是"继嗣"的"皇考之争",即嘉靖帝是称孝宗为皇考,还是称兴献王为皇考?

二、阳明门人在"大礼议"中的分歧

在嘉靖三年的"大礼议"事件之中,张璁、桂萼、席书、方献夫、黄绾、黄宗明、熊浃等支持嘉靖帝一方,因主张"继统而不继嗣",称为"继统派",亦称"议礼派";而杨廷和、毛澄等坚持"继嗣以继统",学界称为"继嗣派",亦作"护礼派"。在"继嗣""继统"的纷争之中,时仕于朝的"王门"弟子亦分疏为两派:黄绾、席书、方献夫、黄宗明等力主"继统",而应良、邹守益、陆澄则主张"继嗣"。而远在越中赋闲讲学的阳明先生,亦"不得已"而卷入其中。

(一)"继统派"中的王门弟子

以黄绾、方献夫、席书、黄宗明为代表。

继张璁、桂萼之后,黄绾在嘉靖三年二月十二日,向嘉靖帝拜奏疏、议大礼,曰:"武宗承孝宗之统十有六年,今复以陛下为孝宗之子,继孝宗之统,则武宗不应有庙矣。是使孝宗不得子武宗,乃所以绝孝宗也。由是,使兴献帝不得子陛下,乃所以绝兴献帝也。不几于三纲沦、九法斁哉!"奏入,嘉靖帝大喜,下

---

① 议礼之事,久而未决,殊为大患。杨廷和乃与蒋冕、毛纪等计曰:"盍不予虚位,委于张璁,令其远于帝,则后患绝矣!"遂上言于帝,曰:"观政进士张璁,待官礼部。今南京刑部主事空缺,璁已近天命之年,行事稳妥,可擢而主之。"帝从之。张璁因赴南京,朝臣或为之寄语,大学士杨廷和乃与曰:"勿以'大礼议'难之,宜第静处之。"璁答曰:"何敢难公?惟正礼耳!"怏怏而去。转引自《嘉靖之大礼议》,www.douban.com/group/topic/201463...2013—1—31。

② 《明史》(简体字本),第146页。

③ 同上,第147页。桂萼《疏》节文,见《明世宗实录》卷三十五"嘉靖三年春正月"。

④ 同上。

之所司①。按,《石龙奏议》称这道奏疏为《大礼第一疏》②,《知罪录》名之曰《一上大礼疏》③。

先前因"张璁、桂萼争'大礼',帝心向之",而此时桂萼、张璁皆同在南都任职。黄绾与桂萼早在正德六年(1511)即结识,黄绾与张璁在南都的相识可能由桂萼介绍,并形成对"大礼"的统一认识。此外,黄绾与张璁、桂萼、席书、黄宗明等皆因"议大礼"而彼此熟知,并结成同志,称为"议礼派",亦有学者称之为"议礼新贵"。

继《大礼第一疏》后,二月二十八日,黄绾再次疏申前说,成《大礼第二疏》④,亦称《二上大礼疏》:"臣迩者所上典礼之议,谅陛下必已垂览有深悟而改图者。今未闻所处,深恐国家纲常之理不明、陛下君臣之情不协,不容默者。臣谨按《春秋》大义,莫先于人伦,而君人之大莫严于统绪。故嗣君必即时定位,逾年改元,其义间不容发,舍此则为逆矣。故在陛下,当称孝宗皇帝为皇伯考,称兴献帝为皇考,称武宗皇帝为皇兄,以继其统,昭然不可少紊者。何也?陛下以宗藩入践天位,身为九庙宗祀之主,继其统则祀在其中。历考前代明王以弟继兄,非止一二,未闻有非其不继嗣者。今若徒为继嗣则统不可该,所以窒碍者多矣。或者又云陛下既考兴献帝为立庙,若别为宗,又以小宗合大宗为嫌者,殊不知父子天性,不容自绝,况立庙大内止援奉慈殿之例。犹大夫士之庶子别无,兄弟不得已承大宗之祀,其庶母祀于私室,何宗祀不专而有小宗合大宗之嫌乎?借使兴献帝犹存,武宗崩则入继必兴献帝,亦可以考孝宗而不继武宗之统乎?事理易见,何论之未定哉?孟轲曰:'民为贵,社稷次之,君为轻。'说者谓:'自尧、舜、禹、汤、文、武以往,无有知人君之职者,惟孟轲耳!'正见立君为民,位乃天位,而非一家之私,故统绪之义所以为重而《春秋》之旨所自严也。伏惟陛下深察潜祸之端,即从礼制之宜,蚤垂渊断,速慰天下之望。"⑤

---

① 《明史》(简体字本),第3479页。据《寄席元山书(二首之一)》称黄绾在成此疏之后曾请教于席书:"绾初晋谒论,此即蒙教云:'且不可具疏。'绾云:'欲得致书当路,使其默改,公私各全。'则喜动颜色。"(《石龙集》卷十八,第8页;《黄绾集》,第350页)
② 《黄绾集》,第578—579页。
③ (明)黄绾:《知罪录》卷一,上海图书馆藏明嘉靖三年黄绾自序刻本,第1—3页。
④ 《黄绾集》,第580—581页。
⑤ 《知罪录》卷一,第3—4页。考虑到上海图书馆藏明嘉靖刻本《知罪录》系海内外孤本,且海外学术界尚无一篇专文研究、征引《知罪录》黄绾所上"议礼"诸《疏》,故拙著所涉《知罪录》文,尽量大篇幅引用。敬请读者谅解!

简言之,此《疏》之中,黄绾引经据典,建议嘉靖帝当称孝宗皇帝为皇伯考、兴献帝为皇考、武宗皇帝为皇兄,以继其"统",而不宜"继嗣"。

三月二十九日,黄绾于南都闻嘉靖帝下诏称"(兴献帝为)本生皇考",复抗疏极辩①,厥成《大礼第三疏》②,亦称《三上大礼疏》。此《疏》之中,黄绾先是称"人生惟一本而未闻有二本者",故而嘉靖帝既以天理人心之至,称皇考于兴献帝,则不当复称孝宗皇帝为皇考。再有,嘉靖帝明为"入继大统"而又曲改为"入继大宗",于"古礼"则不合:"入继大统",三代所同,于礼道有征,所谓名正言顺者。今若改之,则天子之职止一宗祀而已,又何大夫、士、庶人之别也?按宗法,"别子为祖,继别为宗",与之相应:继天子者世为天子,继诸侯者世为诸侯,其他子为别子,为祖者为始祖,继别子后者方为宗。再有,天子诸侯之位皆公器,天子、诸侯之职皆为民,故曰"继统而不曰继嗣",天子之为礼固异于大夫、士、庶人。简言之,自唐虞三代以来,虽有"官天下"、"家天下"之不同,传贤传子及弟之或异,其为"继统"之意,则一也。据此,嘉靖帝即帝位即是"继统"而不必曰"继嗣"。

黄绾在《大礼第三疏》中还指出:"继嗣之说者,皆衰世之事也。"明太祖朱元璋在立国之初,即深惩"继嗣"之失,以为奸逆之基,故有"兄终弟及"之训,专重"继统":"先于同父兄弟,若无同父则及同祖。"借此,黄绾对"继嗣派"礼官之言,逐一批驳。礼官曰:"必同产而后可",言中之义,以嘉靖帝强为孝宗之子、假为武宗同产亲弟,然后可立。礼官又曰:"为孝宗立子,即所以为武宗立后。"对此,黄绾亦极力反驳,并以士、庶人之礼论之:"凡已娶无祀为立后,谓之继祢,若继祖之宗绝即承其祀,故昭穆有序。"事实是,今日之事乃武宗无子而非孝宗无子,既欲重为"继嗣",即当为武宗立而不当又为孝宗立。遍求经籍,揆之人情,礼官"继嗣"云云,皆为无稽,其谬何如!

值得注意的是,礼官"继嗣"之说犹未已者。始则妄援定陶、濮王不同之故事,今则搜索《通鉴纲目》"汉宣帝追尊悼考立寝庙"下"小注"以附会之。对此,黄绾对朱熹《通鉴纲目》编纂经过予以揭示:"夫《纲目》乃朱熹未成之书,惟《凡例》其所自定,他皆令门人赵几道编纂,草稿未及删正而朱熹卒,今但以其所与

---

① 《明史》(简体字本),第 3479 页。是年三月,时任吏部员外郎的方献夫在京师亦上疏议"大礼",支持嘉靖帝"继统"不"继嗣"。
② 《黄绾集》,第 581—585 页。

赵几道诸书及《年谱》考之可见。况'追尊悼考'等书法皆掇《汉史》旧文,但除去'因园为寝'数字以没其实,而直曰'立寝庙',岂朱熹特书而故欲诬之也!且以范祖禹之言误作范镇,尚未之考,则未经朱熹之笔,又可知矣。又况汉昭帝无子,立昌邑王而废宣帝,乃昭帝侄孙继昌邑而立,当时不考史,皇孙则当谁考耶?然即'园为寝'与太庙无干,亦何小宗合大宗之嫌?必使为人子者恝然而薄、弗顾其父方为礼乎?且引程颐之言,又是为论濮王而发者,且朱熹尝深取孔光、盘庚兄弟及王之说,以古礼之坏自定陶王始,又以濮议不曾好好读古礼,其言亦可证矣。如此不精、未定之说,岂可执之为断而反弃孔子亲笔之经而弗顾哉!"要之,在黄绾看来,朱子《通鉴纲目》"汉宣帝追尊悼考立寝庙"下之"小注"根本不值一驳,以"朱熹未成之书"、"如此不精、未定之说"为"继嗣"之依据,实在是难以服众①。

《明史》载:(嘉靖三年)四月十五日,上昭圣皇太后尊号曰"昭圣康惠慈寿皇太后";十六日,上兴国太后尊号曰"本生圣母章圣皇太后";十九日,追尊兴献帝为"本生皇考恭穆献皇帝"②。闻讯,黄绾又在南都与张璁、桂萼及黄宗明合《疏》争,奏请嘉靖帝当"明父子之大伦","继统而不必继嗣",宜称孝宗为"皇伯考"、孝宗皇后为"皇伯母",务必去掉兴献帝"本生皇考"中"本生"二字。《明史》卷一百九十七《列传》第八十五《黄宗明传》对黄、黄、张、桂四人合《疏》之节文有记:"今日尊崇之议,以陛下与为人后者,礼官附和之私也。以陛下为入继大统者,臣等考经之论也。人之言曰,两议相持,有大小众寡不敌之势。臣等则曰,惟理而已。大哉舜之为君,视天下悦而归己,犹草芥也,惟不顺于父母,如穷人无所归。今言者徇私植党,夺天子之父母而不顾,在陛下可一日安其位而不之图乎?此圣谕令廷臣集议,终日相视莫敢先发者,势有所压,理有所屈故也。臣等大惧欺蔽因循,终不能赞成大孝。陛下何不亲御朝堂,进百官而询之曰:'朕以宪宗皇帝之孙,孝宗皇帝之侄,兴献帝之子,遵太祖"兄终弟及"之文,奉武宗"伦序当立"之诏,入承大统,非与为人后者也。前者未及详稽,遽诏天下,尊孝宗皇帝为皇考,昭圣太后为圣母,而兴献帝后别加"本生"之称,朕深用悔艾。今当明父子大伦、继统大义,改称孝宗为皇伯考,昭圣为皇伯母,而去

---

① 《知罪录》卷一,第4—8页。
② 《明史》(简体字本),第147页。

"本生"之称,为皇考恭穆献皇帝、圣母章圣皇太后,此万世通礼。尔文武廷臣尚念父子之亲、君臣之义,与朕共明大伦于天下。'如此,在朝百工有不感泣而奉诏者乎?更以此告于天下万姓,其有不感泣而奉诏者乎?此即《周礼》'询群臣询万民'之意也。"①奏报之后,嘉靖帝"大悦",数月之后(按:九月)即下诏以黄、黄、张、桂四人之《疏》为是,"卒如其言","大礼"乃定:黄绾自是大受帝知②,黄宗明亦遂蒙帝眷③。

五月,黄绾又重申自己对于"大礼议"的看法,著《大礼私议》之长《疏》。《大礼私议》系黄绾以"一问"(站在"护礼派"、"继嗣以继统"一方)、"一答"(站在"议礼派"、"继统不必继嗣"一方)的叙述方式,前后共设计了十七个问题。通过对这十七个"质问"的回应,黄绾也系统地阐述了自己对"大礼议"的主张与看法。

《大礼私议》的主要论点有:

(1) 武宗遗诏曰"兴献王长子迎取来京,嗣皇帝位",意即武宗已传"统"于嘉靖帝则明;今乃不遵遗诏"继统"之命,而却私易嘉靖帝为孝宗之子,是当置武宗于何处?天位之在,今上(即嘉靖帝)何从有哉?

(2) 父子、兄弟之称,本于天性,不可强也;宗庙之礼,但当以世次承其祭祀,不可失也。武宗、嘉靖帝既不得为父子,自以兄弟承其祭祀,无不可者。

(3) 天下岂有无父母之人哉!兴献、章圣,嘉靖帝之所自出也,安能忍而不考、不母乎?

(4) 天下者,太祖高皇帝之天下,传次于武宗,则为武宗之天下。"顾命受终",乃《春秋》大义,万世之所严。今之遗诏即定位柩前之义,遗诏未下犹为诸侯,遗诏既下则为天子,今嘉靖帝入京行皇子礼者,宰臣礼官之误,非正也。

(5) 遗诏遵《祖训》"兄终弟及"之言,天下之公也,不曾有"为父立后"之说。今之礼官(杨廷和、毛澄)正唯不遵遗诏,以致纷纷耳!

(6) 嘉靖帝今承武宗,上祀孝宗有祖道,事昭圣有祖母道。

(7) 继统本于《春秋》,然天子诸侯、大夫士庶人不同,天子诸侯有统而无宗、大夫士庶人有宗而无统。有统者与之以继统,《春秋》"僖之不可以跻

---

① 《明史》(简体字本),第3478页。
② 同上,第3479页。
③ 同上,第3478页。

于闵"者,明其"继统"也;无统者不与之以继统,"婴齐之书为仲"者,不与其为统也。

(8) 考兴献而不考孝宗,并非以小宗而夺大宗。天子、诸侯为天下、一国之主,其尊止于一人,以位相承、以统相继,诸父昆弟皆其臣子,不敢与之匹也,又何假于宗哉? 天子、诸侯既以位相承、以统相继,则即为宗庙社稷之祭主,非若大夫士庶人之家,必为宗子,然后可以入庙而承其祭祀。

(9) 太祖朱元璋之训"朝廷无皇子,兄终弟及",既不限为同父,又不明为同祖,止曰"兄终弟及",其虑甚微,则神谟睿算之所至,已与《春秋》之旨合。所以为古今万世通行而无弊者,唯"继统"乎!"继嗣"之说,动辄拘碍,当其丧乱之交,上下危疑,妃后主于内,奸臣窥于外,惟以昏幼为利,虽有贤长不以昭穆不应,必以伦序难立。一言未决,人情汹汹,然后方知孔圣与圣祖之见为神明也。其意在"继统",益可见矣!

在《大礼私议》之末了,黄绾又对礼官"继嗣"之论大加批评:"今为议者,专务求胜,罔顾天理,明叛圣经,故违祖训,乃以群哄为至公、执迷为至当,施之不足为宗社计,守之不可为万世法,启荒乱失礼之源,作诈伪残薄之端,将使民无所措手足,必讥将来以为圣代羞,是何故哉?"①毋庸讳言,黄绾、张璁、席书、方献夫、黄宗明等"继统派"的主张,尽管得到嘉靖帝的极力支持,但是与杨廷和、毛澄等"护礼派"之主张相左,故而受到"护礼派"的"攻击"在所难免。比如,在(嘉靖三年)六月五日,黄绾等"议礼官"受到御史郑本公等四十四人连章攻击,以为"黄绾如鹰犬,张啄而旁噬"②。十三日,诏以主事桂萼、张璁为翰林院学士,方献夫为侍讲学士。与此同时,张璁、桂萼也受到"护礼派"成员攻击:十八日,御史段续、陈相请正席书、桂萼罪;二十五日,鸿胪少卿胡侍言张璁等"议礼"之失③。

六月,时在南都的黄绾曾有书信与奉诏至京的张璁、桂萼二人,即《与罗峰

---

① 《黄绾集》,第 592 页。"议礼派领袖"张璁此时亦有《大礼或问》文,可与黄绾《大礼私议》相互参阅。张璁文载《张璁集》(修订版,第 22—28 页)。
② 《明世宗实录》卷四十"嘉靖三年六月戊戌"条:"御史郑本公等四十四人连章,言桂萼首倡乱阶,张璁再肆欺罔,黄绾如鹰犬,张啄而旁噬,黄宗明如奴隶,攘臂以横行,方献夫居中内应,以成夹攻之势,席书阴行间谍,以伺渔人之功。"(《明世宗实录》,台湾"中研院"历史语言研究所 1962 年校印本,第 1006—1007 页)
③ 《明史》(简体字本),第 147 页。

见山书》(三之一):"别后极切跂望,曾附数书,达否?今日与二兄共论此礼,各期以身明之,不可相负,庶几昭白于天下万世。若于辞受去住之间,略有凝滞,不顺当然之理,则为相负必矣,终属不明。入京,见忤必多,须当从容包纳,切不可效其攻击。肝隔恳悃,不能自已。"①这里,黄绾对张璁、桂萼在京师的处境,表示了极大的担忧。

七月十二日,嘉靖帝在张璁、桂萼等"议礼派"成员鼎力支持之下,更定章圣皇太后尊号,去"本生"之称。十五日,廷臣伏阙,固争"本生"二字不可削。章上不报,百官跪哭于左顺门,下员外郎马理等一百三十四人锦衣卫狱。二十日,杖马理等于廷,死者十六人。二十一日,奉安献皇帝神主于观德殿。二十六日,毛纪致仕。二十八日,杖修撰杨慎、检讨王元正、给事中刘济、安盘、张汉卿、张原、御史王时柯于廷,原死,杨慎等戍谪有差②。

八月四日,身在南都的黄绾汇编其本人议礼奏疏,辑成《知罪录》三卷并刊刻之③。"知罪录一"收《一上大礼疏》《二上大礼疏》《三上大礼疏》,"知罪录二"收《大礼私议》;"知罪录三"收《止迁献帝山陵疏》《谏止献帝入太庙疏》《论上下情隔之由及论私庙不可近太庙疏》《论圣学求良辅疏》。今上海图书馆藏《知罪录》卷首有《〈知罪录〉引》:"当今继统之义不合于当路者,遂指目为邪说、为希宠。予故知而犹犯之,此予之罪也,岂予之得已哉!故录之以著其罪、以俟天下后世之知予罪者。"今存黄绾《石龙集》中亦录有同题为《〈知罪录〉引》又一种:"予疏草私录,名之曰'知罪'。盖予食君禄,见有不可,于理与分当言者,忧之不食,或继以不寐,辄疏而上,皆不自知其为罪也。既而人有以罪予者,予亦不得以无罪辞。虽然,又岂予之得已哉!故录之,以著其罪,以俟天下后世之知予罪者。而并以有关素履之言附焉,其心一也。"④"知罪"之名系借用孔子"知我者,其惟《春秋》乎!罪我者,其惟《春秋》乎"之语,意在表明黄绾本人在"大礼议"之中,始终坚持"继统说"而不妥协。

---

① 《黄绾集》,第351页。
② 《明史》(简体字本),第147页。
③ 笔者经多方寻求,发现上海图书馆古籍部善本室藏有明嘉靖三年黄绾自序刻本《知罪录》(残本)一册,半叶10行、行24字,正文首叶下方钤有"王培孙纪念物"六字篆文方印一枚;不分卷目,但是根据正文版心所标"知罪录一、知罪录二、知罪录三"字样,可析分为三卷。"上图"所藏《知罪录》之最后一疏即《论圣学求良辅疏》有三分之二阙文。今存《久庵先生文选》卷十三所收六道奏疏,可与《知罪录》互证。
④ 《黄绾集》,第415页。

八月，席书应召入京，正式任礼部尚书①。先是原任礼部尚书汪俊以争建庙去位，特旨用席书代之。九月四日，席书、张璁、桂萼等廷臣奉诏定"大礼"。席书上奏曰："三代之法，父死子继，兄终弟及，自夏历汉二千年，未有立从子为皇子者也。汉成帝以私意立定陶王，始坏三代传统之礼。宋仁宗立濮王子，英宗即位，始终不称濮王为伯。今陛下生于孝宗崩后二年，乃不继武宗大统，超越十有六年上考孝宗，天伦大义固已乖悖。又未尝立为皇子，与汉、宋不同。自古天子无大宗、小宗，亦无所生、所后。《礼经》所载，乃大夫士之礼，不可语于帝王。伯父子侄皆天经地义，不可改易。今以伯为父，以父为叔，伦理易常，是为大变。夫得三代传统之义，远出汉、唐继嗣之私者，莫若《祖训》。《祖训》曰'朝廷无皇子，必兄终弟及'。则嗣位者实继统，非继嗣也。伯自宜称皇伯考，父自宜称皇考，兄自宜称皇兄。今陛下于献帝、章圣已去'本生'之称，复下臣等大议。臣书、臣璁、臣萼、臣献夫及文武诸臣皆议曰：世无二首，人无二本。孝宗皇帝，伯也，宜称皇伯考。昭圣皇太后，伯母也，宜称皇伯母。献皇帝，父也，宜称皇考。章圣皇太后，母也，宜称圣母。武宗仍称皇兄，庄肃皇后宜称皇嫂。尤愿陛下仰遵孝宗仁圣之德，念昭圣拥翊之功，孝敬益隆，始终无间，大伦大统两有归矣。奉神主而别立祢室，于至亲不废，隆尊号而不入太庙，于正统无干，尊亲两不悖矣。一遵《祖训》，允合圣经。复三代数千年未明之典礼，洗汉、宋悖经违礼之陋习，非圣人其孰能之？"②席书此《疏》，即为"议礼派"成员主张的最终"定稿"。

席书议上，嘉靖帝欣然接受。九月五日，定称"孝宗为皇伯考、昭圣皇太后为皇伯母、献皇帝为皇考、章圣皇太后为圣母"。十五日，诏布告天下，"大礼议"以嘉靖帝大力支持下的张璁、桂萼、霍韬、方献夫、席书、黄绾、黄宗明、熊浃等"议礼派"的胜利而基本结束。

是年秋，黄绾《知罪录》正式定稿并刊刻。嗣后，席书遣人向黄绾索取其有关"大礼议"诸奏疏，黄绾将《知罪录》（包括《大礼私议》）等奉上，供席书辑《大

---

① 据钱德洪等编《阳明先生年谱》载：是年（1525）六月，礼部尚书席书疏荐王阳明入京供职："先生服阕，例宜起复，御史石金等交章论荐，皆不报。尚书席书为疏特荐曰：'生在臣前者见一人，曰杨一清；生在臣后者见一人，曰王守仁。且使亲领诰卷，趋阙谢恩。'于是，杨一清入阁办事。明年有领卷谢恩之召，寻不果。"[《王阳明全集》（新编本），第 1303 页] 按，席书入京正式升任礼部尚书时间系是年八月，则《年谱》记"是年六月"疏荐王阳明，其月份值得商榷。

② 《明史》（简体字本），第 3468—3469 页。

礼集议》采择,其《寄席元山书》有"《大礼私议》一篇并《知罪录》奉备采择。绾病,每乞告,不惜引手,得遂一归,甚幸。……昨法司进本官来,附上短状并《知罪录》《大礼私议》,曾垂览否"云云①。十二月十八日,席书领衔编纂的《大礼集议》成,并颁示天下②。

(二)"继嗣派"中的王门弟子

以邹守益、应良、陆澄等为代表。

嘉靖改元之后,录用旧臣,邹守益自江西吉安北上复职,并于嘉靖二年五月复原职、任翰林院编修。嘉靖三年初,"大礼议"起,邹守益即与同僚上疏,反对嘉靖帝"继统不继嗣"之举。三月一日,嘉靖帝尊其生父为"本生皇考恭穆献皇帝"、生母为"本生母章圣皇太后",皇考立庙奉先殿侧;三月四日,邹守益疏谏反对,(嘉靖)帝览奏不悦,认为守益"出位妄言"③。四月二十七日,邹守益复上疏④,请罢兴献帝称考入庙:"陛下欲隆本生之恩,屡下群臣会议,群臣据礼正言,致蒙诘让,道路相传,有孝长子之称。……臣愿陛下勿以姑息事献帝,而使后世有其衰之叹。且群臣援经证古,欲陛下专意正统,此皆为陛下忠谋,乃不察而督过之,谓忤且慢。臣历观前史,如冷褎、段犹之徒,当时所谓忠爱,后世所斥以为邪媚也。师丹、司马光之徒,当时所谓欺慢,后世所仰以为正直也。后之视今,犹今之视古。望陛下不吝改过,察群臣之忠爱,信而用之,复召其去国者,无使奸人动摇国是,离间宫闱。昔先帝南巡,群臣交章谏阻,先帝赫然震怒,岂不谓欺慢可罪哉!陛下在藩邸闻之,必以是为尽忠于先帝。今入继大统,独不容群臣尽忠于陛下乎?"⑤邹守益是疏一上,嘉靖帝勃然大怒,下守益狱,谪为广德州判官⑥。而"稍迁南京礼部郎中,州人立生祠以祀"云云,乃是后事。

与邹守益相仿,嘉靖三年,时任职翰林院的浙中王门学者应良也反对张璁、桂萼等,以为嘉靖帝"继统必继嗣"。黄绾作为应良的道友与(王学)同门,为使应良在"大礼议"之事上与张璁、桂萼就"继统不必继嗣"的主张达成"妥

---

① 《黄绾集》,第350—351页。
② 《明史》(简体字本),第148页。
③ 张卫红:《邹守益年谱》,北京大学出版社2013年版,第52—53页。
④ 邹守益上《大礼疏》文,见董平编校整理《邹守益集》,凤凰出版社2007年版,第13—16页。
⑤ 《明史》(简体本),第4858—4859页。
⑥ (明)谈迁编纂:《国榷》卷五十三"明世宗嘉靖三年四月庚申"条:"翰林院编修邹守益议'大礼'云:'望陛下屈己改善,不吝改过。'上怒,下镇抚司,谪广德州判官。"

协",并"据理和同";不仅把自己议"大礼"所上诸疏抄送与时在京师供职的应良,前后还有《寄应元忠书》三种:

> 罗峰诸公所论大礼,仆诚以为是,更无可疑。然今日纷纷之说,只缘不知人君之职、《春秋》大统之义耳!孔子书跻僖公,其意谓何?不然,则兄弟名分正所当正,何故讥之?仆前后所具疏,兄皆见否?前疏之意重在解祸,后疏之意专明此理。远隔无由晤语,心极耿耿。
>
> 天下事惟在理,初无彼我同异。张、桂二兄之来,礼虽欲成其是,事则必处以和。向日只缘吾党不知上下和同以成至治,只事党同伐异以致纷纷,果谁之罪欤?今以臣子爱君之道论之,当如是耶?吾兄负天下重望,素怀忠爱之心,必当据理和同,弗使君子自相矛盾,徒增君父之过。至祷!至祷!
>
> 近奉数书,皆出爱国、爱朋友之情;但恐匆匆,辞不达意,不审高明能亮之否也?诸公所执之礼,余不暇论,姑以观过知仁言之。圣主此意,本由孝弟至情所发,纵使未当,亦不至于倾覆宗社;人臣论者,纵有未合,亦不至于大奸极恶。今皆错认,苦苦攻击不已,以致君臣上下皆成怨恶。言者愈力而圣心愈疑,张、桂诸君所言虽是,亦未必便能信重如此;只诸公逆之已极,故益见重矣。今不悟此,犹以其言为未足,日加鼓动,以能言为贤、为有功,愈肆攻击,日增君父之过,何益之有?况"继统"与"继嗣"之说,大有悬绝,关系国家兴衰治乱不少,且此等事亦国家所常有者,但一时难以尽言耳!今概目议者为迎合希宠而不察其理之是非与忧虑所在,其如国家何?且国家百余年来,乾纲下移,礼乐征伐久不自天子出。凡百黜陟,皆大臣当路所执,今既知大臣当路,恶闻此议?不得已与之相忤,而又欲以此冀望利达,世有如此愚人哉!仆已甚知非进取所宜,只缘本心有不能以自安者,故具三疏,各有微意,实欲明其理以解其祸,且有"纳约自牖"之意存乎其间,鬼神可鉴也。敢录清览,幸查所上岁月,次第衷曲,皆可知矣①。

通读黄绾与应良的三封书函,不难发现,在"大礼议"这一残酷的政治斗争

---

① 《黄绾集》,第354—355页。

之中,由于政治立场不同,黄绾与昔日道友应良之间的"同志"关系已经基本"破裂"。

此外,浙中另一王门学者陆澄,在"大礼议"事件中,亦曾上疏反对嘉靖帝"继统不继嗣"的观点,结果"罢归"①。

三、王阳明对"大礼议"的态度

嘉靖三年,王阳明在越,门人日进。绍兴知府南大吉以座主称门生,辟稽山书院,聚八邑彦士,身率讲习以督之。《阳明先生年谱》载:"萧璆、杨汝荣、杨绍芳等来自湖广,杨仕鸣、薛宗铠、黄梦星等来自广东,王艮、孟源、周冲等来自直隶,何秦、黄弘纲等来自南赣,刘邦采、刘文敏等来自安福,魏良政、魏良器等来自新建,曾忭来自泰和。宫刹卑隘,至不能容。盖环坐而听者三百余人。先生(王阳明)临之,只发《大学》万物同体之旨,使人各求本性,致极良知以至于至善,工夫有得,则因方设教,故人人悦其易从。"②好一派欣欣向荣的讲学场景!

上文已述,是年三月二十一日,嘉靖帝罢礼部尚书汪俊,而后特旨用南京兵部右侍郎席书为礼部尚书③。在杨廷和④、汪俊先后去职之后,时在南都的黄绾有书函与王阳明,就杨、汪二人先后去职一事,发表自己的看法,即《寄阳明先生书》(二之二):"近日石斋(杨廷和)与石潭(汪俊)之去,其详可悉闻否?原其事情所处,恶可谓朝廷之过?此事全赖圣明,若天地包荒,只依诸公所处,国事当如何耶?虽诸公如此悖理,如此党比,欺忤至矣,然犹从容斟酌,略无纤毫愤懥之情,此分明尧舜之资,但惜无人辅翼、扩充此心,以为苍生之福。今不惟不能扩充,反为摧挫抑遏,以使消沮疑阻,岂古大臣引君当道之理如是也!世道之衰,天理不明,至此极矣! 为恨何如,亦无怪乎桂子实(桂萼)所谓'强臣

---

① 《明儒学案》卷十四《浙中王门学案四·主事陆原静先生澄》,转引自王维和、张宏敏编校:《〈明儒学案〉〈宋元学案〉黄宗羲之案语汇辑》,第51页。

② 《王阳明全集》(新编本),第1299页。

③ 《明世宗实录》卷三十七"嘉靖三年三月":"礼部尚书汪俊再乞休致,上以俊职司邦礼,近奉议尊室未成,故引疾求退,责以违悖正典,肆慢朕躬,令其回籍。已而吏部推吏部左侍郎贾咏、右侍郎吴一鹏代俊,特旨用南京兵部右侍郎席书为礼部尚书。"据《明史·席书传》:嘉靖元年,席书以右副都御史巡抚湖广改任南京兵部右侍郎。黄绾至南都之后即因"议大礼"而与席书结交。又,席书正式入朝任礼部尚书在是年(嘉靖三年)八月。

④ 嘉靖三年二月十一日,杨廷和致仕。[《明史》(简体字本),第147页]

抗君'者也。御史(程启充)、毛玉江西勘事,专迎当路之意,敢公然丑正如此,其又可慨何如也!"①此函之中,黄绾以为杨廷和、汪俊等去职,实属"罪有应得",他们作为臣子,不但不尽心辅翼具有"尧、舜之资"的嘉靖帝,而且就兴献帝称谓一事"摧挫抑遏"嘉靖帝,此绝非古大臣引君当道之理。同时,黄绾表达了对御史程启充、户科给事中毛玉等在嘉靖元年勘处平定朱宸濠叛乱之事后,所上奏疏排挤、陷害王阳明一事的强烈不满②。

四月,黄绾把自己的"议礼"诸疏寄呈时在越中讲学的业师阳明先生;王阳明审读之后,称之"明甚"。王阳明对黄绾诸疏的看法,可从其《与黄诚甫(甲申,1524)》书中得知:"近得宗贤寄示礼疏,明甚。诚甫之议,当无不同矣。古之君子,恭敬撙节退让以明礼,仆之所望于二兄者,则在此而不彼也。果若是,以为斯道之计,进于议礼矣。"③言中之义,阳明先生作为道友、业师,对于黄绾、黄宗明两位高足联手"议礼"以支持嘉靖帝的做法,是默认与赞同的。

此外,霍韬、席书等亦有书函与王阳明,咨询王阳明对"大礼议"的看法,这从王阳明在嘉靖六年(丁亥,1527)《与霍兀崖宫端》的一通书函之中可以得知:"往岁曾辱'大礼议'见示,时方在哀疚,心善其说而不敢奉复。既而元山(席书)亦有示,使者必求复书,草草作答。意以所论良是,而典礼已成,当事者未必能改,言之徒益纷争,不若姑相与讲明于下,俟信从者众,然后图之。其后议论既兴,身居有言不信之地,不敢公言于朝。然士夫之问及者,亦时时为之辩析,其在委曲调停,渐求挽复,卒亦不能有益也。后来赖诸公明目张胆,已申其义。"④由此可见,王阳明在"大礼议"中对"议礼派"之"继统"说的支持。

对于黄绾、黄宗明、席书、霍韬等"议礼派"成员致函阳明先生一事,《阳明先生年谱》载:"四月,……霍兀崖、席元山、黄宗贤、黄宗明先后皆以'大礼'问,竟不答。"⑤或许已经意识到王门众弟子在"大礼议"事件上的分歧,王阳明不得不置身其中,作两首诗歌,发表了自己对"大礼议"的看法。《阳明先生年谱》

---

① 《黄绾集》,第349页。
② 程启充、毛玉论劾王阳明事,《阳明先生年谱》"嘉靖元年"下有记载:"时御史程启充、给事毛玉倡议论劾,以遏正学,承宰辅(杨廷和)意也。"[《王阳明全集》(新编本),第1295页]又,毛玉在嘉靖三年七月发生的"左顺门哭谏"事件中遭廷杖而死。
③ 《王阳明全集》(新编本),第862页。
④ 同上,第872页。
⑤ 同上,第1302页。

载:"是时'大礼议'起,先生夜坐碧霞池,有诗曰:'一雨秋凉入夜新,池边孤月倍精神。潜鱼水底传心诀,栖鸟枝头说道真。莫谓天机非嗜欲,须知万物是吾身。无端礼乐纷纷议,谁与青天扫旧尘?'又曰:'独坐秋庭月色新,乾坤何处更闲人?高歌度与清风去,幽意自随流水春。千圣本无心外诀,《六经》须拂镜中尘。却怜扰扰周公梦,未及惺惺陋巷贫。'盖有感时事,二诗已示其微矣。"①诗作之中,即透露出王阳明对"大礼议"的态度。

明清之际学者陆世仪《思辨录辑要》对王阳明在"大礼议"中态度,曾有评论:"嘉靖议礼时,席书、黄绾之徒先后以大礼问于阳明,阳明皆不答。呜呼,此先生之亮识高节为不可及也!当时大礼之议,惟璁、萼之论为得其正,然使出自阳明,则当时、后世又不知生多少议论矣。此先生之亮识高节所以为不可及也。礼者,理也。礼本乎理,理为体,礼为用。故礼虽未有,可以义起,后世儒者止识得一例字,聚讼之讥所由来也。阳明诗曰:'无端礼乐纷纷议,谁与青天扫宿尘。'其有见于用修诸臣之非乎!"②此外,清代学者阎若璩《潜邱札记》对李东阳、王阳明及其各自弟子在"议礼"中的仕途境遇进行了分析:"尝考明世宗初,以议礼而获罪者如乔庄简宇、汪文庄俊、何文简孟春、石文隐珤、林贞肃俊,皆出于李西涯之门;以议礼而获进者如席文襄书、方文襄献夫、霍文敏韬、黄尚书绾,皆出于王阳明之门。西涯本以辞章教门人,而门人据经守礼,百挫不回;阳明以理学教门人,而门人反依附揣合,以致贵显,人固不系于师承如此。"③阎氏之论虽未必尽是,但黄绾、黄宗明、席书、方献夫诸王门弟子"议礼"之举,确是基于自己对《春秋》、古礼及明初之制的理解、认识而作出的独立判断与理性抉择,而"依附揣合"云云,则略显刺眼。

四、黄绾与修《明伦大典》的前后经过

嘉靖五年(1526)春,黄绾托疾离开南都,疏乞休归家。《洞山黄氏宗谱·黄绾传》称黄绾在"升南京工部营缮员外,又累疏乞休,归三年"④。《明世宗实

---

① 《王阳明全集》(新编本),第1302页。
② (清)陆世仪:《思辨录辑要》卷二十一《治平类·礼》,《文渊阁四库全书》本。
③ 转引自俞樟华:《王学编年》,第144页。
④ 《洞山黄氏宗谱》卷四,第44页。应该指出:黄绾累疏乞休一事属实,此次家居"三年",则不属实。事实上,翌年,黄绾即重新出仕,与修《明伦大典》。

录·黄绾传》称黄绾于南京工部员外郎任上,"谢病,免归"①,意即黄绾虽上疏托病请辞,但是并未得到朝廷的批准。而据《明史·黄绾传》以及黄绾与胡森、王阳明与黄绾的相关书信(下文有引)分析,尽管黄绾辞任南京工部员外郎(抑或南京刑部员外郎)之事并未得到朝廷批准,但他的确于当年(1526)托疾返家(黄岩)。黄绾返家路经绍兴之时,还可能匆匆拜会了尚在越中讲学的业师——阳明先生。

嘉靖六年(1527)正月二十二日,嘉靖帝下诏开馆纂修《大礼全书》(后称《明伦大典》),命南京工部营缮司员外郎黄绾等为纂修官。在纂修《大礼全书》之前,席书等已纂成《大礼集议》,但是嘉靖帝"心慊焉",担心"其中或有未备",希望各总裁官、纂修官在《集议》的基础上,"上稽古人之训,近削弊陋之说,参酌诸臣奏论,汇为全书。前《集议》所编不得更改,可略加润色,以成永久不刊之典"②。已于前一年托疾致仕归乡的黄绾,在诏命下达之时,仍家居黄岩。至于黄绾此次得荐纂修《明伦大典》之缘起,《明儒学案》以为系时任礼部尚书席书推荐之功:"尚书席书纂修《明伦大典》,荐先生(黄绾)与之同事。"③

是年(嘉靖六年)春,身在黄岩的黄绾曾就此次是否与黄宗明一起出仕与修《明伦大典》事,有函询问阳明先生;阳明先生复函(《与宗贤书》)云"义不当辞"④,支持黄绾再次出仕:"北来消息,昨晚始闻。承喻,信然。所谓'甚难行止'者,恐亦毁誉之心犹在。今且只论纂修一事,为可耶,为不可耶?若纂修未为尽非,则北赴未为不可。升官之与差委事体,亦自不同。况'议礼'本是诸君始终其事,中间万一犹有未尽者,正可因此润色调停。以今事势观之,元山(席书)既以目疾,未能躬事。方(献夫)、霍(韬)恐未即出。二君(按:黄绾、黄宗明)若复不往,则朝廷之意益孤,而元山之志荒矣。务洁其身者,杨氏'为我'之意,君子之心,未肯硜硜若此也。凡人出处,如人饮水,冷暖自知,非他人所能

---

① 《明世宗实录》卷四百四十四"嘉靖三十三年九月壬寅"。
② 《明世宗实录》卷七十二"嘉靖六年正月",台湾"中研院"历史语言研究所1962年校印本,第1636—1638页。虽然纂修《大礼全书》馆于正月二十二日开馆,不知何故,直到六月壬午才升黄绾为光禄寺少卿,入史馆修书。其间当存有变故,待详考。费宏、杨一清、石珤、贾咏、席书为《大礼全书》总裁官,张璁、桂萼为副总裁官,纂修官除黄绾以外还有方献夫、霍韬、熊浃、黄宗明、席春、孙承恩、廖道南、王用宾、张治、潘潢、曾存仁等。
③ 《明儒学案》卷十三《浙中王门学案三·尚书黄久庵先生绾》,《黄宗羲全集》第7册,第318页。
④ 黄绾《寄胡秀夫诸兄书》有云:"(黄绾)又令人持书质诸(王)阳明,亦云'义不当辞'。"(《黄绾集》,第356页)

与。高明自裁度之。北行过越,尚须一面,不一一。"①

嗣后,黄绾听从了乃师的建议,赴京;路经越地(绍兴),亦拜会了王阳明②。黄绾至京师之后,王阳明有《与宗贤书(丁亥)》一通,劝勉尚在仕途之中的黄绾,当时时提起"致良知"话头,以"知耻近乎勇"的勇气,克去己私,实证"良知"本体;进而以"古之大臣"为榜样,"与天地万物为一体,实康济得天下",以期再现三代之治,"方是不负如此圣明之君,方能报得如此知遇,不枉了因此一大事来出世一遭也"③。王学经世之精神,于此可见。

是年春三月十一日,席书卒。嗣后,王阳明有"奠辞"寄与在京师的黄绾,请其传致哀悼。王阳明《与黄宗贤一(丁亥,1527)》有"席元山丧已还蜀否? 前者奠辞,想已转达。天不愁遗,此痛何极"云云④。黄绾抵京之后,即哭奠席书,并有《奠席元山先生文》⑤。

六月,黄绾升为光禄寺少卿,入史馆修书;上疏辞任,不允⑥。对于黄绾升为光禄寺少卿、入史馆修书之过程,《明史》本传称:黄绾在嘉靖四年与黄宗贤先后上疏斥责何渊"请建世室"以让献帝入庙的荒谬之后,"寻迁南京刑部员外郎,再谢病归。帝念其议礼功,六年六月召擢光禄少卿,预修《明伦大典》"⑦。关于黄绾晋升光禄少卿,方炜在《明史》卷一百九十七"黄绾传考证"中指出:"是时席书、胡世宁皆交疏荐绾,乃有光禄少卿之擢。"《南京都察院志·黄绾传》亦称:"尚书席书、侍郎胡世宁各疏荐绾'才堪大用,学裕纂修',起升光禄寺少卿,纂修《明伦大典》。"⑧简言之,黄绾的学识与才干,在当时确系出类拔萃,并能为廷臣所认可。

---

① 此函载嘉靖十二年黄绾序刊本《阳明先生文录》卷三。见钱明《阳明学的形成与发展·附录》,题作《与黄宗贤》(嘉靖六年),江苏古籍出版社2002年版,第321页;又收录于《王阳明全集》(新编本),第1825—1826页。

② 王宇《合作、分歧、挽救:王阳明与议礼派的关系史》[载《中山大学学报》(社会科学版),2009年第6期]一文指出:黄宗明因丁母忧而未能与黄绾一起成行,但在嘉靖八年服阕后升光禄寺卿。

③ 《王阳明全集》(新编本),第234—235页。

④ 同上,第868页。

⑤ 《黄绾集》,第559页。

⑥ 《明世宗实录》卷七十七"嘉靖六年六月",台湾"中研院"历史语言研究所1962年校印本,第1715页。

⑦ 《明史》(简体字本),第3479页。

⑧ (明)施沛《南京都察院志》卷三十九《人物三·经历列传·黄绾传》,日本内阁文库藏明天启年间刻本,第46页。

五、王阳明"思田平乱"之时与黄绾之间的信函往来

上文已及,先是在嘉靖元年,巡按江西监察御史程启充、户科给事中毛玉,各劾王阳明交结宁王朱宸濠,借机诬陷王阳明,以贬低乃至否定其平定宸濠之功。刑部主事陆澄(系王阳明门人)有《辨忠谗以定国是疏》①,率先为乃师阳明先生辩诬。直至嘉靖六年,仍有人借机诽谤阳明先生,反对阳明先生在服阕之后再次出仕。尽管如此,廷臣之中仍有不少耿直之士,深知阳明先生的才干,纷纷举荐之。比如嘉靖三年九月,御史王木疏荐大学士杨一清、尚书王守仁,言:"今欲兴道致治,非二臣不可。"②嘉靖四年二月二日,席书上疏特荐王阳明。对此,《明世宗实录》载曰:"礼部尚书席书奏荐致仕大学士杨一清、南京兵部尚书王守仁,文武兼资,堪任将相。今一清已督三边,守仁当处之内阁秉枢机,无为忌者所抑,且云:'今诸大臣多中材,无足与计天下事者。定乱济时,非守仁不可。'上不许。"③《阳明先生年谱》记:"先生服阕,例应起复,御史石金等交章论荐,皆不报。尚书席书为疏特荐曰:'生在臣前者见一人,曰杨一清;生在臣后者见一人,曰王守仁。且使亲领诰券,趋阙谢恩。'于是杨一清入阁办事。明年有领券谢恩之召,寻不果。"④《明世宗实录》卷五十三"嘉靖四年七月乙卯"条有载:"应天巡抚都御史吴廷举荐新建伯王守仁文武全才,宜暂掌南京都督府事。兵部覆议,以文臣掌府事未便,俟别缺推用之。"

(一)黄绾举荐王阳明入阁不成,王阳明起征思田

直至嘉靖六年(1527),两广"思田之乱"发生,朝廷方特起王阳明以南京兵部尚书兼都察院左都御史,总制两广、江西、湖广军务。《明史》:"(嘉靖六年)六月丁亥,起前南京兵部尚书王守仁以原官兼左都御史,总制两广、江西、湖广军务,讨田州叛蛮。"⑤与此同时,张璁有书函两通与尚在越中的王阳明,鼓励其出山、征思田。王阳明复函《与张罗峰阁老》书,以"近年以来,益病益衰,惟养疴丘园,为乡里子弟考正句读,使移向方,庶于保身及物亦稍效其心力,不致为

---

① 《王阳明全集》(新编本),第 1481—1484 页。
② 《明世宗实录》卷四十三"嘉靖三年九月"。
③ 《明世宗实录》卷四十八"嘉靖四年二月"。
④ 《王阳明全集》(新编本),第 1303 页。《阳明先生年谱》将席书上疏荐王阳明一事时间系为嘉靖四年六月,误,当以《明世宗实录》为正。
⑤ 《明史》(简体字本),第 149 页。

天地间一蠹物"①为由,婉言拒绝之。《阳明先生年谱》载:先是,五、六月间,侍郎张璁、桂萼荐王阳明兼都察院左都御史,征思、田;后特起王阳明总督两广及江西、湖广军务。"疏辞,不允。"②

值得一提的是,在是否起用王阳明之事上,嘉靖帝有圣谕:"欲知王守仁为人如何?"杨一清成《论王守仁为人如何奏对》,有云:"守仁学问最博,文才最富。……但其学术近偏,好行古道,服古衣冠,门人弟子高自称许,故人亦多毁之者。其精忠大节,终不可泯也。近日,皇上起用两广,最惬公论。但人望未满,以为如此人者,不宜置之远方。若待田州夷患宁息,地方稍安,遇有兵部尚书员阙,召而用之,则威望足以服人,谋略可以济险,陛下可以无三边之虑矣。"③在此,杨一清尽管对"王学"有微词,但是对阳明先生的威望、谋略则予以认可。这也是嘉靖帝下定决心,再次起用王阳明的原因。不过,嘉靖帝对"王学"乃至阳明先生(的事功),还是"心存芥蒂"。

时在京师的黄绾,也有书函与阳明先生,阳明先生成《书黄宗贤一(丁亥)》,与爱徒黄绾商讨自己的出处事宜:"仆多病积衰,潮热痰嗽,日甚一日,皆吾兄所自知,岂复能堪戎马之役者?况谗构未息,而往年江西从义将士,至今查勘未已,往往废业倾家,身死牢狱,言之实为痛心,又何面目见之!今若不量可否,冒昧轻出,非独精力决不能支,极其事势,正如无舵之舟乘飘风而泛海,终将何所止泊乎?在诸公亦不得不为多病之人一虑此也。恳辞疏下,望相扶持,终得养疴林下是幸。"④这里,王阳明与弟子坦言自己不肯出山的两点理由:一是自己多病积衰,潮热痰嗽,日甚一日,不堪戎马之役;二是自己当年起兵平定"宁王之乱",虽有军功,然小人妒忌、谗构未息,而往年江西从义将士,至今查勘未已,往往废业倾家、身死牢狱(指冀元亨),这也王阳明的一大"心病"。

嗣后,黄绾复函,继续与阳明先生交流自己对时局及"江西功次"的看法。毋庸讳言,黄绾对阳明先生的"顾虑"是完全给予同情理解的。王阳明又有书函与黄绾,即《与黄宗贤二(丁亥)》,节文如下:

---

① 《王阳明全集》(新编本),第 1827 页。同年稍后,王阳明又有书函与张璁,即《与张罗峰阁老(二)》,见前揭书第 1828 页。
② 《王阳明全集》(新编本),第 1315—1316 页。王阳明之所以迟迟不肯领命动身,主要是因为:当年平定"宸濠之乱"后,"虽封伯,不给诰券岁禄",尤其是"诸有功者多以考察黜"。
③ (明)杨一清著,唐景绅、谢玉杰点校:《杨一清集》,中华书局 2001 年版,第 1000—1001 页。
④ 《王阳明全集》(新编本),第 867—868 页。

得书，知别后动定，且知世事之难为、人情之难测有若此者，徒增慨叹而已！朽才病废，百念俱息，忽承重寄，岂复能堪？若恳辞不获，自此将为知己之忧矣，奈何奈何！江西功次固不足道，但已八年余矣，尚尔查勘未息，致使效忠赴义之士废产失业，身死道途。纵使江西之功尽出冒滥，独不可比于留都、湖、浙之赏乎？此事终须一白。但今日言之，又若有挟而要者。奈何奈何！①

总之，王阳明之所以不愿总督两广及江西、湖广军务，是因为自己及众将士早年江西平叛之军功并未落实，致使忠义之士废产失业、不得善终。此时（嘉靖六年八月），时任光禄寺少卿的黄绾为替阳明先生及其他忠义之士讨回"公道"，特上《明军功以励忠勤疏》②，毅然为王阳明等在平定宸濠之乱后受到的不公平待遇鸣冤（"虽封伯，不给诰券岁禄"、"诸有功者多以考察黜"），建议朝廷应立即追论王阳明的江西军功，称"王阳明学原性命，德由忠恕，才优经济，使之事君处物，必能曲尽其诚，尤足以当熏陶，备顾问。以陛下不世出明贤之资，与之浃洽讲明，天下之治，生民之福，岂易言哉"，极力推荐王阳明来京辅政："伏惟陛下念明良遭遇之难，亟召守仁，令与大学士杨一清等共图至治。另推才能，为两广总制。仍敕该部给与守仁应得铁券禄米。将陈槐、邢珣、徐琏等起用，伍希儒、谢源等查酌军功事例议录，戴德孺量与荫袭。此实陛下奉天所操之大柄，不可毫发移夺者，宜早收之，以为使人宣忠效力之劝。"③

两广局势越来越严峻，嘉靖帝亦妥协让步，王阳明"得给赐如制"，但由于杨一清、桂萼等权臣阻挠，阳明来京任职一事未成。对此，黄绾在《阳明先生行状》中提及："予时为光禄寺少卿，具疏论江西军功，及荐公（王阳明）才德，堪任辅弼。上喜，亲书御札，并疏付内阁议。杨公一清忌公入阁，与之同列，乃与张公孚敬具揭帖对曰：'王守仁才固可用，但好服古衣冠，喜谈新学，人颇以此异之，不宜入阁，但可用为兵部尚书。'桂公知，遂大怒詈予，潜进揭帖毁公，上意遂止。"④《明史·黄绾传》记："王守仁中忌者，虽封伯，不给诰券岁禄；诸有功若

---

① 《王阳明全集》（新编本），第868—869页。
② 《久庵先生文选》卷十四题作"议江西军功疏"。
③ 转引自《王阳明全集》（新编本），第1485—1488页。又见《久庵先生文选》卷十四，第6—10页。两种奏疏文字略有差异，但基本意思相仿，不碍文义。
④ 《王阳明全集》（新编本），第1444页。

知府邢珣、徐琏、陈槐,御史伍希儒、谢源,多以考察黜。(黄)绾讼之于朝,且请召守仁辅政。守仁得给赐如制,珣等亦叙录。"①

黄绾、张璁力荐王阳明入京辅政事未成,但是朝廷已经作出"让步":"守仁得给赐如制,珣等亦叙录。"故而是年(嘉靖六年)九月,王阳明发越中开赴两广。九月七日,王阳明与钱德洪、王畿论"王门四句教"于天泉桥,史称"天泉证道"②。十月至南昌南浦③,十一月十八日抵肇庆,二十日至梧州后开府,拟平思、田事(翌年二月,思、田平)④。

(二)"平思田"之时的王阳明与黄绾多有通信,并以"心事"相托

嘉靖六年(1527)九月,黄绾由光禄寺少卿改任大理寺左少卿,赴馆纂修《明伦大典》如故⑤;十月,又由大理寺左少卿改任詹事府少詹事兼翰林院侍讲学士⑥。十二月,黄绾与张璁再次举荐王阳明入京供职,因杨一清、桂萼阻挠而未果。黄绾《阳明先生行状》云:"十二月,杨公一清与桂公萼谋,恐事完回京,复命见上,予与张公又荐之,上必留用。又题命公兼理巡抚。奉圣旨'王守仁暂令兼理巡抚两广等处地方,写敕与他'。"⑦

黄绾、张璁联名上疏举荐王阳明入京之事,王阳明通过"邸报及亲友书"知晓之后,有书函一通与黄绾即《与黄宗贤三(丁亥)》,表达感激之情,顺便告以"思、田之事"的处置举措;同时,王阳明还对京师政局颇为关心,鼓励黄绾、方献夫、霍韬等诸君同舟共济,共度时艰,以图中兴:

> 近得邸报及亲友书,闻知石龙之于区区,乃无所不用其极若此;而西樵、兀崖诸公爱厚勤拳,亦复有加无已,深用悚惧。嗟乎!今求朝廷之上,信其有事君之忠、忧世之切、当事之勇、用心之公若诸公者,复何人哉!若之何而不足悲也!诸公既为此一大事出世,则其事亦不得不

---

① 《明史》(简体字本)卷一百九十七《黄绾传》,第3479页。
② 彭国翔:《良知学的展开·王龙溪先生年谱》:九月下旬,阳明征思田,龙溪偕钱德洪等人送阳明游吴山、月岩、严滩。十月初,严滩问答,龙溪再发"有无合一"之论。史称"严滩问答"。(第523页)
③ 王阳明至南浦后,邹守益、欧阳德、刘邦采、黄弘纲、何廷仁等江右王门弟子二三百人候之请益,王阳明因军旅匆匆,无暇一一作答,嘱其前去请教尚在越中的王畿。史称"南浦请益"。详参俞樟华《王学编年》(第175页)、彭国翔《良知学的展开·王龙溪先生年谱》(第524页)。
④ 《王阳明全集》(新编本),第1315—1323页。
⑤ 《明世宗实录》卷八十"嘉靖六年九月庚辰",第1769页。
⑥ 同上,卷八十一"嘉靖六年十月丙寅",第1815页。
⑦ 《王阳明全集》(新编本),第1445页。

然。但于不肖则似犹有溺爱过情者,异日恐终不免为诸公知人之累耳。悚惧悚惧!……京师近来事体如何?君子道长,则小人道消;疾病既除,则元气亦当自复。但欲除疾病而攻治太厉,则亦足以耗其元气。药石之施,亦不可不以渐也。木翁、遽老相与如何?能不孤海内之望否?亦在诸公相与调和。此如行舟,若把舵不定而东撑西曳,亦何以致远涉险?今日之事,正须同舟共济耳①。

此《函》节文又见于《阳明先生年谱》"嘉靖六年十二月条"下:"(王阳明)与黄绾书曰:'往年江西赴义将士,功久未上,人无所劝,再出,何面目见之?且东南小丑,特疥疠之疾;百辟谗嫉朋比,此则腹心之祸,大为可忧者。诸公任事之勇,不思何以善后?大都君子道长,小人道消,疾病既除,元气自复。但去病太亟,亦耗元气,药石固当以渐也。'又曰:'思、田之事,本无紧要,只为从前张皇太过,后难收拾:所谓生事事生是已。今必得如奏中所请,庶图久安,否则反复未可知也。'"②据此,足见晚年王阳明对黄绾的信任与期许。

嘉靖七年(1528)二月,王阳明平思、田叛乱;四月,议迁都台于田州,不果;五月,抚新民;六月,兴南宁学校③。是时,王阳明在广西又有《与黄宗贤四(戊子,1528)》书,与时任少詹事兼翰林院侍讲学士的黄绾④,告知思、田之患已平靖,以及自己的"心事":"病躯咳患日增,平生极畏炎暑,今又深入炎毒之乡,遍身皆发肿毒,旦夕动履且有不能。"言语之中,希望黄绾等京师友好利用职务之便向嘉靖帝建言,恩准其本人归休养病;与此同时,王阳明还对方献夫、霍韬、桂萼等诸公辅佐圣天子(嘉靖帝)以图中兴诸事寄予厚望,并告诫之:

更须警惕朝夕,谦虚自居。其所以感恩报德者,不必务速效、求近功,要在诚心实意,为久远之图,庶不负圣天子今日之举,而亦不负诸公今日

---

① 《王阳明全集》(新编本),第 869—870 页。
② 同上,第 1322—1323 页。
③ 同上,第 1323—1329 页。
④ 是年六月初一,杨一清、张璁等领衔,黄绾等参与纂修的《明伦大典》成。嘉靖帝亲制序文,命宣付史馆刊布天下,嘉赏纂修诸臣,其中"少詹事兼翰林院侍讲学士黄绾升詹事兼官如故"(《明世宗实录》卷八十九"嘉靖七年六月辛丑",第 2005—2006 页)。

之出矣①。

七月,王阳明挥师袭八寨、断藤峡,破之;"见诸贼巢穴既已扫荡,而我兵疾疫,遂班师奏捷",并"疏请经略思、田及八寨、断藤峡"。九月,疏谢奖励赏赉。十月,以疾剧,王阳明再次上疏请告,具言:

> 臣自往年承乏南赣,为炎毒所中,遂患咳痢之疾,岁益滋甚。其后退休林野,稍就医药,而疾亦终不能止。自去岁入广,炎毒益甚。力疾从事,竣事而出,遂尔不复能兴。今已舆至南宁,移卧舟次,将遂自梧道广,待命于韶、雄之间,夫竭忠以报国,臣之素志也。受陛下之深恩,思得粉身斋骨以自效,又臣之所日夜切心者也。病日就危,而尚求苟全以图后报,而为养病之举,此臣之所以大不得已也。

疏入,未报②。是时,王阳明又有书函与黄绾,再次以"病势日深"、"欲早还乡里"之"心事"白于黄绾诸君,即《与黄宗贤五(戊子)》:

> 前赍奏去,曾具白区区心事,不审已能遂所愿否?自入广来,精神顿衰。虽因病患侵凌,水土不服,要亦中年以后之人,其势亦自然至此,以是怀归之念日切。诚恐坐废日月,上无益于国家,下无以发明此学,竟成虚度此生耳,奈何奈何!
> 春初思、田之议,悉蒙朝廷裁允,遂活数万生灵。近者八寨、断藤之役,实以一方涂炭既极,不得已而为救焚之举,乃不意遂获平靖。此非有诸公相与协赞,力主于内,何由而致是乎?书去,各致此感谢之私,相见时,更望一申其恳恳。巡抚官久未见推,仆非厌外而希内者,实欲早还乡里耳!恐病势日深,归之不及,一生未了心事,石龙(黄绾)其能为我恝然乎?身在而后道可弘,皮之不存,毛将焉附?诸公不敢辄以此意奉告,至于西樵(方献夫),当亦能谅于是矣,曷亦相与曲成之?地方处置数事附

---

① 《王阳明全集》(新编本),第870—871页。
② 同上,第553—554、1329—1334页。

进,自度已不能了此。倘遂允行,亦所谓尽心焉耳已。舟次伏枕草草,不尽所怀①。

这是阳明先生与黄绾的最后一封书信,可称之为"临终"相托之言。由此亦可见王阳明对道友、爱徒黄绾的信任与期许。应该说,黄绾对于乃师"一生未了心事",本意欲极力促成,然"心有余而力不足",杨一清、桂萼等廷臣的从中作梗,尤其是嘉靖帝对阳明先生的"不信任"态度,使黄绾左右为难、举步维艰。且因此与杨一清"交恶",自己也被迫离开京师,南下供职礼部。

(三)黄绾因为王阳明"辩诬"而与杨一清"交恶"

嘉靖七年(1528)七月十九日,锦衣卫指挥佥事聂能迁,最初因依附钱宁得官;而后亦曾参与"大议礼",然《明伦大典》成,不得升职,属翁洪草疏,诬论王阳明贿通席书得见举,其疏文牵连黄绾及张璁。黄绾上章自明:"(聂能)迁议礼奏疏,文义心迹,非出真诚,故尽黜之,积恨肆诬,无怪其然,意在倾排善类、动摇国是。"因乞引避以谢之。上曰:"黄绾学行才识,众所共之。王守仁功高望隆,舆论推重。聂能迁乃捏词妄奏,伤害正类,令法司严加审问并追究帮助之人。黄绾安心供职,不必引嫌辞避。"已而审其事无佐证,尽出诬罔,乃谪戍聂能迁。福建莆田人翁洪,令发原籍为民②。黄绾《阳明先生行状》对此事来龙去脉也有详细记载:

> 先此,张公孚敬见公(王阳明)所处岑猛诸子及卢苏、王受得宜,征剿八寨有方,奏至甚喜,极口称叹,谓予知人之明。又述在南京时与言惓惓欲公之意,曰:"我今日方知王公之不可及!"即荐于朝,取来作辅,共成天下之治。桂公、杨公闻之,皆不乐,及嗾锦衣卫都指挥聂能迁诬奏公用金银百万,托余送与张公,故荐公于两广。余疏辩其诬。奉旨:"黄绾学行才识,众所共知,王守仁功高望隆,舆论推重。聂能迁这厮捏词妄奏,伤害正类,都察院便照前旨严加审问,务要追究与他代做奏词并帮助奸恶人犯来说。黄绾安心供职,不必引嫌辞避。"下能迁于狱,杖之死③。

---

① 《王阳明全集》(新编本),第870—871页。
② 《明世宗实录》卷九十"嘉靖七年七月",第2070—2071页。
③ 《王阳明全集》(新编本),第1448页。

当此之时,黄绾与张璁之间关系颇好,即《明史·黄绾传》所言:"绾与璁辈深相得。"

八月十五日,黄绾(包括张璁)因与杨一清之间"有隙",上《论治机疏》于嘉靖帝。疏文之中,黄绾虽不指名道姓,但也含蓄地表明了自己、张璁与杨一清之间的关系如同"君子"与"小人"之对立:

> 君子小人决不容以并立也。自古虽中才之主,非不知君子当用、小人当去,然用君子而未必保其终、去小人而卒被其害者,其故何哉?盖君子正道直行,无所附丽,上下皆见其易疏;小人窥伺揣合,多所阿比,上下皆见其易亲。疏则易害,亲则难间。况君子所为,皆小人所不便;小人所为,必君子所难同。正如熏莸、冰炭不可以相入,故其势必至于相攻。君子攻小人而不胜,则惟超然远去,如不可去则死以殉国;小人攻君子而不胜,将无所不至,此小人所以常胜而君子所以常不免于祸也。方小人之情未露,君子多为其所欺,万一或露,则其为防益密,为害益深,故君子不容一日以自安也,而况君子以孤立之身而与小人之尤者并立于朝,安能保其有俱生之势哉!故治天下者,忠邪之辩不可不严,而取舍之机有不得不决者矣。……夫君子躬逢其盛,将矢心毕力以共成正大光明之业。小人不得逞其故智则以为病己,日夜切齿腐心,思欲反之,此正君子小人之所以分……

《论治机疏》中,黄绾还径称杨一清等"在朝之臣":

> 心不在国,志专行私,外假忠直而欺诈无伦,貌矫寅恭而贪污无比,阳为好才而阴妒无俦,名为进贤而实以援党,假诗书以文发冢之奸,谈仁义以行盗跖之欲,广贿近侍为腹心应援,遍交市井为耳目爪牙,内以揣伺颜意,为设机置阱之所;外以歆探邀引,恣行百变之方。……凡有不可人意,必使群邪扬为朝廷之过、指为同寅之罪,离间人心,动摇国是。……

对于(杨一清)此等奸邪,黄绾作为臣子,发于深忧,激于忠愤,不顾危险而言之,建议嘉靖帝当仔细观察而斥之,"任贤勿贰,去邪勿疑",以此培精神命脉,定中兴大业,选入《嘉靖政要》,为万世之楷模,顾不伟哉!①

对于黄绾所上奏疏,嘉靖帝是心知肚明,然亦有难言之隐,故而以浮词责之:"人臣告君,言当以实,今乃朦胧浮泛,非忠爱之意,本当究治,姑置不问,诸臣俱宜勉尽忠诚,修乃职业,勿因此言,自怀忧疑。"②对此,《明史·黄绾传》载:"绾与璁辈深相得。璁欲用为吏部侍郎,且令典试南京,并为杨一清所抑,又以其南音,不令与经筵。绾大恚,上疏丑诋一清而不斥其名。帝心知其为一清也,以浮词责之。"③

面对黄绾的言语"攻击",杨一清也不甘示弱,八月二十五日向嘉靖帝上《乞休致奏疏》④,反诘黄绾、张璁:

> 绾乃璁同乡故友,虽不由科目,颇有文学,不系白丁,臣亦爱之。近年见其议礼奏疏,心益重之。顷者,众荐为少詹事,当补经筵。臣以其乡音颇多,虽在经筵之列,不必令其进讲,遂以此生怨矣。比者吏部侍郎员缺,所厚者尝荐之。臣谓其白衣人一旦致位三品,用之吏部,太骤,恐公论不服。今年七月间,拟南京考试官。旧例皆循资举用二人,请旨差遣。璁欲通以翰林、春坊官姓名拈阄。臣谓拈阄乃市井之事,非内阁所宜,传笑于人,然竟不能止也。闻亦有黄绾名。臣谓彼不由科目出身,经学非其所习,若拈得之,何以服多士,遂撤去之,至此则恨深矣。然附势之人,恐不止黄绾⑤。

嘉靖帝的回应是:"且如聂能迁纵是小人,置之于法,未为不可。……又,黄绾之奏,非忠公果为国也。是言也,立党之基也。朕欲重治,复而思之,绾之言无根据,若罪彼,却似真有这等人而曲庇之也。故令璁票责谕。璁票为晓谕。朕复曰:'票责绾之意,犹有难辞。'朕遂亲作旨行。"⑥

行文至此,我们以为:黄绾、张璁与杨一清之间"有隙",直接原因是杨一

---

① 《久庵先生文选》卷十四,第10—14页;《黄绾集》,第608—612页。
② 《明世宗实录》卷九十"嘉靖七年八月",第2092页。
③ 《明史》(简体字本)卷一百九十七《黄绾传》,第3479页。
④ 《杨一清集》,第1019—1024页。
⑤ 同上,第1022—1023页。
⑥ 《明世宗实录》卷九十"嘉靖七年八月甲子"条,第2099页。

清在处理聂能迁这件事上"拟票太宽","不敢拟置重典"①,毕竟聂能迁亦曾在"大礼议"中支持过嘉靖帝(包括"议礼派"),故主张宽大处置之。黄绾与张璁对此却不满,所以黄绾把讽喻对象直指杨一清,而同在内阁供差的张璁与杨一清之间的矛盾逐渐公开化②。而黄绾、张璁与杨一清"有隙"的根本原因,在于朝廷在处理王阳明是否应该入阁之事上:黄绾作为王阳明的挚友与门生,"黄绾乃璁同乡故友"(杨一清语),支持王阳明入阁;因忤杨一清、桂萼等权贵,并与之交恶。这说明嘉靖三年所成之"议礼派"成员内部,此时已呈分裂之状。

进而言之,黄绾上疏弹劾、张璁与之有隙,使杨一清在朝廷处境颇为被动,所以干脆上书"乞休",以请嘉靖帝出面调解双方矛盾:"臣以老病之躯处嫌忌之地,唯皇上怜而放免之,俾得远憎怨、保余年,不胜幸甚。"不难看出,杨一清名为"主动坦白"自己与张璁、黄绾的间隙,实际上公开指责张璁、黄绾:"黄绾乃璁同乡故友,虽不同科目,颇有文学。顷为少詹事补经筵,臣以其吴音未令进讲;比璁欲用为吏部卿贰,又欲用为南京乡试考官,臣皆沮之,以是怨臣。昨所奏(按:指黄绾在八月甲寅日所上奏疏),虽若泛论,意亦阴诋臣也。"③这让嘉靖帝也颇为难,毕竟不愿意看到阁臣内部、廷臣之中尤其是曾经给予自己莫大支持的"议礼派"官员之间发生"内讧",只能采取双方安抚、批评教育的策略,"各打五十大板":

> 彼张璁也性资虽敏,奈强梗不受人言,已是不听于众,其忠孝、仁义、谦恭、廉守,彼皆无不通晓,何其自入阁以来,专恣而自用,无复前之初也……彼璁尽忠事君,博见多识,居顾问之允称,可惜者自伐其能,恃朕所宠。呜呼!朕所礼之者非私恩也,报昔正伦之功。璁当愈加谦逊,竭诚图报可也。竭诚者何?推公、让贤、谦己、容众是也。今却若是,良可叹哉!

---

① 《明世宗实录》卷九十"嘉靖七年八月甲子"条,第2099页。
② 据《明世宗实录》卷九十"嘉靖七年八月甲子"条杨一清所言:他与张璁有隙之因,除处置聂能迁一事"拟票太宽"以外,还在张璁亲戚张浩出任浙江都司之事上,"浩,璁亲也。璁欲用为浙江都司,难于自言,乃谓臣'浩才可用',臣随告之尚书王时中而推之。今乃谓浩为臣所荐,非自欺乎!先年,浩备倭宁波地方失事,与守巡官张芹、朱鸣阳俱被勘治。去秋,璁署都察院事,以前处分太轻,参芹与鸣阳降级,而浩以专职独不及焉。此情安可掩也!"并认为"(张璁)志骄气横,狎视公卿,虽桂萼亦不敢与抗,其余大臣颐指气使,无不如意,百司庶僚,莫敢仰视"。(《明世宗实录》,第2099—2100页)
③ 《明世宗实录》卷九十"嘉靖七年八月",第2100页。

对于黄绾奏报处置一事,嘉靖帝的说法是:

> 黄绾之奏,非忠公果为国也;是言也,立党之基也。朕欲重治,复而思之,绾之言无根据,若罪彼,却似真有这等人而曲庇之也。故令璁票责谕。璁为晓谕,朕复曰:"票责绾之意,犹有难辞。"朕遂亲作旨行。

嗣后,杨一清又有《再乞休致奏疏》《乞恩暂养病疏》等①。与此同时,嘉靖帝一再安抚、挽留杨一清:"朕以卿耆硕旧辅,方切倚毗,而卿必欲退君臣之义,恐弗如是。朕躬多愆,当直言以匡救,何遽舍朕而去,卿其副朕望焉!"嘉靖帝希望杨一清与张璁、黄绾矛盾双方"彼此和衷"。

十月四日,因与杨一清、桂萼之间的矛盾不断升级,黄绾"以疾乞致仕。不允"②。二十四日,黄绾由詹事兼翰林院侍讲学士升(出)为南京礼部右侍郎③。黄绾《阳明先生行状》云:"时予(黄绾)为詹事,桂公(萼)、杨公(一清)计欲害公(王阳明),恐予在朝,适南礼侍缺,即推予补之。"④《洞山黄氏宗谱·黄绾传》称黄绾"时与宰相(杨一清)议不合,寻升南京礼部右侍郎。时部院缺正官,日视五篆,自朝至于日昃,一无废事。又带管操江,严防御、谨盘诘,江盗屏息。凡所应行,题请永为定例"⑤。总之,为了完成阳明先生所托付之"一生未了心事",黄绾不惜与杨一清作"鱼死网破"式的"抗争",结果"两败俱伤",自己落得个被迫离开京师、南下任职的结局。

第六节　王阳明去世之后黄绾的所作所为

嘉靖七年(1528)十一月二十九日⑥,一代心学宗师、思想家、哲学家、军事

---
① 《杨一清集》,第1024—1026页。
② 《明世宗实录》卷九十三"嘉靖七年十月",第2136页。
③ 同上,第2158页。
④ 《王阳明全集》(新编本),第1448页。
⑤ 《洞山黄氏宗谱》卷四,第45页。
⑥ 公元1529年1月9日。

家——阳明先生病卒于南安(今江西省赣州南康市),终年五十八岁。黄绾《阳明先生行状》对阳明先生病逝过程有记载:

> 十月初十日,(阳明先生)复上疏乞骸骨,就医养病。因荐林富自代。又一月,乃班师。至大庚岭,谓布政使王公大用曰:"尔知孔明之所以付托姜维乎?"大用遂领兵拥护,为敦匠事。廿九日至南康县,将属纩,家童问何所嘱。公曰:"他无所念,平生学问方才见得数分,未能与吾党共成之,为可恨耳!"遂逝。舁至南安府公馆而敛。柩经南、赣,虽深山穷谷,男女老弱皆缟素,匍匐哀迎,若丧考妣。凡所过江西地方,行道之人无不流涕者①。

嘉靖八年(1529)正月,丧发南昌;二月四日,丧至越中(绍兴)。《阳明先生年谱》载:"子弟门人奠柩中堂,遂饰丧纪,妇人哭门内,孝子正宪携弟正亿与亲族子弟哭门外,门人哭幕外,朝夕设奠如仪。每日门人来吊者百余人,有自初丧至卒葬不归者。书院及诸寺院聚会如师存。"②

一、黄绾撰《祭阳明先生文》

嘉靖八年春,黄绾自南都赶赴越中,亲奠业师,并有《祭阳明先生文》,对业师阳明先生的心学思想以"良知""亲民""知行合一"三组"关键词"概述之:

> 於乎!斯道原于民彝,本诸物则,无人不全,无物不得,亘古长存,无时或息。惟人有情,情有公私,故心有邪正而道有通塞。斯道既塞,此政教所以多讹,生人所以不蒙至治之泽也。惟我先生,负绝人之识,挺豪杰之资,哀斯道之溺,忧斯道之疵。指良知,以阐人心之要;揭亲民,以启大道之方;笃躬允蹈,信知行之合一。人十己千,并诚明而两至。续往圣不传之宗,救末代已迷之失。孝弟可通神明,忠诚每贯日月。试之武备,既

---

① 《王阳明全集》(新编本),第1448页。《阳明先生年谱》载:"是月(十一月)廿五日,逾梅岭至南安。登舟时,南安推官门人周积来见。先生起坐,咳喘不已。徐言曰:'近来进学如何?'积以政对,遂问道体无恙。先生曰:'病势危亟,所舍死者,元气耳。'积退而迎医诊药。廿八日晚泊,问:'何地?'侍者曰:'青龙舖。'明日,先生召积入。久之,开目视曰:'吾去矣!'积泣下,问:'何遗言?'先生微哂曰:'此心光明,亦复何言?'顷之,瞑目而逝,二十九日辰时也。"[《王阳明全集》(新编本),第1336—1337页]

② 《王阳明全集》(新编本),第1337页。

足以勘乱；用之文字，必将以匡时。幸文明之协运，式浚哲之遭逢，何勤劳仅死于瘴岭，勋勋徒存于社稷？慨风云之难际，悼膏泽之未施。言之伤心，竟莫之究。悠悠苍天，卒无知哉！尚赖斯道之明，如日中天。勉之惟在于人，责之敢辞后死！冀竭吾才，庶几先生千古而如在也。呜呼哀哉！尚享！①

祭文之中，黄绾之于乃师阳明先生的崇敬之情，溢于言表。

与此同时，黄绾还参与阳明先生的后事料理，恪尽"友道"之责。比如关于阳明丧事的办理，永康阳明门人应典先后有两封书信与黄绾，征求其关于"师友服制""反场筑室"的建议；黄绾主张参照宋代金华朱子学者王柏所作《师友服议》来执行，而对王门弟子效仿孔门子弟"反场筑室"、为阳明守丧的提议，则委婉拒绝之。黄绾先后有《复应天彝书》②《复天彝问师友服制书》③。

嘉靖八年二月，即在王阳明卒后不久，朝中大臣桂萼④竟参王阳明擅离职役，及处置广西思、田、八寨，恩威倒置；又诋其擒濠军功冒滥，进而极力诋毁王阳明的学问与事功。嘉靖帝命多官会议，下诏削王阳明世袭公爵，并朝廷常行恤典赠谥。这是黄绾《阳明先生行状》的记载⑤。《明世宗实录》的记载是这样的：嘉靖八年二月戊辰，吏部奏：

> 故新建伯王守仁因病笃离任，道死南安。方困剧时，不暇奏请，情固可原，愿从宽宥。

如此看来，吏部奏章倒也合乎情理，问题在于嘉靖帝一直对阳明先生的学术与事功心存"芥蒂"，对吏部奏疏批复如下，曰："守仁擅离重任，甚非大臣事君之道，况其学术事功多有可议，卿等仍会官详定是非及封拜宜否以闻，不得回护姑息。"在此，嘉靖帝对吏部关于王阳明功过是非的评判已定下基调。时

---

① 《石龙集》卷二十八，第3页；《黄绾集》，第563—564页。
② 《石龙集》卷十八，第15—16页；《黄绾集》，第357页。
③ 《石龙集》卷十八，第16页；《黄绾集》，第358页。又见黄宗羲编《明文海》卷一百七十一《书》二十五"议礼"，《文渊阁四库全书》第1454册，第772页。
④ 嘉靖八年二月七日，以吏部尚书桂萼兼武英殿大学士，预机务。[《明史》(简体字本)，第149页]
⑤ 黄绾《阳明先生行状》，载《王阳明全集》(新编本)，第1448页。

兵科给事中周延①因同情、体恤王阳明,仗义上疏,言:

> 守仁竖直节于逆瑾构乱之时,纠义旅于先帝南巡之日,且倡道东南,四方慕义;建牙闽广,八寨底平。今陛下以一眚欲尽弃平生,非所以存国体而昭公论也。

周延所奏此疏,激怒了嘉靖帝,下旨:"守仁功罪,朝廷自有定议;(周)延朋党妄言,本当论治,但念方求言之际,姑对品调外任。"于是吏部奏谪延太仓州判官②。

对周延的处置,也为王阳明功罪再次定下基调,故而在二月甲戌日,吏部会廷臣议故新建伯王守仁功罪,言:

> 守仁事不师古,言不称师,欲立异以为名,则非朱熹"格物致知"之论。知众论之不与,则著《朱熹晚年定论》之书,号召门徒,互相唱和,才美者乐其任意,或流于清谈;庸鄙者借其虚声,遂敢于放肆。传习转讹,悖谬日甚,其门人为之辩谤,至谓杖之不死、投之江不死,以上渎天听,几于无忌惮矣。若夫剿拏贼、擒除逆濠,据事论功,诚有可录,是以当陛下御极之初,即拜伯爵。虽出于杨廷和预为己地之私,亦缘有黄榜封侯拜伯之令。夫功过不相掩,今宜免夺封爵,以彰国家之大信;申禁邪说,以正天下之人心。

对于吏部廷议之结果,嘉靖帝自然同意,曰:

> 卿等议是,守仁放言自肆,抵毁先儒,号召门徒,声附虚和,用诈任情,坏人心术。近年士子传习邪说,皆其倡导。至于宸濠之变,与伍文定移檄

---

① 周延(1499—1561),字南乔,号崦山,江西吉水人。嘉靖二年(1523)进士,授知县,历兵科给事中,谪宿州通判、南京吏部郎中,升广东左布政使。居广东最久。安南之役及平定崖州黎民起事,俱有赞画功。擢右副都御史、巡抚应天。进吏部右侍郎,提督两广军务。入为刑部左侍郎,历南京右都御史,吏、兵二部尚书。嘉靖三十四年召为左都御史,加太子少保。嘉靖四十年二月十一日卒于官,年六十三,赠太子太保,谥简肃。周延为人峭直清介,砥节奉公,士论推重。著有《简肃公遗稿》。

② 《明世宗实录》卷九十八"嘉靖八年二月戊辰"条。

举兵,仗义讨贼,元恶就擒,功固可录,但兵无节制,奏捷夸张。近日掩袭寨夷,恩威倒置,所封伯爵本当追夺,但系先朝信令,姑与终身。其殁后,恤典俱不准给。都察院仍榜谕天下,敢有踵袭邪说果于非圣者,重治不饶①。

在此,我们比照一下《阳明先生行状》与《明世宗实录》中所云,可知:在阳明先生卒后,诋毁王阳明学问与军功的"始作俑者"系嘉靖帝;桂萼虽为吏部尚书,但在"君要臣死,臣不得不死"君主专制高压之下,即便是想为王阳明讨回一些"公道",也是心有余而力不足。

二、黄绾上《辨王守仁理学疏》

作为道友、门生,时任南京礼部右侍郎的黄绾却是"明知山有虎,偏向虎山行",上《明是非定赏罚疏》(亦称"辨王守仁理学疏")②,把矛头指向了时任大学士、吏部尚书的桂萼,极力主张为阳明先生的"事功"与"学问"辩护,并试图为之"正名"。在《明是非定赏罚疏》文中,黄绾先是表明自己上疏的动机:"忠臣事君,义不苟同;君子立身,道无阿比。故于是非之际,宁捐生以雪义,不暧昧以偷荣,言必行其志、必明其道而后已也。"进而回顾自己与桂萼的交往史并及桂萼与王阳明之间"不相合"诸事:正德五年底,黄绾为后军都督府都事,桂萼为中式举人,黄绾见其大节可敬,辄与之为友;嘉靖三年,黄绾为南京都察院经历,见"大礼"不明,辄与时任南京刑部主事的桂萼共上疏议"大礼"。从正德五年至是年即嘉靖八年(1510—1529),黄绾与桂萼作为朋友,前后二十余年,死生休戚,终始无间。问题在于,黄绾在嘉靖六年荐王阳明"堪任大用",可入京供职;桂萼因与王阳明旧不相合,便谓黄绾之言不然,再加上小人乘间相构,使黄绾与桂萼之间有隙。尽管如此,黄绾不愿因二人"有隙"而尽废桂萼之平生,而是基于"事君之义、立身之道,则有不得不一明者",于是乎,黄绾对王阳明之功、之学"仗义直言"。

王阳明之功,其大者有四:

---

① 《明世宗实录》卷九十八"嘉靖八年二月戊辰"条。
② 《久庵先生文选》卷十五,第1—7页;《黄绾集》,第624—629页。又见《阳明先生年谱》"嘉靖八年二月"条之征引[《王阳明全集》(新编本),第1337—1339页]。

其一，宸濠敢为不轨，营谋积虑，已非一日。内而内臣如魏彬等，嬖幸如钱宁、江彬等，文臣如陆完等，皆受其重贿而许以内应；外而内臣①如毕真、刘朗等，皆受其深托而许以外应。故当时在朝臣僚，往往为宸濠所摇动，无有以其残暴讼言之者。脱使得志，天下苍生其不鱼肉乎？忠臣义士其不赤族乎？宗室亲友其犹保噍类乎？且宸濠以肺腑之亲、威虐之著，集剧贼，练精锐，富贿广援以行其谋，辟之毒蛇猛兽，孰得控而撩之？若非守仁忠义自许，兵谋素闲，挺身以当事变之冲，先时预防，请便宜以从事；临机诒檄，垂长算以沮征，必将迅雷不逮掩耳、赤手不能率众，而江西之原燎不可扑矣。今反皆以为伍文定之功，而守仁不得侪焉，是乃轻发纵之人而重走狗之役者也，天下岂有兵交不用运筹可以徒搏而擒贼者乎？

其二，大冒、茶寮、浰头、桶冈诸寨，势连荆广，地接江闽，积年累岁，为贼渊薮，跋扈劫刘，出没靡常。其时有司皆以束手无措，望险而唏，再使阅岁逾时，数境之内恐非朝廷之所有矣。守仁初镇赣州，遂次第剿除，至今称靖。

其三，田州、思恩衅成累岁，陛下虽切深忧，而事不得息兵，不得已故起守仁往抚之。守仁定以兵机，感以诚信，遂使卢苏、王受之徒空城崩角以来降，感泣欢忻而受杖，遂平一方之难。

其四，八寨为两广腹心之疾有年矣，岭海事变皆由于此。其间守戍官军本以防贼，日久化为贼党，为害反有甚焉。守仁假永顺土官明辅等之狼兵及卢苏、王受之降卒，并力而袭之，相机而剿之，遂去两广无穷之巨害，实得兵法便宜之算。

夫兵者凶器、战者危事，守仁所历征战前后无虑数十，然或入险阻、或凌惊涛、或冲炎暑、或触瘴烟，冒矢石、蹈不测，舍身忘家以勤王事，卒以毒厉，死于驰驱，诚为勤劳尽瘁者矣，可以终泯其功乎？②

王阳明之学，其要有三：

其一曰"致良知"，实本诸先圣先贤之言也。孟轲谓人之所不虑而知

---

① "内臣"，《王阳明全集·年谱》所引奏疏文作"镇守"，当以《王阳明全集·年谱》为正。
② 《久庵先生文选》卷十五，第1—3页；《黄绾集》，第625—626页。

者其良知,又以恻隐、羞恶、恭敬、是非四端为人之固有,盖由发动而言则谓之情,由知觉而言则谓之良知,所谓孟轲"道性善"者此也。且孔子尝读"有物有则"之《诗》,而赞其为知道也;良知者,物则之谓也。其云"致"者,何也?欲人必欲此用力以去其气习之私、全其天理之真而已矣,所谓"必慎其独",所谓"扩而充之"是也。

其二曰"亲民",亦本诸先圣先贤之言也。《大学》旧本曰"在亲民",《尧典》曰"克明峻德,以亲九族。平章百姓,协和万邦,黎民于变时雍",孟轲曰"君子亲亲而仁民,仁民而爱物"。此守仁所据以复"亲民"之旧而非近日"新民"之讹也。夫天地立君,圣王为治,皆因人情之欲生,因致其亲爱以聚之,故为田里宅居以为之养焉、礼乐刑政以为之治焉,尽至诚之道以顺其欲生之心耳!此所谓王道也。舍此而云治则伯功之术,而非王政之醇也。

其三曰"知行合一",亦本诸先圣先贤之言也。颜渊问仁,孔子告之曰"克己为仁";颜渊请问其目,曰"非礼勿视、听、言、动"。夫颜渊之问,学也;孔子之教之,学也,非他也。觉非礼者,知也;勿非礼者,行也。如此而已矣。盖古人为学务实,知之所在即行之所在也。故知克己则礼复矣,未尝分知行而二之。他日孔子又自语其学曰"吾十有五而志于学",以至"七十从心所欲不逾矩",亦未分知行而二之也。守仁发此,无非欲人言行必顾,弗事空言如后世之失也①。

在对王阳明军功、学术之要慷慨陈辞之后,黄绾指出:"功高而见忌,学古而人不识",这便是桂萼排斥王阳明致其不容于世之根源:"萼不与守仁,遂致陛下不之知。夫有臣如守仁者,幸遇陛下尧舜之主而不获明良之会,果谁之过与?臣是以惜之也。臣虽平生敬萼、信萼,亦不敢以此谓萼为是也。"接着,黄绾为说服嘉靖帝,又以王阳明事君之忠及客死他乡之后的凄凉后事,予以倾诉:

赏罚者,治世之权衡、明主之操柄也。以守仁平日之功之贤,又以勤劳终于王事,乃常典不及,削罚有加,不得与诸臣安处者等,是废议贤之法而为遏恶之惩,反褒忠之典而为党锢之禁。至公之道,顾如是乎哉!其何

---

① 《久庵先生文选》卷十五,第3—4页;《黄绾集》,第626—627页。

以励忠而劝将来也？且守仁客死之后，妻子孱弱，门户零丁，家童载骨，藁殡空山，见者为之流涕，闻者为之酸心。若使鬼神有知，亦当为之夜苦矣。臣实不忍见圣明之世有臣如此、有事如此也。假令守仁生于异世，犹望陛下追录而褒恤之，况在今圣朝哉？至如永顺官兵，素称骁黠，凡经调用，所过伤残有甚于贼，实缘节制无法，故议者有意外之忧；昨感守仁威信，俯首效死，不敢有他。又如卢苏、王受之徒，实系久失之众，一旦感恩畏威、归化效力，皆宜有以慰其望。今皆置而弗录，不亦重失其心乎！此事关系尤非细，故又不但守仁赏罚之当论而已也①。

黄绾与王阳明系师友之交，在桂萼与王阳明二人之间，黄绾有"偏袒"王阳明而"指责"桂萼之嫌，为排除嘉靖帝的疑虑，黄绾又道出发自肺腑的心声：

臣曩与守仁为友，几二十年。一日自愤寡过之不能，守仁乃语以所自得，时若有省，遂如沉疴之去体，故复拜之为师。则臣于守仁，实非苟然以相信，如世俗师友之比也。臣近日所以粗知事陛下而不敢有欺者，亦皆守仁之教臣耳！夫陛下，君也；守仁与萼，师也、友也。臣于君父之前，处师友之间，既有所怀，焉敢隐忍而不之吐露哉！即如萼事陛下，本无不忠，但以昨者小人谗之，所以至此未白，臣实为之深愤。今陛下既明萼之非辜，命召以还，臣为之喜而不寐，此非臣之私萼也，臣之情有不能已也。今守仁之抱冤，亦犹萼之负屈。

行文至此，黄绾在《明是非定赏罚疏》之最后，表明了自己对嘉靖帝的诉求："伏愿陛下以视萼者视守仁，以白萼者白守仁。敕下该部，查给恤典，赠谥，仍与世袭。并开学禁，以昭陛下平明之治，天下幸甚。若此事不明，则萼必不能忘形于臣，而小人谗构犹得以入之。臣虽欲曲附于萼，竭诚以事陛下，亦有不能也。故臣又敢以此言之，庶所以尽臣事陛下之忠，且以补萼之过而解其疑，实亦臣不苟同阿比之义如此也。臣昧死言之。"②为国君尽忠、为朋友尽信

---

① 《久庵先生文选》卷十五，第5页；《黄绾集》，第628页。
② 《久庵先生文选》卷十五，第6页；《黄绾集》，第629页。

尽义,这就是儒臣黄绾的性格写照。

按照世俗之情、日常之理,黄绾疏文所论阳明先生的"事功"与"学问",倒也"合情合理"。但是根据上引《明世宗实录》所云,对于臣子黄绾的"昧死之言",嘉靖帝当然不会予以采纳,更不会下旨降罪吏部尚书桂萼;毕竟"(王阳明)殁后恤典俱不准给""申禁邪说"之论,乃出于嘉靖帝本人之口。尽管如此,黄绾"仗义直言"的耿介精神,依旧值得后人称颂。

是年(嘉靖八年)冬十一月十一日,黄绾再由南都之越城,参加业师阳明先生的葬礼。《阳明先生年谱》记:"仲冬癸卯,奉夫子榇窆于越城南三十里之高村,会葬者数千人。……麻衣衰屦,扶柩而哭,四方来观者莫不交涕。"①程煇《丧记》有"门人侍郎黄绾等各就位哭奠"云云②。嗣后,黄绾有《祭阳明先生墓文》:

> 道丧既久,圣远言微,千载有作,聿开其迷,指良知为下手之方,即亲民为用力之地,合知行为进德之实。夫学非良知,则所学皆俗学,而圣学由不明。道非亲民,则所道皆霸功,而王道为之晦。知行不合,则所知皆虚妄,而实德无自进。此乃先生极深研几之妙得,继往开来之峻功,学者获闻,方醉梦之得醒。而世之懵昧,反以为异而见非,以致明良难遇,志士永叹,而先生之道亦遂不获大用于时、大被于民,而竟止于斯也矣。绾等或抠趋于门墙之最久,或私淑于诸人之已深,兹闻宅幽,各羁官守。素衣白马,尚愧乙夜之不能;易服毁冠,必知市肆之弗忍。望兰亭以兴思,岂一日之敢忘;溯耶溪而勖志,惟没世而后已。於乎,悲夫!③

祭文之中,黄绾以"抠趋于门墙之最久"者即以"资深阳明门人"的身份,对阳明先生的道德、文章再次予以褒扬,又以"良知""亲民""知行合一"三组"关键词"对阳明先生的道学宗旨予以概述。

三、黄绾在王阳明辞世后继续弘扬良知心学

王阳明辞世之后,供职南京礼部的黄绾秉承阳明先生遗志,继续弘扬、传

---

① 《王阳明全集》(新编本),第1340页。
② 转引自《王阳明全集》(新编本),第1479—1480页。
③ 《石龙集》卷二十八,第3—4页;《黄绾集》,第564页。

播、广大良知心学,并以传授后学、会讲宣教、同道切磋的方式努力阐发之。

嘉靖九年(1530)左右,"虽未尝受业阳明之门而能深为阳明之学"的吴兴后学邵文化,至南都游学,因"自信于良知之学",时常与黄绾就阳明"良知之旨"进行切磋。在其归乡之时,黄绾有《赠邵文化》以劝勉之:

> 圣人之道,自孟子殁而失传几二千载,至宋程伯子始启其端,迨我阳明先生乃阐良知之旨。学者方如醉梦得醒,而昧者犹以为疑。予昔受教,更历岁月,既竭驽钝,方知先生之云"致良知"者即孟子所谓"扩充四端"、孔子所谓"克己复礼",其实皆慎独也。故曾子传《大学》、子思作《中庸》,皆以慎独为要。惟从事于慎独,则良知明而至诚立,不待外求而经世之道、位育之功在此矣。昔云"汉儒不识诚",非其不识,惟不由慎独致工,则诚无所在,此其所以不识也。由此观之,慎独之学不明于世久矣①。

这里,黄绾主张以"慎独"之学来阐发、演绎阳明先生的"致良知"之教。与此同时,任职南都礼部的江右王门学者邹守益亦有《赠邵文化》,并以"致良知之教"再授于邵文化:"良知之蕴,发于孟子。夷考孟子之行,何其善于致良知也!……盖惟自致其良知,不徇毁誉,不拘格式,不求声名,为其所为,欲其所欲,无为其所不为,无欲其所不欲,如斯而已矣。……呜呼!良知之在人,犹轻重之有权、长短之有度也。不自精其权度,而称铢较两,揣丈测寻,哓哓然欲以开物成务,多见其惑也已。吾友邵文化,质粹而志敏,慨然自信于良知之学……"②

嘉靖十年(1531),江西南昌后学裘汝中③在中举之后,即将参加翌年(嘉靖十一年)春二月在北京举行的会试,临行之前,请黄绾提些忠告或勉励性的建议。黄绾乃追根溯源、援引元典,对时人所质疑的王阳明"良知""知行合一"二

---

① 《石龙集》卷九,第4—5页;《黄绾集》,第156页。
② 董平编校整理:《邹守益集》,凤凰出版社2007年版,第62—63页。
③ 裘汝中,生卒年待详考,江西南昌人。《明儒学案》卷八《河东学案下·文简吕泾野先生柟》"吕泾野先生语录"之中有记:"南昌裘汝中问:'闻见之知,非德性之知。'先生曰:'大舜闻一善言,见一善行,沛然莫之能御,岂不是闻见?岂不是德性?''然则张子何以言不梏于见闻?'曰:'吾之知本是良的,然被私欲迷蔽了,必赖见闻开拓,师友夹持而后可。虽生知如伏羲,亦必仰观俯察。汝中曰:'多闻择其善而从之,多见而识之,乃是知之次也。是以圣人将德性之知,不肯自居,止谦为第二等工夫。'曰:'圣人且做第二等工夫,吾辈工夫只做第二等的也罢。殊不知德性与闻见相通,原无许多等第也。'"(《黄宗羲全集》第7册,第154页)又,查《明代进士题名碑》"嘉靖十一年壬辰科",不见"裘"姓人名,则知裘汝中此次春试不利。

说,予以辨正,成《裘汝中赠言》。节文如下:

> 或曰:"良知之知不足以知道,良知之良不足以尽道,必益闻见而后尽也。"予(黄绾)曰:昔者告子见孟子道性善而疑之,以为性无善无不善。孟子乃指人心之至善,尧舜途人之皆同者喻之,曰:"乃若其情,则可以为善,乃所谓善也。若夫为不善,非才之罪也。"故告子之说破而斯道之传赖以明也。其所谓情者,即恻隐、羞恶、辞让、是非之四端,就其本心言之,则曰仁、义、礼、智;就其知觉言之,则曰良知。今反谓非人之固有而必欲外铄哉!夫欲以外铄为者,盖由后世以来,人以功利为习,不务天理之纯,以要本心之安,惟欲博求闻见之似,以遂其速化之私,习之既久,不复能反,虽有明知,亦为所迷,故有此说。夫岂圣学之源如是哉!
>
> 或曰:"知行恶可以合一?苟不先知,行将何措?"予(黄绾)曰:知固先矣,人未之思耳!夫曰良知则无不知,知而不行乃为众人,知而能行斯为圣人。凡知之必欲行之,则知始于此,而行亦始此,故曰:"知至至之,知终终之。"昔者傅说历陈其说于高宗,至于末篇曰:"知之非艰,行之惟艰。王忱不艰,允合乎先王成德。"盖谓良知,人之固有,所陈之理,人孰不知?但私意间之,则行之惟艰。苟不为私意所间,即所知而行之,则皆合乎先王成德。此乃知行合一之要旨,作圣之真诀也。后世昧之而不明者,盖亦由功利之习胜,闻见之说昌也①。

据此可知,为维护"王学"宗旨、恪守"师教",中年黄绾为此也付出了巨大的心力。

嘉靖十一年(1532)正月,黄绾以南京礼部右侍郎身份入京进表、考绩。与方献夫、欧阳德、程文德、杨名、黄宗明、戚贤、魏良弼、沈谧、王龙溪、钱德洪、林春、林大钦、徐樾、朱衡、王惟贤、傅颐、王玑等王门弟子四十余人,定日聚会于庆寿山房。《阳明先生年谱·附录一》载:"十一年壬辰正月,门人方献夫合同志会于京师。自师没,桂萼在朝,学禁方严,薛侃等既遭罪谴,京师讳言学。至是年,编修欧阳德、程文德、杨名在翰林,侍郎黄宗明在兵部,戚贤、魏良弼、沈谧等在科,与大学士方献夫俱主会。于时黄绾以进表入,洪、畿以趋廷对

---

① 《石龙集》卷十,第12—13页;《黄绾集》,第174—175页。

人,与林春、林大钦、徐樾、朱衡、王惟贤、傅颐等四十余人始定日会之期,聚于庆寿山房。"①王畿《中宪大夫都察院右佥都御史在庵王公墓表》云:"壬辰,余(王畿)与绪山钱君赴就廷试,诸君相处益密,且众至六七十人。每会舆马塞途,至不能行。乃分处为四会,而江右同志居多。"②京师庆寿山房会讲之盛况,由此可见一斑。

此外,任职南京礼部的黄绾,在《赠王生敦夫归山中》③《良知说》④等文中,以王阳明"致良知"说为学术基点,以传统儒家"心""性""情"论为基础,重新阐释了《大学》《中庸》的"慎独"学说,提出了从"良知"→"独知"的心学求证模式,并且得出"'惟精惟一'实万世圣学之源"的结论。这也是中年黄绾为维护"师教"所作的努力。

四、黄绾受阳明学人之托,扶携王阳明遗孤王正亿

王阳明离世之后,留下独苗王正聪(后改名"正亿")。受王门道友之嘱托,黄绾承担起了为先师扶携哲嗣的使命。事情的经过是这样的:

王正聪生于嘉靖五年(1526)十一月十七日。《阳明先生年谱》载:"十一月丙申⑤,子正亿生,继室张氏出。……先生初命名正聪,后七年壬辰,外舅黄绾因时相避讳,更今名。"⑥嘉靖七年底,王阳明谢世之时,正聪年仅三岁,如何保全、抚养年幼的王正聪,成为阳明先生弟子们最为"头痛"的问题。

嘉靖十年(1531)五月,黄弘纲、王龙溪、钱德洪等会黄绾于金陵(南京),为王阳明之子王正聪请婚。黄绾以"老母家居,未得命,不敢专"为由,一时难以答应;钱德洪、王龙溪"复走台州",征得太夫人即黄绾母亲鲍允俭之同意,最后由王艮代表王家行聘礼。《阳明先生年谱·附录一》载:

> 先是,师殡在堂,有忌者行谮于朝,革锡典世爵。有司默承风旨,媒孽其家,乡之恶少遂相煽,欲以鱼肉其子弟。胤子正亿方四龄,与继子正宪

---

① 《王阳明全集》(新编本),第 1342 页。
② 《王畿集》,第 637 页。
③ 《石龙集》卷八,第 15—16 页;《黄绾集》,第 150 页。
④ 《石龙集》卷九,第 5—6 页;《黄绾集》,第 157—158 页。
⑤ 《王阳明全集》(新编本)(第 1311 页)误作"庚申",当改。
⑥ 同上,第 1311 页。

离伾窜逐,荡析厥居。明年夏,门人大学士方献夫署吏部,择刑部员外王臣升浙江佥事,分巡浙东,经纪其家,奸党稍阻。弘纲以洪、畿拟是冬赴京殿试,恐失所托。适绾升南京礼部侍郎,弘纲问计,绾曰:"吾室远莫计,有弱息,愿妻之。情关至戚,庶得处耳。"是月,洪、畿趋金陵为正亿问名。绾曰:"老母家居,未得命,不敢专。"洪、畿复走台,得太夫人命,于是同门王艮遂行聘礼焉①。

嘉靖十一年(1532)九月,黄正聪趋金陵(南京)黄绾处寻求庇护。关于王正聪前来金陵的经过,《阳明先生年谱·附录一》载:"正亿外侮稍息,内衅渐萌。深居家局,同门居守者,或经月不得见,相怀忧逼。于是同门佥事王臣、推官李逢,与欧阳德、王艮、薛侨、李琪、管州议以正亿趋金陵,将依舅氏居焉。至钱塘,恶少有蹑其后载者。迹既露,诸子疑其行。请卜,得《鼎》二之上,吉,乃佯言共分胤子金以归。恶党信为实,弛谋。"②

嗣后,黄绾在《寄甘泉宗伯书》中对王正聪"趋金陵"一事经过,也有详细描述:

> 绾……自京归,至维杨,崇一诸友以书邀于路,云"阳明先生家事甚狼狈,有难处者",欲绾至越一处。绾初闻,不以为然;至金陵细询,方知果有掣肘难言之情。又踌躇数日,方托王汝止携取孤子至此教养。将阳明先生囊橐所遗账目,烦诸友及亲经其事者,与王伯显、王仲肃并管事家人,逐一查对明白,立一样合同簿三本:一付越中,一付孤子之母,绾亦收执一本。俟孤子成人之日查对,毫发不许轻动,目前只令家人以田租所入供给③。

王正聪在抵达南都、入住黄绾官邸之后,黄绾先为正聪改名"正亿",以避时相张璁之名讳。《阳明先生年谱》"嘉靖五年十一月条"记:"先生初命名正聪,后七年壬辰,外舅黄绾因时相避讳,更今名。"④钱德洪跋王阳明《岭南寄正宪男》文记曰:"正亿初名聪,师之命名也。嘉靖壬辰秋,依其舅氏黄久庵寓留

---

① 《王阳明全集》(新编本),第1341—1342页。
② 同上,第1342页。
③ 《石龙集》卷二十,第1—2页;《黄绾集》,第376页。
④ 《王阳明全集》(新编本),第1313页。《明史》卷十七《本纪》第十七:嘉靖十年二月壬申,赐张璁名孚敬[《明史》(简体字本),第150页]。

都,值时相(张璁)更名(张孚敬)于朝,责洪为文告师,请更今名。"①

王正亿寄居黄绾官邸,江右王门学者欧阳德有《寄黄久庵》书,对王正亿近况亦十分关心:"正亿弟远来,谅自有处分。既在彼中,更须周慎,无使女医之徒得以出入,无使游侦因而有所媒糵。此是第一义。诸仆久无纲纪,须时借威重,根究警察,庶几不至日后不可收拾耳!王明谷须留在彼中,即以此事托之。俟洛村(按:黄弘纲)至,更代乃善。余来者能悉。"②同时,黄绾有《与王公弼金宪书》:"小婿正亿诚为阳明先生一线之绪,幸赖周旋,保全至此,感慰何如!此后教养,俱责在仆,惟求始终,庶他日相见冥漠可无愧也。在浙家事当留情者,还望加意,至祷。王祯先归,谨此申谢。尚容子行还日更悉。"③于此可知,黄绾对王正亿的呵护、关照是颇费心思的,并且时时需要与其他阳明门人进行沟通。

黄绾在嘉靖十二年(1533)七月入京进贺万寿表,至京师途中,得到升任礼部左侍郎之命④。黄绾此次赴京,王正亿未偕行,因担心孤身留在南都的王正亿之安危,便委托同系阳明先生门人的闻人诠予以操心,并有《与闻人邦正提学书》:

舟次匆匆,情不能悉,别后岂胜怅然!正亿孤危之情、奸人机变之多,皆执事所知,不在喋喋。但仆负此重托,虞虑尤深。其家人辈望时致丁宁,万万。倘仲行至南,其家人往来之间,亦望以意外之虑祝之。幸甚⑤。

嘉靖十三年(1534)二月,王正亿在欧阳德等王门弟子的帮助之下北上京师;在王正亿抵京之后,欧阳德有书函与黄绾,询问正亿近况,黄绾复函《答欧阳崇一司业书》:

蒙教惓惓,足征深爱,敢不铭佩。但恐事机在人,虽平日号为相知,亦

---

① 《王阳明全集》(新编本),第1035页。
② (明)欧阳德著,陈永革编校整理:《欧阳德集》,凤凰出版社2007年版,第25页。
③ 《石龙集》卷十九,第14页;《黄绾集》,第371页。
④ 黄绾《答韩苑洛中丞书》:"绾处南六载甚安,只意自此远遁,逐将没世,讵料进表在途,忽闻今命,人皆为喜。"(《石龙集》卷二十,第6—7页;《黄绾集》,第382页)
⑤ 《石龙集》卷二十,第6页;《黄绾集》,第382页。

不能无圆枘方凿之不入,决知行道之有命、治平之有数,而非人力之强为者。不识高明以为如何?小婿正亿蒙周旋北上,感激曷胜?至京即出痘,今幸无恙,慰贺何如!①

阳明先生诸门人对乃师独苗王正亿的悉心呵护,可见一斑。

嘉靖十四年(1535)春夏之际,黄绾母鲍氏病卒,黄绾即返乡丁内艰,十岁的正亿亦一道返归浙南黄岩。此后,王正亿便一直寄居、生活在黄岩,直至黄绾病逝后方才离开黄岩,返回绍兴定居。

嘉靖十六年(1537)秋冬之时,王阳明继子王正宪偕郑邦瑞②自越地(绍兴)来访黄绾及王正亿于黄岩紫霄山,黄绾接待之。嘉靖二十一年(1542)九月,王畿在落职归家(绍兴)之后,携携李沈静夫、余姚杨汝鸣至黄岩拜访黄绾、探视王正亿。黄绾在黄岩北山石龙书院予以接待。王畿完成黄岩之行归越后,有《与张叔学书》,相告王正亿之近况:

仲时(按:王正亿)意向甚好,承其惓惓相信之情,殊觉真实。区区所报答老师周极之恩,舍仲时,身上无用力处。一路读仲时诗稿,喜不自胜,不惟辞句清亮,思亦悠悠,能于本原参透一番,更当有进于此者。大抵作诗须当以玄思发之,方不落言诠。琐琐步骤,未免涉蹊径,非极则也。何如,何如?③

嘉靖二十八年(1549)秋,王畿再来访,黄绾、王正亿等偕游雁荡山。

嘉靖二十五年(1546),江右王门学者陈九川入台州寻访王正亿,其《简湛甘泉先生》书有云:"丙午初春,即入越省先师之墓及其家。乃入台,问其子仲时,因拜久庵,遂穷石梁、雁荡之胜,至秋而还。"④黄绾在台州与女婿黄正亿及

---

① 《石龙集》卷二十,第10页;《黄绾集》,第385—386页。
② 据钱明、张如安《〈王阳明全集〉未见诗文散曲补考》文称:郑邦瑞,名官贤,小名宝一、宝一官,号邦瑞。王阳明在书函之中称郑邦瑞为"侄","疑为阳明生母郑氏的二哥之子,其母被阳明称为'二舅母'"。(见张新民主编:《阳明学刊》第五辑,巴蜀书社2011年版,第46页)
③ 吴震编校整理:《王畿集》,凤凰出版社2007年版,第337—338页。
④ 陈九川:《明水陈先生文集》,《四库全书存目丛书》集部第72册,齐鲁书社1997年版,卷一,第39—40页。

好友叶良佩,一同接待了陈九川的造访。

嘉靖三十一年(1552)四月,倭寇入海门关,黄岩知县高材与之战,不胜,邑民杨志等被杀①。五月,(倭寇)犯(黄岩)县治,泊舟澄江,据城七日,毁官民廨舍殆尽,杀掳甚重②。黄绾在黄岩县城的住宅被倭寇毁坏,恰王正亿游学至北雍,其妻黄姆仓惶奔走,不携他物,独抱王阳明木主图像以行。钱德洪《〈上海日翁书〉跋》云:"嘉靖壬子,海夷寇黄岩,全城煨烬。时正亿游北雍,内子黄哀惶奔亡,不携他物,而独抱木主图像以行,是卷(《上海日翁书》)亦幸无恙。"③是年,七十三岁的黄绾已届古稀之年,其对小女黄姆之举,肯定知情并予以了极大的支持。

以上,我们对黄绾接受、保护、教育少年王正亿,并以女妻之、"育之官邸"、携之归乡的经过,进行了一番梳理。也正如当代阳明学研究专家钱明先生所云:"对于正亿的抚养问题,黄绾可以说是尽心尽力、善始善终的。"④

五、黄绾编刻《阳明先生文录》的前后经过

嘉靖十二年(1533)九月十五日,黄绾、钱德洪、欧阳德等甄选、编录的王阳明传世文稿即《阳明先生存稿》刊行。黄绾作《阳明先生存稿序》文:

> 古人之文,实理而已。理散两间,韫诸人心,无迹可见,必俟言行而彰。言行,人之枢机,君子慎之而实理形焉。古者左史记言,右史记事,此其载籍之初、文之权舆乎!故文之为用,以之撰天地而天地为昭,以之体万物而万物为备,以之明人纪而人纪为明,以之阐鬼神而鬼神为显,以之理庶民而庶民为从,以之考三王而三王为归,以之俟后圣而后圣为存,所以经纬天地、肇率人纪、纲维万物、探索阴阳、统贯古今、变通幽明而不可

---

① ② 《光绪黄岩县志》卷三十八《杂志·灾异》。
③ 钱明编校整理:《钱德洪集》,凤凰出版社2007年版,第201页。
④ 钱明:《王阳明及其学派考论·黄绾的保孤情怀》,人民出版社2009年版,第104—108页。《王阳明及其学派考论》中有一个小小的考证疏漏,称"嘉靖十三年(1534),黄绾赴京任职,……此后正亿一直随黄绾居于京师,直到嘉靖二十一年(1542)秋,16岁的正亿才随黄绾趋归黄岩"(氏著,第107页)。历史事实是,嘉靖十二年(1533)秋,黄绾已赴京任职;嘉靖十四年(1535)春夏之际,黄绾母鲍氏病卒,黄绾即返乡丁内艰,10岁的正亿亦一道归黄岩;黄绾丁忧服阕之后,黄绾于嘉靖十八年(1539)夏因奉命"出使安南"而入京任礼部尚书,嗣后(是年秋)出使未遂而落职闲住,黄绾此次进京,14岁的正亿不可能偕行(详可参阅拙编《黄绾生平学术编年》"嘉靖十二年至十八年"相关记载)。故而钱文"直到嘉靖二十一年(1542)秋,16岁的正亿才随黄绾趋归黄岩"不合史实真相。

废者也。

　　阳明先生夙负豪杰之资,始随世俗学文,出入世儒老释之间;中更窜谪流离之变,乃笃志为学;久之,深有省于《孟子》"良知"之说、《大学》"亲民"之旨,反身而求于道,充乎其自得也。故其发于言行也,日见其宏廓深潜,中和信直,无少偏戾。故其见于文也,亦日见其浩博渊邃,清明精切,皆足以达其志而无遗。或告之君父,或质之朋友,或迪之门生,或施之政事,或试之军旅,以至登临之地、燕处之时,虽一謦一欬之微,亦无往而非实理之形。由此不息,造其精以极于诚,是故其用之也,天地可以经纬,人纪可以肇率,万物可以纲维,阴阳可以探索,古今可以统贯,幽明可以变通。

　　惜乎天不慭遗,不获尽见行事大被斯世,其仅存者唯《文录》《传习录》《居夷集》而已,其余或散亡及传写讹错。抚卷泫然,岂胜斯文之慨!及与欧阳崇一、钱洪甫、黄正之率一二子侄,检稡而编订之,曰《阳明先生存稿》。洪甫携之吴中,与黄勉之重为厘类,曰《文录》、曰《别录》,刻梓以行,庶传之四方、垂之来世,使有志之士知所用心,则先生之学之道为不亡矣①。

　　王阳明于嘉靖七年十一月去世,据黄绾《〈阳明先生存稿〉序》可知,至嘉靖十二年(1533)左右,王阳明文稿"仅存者唯《文录》《传习录》《居夷集》而已,其余或散亡及传写讹错"。鉴于此种情形,黄绾"与欧阳崇一、钱洪甫、黄正之率一二子侄,检稡而编订之,曰《阳明先生存稿》。洪甫携之吴中,与黄勉之(黄省曾)重为厘类,曰《文录》、曰《别录》,刻梓以行,庶传之四方、垂之来世,使有志之士知所用心,则先生之学之道为不亡矣"②。据黄绾《序》文可知,当时《阳明先生存稿》有两个版本:一是黄绾与欧阳德、钱德洪、黄弘纲等精选编订本(简称"黄绾本"),二是在前本基础之上又经钱德洪与黄省曾"重为厘类"本(简称"钱德洪本",即在编排上析"文录""别录"两种)。两个版本的《阳明先生存稿》(亦可称《阳明先生文录》),今日本京都大学图书馆均有收藏,对其版本源流及

---

① 《石龙集》卷十三,第13—14页;《黄绾集》,第226—227页。
② 《石龙集》卷十三,第14—15页;《黄绾集》,第227页。

相关"文录"之比较,铃木龙一①、吴震②、永富青地③等先后有文。据永富青地调查所见:"黄绾本《阳明先生文录》(京都大学文学部所藏本),五卷,嘉靖十二年刊本。19.7×14.0厘米,半叶10行,行20字。左右双边,白口,单鱼尾。书首有嘉靖十二年(1533)序。"又据吴震文知,黄绾本卷首的《阳明先生存稿序》其落款为"嘉靖癸巳(十二年,1533)秋九月望日通议大夫礼部右侍郎前詹事府詹事兼翰林院侍读学士同修国典经筵讲官门生赤城黄绾识"。

嘉靖十二年,为编辑《阳明先生文集》事宜,钱德洪由吴中(姑苏)至南京,与黄绾共同商议编纂体例。二人在编选体例上存在分歧,钱德洪别去之后,黄绾有《与钱洪甫书(二首之一)》为证:

> 别去岂胜驰念!阳明先生文集必如此编辑,使学者观之,如入丛山、如探渊海,乃见元气之生、群材众类、异物奇品,靡所不有,庶足以尽平生学问之大全。随其所好而择之,皆足以启其机而克其量。斯不为至善至妙者乎?④

尽管与钱德洪存在分歧,黄绾还是依照自己的编纂理念,完成了《阳明先生存稿》(亦作《文录》)的辑编,并刊刻之。

嘉靖十三年(1534)二月,钱德洪在黄绾《阳明先生存稿》基础之上新编《阳明先生文录》刻成。《阳明先生年谱·附录一》"嘉靖十四年(1535)乙未"条"刻先生《文录》于姑苏"中记载:"先是洪、畿奔师丧,过玉山,检收遗书。越六年,洪教授姑苏,过金陵,与黄绾、闻人诠等议刻《文录》。洪作《购遗文疏》,遣诸生走江、浙、闽、广、直隶,搜猎逸稿。至是年二月,鸠工成刻。"⑤又据钱德洪成文于"乙未年(嘉靖十四年,1535)正月"的《刻〈文录〉叙说》,其中提到黄绾对衷辑《阳明先生文录》的建议:"'先生(王阳明)之道无精粗,随所发言,莫非至教,故

---

① [日]铃木龙一:《王文成公全书的合刻》,《怀德》第32号,1961年。
② 吴震:《王阳明佚文论考:就京都大学所藏王阳明著作而谈》,载陈平原主编《学人》第一辑,江苏文艺出版社1992年版,第417—447页。
③ [日]永富青地:《闻东本〈阳明先生文录〉的价值》,载吴震、吾妻重二主编《思想与文献:日本学者宋明儒学研究》,华东师范大学出版社2010年版,第326—342页。
④ 《石龙集》卷二十,第4页;《黄绾集》,第379页。
⑤ 《王阳明全集》(新编本),第1344页。

集文不必择其可否,概以年月体类为次,使观者随其所取而获焉!'此久庵诸公之言也。"①钱德洪还作有《〈阳明先生文录〉序》②。嘉靖十五年(1536)三月,江右王门学者邹守益为钱德洪于前年(嘉靖十四年,1535)二月刻于姑苏的《阳明先生文录》作"序",即《〈阳明先生文录〉序》③。

总之,《阳明先生文录》(即《王文成公全书》的"雏形")的编选、刊刻过程,并不是一帆风顺的,至少在阳明门人内部就存有不同"意见"。

六、黄绾历时六年撰成《阳明先生行状》

嘉靖十三年(1534),历经六年(1529—1534)之久,黄绾为挚友、业师、亲家王阳明所撰的《阳明先生行状》终于定稿。兹有湛若水《阳明先生墓志铭》"久庵公为之状,六年而后就,慎重也"云云为证④。王阳明卒于嘉靖七年(1528)十一月,黄绾《阳明先生行状》末了称:"子正宪、正亿将以是年(1529)仲冬十一日奉公柩葬于洪溪之高村,为次其世行功爵,及所以致谤者,乞铭于宗工。幸怜而属笔焉,以备他日太史氏之择。谨状。"⑤据此可以推断:黄绾《阳明先生行状》之成文并非一蹴而就,而是在编纂《阳明先生文录》并诵读《阳明集》《居夷集》《抚夷节略》《五经臆说》《大学古本旁注》及门人所记《传习录》、所纂《则言》等大量第一手文献史料,并原原本本地回忆(黄绾)本人与王阳明自正德六年(1511)十一月至嘉靖七年(1528)十一月,这长达十八年的交情之后,反复修订、不断推敲,"六年而后就",并定稿于嘉靖十三年。此足以说明黄绾的"慎重",及对阳明先生一生经历、学行、评论的"负责"。

在《阳明先生行状》这篇长达一万五千余字的鸿文之中⑥,黄绾首先对越中王氏先祖予以检录,继而对王阳明的诞生经过、童年生活、求学访友、科举中试之事予以绍述,并以王阳明的仕宦生涯为叙事主线:观政工部、授刑部主事、聘为山东乡试考官、改兵部武库司主事、谪贵州龙场驿丞、升江西庐陵知县、拟调南京刑部主事、升吏部文选司员外郎、升吏部考功文选司郎中、升南京太仆

---

① 《王阳明全集》(新编本),第2087—2094页。
② 同上,第2083—2085页。
③ 《邹守益集》,凤凰出版社2007年版,第38—40页。
④ 《王阳明全集》(新编本),第1413页。
⑤ 同上,第1450页。
⑥ 同上,第1424—1450页。

寺少卿、升南京鸿胪寺卿、升都察院左佥都御史、升南京兵部尚书参赞机务、兼都察院左都御史、总督两广及江西湖广军务等。其中以描述抚镇南赣汀漳等处而平定民乱、镇压朱宸濠之叛、勘定两广思田之乱,最为详尽,成功塑造了王阳明作为有明一代杰出的军事家、政治家、谋略家的光辉形象。同时,对王阳明学术思想的发展历程,诸如龙场悟道、以"良知"之旨训学者等,进行了交待;还对王阳明一生的交游授徒,尤其是黄绾与王阳明之间的"亦师亦友"、"通家亲家"的关联,进行了说明。

在《阳明先生行状》文中,黄绾对阳明先生的学行作如下评价:

> (王阳明)生而天资绝伦,读书过目成诵。少喜任侠,长好词章、仙、释,既而以斯道为己任,以圣人为必可学而至。实心改过,以去己之疵;奋不顾身,以当天下之难。上欲以其学辅吾君,下以其学淑吾民,惓惓欲人同归于善,欲以仁覆天下苍生。人有宿怨深仇,皆置不较。虽处富贵,常有烟霞物表之思。视弃千金,犹如土芥,藜羹珍鼎,锦衣缊袍,大厦穷庐,视之如一。真所谓天生豪杰,挺然特立于世,求之近古,诚所未有者也。

言论剀切,令人信服!毫不夸张地说,黄绾此篇《阳明先生行状》系后世学者了解、洞悉王阳明生平事迹最可靠、最权威的文本之一。其史料意义、文献价值,不应小觑。

王阳明谢世之后,除却亲撰《阳明先生行状》文外,黄绾又于嘉靖二十五年(1546)八月,敦请湛若水为王阳明撰"墓志铭"即《明故总制两广江西湖广等处地方提督军务奉天翊卫推诚宣力守正文臣特进光禄大夫柱国少保新建伯南京兵部尚书兼都察院左都御史阳明先生王公墓志铭》[1](简称《阳明先生墓志铭》[2])。

在此,我们有必要对黄绾与王阳明之间交往的前后经历,再做一个"小结":

1. 正德五年冬以前,黄绾与王阳明因父辈(黄俌、王华)系"同年"而有"通家"之谊。

2. 正德五年冬至嘉靖元年,黄绾与王阳明因"志同道合"而结交并成为挚友。

---

[1] 黎业明:《湛若水年谱》,上海古籍出版社2009年版,第298页。
[2] 《王阳明全集》(新编本),第1408—1414页。

3. 嘉靖元年秋至嘉靖十四年,黄绾因服膺"致良知"之教而拜阳明先生为师;其间,在阳明先生病卒之后,即在嘉靖十年、十一年间又受同门(钱德洪、王畿、王艮等)之托,抚养阳明先生遗孤王正亿并以女妻之,故而黄绾与王阳明之间又有了"儿女亲家"的一层关系。

第七节 晚年黄绾对阳明良知学的态度

承接上文,黄绾在正德五年(1510)冬与王阳明在京师结交,只是基于"圣人之学"的共同志业;在嘉靖元年(1522)秋由台州奔赴绍兴师从王阳明,则是因为王阳明作为"豪杰之士"已经正式提出"致良知"之教而服膺之[①]。嘉靖元年至七年(1522—1528)间,黄绾通过与王阳明面晤交往、书信论学的方式,砥砺学问,此时的黄绾已能把握阳明心学的三大核心命题——"(致)良知""亲民""知行合一"。嘉靖七年王阳明病逝,嘉靖七年至十二年(1528—1533)间,任南京礼部右侍郎之职的黄绾,主要通过提携后学、劝勉上进的形式,在南都极力维护师门"致良知"之教,从而使良知本体蕴含的"独知""慎独"的工夫路数,得以充分的揭橥与阐发。

一、"慎独而致吾之良知":中年黄绾对阳明良知学的阐发

当代新儒家大师牟宗三先生认为王阳明的"良知"观念具有主观性、客观性、绝对性。"知是知非"是良知的主观性,"良知即天理"是良知的客观性,良知作为"乾坤万有基"是良知的绝对性[②]。沿用牟氏的观点"接着说",阳明良知"独知"义即是要阐发良知的主观能动性。承上所述,黄绾在任职南京礼部右

[①] 对于王阳明学说的根本宗旨——"致良知"的解读,读者可以参阅当代阳明学研究著名专家吴光教授的大作《从"致良知"到"行良知":论黄宗羲对王阳明"良知"说的转型与贡献》(载《国际阳明学研究》第一卷,中国社会科学出版社 2011 年版,第 124—138 页)及贵州大学张新民教授的专著《阳明精粹·哲思探微》(孔学堂书局、贵州人民出版社 2014 年版)、中山大学张卫红教授的《由凡至圣:阳明心学工夫散论》(生活·读书·新知三联书店 2016 年版),尤其是后两种著作对当代学人如何体证"良知"有精辟的解读与阐发。

[②] 牟宗三:《从陆象山到刘蕺山》,台湾学生书局 1984 年版,第 217—220 页。

侍郎期间(嘉靖七年至嘉靖十二年),对业师阳明先生的良知之学("致良知"之教)进行了"无条件"的"受用"与宣讲,并且提出了自己对"慎独""独知"的认知。拙著以为黄绾的"慎独""独知"不是"照着(王阳明的'独知')讲"而是"接着(王阳明的'良知')讲"。兹有例证如下:

黄岩后学王敦夫习举业于南京国子监,卒业归乡之时,造访乡贤黄绾,"求学问之实";黄绾有《赠王生敦夫归山中》文,便以王阳明"致良知"说为学术基点,以"心""性""情"论为基础,重新阐释《大学》《中庸》的"慎独"学说,提出了从"良知"→"独知"的心学求证模式,并且得出"'惟精惟一'实万世圣学之源"的结论:"上帝降衷于人,皆有恒性,性之清静而至真者曰情。斯情也,即恻隐、羞恶、辞让、是非之心,为仁、义、礼、智之实,乃尧舜与愚夫愚妇之所同。亘天地、历万变而不可磨灭者,惟此而已,故命之曰良知。方其知也,他人所不知,惟己所独知。古之君子凡有言也、凡有行也,必于此而致思,故见于彝伦日用,一惟天则之依,弗使毫发私意之间,故曰'惟精惟一',实万世圣学之源。"①黄绾此处对"良知独知"的解读,基本沿袭了乃师王阳明的观点。

黄绾在《赠邹谦之序》中论述了王阳明作为"豪杰之士"创"良知学"延续孔孟之道、宋儒之学的"道统"意义:"(阳明先生)究洙泗言仁之教、邹孟性善之说,以阐良知之旨,谓致知为诚意之本,格物为致知之实;知乃良知,即吾独知之知,物非外物、即吾性分之物;慎于独知、尽于物则,则为物格知至而意诚。著知行不可以两离,明体用当归于一源,以晓学者。"②据此亦知,此时的黄绾有接续阳明良知学"道统"的心迹。

基于阳明"致良知"之教的"道统"意义,中年黄绾作为阳明良知心学传人,遂不遗余力以之教化后学。比如"虽未尝受业阳明之门而能深为阳明之学"的吴兴后进邵文化,至南都游学,"自信于良知之学",时常与黄绾就阳明"良知之旨"进行切磋;在归乡之时,黄绾有《赠邵文化》文。此文中,黄绾首先对阳明良知说的学术地位予以认可,有"圣人之道自孟子殁而失传几二千载,至宋程伯子始启其端,迨我阳明先生乃阐良知之旨。学者方如醉梦得醒,而昧者犹以为疑"云云。而中年黄绾已经通过对"圣人之道"的刻苦修证,由此印证出阳明先

---

① 《石龙集》卷八,第15—16页;《黄绾集》,第150页。
② 《石龙集》卷十二,第14—15页;《黄绾集》,第211—212页。

生的"致良知"即孟子所谓"扩充四端"、孔子所谓"克己复礼",简言之,皆"慎独"也。进而言之,曾子传《大学》、子思作《中庸》,皆以"慎独"为要;所以阳明"致良知"之教得以"圆满成就"的关键就在于对"慎独"工夫的推进:"惟从事于慎独,则良知明而至诚立,不待外求而经世之道、位育之功在此矣。昔云'汉儒不识诚',非其不识,惟不由慎独致工,则诚无所在,此其所以不识也。由此观之,慎独之学不明于世久矣。嚣嚣而不已者,岂无故哉!"① 这里,黄绾已经把王阳明的"良知"学等同于"慎独"学。其实在王阳明的良知学体系之中,"致良知"还等同于"慎独",比如王阳明在解答邹守益疑问之时有论:"致知者,致吾心之良知于事事物物也。致吾心良知之天理于事事物物,则事事物物皆得其理矣。独,即所谓良知也;慎独者,所以致其良知也;谨慎恐惧,所以慎其独也。"② 这里,从"本体—工夫论"意义上讲,我们可以在王阳明的"致良知"与"慎独"之间画等号("致良知"＝"慎独")。

江右王门学者何廷仁曾携永丰后学朱效才、朱效忠二生游学南都,时任职南都礼部的黄绾接待了何廷仁一行,并与之论学;此时,黄绾便以王阳明良知学教导朱氏二生:"今夫良知在人,弊于气习,亦何异此?故圣人为教,必使人于独知之际,因其本心之明,察其私欲之萌,既切复磋,既琢复磨,惟日孜孜,以极'精一'之工,则私欲净尽、天理纯完,所以立天下之大本而经纶天下之大经,岂有他哉!"③ 不难发现,对于宋儒的"理欲之辨",黄绾不加回避,提出了"净尽人欲,纯完天理"即"去私意、纯天理",于"独知"之中把握、证悟"良知"的修养路径。此外,黄绾还与浙中王门另一学者叶良佩就"阳明先生之所谓良知者"与之论学,有赠文《良知说》④。在黄绾看来,"人人自足,圣愚皆同"的良知有两大特征:"良知人人自足","良知固无不知"。若要体证良知,必须向内即"独知之中"用功,经过一番慎独的修养工夫,即由"慎独而致吾之良知"。而《中庸》所言"博学之,审问之,慎思之,明辨之,笃行之"的工夫指向,亦即是人人自足的良知。由此,黄绾批评了两种错误的为学路径:一是"舍其良知、徒事闻见以为知",此谓"支离而非学";二是"知求良知,溺志忘情,任其私意以为知",此

---

① 《石龙集》卷九,第4—5页;《黄绾集》,第156页。
② 转引自《邹守益集》,第1382—1383页。
③ 《石龙集》卷九,第5页;《黄绾集》,第157页。
④ 《石龙集》卷九,第5—6页;《黄绾集》,第157—158页。

谓"虚妄而非学"。

　　黄绾在《劝子侄为学文》中,以圣人之学劝勉子侄后辈,重申了"慎独以致良知"的命题:"夫所谓学者无他,致吾良知、慎其独而已。苟知于此而笃志焉,则凡气习沉痼之私皆可决去,毫发无以自容。天地间只有此学、此理、此道而已。明此则为明善,至此则为至善。"①黄绾还在《赠应仁卿序》中着重阐述了行"慎独"工夫以"致良知"的道理:"人之生也,惟性为贵。性无不善,故知无不良,不以尧舜而增,不以众人而损,化于俗而后私意汩之。私意之在今日,虽贤智不免,慎独所以辩私、克己,乃以作圣。慎之于独知之中,克之于方萌之际,夙兴夜寐,念兹在兹,造次颠沛,无时而离,由仁义行,良知不息,此谓格致之工、天德之学,所以拔乎流俗而异于伯术、乡原者也。"②借此,黄绾又反对视"情欲意念"为"良知"的观点:"夫所谓良知者,乃天命本然之良心,四端固有之至善,不涉私邪,不堕意见,循之则圣,悖之则狂。若以任情自恣之心揣量模拟之,似皆曰良知,是又与于不仁之甚者也。"③应该指出,黄绾之所以屡屡反对以"情欲意念"、"溺志忘情、任其私意"为"良知"的提法,主要是针对王艮泰州学派一系的主张而发。时有学者以"作圣之功"请教黄绾,黄绾乃以"圣学只以忠信为主,但于庸言庸行之间,验之良知。如何方是忠信? 如何不是忠信? 于此苟分晓,则作圣之功在是矣"作答④,意在强调"良知"之功在日常人伦生活之中进行,并非凭借玄空冥想所能成就。

　　与此同时,时有学者对阳明心学之"良知""知行合一"说予以质疑。此时,中年黄绾作为阳明良知心学的忠实信徒,予以辩驳,即追溯圣学之源,从儒家经典《孟子》《尚书》之中爬梳出"良知""知行"的原始义,从而对时人的质疑予以回应。这集中体现在《裴汝中赠言》文中⑤。嘉靖十二年(1533)夏间,黄绾好友王廷相离开南都北上任职,黄绾有《纪言赠浚川子》,提出"今日经国、知人、济变之道,只在于至诚"的论点,而其予以论证的依据则是于"独知"之地寻求作为"独知"之理的"良知":"至诚之本只在独知之地,独知之理是谓良知,是所谓'万物皆备于我'。于此慎察而精思之,不使一毫习染之私得间之,则为'精

---

① 《石龙集》卷九,第6—7页;《黄绾集》,第158页。
② 《石龙集》卷十二,第12—13页;《黄绾集》,第209页。
③ 《石龙集》卷十二,第13页;《黄绾集》,第209页。
④ 《石龙集》卷二十,第2页;《黄绾集》,第377页。
⑤ 《石龙集》卷十,第12—13页;《黄绾集》,第174—175页。

一'之传、致知之学。"①应该指出,与黄绾、王阳明同时代的著名学者王廷相对陆王心学采取了一种排斥的态度(下文详述),但是,时任职南都的黄绾还是希望挚友王廷相能够接受乃师阳明先生的"致良知"之教。

而在嘉靖十二三年(1533—1534)间,随着对阳明良知学"独知""慎独"义理解的加深,再加上对"四书五经"等儒家元典的不断用功;从中年转向晚年的黄绾(55、56岁)②,有意识地摆脱对王阳明心学的依赖,进而主张以《尚书》中"'精一'之传"作为"圣贤之学"之根源。比如,黄绾在嘉靖十三年(1534)初所成《寄罗峰书》(九之九)有云:"大人之道,只在正己。正己之要,只在慎独。独者,独知也。独知之地,四端所在,万理攸具。孟子所谓'万物皆备于我'是也。于此致思则曰'惟精',于此归缩则曰'惟一'。'惟精惟一'乃尧舜学问之传也。曰'志道'、曰'据德'、曰'依仁',乃孔门学问之事也。曰'学而不思则罔,思而不学则殆',此指点精一用工之方也。夫非思则不精,非精则不一,非一则此心之动,纷纭无已,其可建皇极而立天下之大本乎?于此有立,大人之道尽矣。"③"'惟精惟一'乃尧舜学问之传"云云也说明黄绾在嘉靖十三年左右可能受到"他者"(主要是王廷相④)影响而打算另辟"道统",以赓续"圣人之学"。

而在嘉靖十三年,在京师任职的王畿离去,至南京任职方主事。临行之

---

① 《石龙集》卷十,第15页;《黄绾集》,第177页。
② 嘉靖十二年七月,黄绾由南京礼部右侍郎升任京师礼部左侍郎(详见拙著《黄绾生平学术编年》,第250页)。至京师任职之后,黄绾不再像当年在南都礼部任职之时(嘉靖八年至嘉靖十二年),维护乃师阳明先生的"致良知"之教,其学理思路则由"心学"转向了"经学",黄绾晚年经学名作《四书五经原古》即是明证(黄绾《四书五经原古》之创作主旨,可参阅拙文《黄绾经学、政论著作合考》,载《国际阳明学研究》第三卷,上海古籍出版社2013年版,第295—301页)。
③ 《石龙集》卷十九,第12页;《黄绾集》,第369页。
④ 据笔者考证,嘉靖十三年左右,黄绾曾请王廷相为其在浙南黄岩紫霄山创办的石龙书院作"学辩"即《石龙书院学辩》。其中,王廷相评论陆王心学、程朱理学:"有为虚静以养心者,终日端坐,块然枯守其形而立,曰:'学之宁静致远在此矣。'有为泛讲以求知者,研究载籍,日从事乎清虚之谈,曰:'学之物格知至在此矣。'"(王廷相著,王孝鱼点校:《王廷相集》,中华书局1989年版,第604页)在王廷相的思想(道学)体系之中,"仲尼之教"系衡量万世的绝对标准与唯一依据,孔门之学代表了圣人之(道)学的正统。无论程朱理学抑或陆王心学均掺和了佛禅之学的"基因",故而偏离了"孔门之学",皆是"异端邪说"。陆王心学家作为"虚静以养心者"追求"终日端坐""块然枯守其形而立",此种功夫修养路径无异于佛教的"禅定";程朱理学家作为"泛讲以求知者",终日"研究载籍","从事乎清虚之谈",以为此即"格物致知"之学,实则是"支离破碎的烦琐哲学"(方克立、李兰芝编著:《中国哲学名著选读》,南开大学出版社1996年版,第399页)。进而言之,在《石龙书院学辩》文中,王廷相是以"道友"的身份劝诫黄绾"志于圣贤经世之学者"当以"六经"为文本,探寻"仲尼之教"之所指,重构以"经学信仰"为旨趣的儒家意义(价值)世界。黄绾在晚年以返归儒家元典的求道范式,而开展对宋明儒学的系统批判,并严"儒佛之辨",在很大程度上受到了王廷相的学术影响。《石龙书院学辩》一文,就是明证。易言之,王廷相的学术批判性格,影响了晚年黄绾由"心学"到"经学"的学术转向。对此,拙著第三章第一节将详细论述。

际,同志之士请时任礼部左侍郎的黄绾赠言,黄绾有《赠王汝中序》①,有论者以为此"序"文表明黄绾"已经开始对龙溪的思想表示异议"②。实则《赠王汝中序》文,也标志着黄绾在完全"接受"、"消化"了阳明先生"良知—独知"说精髓的基础之上,开始对以王畿为代表的阳明后学的佛教化("逃禅")倾向"宣战";且以"儒佛之辨"为切入点,以对宋明诸儒进行"批判",进而挑战程朱理学的"道统"地位,借此主张返归儒家经典(六经、四子)中寻找"圣学"之宗旨,进而重构儒家经学(经典)信仰系统的价值世界。

二、晚年黄绾对阳明良知学的批判

黄绾晚年赋闲家居之时,已经完全放弃了阳明先生的"致良知"之教,"回归经典"以重新发掘"圣人之学"之原旨,终以"艮止、执中之旨"作为道学千古相传的"真精神""真学脉"。"道不同,不相为谋",黄绾视自己体证、发明的"艮止、执中之旨"为圣门切要之诀,据而判定王阳明的"致良知"、湛若水的"体认天理"与宋儒之学一样,已经遭受"异端"之侵袭而有"空虚之病""禅学之弊",故非"圣学"之真传。黄绾在《明道编》中有论:

> 予言宋儒及今日朋友禅学之弊,实非得已,盖因年来禅学之盛,将为天下国家之害,尝痛辩之,皆援先儒为据,皆以朋友为难言,故于其根本所在,不得不深明之,世有君子,必知予之不得已也③。

黄绾晚年还曾对四方来学者说:

> 予尝与阳明、甘泉日相砥砺,同升中行。然二公之学,一主于致良知,一主于体认天理,于予心尤有未莹,乃揭艮止、执中之旨,昭示同志,以为圣门开示切要之诀,学者的确工夫,端在是矣。外是更无别玄关可入也④。

---

① 《石龙集》卷十三,第 17—19 页;《黄绾集》,第 230—232 页。
② 彭国翔:《良知学的展开:王龙溪与中晚明的阳明学》,第 529 页。
③ 《明道编》,第 12 页。
④ 同上,第 75 页。

下面,我们详细考察一下,晚年黄绾基于自己的"道学"("道统""道体")主张而对王阳明这位"今日朋友""今日君子"的批判。

一般认为,王阳明良知学的理论架构由三大部分组成,即良知本体论、致良知的方法论、知行合一的工夫论①。其实,在阳明先生病逝之后,黄绾曾在不同场合(奏疏、祭文之中)对阳明心学("道学")的三大核心命题——"良知""亲民""知行合一"有解读:

> 惟我(阳明)先生,负绝人之识,挺豪杰之资,哀斯道之溺,哀斯道之疵。指良知,以阐人心之要;揭亲民,以启大道之方;笃躬允蹈,信知行之合一。(《祭阳明先生文》)②
>
> 道丧既久,圣远言微,千载有作,聿开其迷,(阳明先生)指良知为下手之方,即亲民为用力之地,合知行为进德之实。(《祭阳明先生墓文》)③
>
> 守仁之学,其要有三:其一曰"致良知",……其二曰"亲民",……其三曰"知行合一",……(《明是非定赏罚疏》)④

黄绾在赋闲家居之后,以读书、著述终老,成《四书五经原古》而发明"艮止执中之学"为"道学"真血脉。故而对中年时期所服膺的阳明心学基本上全盘予以否定,并对其核心命题"(致)良知""亲民""知行合一"等展开了学理性的批判。

(一) 黄绾对"(致)良知"的批判

我们知道,王阳明继承并发挥了孟子的"良知"说,提出"致良知"的为学、证道之大旨。在阳明心学体系中,"良知"既是先天的道德天理,也是七情的自然流露;"致良知"则是推致实行良知的工夫与教法,做到"知行合一",便是"即本体即工夫"。那么,阳明先生"从百死千难中得来"的"良知之说",其究竟义

---

① 吴光:《吾心自有光明月:王阳明的生平事功与思想学说简介》,载《王阳明全集》(简体版)卷首,上海古籍出版社 2012 年版,第 28—29 页。近年来,吴光教授又主张把"明德亲民"的民本政治论,补充到王阳明良知心学的理论架构中来,详见其发表在《光明日报·国学版》(2017 年 2 月 4 日)上的理论文章——《王阳明良知心学:解构·精神·启示》。
② 《石龙集》卷二十八,第 3 页;《黄绾集》,第 563 页。
③ 《石龙集》卷二十八,第 3—4 页;《黄绾集》,第 564 页。
④ 《久庵先生文选》卷十五,第 1—7 页。又见《阳明先生年谱》"嘉靖八年二月"条目下的征引[《王阳明全集》(新编本),第 1337—1339 页]。

是什么呢？

下面,我们拟从阳明诗文集中采撷数条语录,以"参"良知作为"真吾圣门之正法眼藏"的"究竟话头":

1. 良知是尔自家底准则:"尔那一点良知,是尔自家底准则。尔意念着处,他是便知是,非便知非,更瞒他一些不得。尔只不要欺他,实实落落依着他做去,善便存,恶便去。"①

2. 良知乃千古圣贤相传之理:"此理简易明白若此,乃一经沉埋数百年。……我此良知二字,实千古圣贤相传一点骨血也。"②又,"千圣皆过影,良知乃吾师。"③

3. 良知乃天理之昭明灵觉:"夫心之本体,即天理也。天理之昭明灵觉,所谓良知也。"④并,"心者身之主也,而心之虚灵明觉,即所谓本然之良知也。"⑤又,"良知是天理之昭明灵觉处,故良知即是天理。"⑥

4. 良知乃是非之心:"所谓良知,即孟子所谓'是非之心,知也'。人孰无有？但不能致此知耳。能致此知,即所谓充其是非之心,而知不可胜用矣。"⑦

5. 良知即是独知:"良知即是独知时,此知之外更无知。谁人不有良知在,知得良知却是谁？知得良知却是谁？自家痛痒自家知。若将痛痒从人问,痛痒何须更问为？"⑧

6. 良知即是乐之本体:"乐是心之本体。仁人之心,以天地万物为一体,欣合和畅,厚无间隔。……谨独即是致良知。良知即是乐之本体。"⑨

7. 良知之外别无知:"良知之外,别无知矣。故'致良知'是学问大头脑,是圣人教人第一义。"⑩

8. 良知是造化的精灵:"良知是造化的精灵,这些精灵,生天生地,成鬼成帝,皆从此出,真是与物无对。人若复得他完完全全,无少亏欠,自不觉手舞足

---

① 《王阳明〈传习录〉详注集评》,第173页。
② 《王阳明全集》(新编本),第1287页。
③ 同上,第1319页。
④ 《王阳明〈传习录〉详注集评》,第144页。
⑤ 同上,第105页。
⑥ 同上,第72页。
⑦ 《王阳明全集》(新编本),第1581页。
⑧ 同上,第827页。
⑨ 同上,第207页。
⑩ 《王阳明〈传习录〉详注集评》,第143页。

蹈,不知天地间更有何乐可代。"①

9. 良知还是你的明师:"道即是良知。良知原是完完全全,是的还他是,非的还他非,是非只依著他,更无有不是处。这良知还是你的明师。"②

10. 人的良知就是草木瓦石的良知:"人的良知,就是草木瓦石的良知。若草木瓦石无人的良知,不可以为草木瓦石矣。……天地无人的良知,亦不可为天地矣。盖天地万物与人原是一体,其发窍之最精处,是人心一点灵明。"③

在这里,我们不难发现,王阳明的良知本体论已经包含着丰富的内涵:既有外在超越义,又有内在主体义;既有"本源—生成"式的宇宙生成论,且又有了"本体论"之依据;从而体现了一种以"即体即用、主客合一"为特征的辩证理性思维方式。

前文提道:阳明先生病逝之后,明世宗(嘉靖帝)不喜阳明良知心学,故而以桂萼为首的权臣诋毁阳明早年平宸濠之乱后"军功滥冒",又借机诽谤"守仁事不师古,言不称师。欲立异以为高,则非朱熹格物致知之论;知众论之不予,则为《朱熹晚年定论》之书。号召门徒,互相倡和。才美者乐其任意,庸鄙者借其虚声。传习转讹,背谬弥甚。但讨捕畲贼,擒获叛藩,功有足录,宜免追夺伯爵以章大信,禁邪说以正人心。"④世宗也明言:"(王)守仁放言自肆,诋毁先儒;号召门徒,声附虚和;用诈任情,坏人心术。"⑤下诏停世袭,恤典俱不行。

阳明先生无辜受冤,此时作为门生、且任职京师的黄绾,冒着不惜得罪明世宗及昔日好友桂萼的风险,上《明是非定赏罚疏》以进谏,希望世宗"以视萼者视守仁,以白萼者白守仁。敕下该部,查给恤典、赠谥,仍与世袭,并开学禁,以昭陛下平明之治"。其中在为"守仁事不师古,言不称师,欲立异以为高"之"罪"开脱之时,明言"'致良知'实本诸先圣先贤之言":

"致良知",实本诸先圣先贤之言也。孟轲谓人之所不虑而知者其良知,又以恻隐、羞恶、恭敬、是非四端为人之固有,盖由发动而言则谓之情,

---

① 《王阳明〈传习录〉详注集评》,第193页。
② 同上,第194页。
③ 同上,第197页。
④ 《明史》(简体字本)卷一百九十五《王守仁传》,第2443页。
⑤ 《明世宗实录》卷九十八"嘉靖八年二月甲戌"条。

由知觉而言则谓之良知,所谓"孟轲道性善"者此也。且孔子尝读"有物有则"之《诗》,而赞其为知道也;良知者,物则之谓也。其云"致"者,何也?欲人必于此用力以去其气习之私、全其天理之真而已矣。所谓"必慎其独",所谓"扩而充之"是也①。

晚年黄绾所成《明道编》对于"今日君子"王阳明"致良知"之教的解构性批判,主要是基于其经学著作《孟子原古》《大学原古》对"良知良能""格物致知"本真义的解读而有:

> 孟子言"良知、良能",专明性善之本如此,非论学问止如此也。若一一求中节以尽其爱亲、敬长之道,非学则不至,非思则不得。孟子岂欲人废学与思而云尔哉?今因良知之说而欲废学与思,以合释氏"不思善、不思恶"、杨慈湖"不起意"之旨,几何不以任情为良能、私智为良知也哉?②
>
> 今日君子,于禅学见本来面目,即指以为孟子所谓"良知"在此,以为学问头脑。凡言学问,惟谓"良知"足矣。故以致知为至极其良知,格物为格其非心。言欲致知以至极其良知,必先格物以格其非心;欲格物以格其非心,必先克己以去其私意;私意既去,则良知至极,故言工夫,惟有去私而已。故以不起意、无意必、无声臭为得良知本体。良知既足,而学与思皆可废矣!而不知圣门所谓志道、据德、依仁、游艺为何事。又文其说,以为良知之旨,乃夫子教外别传,惟颜子之资,能上悟而得之,颜子死而无传;其在《论语》所载,皆下学之事,乃曾子所传,而非夫子上悟之旨。以此鼓舞后生,固可喜而信之,然实失圣人之旨,必将为害,不可不辩③。

晚年的黄绾已经走出中年时代对王阳明"致良知"之教的个人崇拜,尤严"儒佛之辨",以为"致良知"说已失圣人之旨,且废"学"与"思",以合释氏"不思善、不思恶"及杨慈湖"不起意"之旨,必然会流向"以任情为良能,私智为良知"

---

① 《久庵先生文选》卷十五,第1—7页;《黄绾集》,第626页。又见《阳明先生年谱》"嘉靖八年二月"条目的征引[《王阳明全集》(新编本),第1337—1339页]。
② 《明道编》,第10页。
③ 同上,第9—10页。

的弊端,必将为害"圣学"、"误人非细",故而需要警惕!

(二) 黄绾对王阳明"致知、格物"论的批判

前文已论,对于《大学》"致知、格物"的解读,是宋明时期任何道学家都无法回避的一大学术论题;而每一位道学家在对"致知、格物"进行诠释之时,总是围绕着如何成就、证得自家所认定的"道体"("性即理"抑或"心即理")而进行。

王阳明亦不例外,以"心即理"为立论基石,以"致吾心之良知于事事物物"来疏解"致知、格物":

> 若鄙人所谓致知格物者,致吾心之良知于事事物物也。吾心之良知,即所谓天理也。致吾心良知之天理于事事物物,则事事物物皆得其理矣。致吾心之良知者,致知也;事事物物皆得其理者,格物也。是合心与理而为一者也。(《传习录》卷中《答顾东桥书》)①

> 致知必在于格物。物者,事也,凡意之所发必有其事,意所在之事谓之物。格者,正也,正其不正以归于正之谓也。正其不正者,去恶之谓也。归于正者,为善之谓也。夫是之谓格。(《大学问》)②

晚年的黄绾以"艮止执中之学"为道学之本义,其《明道编》也有对《大学》"致知在格物"的解释:"其云致知,乃格物工夫;其云格物,乃致知功效。'在'者,志在也,志在于有功效也;'致'者,思也,'心之官则思,思则得之,不思则不得也';'格'者,法也,'有典有则'之谓也。"③

这里,黄绾对"致知在格物"一语的解读既不同于程朱,也不认同其中年业师阳明先生的"致吾心之良知于事事物物"之说,而是径称"致知是格物工夫,格物乃致知功效"。借此,黄绾对作为"今日君子"王阳明的"致知格物"论进行了批判:

> 今日君子,又不能明之,亦以格物为致知工夫,故以格物为格其非心,

---

① 《王阳明〈传习录〉详注集评》,第 102 页。黄宗羲《明儒学案》卷十《姚江学案》"王阳明传"有言:"(阳明)先生以圣人之学,心学也。心即理也,故于'致知格物'之训,不得不言'致吾心良知之天理于事事物物,则事事物物皆得其理。'"
② 《王阳明全集》(新编本),第 1019 页。
③ 《明道编》,第 21 页。

谓格其不正以归于正,又谓夫子教颜子克己,工夫皆在"格"字上用,亦不知"有典有则"之为格物,所以求之于心,失之于内,空虚放旷,而非圣人之学矣①。

予昔年与海内一二君子讲习,有以致知为至极其良知,格物为格其非心者。又谓格者,正也,正其不正以归于正;致者,至也,至极其良知,使无亏缺障蔽。以身、心、意、知、物,合为一物,而通为良知条理;格、致、诚、正、修,合为一事,而通为致良知工夫。又云,克己工夫全在格物上用,克其己私,即格其非心也。又令看《六祖坛经》,会其本来无物,不思善、不思恶,见本来面目,为直超上乘,以为合于良知之至极。又以《悟真篇·后序》为得圣人之旨。以儒与仙、佛之道皆同,但有私己、同物之殊。以孔子《论语》之言,皆为下学之事,非直超上悟之旨。予始未之信,既而信之,又久而验之,方知空虚之弊,误人非细。信乎"差之毫厘,谬以千里",可不慎哉!②

由此可知,中年时期的黄绾对于阳明先生力主的"致知为至极其良知,格物为格其非心"的"致良知"之教,的确是下过一番实践与体验;并且又遵从阳明先生建议而用功于禅宗的《六祖坛经》、道教《悟真篇·后序》,结果无所成而放弃,最终得出"致良知"之教"空虚之弊,误人非细"的教训。

(三)黄绾对《大学问》"大人者以天地万物为一体""亲民者达其天地万物一体之用"的批判

王阳明在《大学问》中提出了"大人者,以天地万物为一体"的论断:

大人者,以天地万物为一体者也,其视天下犹一家,中国犹一人焉。若夫间形骸而分尔我者,小人矣。大人之能以天地万物为一体也,非意之也,其心之仁本若是。其与天地万物而为一也,岂惟大人,虽小人之心亦莫不然,彼顾自小之耳。是故见孺子之入井,而必有怵惕恻隐之心焉,是其仁之与孺子而为一体也;孺子犹同类者也,见鸟兽之哀鸣觳觫,而必有不忍之心焉,是其仁之与鸟兽而为一体也;鸟兽犹有知觉者也,见草木之

---

① 《明道编》,第21页。
② 同上,第10—11页。

摧折而必有悯恤之心焉,是其仁之与草木而为一体也;草木犹有生意者也,见瓦石之毁坏而必有顾惜之心焉,是其仁之与瓦石而为一体也;是其一体之仁也,虽小人之心亦必有之。……故夫为大人之学者,亦惟去其私欲之蔽,以自明其明德,复其天地万物一体之本然而已耳;非能于本体之外而有所增益之也①。

明明德者,立其天地万物一体之体也。亲民者,达其天地万物一体之用也。故明明德必在于亲民,而亲民乃所以明其明德也。是故亲吾之父,以及人之父,以及天下人之父,而后吾之仁实与吾之父、人之父与天下人之父而为一体矣;实与之为一体,而后孝之明德始明矣!亲吾之兄,以及人之兄,以及天下人之兄,而后吾之仁实与吾之兄、人之兄与天下人之兄而为一体矣;实与之为一体,而后弟之明德始明矣!君臣也,夫妇也,朋友也,以至于山川鬼神鸟兽草木也,莫不实有以亲之,以达吾一体之仁,然后吾之明德始无不明,而真能以天地万物为一体矣②。

阳明先生逝世之后,中年黄绾曾在《明是非定赏罚疏》中为阳明"亲民"说辩白:

"亲民"亦本诸先圣先贤之言也。《大学》旧本曰"在亲民",《尧典》曰"克明峻德,以亲九族。平章百姓,协和万邦,黎民于变时雍",孟轲曰"君子亲亲而仁民,仁民而爱物"。此守仁所据以复"亲民"之旧而非近日"新民"之讹也。夫天地立君,圣王为治,皆因人情之欲生,因致其亲爱以聚之,故为田里宅居以为之养焉、礼乐刑政以为之治焉,尽至诚之道以顺其欲生之心耳!此所谓王道也。舍此而云治则伯功之术,而非王政之醇也③。

晚年时期的黄绾已不认同阳明先生关于"大人之道之学"的解读,故而在《明道编》中对昔日道友、业师——阳明先生《大学问》中所讲授的"大人者以天地万物为一体""亲民者达其天地万物一体之用"之论,予以毫不客气的批判:

---

① 《王阳明全集》(新编本),第 1015 页。
② 同上,第 1016 页。
③ 《久庵先生文选》卷十五,第 1—7 页;《黄绾集》,第 626—627 页。

究其说，则以吾之父子，及人之父子，及天下人之父子为一体；吾之兄弟，及人之兄弟，及天下人之兄弟为一体；吾之夫妇，及人之夫妇，及天下人之夫妇为一体；吾之朋友，及人之朋友，及天下人之朋友为一体；乃至山川、鬼神及鸟兽、草木、瓦石皆为一体，皆同其爱，皆同其亲，以为一体之仁如此。审如此言，则圣人之所谓"亲亲而仁民，仁民而爱物，情有亲疏，爱有差等"者，皆非矣。实不知其说已堕于墨氏之兼爱，流于空虚，荡无涯涘①。

这里，黄绾对阳明"万物一体说"对后世学者（包括"阳明后学"）可能造成的流弊予以揭示："由是好名急功利之徒，因藉其说以为是，而得以行其欲；残忍刻薄者，因反其言以为非，而得以骋其私。而大人之道之学于此亡矣。"②与此同时，黄绾还例举东汉廉吏——第五伦③关于"己子病，一夕一起，心犹不安；兄子病，一夕十起，而心安"的言论，以阐发"大人之道之学"的本真义。因为有论者以为第五伦"心不安""心安"非"天性人情之真"，黄绾的观点恰与之相反："盖兄子固当爱，然视己子则有差等。其十起、一起者，乃其私心，由好名急功利而来。其安与不安者，乃其本心，此天性人情之真。"

要之，在黄绾看来："大人之学，皆由其真者，因其差等，处之各不失其道，此所谓仁，此所谓大人之道也。"王阳明《大学问》所阐"大学之道之学"以"心即理"作为立论前提、非由"情有亲疏，爱有差等"的"天性人情之真"作基石，故而非孔孟"圣学"之本义；阳明学"以天地万物为一体"云云，实则已经堕于墨氏"兼爱"这一"异端"之论，进而"流于空虚，荡无涯涘"④。

（四）黄绾对"知行合一"说的批判

王阳明的良知心学提倡"知行合一"的"修道"工夫论。"知行合一"是王阳明"修道"哲学中的一个实践论的命题，主要侧重道德修养、道德实践的意义，并非单纯指我们"哲学原理"教科书中"理论与实践相结合"的"认识论"云云。

据《阳明先生年谱》记载，正德四年左右，王阳明"龙场悟道"之后的一大理论收获，就是对"知行合一"工夫论的发明⑤。正德五年冬，黄绾结识阳明之后，

---

① 《明道编》，第11页。
② 同上，第11页。
③ （南朝宋）范晔：《后汉书》卷四十一《第五伦传》，中华书局1965年版，第1395—1403页。
④ 《明道编》，第11—12页。
⑤ 《王阳明全集》（新编本），第1235页。

阳明当告以"知行合一"说。据《传习录》卷上记载：正德六年左右，徐爱因未能"默会"①阳明先生的"知行合一"之训，便与时在京师任职的道友黄绾、顾应祥往复论辩，然未能决，遂请教阳明先生。阳明即答曰："知是行的主意，行是知的工夫；知是行之始，行是知之成。若会得时，只说一个知，已自有行在；只说一个行，已自有知在。"②这也是王阳明传世文献中第一次对"知行合一"说的完整阐述。

此后，王阳明还在《答友人问》中，就友人"知行合一之说，是先生（阳明）论学最要紧处。今既与象山之说异矣，敢问其所以同"之问，有过答复："知行原是两个字说一个工夫，这一个工夫须着此两个字，方说得完全无弊病。"③此外，阳明又补充道："知之真切笃实处，便是行；行之明觉精察处，便是知。若知时，其心不能真切笃实，则其知便不能明觉精察；不是知之时只要明觉精察，更不要真切笃实也。行之时，其心不能明觉精察，则其行便不能真切笃实；不是行之时只要真切笃实，更不要明觉精察也。知天地之化育，心体原是如此。乾知大始，心体亦原是如此。"④

可以说，黄绾从结识阳明，直至阳明病逝，对"知行合一"的修道实践之路径，是深信不疑的。比如其《明是非定赏罚疏》还曾为阳明的"知行合一"说并非"放言自肆，诋毁先儒"，进行辩解：

> "知行合一"亦本诸先圣先贤之言也。颜渊问仁，孔子告之曰"克己为仁"；颜渊请问其目，曰"非礼勿视、听、言、动"。夫颜渊之问，学也；孔子之教之，学也，非他也。觉非礼者，知也；勿非礼者，行也。如此而已矣。盖古人为学务实，知之所在即行之所在也。故知克己则礼复矣，未尝分知行而二之。他日孔子又自语其学曰"吾十有五而志于学"，以至"七十从心所

---

① 拙著此处"默会"意指"暗自领会"。明初学者方孝孺《医原》云："术之精微可以言语授，而非言语所能尽；可以度数推，而非度数所能穷。苟不默会于心，而欲持昔人一定之说，以应无涯之变，其不至于遗失者寡矣。"（《方孝孺集》，浙江古籍出版社 2013 年版，第 229 页）波兰尼在 1958 年在其名著《个体知识》中提出了"默会知识"（Tacit Knowledge）的范畴，可与中国传统哲学语境下使用的"默会"一词互相诠释。比如，当代哲学史研究专家陈卫平教授以"儒家哲学研究三题——默会维度"为题，对"儒家的理想人格与现代哲学的默会知识论"进行比较，可以参阅。
② 《王阳明〈传习录〉详注集评》，第 19 页。王阳明此语中"若会得时"之"会"可作"默会"讲。
③ 《王阳明全集》（新编本），第 223 页。
④ 同上，第 223—224 页。

欲不逾矩",亦未分知行而二之也。守仁发此,无非欲人言行必顾,弗事空言如后世之失也①。

令人不解的是,晚年的黄绾,在《明道编》中,笔锋一转,对王阳明"知行合一"的"修道"工夫论径予批判:

> "乾以易知,坤以简能。"象山常与门人言曰:"吾知此理即乾,行此理即坤。知之在先,故曰'乾知大始';行之在后,故曰'坤作成物'。"近日朋友有为象山之言者,以为知即是行,行即是知,以知行合为一事而无先后,则失象山宗旨矣②。

黄绾此处对"近日朋友"的批判,无疑是指向了昔日道友、业师——阳明先生。

(五)黄绾对王阳明"仙、释与圣学同"说的批判

儒佛之辨、儒道之辨,这是宋明理学家在建构自己的学术话语体系之时不可能绕过去的话题。而出入佛老,最终归本儒学,也是大多数宋明理学家必经的思想历程与人生轨迹。

早年王阳明在志于"圣人之道之学"之后,一度"出入佛老"二十载,并有一定的佛禅、道教修行体验,并与圣人之"道"相印证。故而王阳明在与黄绾定交之后,曾令黄绾等友人、门生翻阅佛教禅宗的《六祖坛经》,以默会其"本来无物"、"不思善、不思恶";并以为修证到如此境界,方可见圣人之"道"的本来面目,是为"直超上乘"、"合于良知之至极"。王阳明还宣称,北宋道教金丹派道士张伯端的《悟真篇·后序》,已得"圣人之旨"。一言以蔽之,在王阳明看来,儒、仙、佛三教言称之"道"皆同,但有"私己""同物"之殊罢了;进而言之,《论语》之言,"皆为下学之事,非直超上悟之旨"③。

对于王阳明的上述言论,在正德五、六年间,即黄绾与阳明结交共学之时,便表示质疑而"未之信";正德八年至嘉靖元年在台州(黄岩)紫霄山读书证"道"之时,"既而信之";晚年赋闲家居,"回归经典"之后,以圣人之言"验

---

① 《久庵先生文选》卷十五,第1—7页;《黄绾集》,第627页。
② 《明道编》,第18页。
③ 同上,第10—11页。

之",方知阳明先生所倡"仙、释与圣学同"之说有"空虚之弊,误人非细",不可不慎!① 对此,《明道编》有言:"今之君子,有谓仙、释与圣学同者,传于人则多放肆而无拘检。"②此处的"今之君子"云云即指王阳明,"传于人则多放肆而无拘检"意指阳明以"仙、释与圣学同"之说传授于及门弟子(尤其是以王畿、王艮等为代表的"左派王学")之后,多"放肆而无拘检",致使真正的"圣人之学之道"不传,岂不谬哉!

客观地讲,王阳明在与门生讲授之时,曾警告过门人:佛、道二氏之学,其妙与"圣学"只在"毫厘之间",惟有"笃志圣学",方可辨析。据《阳明先生年谱》载,正德九年五月,王阳明至南京,同志日亲,其中王嘉秀、萧惠好谈仙、佛,阳明先生警之曰:"吾幼时求圣学不得,亦尝笃志二氏。其后居夷三载,始见圣人端绪,悔错用功二十年。二氏之学,其妙与圣人只有'毫厘之间',故不易辨,惟笃志圣学者始能究析其隐微,非测忆所及也。"③又据《阳明先生年谱》载,嘉靖三年,门人张元冲向阳明先生请益:"二氏与圣人之学所差毫厘,谓其皆有得于性命也。但二氏于性命中着些私利,便谬千里矣。今观二氏作用,亦有功于吾身者,不知亦须兼取否?"阳明答道:

说兼取,便不是。圣人尽性至命,何物不具,何待兼取?二氏之用,皆我之用:即吾尽性至命中,完养此身谓之仙;即吾尽性至命中,不染世累谓之佛。但后世儒者不见圣学之全,故与二氏成二见耳。譬之厅堂三间共为一厅,儒者不知皆吾所用,见佛氏,则割左边一间与之;见老氏,则割右边一间与之;而己则自处中间,皆举一而废百也。圣人与天地民物同体,儒、佛、老、庄皆吾之用,是之谓大道。二氏自私其身,是之谓小道④。

这里,王阳明的本意是说儒释道三家言"性"("体")皆同,但言"用"则异;进而主张以"圣人之学"为本("体"),以儒、佛、老、庄皆为"用"。如果我们仔细分析上述二则基于《阳明先生年谱》而征引的史料,进而检讨黄绾对王阳明

---

① 《明道编》,第10—11页。
② 同上,第17页。
③ 《王阳明全集》(新编本),第1243页。
④ 同上,第1298—1299页。

"仙、释与圣学同"之论调的批判,可以评定:黄绾之论,既有一定道理,也有偏颇失真之处。

(六)黄绾《明道编》"批判"阳明学的意义及其历史局限性

晚年黄绾藉批判宋儒之学、"今日君子"(王阳明、湛若水)之学,而于儒家经典中所发明的"艮止之学",从本质上讲,仍是广义上的"心学",即"圣人传心之学"①。黄绾"艮止之学"所论之"心",其根源系《易·艮》,即☶之内艮之"止";具体表征为"艮"象之"九三"这一阳爻,即"内艮之一阳"②。

王阳明心学之"本体"是"良知",而黄绾心学之"道体"则是"艮止"。其实是一个"心",即"圣人为经,以心传心"之"心",皆可谓"万古圣贤相传之心",皆可谓"千古圣圣相传的一点真骨血"。王阳明《象山文集序》有言:"圣人之学,心学也。尧、舜、禹之相授受曰:'人心惟危,道心惟微,惟精惟一,允执厥中。'此心学之源也。中也者,道心之谓也;道心精一之谓仁,所谓中也。孔、孟之学,惟务求仁,盖精一之传也。"③这里,王阳明亦以《书经》"十六字心传"作为"圣人之学"即"心学"的活水源头,并以"执中"之"中"作为"道心"之本。这和黄绾以"艮止"作为"心学"之源、"精一而执中"作为"圣人之道"④,则是"殊途而同归"的。易言之,我们在这里以"心学家"并称黄绾、王阳明,则是有学理之依据的。

再有,《明道编》文所涉"独知"一词云云,也是由中年黄绾所宣称的"慎独以致吾之良知"之论演变、引申而有。黄绾关于"独知"之论见:比如"天下之理只在独知之中"⑤,"夫独知者,人心本体也"⑥,"圣人之学,以诚为本,诚之为工,以毋自欺为要,毋自欺之实,皆在独知之中致力"⑦,"圣功之本,只在于独知,故工夫皆在知字上用"⑧,"人心之本,独知而已。仁、义、礼、智、信者,人心独知之秉彝也"⑨,"(《诗经》)所谓'有物有则'也。则非外铄,皆在人心独知之

---

① ② 《明道编》,第3页。
③ 《王阳明全集》(新编本),第260—261页。
④ 《久庵先生文选》卷八,第10页;《黄绾集》,第293页。
⑤ 《明道编》,第57页。
⑥ 《石龙集》卷二十,第19页;《黄绾集》,第394页。
⑦ 《明道编》,第23页。
⑧ 同上,第21页。
⑨ 同上,第55页。

中,所云'至善'者在是"①,如此等等。晚年黄绾对"独知"意义的解读,实则与王阳明《答人问良知》(二首之一)"良知即是独知时,此知之外更无知"②之句所阐发的道理,是一脉相承的。

其实,对于道学家(心学家)所关注的如何证悟而得"人心"独知之"知"这一工夫论问题,无论是王阳明还是黄绾,他们的经典文本出处皆是《大学》《中庸》的"慎独"之说。黄绾就以为:"夫所谓'慎独以致其知'者,即《中庸》所谓'博学、审问、慎思、明辨、笃行',《论语》所谓'克己'是也。"③

黄绾作为一位"广义上"的心学家,其《四书五经原古》所揭橥之"艮止执中之学",确系"一家之言"。申言之,"艮止执中之学"亦系有"体"有"用"之学,其创设理论的一大动机即是纠正阳明良知心学的弊端,进而对阳明后学的"禅学化倾向",尤其对王龙溪的虚无化之偏执,批判颇多。这也因为"阳明在军日久,享年不永,其所倡良知宗旨,犹多未及深究。其平常言教,颇杂老释与宋贤陈言,与其良知之说多有错差。而阳明包和混会,不及剖析。故其身后,门人后学即多分歧。"④

晚年黄绾对于"王学"的批判,一方面,体现了其重树"道统"、为"往圣继绝学"的"卫道"情怀;另一方面,还有对阳明良知之学"持续、健康发展"的关注。简言之,即是出于对儒家圣人之"道"("学术真理")得以赓续的"焦虑"与"担忧"。我们以为:黄绾晚年"背离"阳明先生的"良知之教"而"返归经典"并开创、演绎"艮止执中"之道学,确实是从王学的"信徒"走向了王学的"反动"。尽管如此,对于晚年黄绾之于阳明先生的关系,可用古希腊哲学家亚里士多德回敬其业师柏拉图的一句名言——"吾爱吾师,但吾更爱真理"来表述。

---

① 《明道编》,第56页。
② 《王阳明全集》(新编本),第827页。
③ 《明道编》,第56页。
④ 钱穆:《中国学术思想史论丛》第七卷,生活·读书·新知三联书店2009年版,第135页。

第三章 应良的生命历程与学术交游

《应方伯良墓志》系江右王门学者邹守益佚文一种，不见于今人编校整理本《邹守益集》①。它不仅对研究邹守益与浙中王门应良之间的交游，还对全面了解台州籍阳明学者应良的家世渊源、求学经历、仕宦生涯、学术成就等有一定的文献价值。应良作为浙中王门先驱，与黄绾等在浙南台州一带弘扬王阳明心学，成就不菲，然而黄宗羲《明儒学案》不为应良立传，实属憾事，故本章拟以《应方伯良墓志》为蓝本，对应良其人其学略作发微。

第一节 邹守益佚文《应方伯良墓志》

笔者在编校整理《黄绾集》时于地方志文献之中裒辑黄绾佚文，无意之中从清代学者王寿颐等修纂的《光绪仙居集》卷四《文外编·碑志》中检出江右王门学者邹守益(1491—1562，江西安福人)为台州仙居阳明学者应良所撰墓志铭一种，即《应方伯良墓志》。该文同时又被清黄岩学者王棻收所编《台学统》，然不见于今人董平教授编校整理的《邹守益集》。《应方伯良墓志》系邹守益应应良门人李一瀚之请而撰，它不仅对我们研究邹守益与应良之间的交游，尤其对我们全面了解应良的家世渊源、求学经历、仕宦生涯、学术成就等皆有一定文献价值，还为我们研究阳明学在台州的传播提供了有益的学术信息。兹转

---

① 《邹守益集》系万斌主编，钱明、董平副主编《阳明后学文献丛书》之一种，已由凤凰出版社于2007年出版。

录于下：

　　嘉靖己酉冬十一月十二日，仙居南洲应公卒于正寝。逾年以倭寇奔轶，诸孤等奉葬于南溪先茔之右。甲寅，木等以状征于林州守元伦。丙辰，门人景山李佥宪一瀚以铭告于守益。守益与公登第同；公宅继母忧，益侍先大父疾，其南归同；逾十二年，今上绍统北上，其入史局同；益下狱谪，公杖阙下，其得罪同。公参广西，迁道访山中，握手道平生，甚洽，尝约升天台访公，而遂成隔世矣。谨抆泪铭之，以泄予哀。

　　应氏徙仙居西山，自讳翁之始。曾大父文正、大父宗儒，以农为业。大母陈以节旌闾。父慎斋翁昌读书，有孝行，任分宜县典史，有惠政，乡贤、名宦并崇祀焉。公讳良，字元忠，别号南洲。聪睿不群。七岁丧母，哀毁如成人。就外传，博通经史，虽疮甚粘于席、罔废业。父怜之，戒勿读。俟外出，诵不缀，且能通大意。十三入郡庠，自励号舍中，清淡不堪，每至忠孝节义事，辄愤激若身当之。及成进士，避逆瑾，引疾归。比读中秘书，友甘泉、阳明二先生，既有得，折节执弟子礼。与四方豪杰倡学论政，务见诸实功。既归，从游者日众，率随才就之。郑少谷自闽来访，与应石门、黄久庵大雪聚讲巾山。顾东桥为郡守，作玉辉堂以记其盛。

　　御史朱君节、吴君华、陈君察交荐之，与吕泾野、湛甘泉同剡。慎斋翁促其行，授编修，得封父如其官，而母徐氏、孙氏俱太孺人。时大礼议起，桂见山素厚公，欲招为助，谢不往。卒随众受杖，濒危困始苏。奉册封唐王及妃，赆赠无所受。中途两告病，不允。寻闻父讣，徒跣奔归，执礼谨甚。

　　服阕，升山东副使督学政，时毁像沙汰之例行，处之各得其方，阐明师教，以身为率，士心日悦。以积劳成疾，上疏乞休，抚按暨铨部交留之，至有德望老成、树揭幖帜、风历一方之褒。逾二年，升河南参政。寻调广西，以督粮饷、察边务为职，盖有谗言矣。公论量田赈荒诸事暨阻创狼寨、立打手营，侃然自持，至今惠于民。而权势朋谋喋之，故虽陟广东，竟以罢软归。薛给事中宗凯上疏称冤，极论党同伐异之蠹，格于例不报。公处之夷然，立祠宇，辑家谱，以孝弟为子弟先。朔望宴享，斩斩成一家规。尤不忘民瘼，遇旱，躬历岩险，祈祷多应；岁凶，力言郡邑奏荒振恤，乡人赖之，而无或干以私。待宗族有恩，以进士坊价贾田三十亩，分佃族之贫者而不收其税。

公美须髯，善谈吐，慷慨超物表。别时之忠佞若泾渭。与人交，倾肺腑，竟日忘去。闻一善必扬之，后负所闻不为悔。闲居小楼，批阅古今，或瞑目静坐，夜半或披衣索烛、剧饮浩歌，人以为异而自得适如也。年逾七十矣，犹冒山溪拜诚意伯祠下，为赞以表夙志。董郡守廉其食贫，欲厚周之，飘然拒谢而归。其自奉粗衣粝食，终其身不变。

所著述梓行有《孝经正误》《颜氏家训》《海道经》《闻善录》《阐微录》《旌忠录》，订正《鲁斋遗书》《逊志斋集》《西山应氏家乘》，其诗文若干卷藏于家。

配张氏，东郭翁琦之女，察于诸生而归之。子男四：本，太学生，先公殁；次木、材、榖，皆邑庠生，克嗣公之志。女三：适太学生黄承道、邑庠生朱雀、顾义根。孙男七：炜、炅、燮、燕、默、焞、焯。炅，邑庠生，女一，尚幼。

景山莅吾邑，守己爱民，不愧师友，兹复笃于存没，恻恻图永懿行，则公之教学有征云。

第二节　应良的生命历程与学术交游[①]

如果以上录《应方伯良墓志》为蓝本，考察《王阳明全集》、湛甘泉《泉翁大全集》、郑善夫《少谷集》涉及应良文献资料及《台学统》所辑录应良佚文，我们就可以对应良其人其事其学进行一番历史还原，庶几弥补黄宗羲《明儒学案》未为应良这位浙中王门先驱立传之遗憾！

应良（1480—1549），字原忠，号南洲，浙江台州仙居人。应良自幼聪睿，七岁丧母，哀毁如成人；十岁能属文，每出语辄惊其长老。应正德三年（1508）会

[①] 本节文字参阅了李青云《浙中王门学者应良论考》[载《贵州师范大学学报（社会科学版）》，2015年第4期，第38—43页]一文，在此谨致谢忱！

试,因刘瑾擅国事而避归。正德六年(1511)始赴廷试,选庶吉士。此时,黄绾、王阳明、湛若水等已在京师结盟共学;因系同乡之故,黄绾极有可能推荐应良结识王阳明。而王阳明又介绍应良于湛若水。所以,应良"与王守仁、湛若水友,既有得,折节称弟子"①。对于应良师从王、湛的具体经过,湛若水在《赠别应元忠吉士序》文中提道:"辛未,(湛若水)因阳明得吾仙居应子者,……日夕相与论议于京邸。……应子者忠信而笃学,其于吾与阳明也,始而疑、中而信,以固非苟信也。"②可见,应良对王、湛之人格、学问的认可是经历了一个过程的。

又据徐爱《同志考》称:是年(1512),黄绾、应良、朱节等同受业于阳明先生③。至于黄绾正式受业阳明的时间有争议,学界一般参照黄宗羲《明儒学案》提法即以嘉靖二年(1523)为准。但是,应良受业王阳明的时间基本可以判定为是年。至于黄绾、应良共学于王阳明(包括湛若水)之场景,我们可以通过王阳明《答黄宗贤应原忠(辛未,1511)》书得知一二:"昨晚言似太多,然遇二君亦不得不多耳。其间以造诣未熟,言之未莹则有之,然却自是吾侪一段的实工夫。思之未合,请勿轻放过,当有豁然处也。圣人之心,纤翳自无所容,自不消磨刮。若常人之心,如斑垢驳杂之镜,须痛加刮磨一番,尽去其驳蚀,然后纤尘即见,才拂便去,亦自不消费力。到此已是识得仁体矣。若驳杂未去,其间固自有一点明处,尘埃之落,固亦见得,亦才拂便去。至于堆积于驳蚀之上,终弗之能见也。此学利困勉之所由异,幸弗以为烦难而疑之也。凡人情好易而恶难,其间亦自有私意气习缠蔽,在识破后,自然不见其难矣。古之人至有出万死而乐为之者,亦见得耳。向时未见得向里面意思,此工夫自无可讲处。今已见此一层,却恐好易恶难,便流入禅释去也。昨论儒释之异,明道所谓'敬以直内则有之,义以方外则未。毕竟连敬以直内亦不是'者,已说到八九分矣。"④从中我们可以得知,王阳明对来自浙南台州的黄绾、应良二人颇为器重,并以"识得仁体"的具体路径相告,通过破除"私意习气"的工夫即"去私存理"以求得圣人之心;同时就"儒佛之异"议题进行阐释,特别提醒黄、应二人在求证仁体的

---

① 喻长霖、柯骅威等纂修:《民国台州府志》卷一百零五《人物传六》,第 3 页。
② 湛若水:《赠别应元忠吉士序》,转引自王棻撰《台学统》卷四十三《性理》三十一,第 4 页。
③ 《王阳明全集》(新编本),第 1241 页。
④ 同上,第 158 页。

工夫实践之中,切忌"好易恶难"以流入禅释。又,关于王阳明与黄绾、应良"论圣学久不明,学者欲为圣人,必须廓清心体,使纤翳不留,真性始见,方有操持涵养之地"的记载还见于《王阳明年谱》之中①,并称"应良疑其难"而王阳明由此一段论"实践之功"的开讲。

在正德七年(1512)冬黄绾以疾归家黄岩之前,应良已于是年春以"亲老归养"为名回台州仙居。据湛若水《赠别应元忠吉士序》所云,湛若水离开京城南行时,与应良一路偕行:"壬申春,予奉使南行,而应子归奔,乃与俱焉。"②湛、应二人一路艰险,又登金山,泛太湖,临虎丘,访吴下。在泛游太湖之时,湛、应还结识了在吴中任职的闽中学人郑善夫,郑善夫有《三月晦陪顾未齐侍讲湛甘泉编修应元忠吉士游太湖龙塘舟中》《夏朝同顾九和侍讲湛甘泉编修应元忠吉士泛舟出西崦游太湖》③诗作,而应良有《三月晦日同湛甘泉顾未斋郑少谷游湖上作》④诗以纪录与湛若水、郑善夫等共游太湖的场景。南下途中,湛、应二人还切磋论"道",自始至终湛若水扮演了"师前辈"的角色,应良更像一位"后生",虚心接受湛氏的"明道"之论:"应子者实以自信而虚以相受,予间与论充塞流行之理、感应往来之机,乃略去支离而一归统会。"湛若水告知应良无论智者、贤者还是愚者、不肖者,"心"之知道、体道当以中庸之法则为路径:"贤、知,过用其心者也;愚、不肖,小用其心者也。夫过用与小用其心之不足与知道,故必有用而不用之机,睹天地自然之体,勿忘勿助,然后可以得斯道之大全。"应良对此表示赞同,并欣然接受。又,对于此"心"如何体认天下万物一体之理,湛亦有开示:"万物宇宙间,混沦同一气。充塞与流行,其体寔无二。就中有粲然,即一为万理。外此以索万,舍身别求臂。逝川及鸢鱼,昭昭已明示。我心苟不蔽,安能出於是。知止乃有定,动静原非异。见之即浑化,是名为大智。其次在敬养,敬有为心累。勿忘以勿助,其机极简易。嗟彼世间儒,憧憧起私意。自然本无为,廓之配天地。"⑤基于"万物一气"的逻辑前提而有"万物一理"的论见,即"心"之"理"与宇宙万物之"理"是共通的;既然"心即理","心"求"理"的路径就是向内用功,通过"知止""敬养"的简易工夫即可达成。行文至

---

① 《王阳明全集》(新编本),第1237页。
② 湛若水:《赠别应元忠吉士序》,转引自王棻撰《台学统》卷四十三《性理》三十一,第4页。
③ 郑善夫:《少谷集》卷七,《文渊阁四库全书》本。
④ 转引自王棻撰:《台学统》卷四十三《性理》三十一,第13页。
⑤ 湛若水:《舟泊梁家庄与应原忠语》,转引自王棻撰《台学统》卷四十三《性理》三十一,第5页。

此,我们可以知道应良心学是折衷王、湛二氏之学而来。缘此之故,应良归家之后声誉鹊起,游其门下者日众。

  我们知道,黄绾家居(黄岩)十年(1513—1522),应良亦"讲学山中者将十年"。正德十年(1515),湛若水母陈氏病故,王阳明亲书墓石"湛贤母之墓",黄绾、应良作为湛若水的友好亦有祭文以示哀悼。正德十三年(1518),黄绾与应良拟打算在年中赴岭南之增城拜访湛若水,先前应良有书函与湛若水告知此事,湛若水在《寄应原忠吉士》的覆函中提道:"(应良)间期以今冬与宗贤兄见过甘泉,甚慰。……仆……八月二十间往祭石翁先师墓,遂游西樵山,卜居于霞洞,正在碧云、云端村之间,十月间必兴工板筑矣。西樵在江海之中,四邻无山,壁绝侵云,鸟道以入。中有宝峰寺、锦岩、岩庵,又有碧云、云端、云路、石牌诸村,宛若桃源。其居人约有二百烟火,皆以种茶为业,烟霞之下,高敞盘郁,可以居高望远,最为西樵之胜处。二兄若果来,此下榻之地也。"①这说明,湛若水对黄绾、应良等好友的来访是煞费苦心而精心准备的。

  这十年(1513—1522)之间,黄绾与应良一道在浙南台州一带共同宣传、弘扬阳明心学,曾接待了郑善夫、应典的来访问学,间接促生了阳明学在福建、永康一带的传播。正德十二年(1517)冬,郑善夫自闽来访,应良、黄绾、应典于大雪之中聚讲临海巾山;当时顾东桥为知府,曾作《玉辉堂②记》以纪其盛③,应良亦有《玉辉堂记》一文。而郑善夫对于此次台州之行颇为满意,他在《会城中诸友》文中提道:"与黄宗贤、应元忠参究圣学,又是一大痛快。回思二十年所下工夫,皆是一场罔两。自今以往,视世间一切真如密虫与空花也。"④这足以说明,应、黄二台州阳明学者以王阳明心学为"参究圣学"之路数对郑善夫的影响是巨大的。这也促成了郑善夫向王阳明、湛若水心学的靠拢。

  又,在这十年间,王阳明因家中琐事缠身、天气酷暑未能前行,未直接到台州弘道,但是通过与黄绾信函往来方式时时关心应良的为学近况,如《与黄宗

---

  ① (明)湛若水著,钟彩钧、游腾达点校:《泉翁大全文集》卷九《书》,台湾"中研院"中国文哲研究所2017年版,第274页。
  ② 何奏簧纂,丁伋点校:《民国临海县志》(下),第309页。
  ③ 邹守益:《应方伯良墓志》,转引自王寿颐等修纂:《光绪仙居集》卷四《文外编·碑志》,第22—23页。
  ④ 郑善夫:《少谷集》卷十七。

贤三(癸酉?)》提别提道:"自归越后,时时默念年来交游,益觉人才难得,如原忠者,岂易得哉!"①这里,王阳明对应良的赏识之情再次表露,同时也期许黄绾能与应良一道相互提携、共证斯道。其间,王阳明曾一度与应良失去联系,在《与黄宗贤四(癸酉?②)》信中急迫询问:"应原忠久不得音问,想数会聚? 闻亦北上,果然否?"③或许在黄绾的过问之下,应良有书信与业师阳明汇报自己为学求道之况,阳明对应良的进步十分高兴,在《与黄宗贤五(癸酉?④)》中提道:"原忠数聚论否? 近尝得渠一书,所见迥然与旧不同,殊慰殊慰!"正德十三年,应良欲北上京城任职,王阳明得知之后,立即致书[《与黄宗贤七(戊寅)》]与黄绾以劝阻之:"原忠闻且北上,恐亦非其本心。仕途如烂泥坑,勿入其中,鲜易复出。吾人便是失脚样子,不可不鉴也。"⑤尽管王阳明时在江西平叛,军务繁忙,但仍然惦念着应良,这足以说明阳明对爱徒应良(当然也包括黄绾)的殷切期许。

嘉靖二年(1523),黄绾在御史朱节(1472—1523,浙江绍兴人)等荐举之下至南都任都察院经历;而应良亦在朱节等人举荐之下,"与吕柟、湛若水同剡起,授编修"⑥。王阳明在是年《与陆原静》一信中提到近来应良、黄绾二君出山任职,希望陆澄能与应、黄二人共同切磋"致知"之说,悉心体究一番⑦。这年前后,"大礼议"起,黄绾因与张璁、桂萼、黄宗明、方献夫等一道支持嘉靖帝,主张"继统不继嗣",深得嘉靖帝赏识,黄绾日后的仕宦之路尽管坎坷不平,但在嘉靖帝的庇护之下得以供职于两京,继续施展才华。然而,在对待"大礼议"的态度上,应良虽为王阳明门生,却主张"继嗣以继统"之见。应良曾向嘉靖帝上《议大礼疏》,明确反对南京刑部主事桂萼等"议礼派"官员主张。应良在《议大礼疏》中指出礼官"据《礼经》为人后之礼与宣帝光武、濮王之议"论断不够充分,而又据程子"长子不得为人后,若无兄弟,又继祖之宗绝,亦当继祖",为"继嗣"之说张目:"皇上以长子入继武宗大统,必以孝宗为考,

---

① 《王阳明全集》(新编本),第163页。
② 据《王阳明年谱》所载王阳明行踪,"癸酉"系误记,应以"甲戌"即1514年为准。
③ 《王阳明全集》(新编本),第163页。
④ 同上,第165页。据《王阳明年谱》所载王阳明行踪,"癸酉"系误记,应以"甲戌"即1514年为准。
⑤ 《王阳明全集》(新编本),第166页。
⑥ 喻长霖、柯骅威等纂修:《民国台州府志》卷一百零五《人物传六》,第3页。
⑦ 《王阳明全集》(新编本),第202页。

而后宪宗之大统不绝。此则所谓'以义起礼'者也。"所以,应良主张既然"今日议礼者,当日既以'以义起礼'始,即当以'以义起礼'终",一针见血地指出"今之争论不决,所重者只为父子之名"。鉴于此,应良搬出明太祖朱元璋所立"兄终弟及"的祖训,又《大明律》之"五服图"下有曰"凡男为人后者为本生",《大明律》亦系朱元璋所定,同为万世不易之祖训,明代历代皇帝必须无条件地遵守。而在应良看来,父母之名有"本生"二字冠之,"则与所后父母有别而犹存一本之义"。要之,无论以《礼》文为准,还是以《律》本为据,嘉靖帝称兴献帝为"本生皇考"、称孝宗为"皇考"甚为适宜,"庶几正统之传、一本之义、天理之正、人心之安、天下非重、人伦非轻、君臣之分、父子之名可以兼全而无失矣"。应该看到,应良《议大礼疏》据《大明律》以定"本生"之称,具有一定的法理依据;无怪乎清代学者王棻以为"其说最善,非诸臣所及也"①。尽管张璁、桂萼"素厚(应)良,欲招为助",但是性格耿直的应良婉言谢绝,最终因"服阙争"而被"廷杖"。可以肯定,应良日后与黄绾之间乡情、友道不如各自"家居十年"间那么亲密。

嘉靖八年(1529)阳明卒后,应良"榇抵越城,奠于明堂",应良作为阳明门人就位哭奠,与顾应祥合撰祭文:"呜呼夫子!天其悯俗学之卑陋,而生此真儒耶?何栽培之独厚也?其眷圣上之中兴,而生此贤佐邪?又何遽夺而使之不寿也?呜呼夫子!今不可作矣!斯道斯民,真不幸矣,夫复何言!夫复何言!尤所私痛者,妙道精义不可复闻,霁月光风不可复见矣。将使末学伥伥,可受而不可传邪?呜呼哀哉!敬陈远奠,封寄潺湲。盛德大业,言莫能名;至痛深悲,辞莫能宣。"②从中,不难看出,应良对业师阳明先生的过世深感悲恸。与此同时,黄绾亦有祭文。嘉靖二十八年(1549)冬十二月二十日,"能发明师训以淑来学,称王门高第弟子"(语出《姚江渊源录》)③的应良谢世,邹守益应时任江西安福县令的应良门生李一瀚之请而亲撰墓志铭,即上文所录之《应方伯良墓志》。应良著述梓行有《孝经正误》《颜氏家训》《海道经》《闻善录》《阐微录》《旌忠录》,订正《鲁斋遗书》《逊志斋集》《西山应氏家乘》。应良另有诗文若干卷藏于家,即《南洲集》,应良殁后二十余年间,其门人弟子李一瀚、林应麒曾谋梓刻

---

① 应良:《议大礼疏》,文载王棻《台学统》卷四十三《性理》三十一,第8—11页。
② 转引自《王阳明全集》(新编本),第1457页。
③ (清)王棻撰:《台学统》,第583页。

而未果。后山东汶上郭朝宾①任职浙江之时檄仙居县官黄某求《南洲集》以梓之,应良仙居门人吴惟修有《南洲应先生文集序》。梓刻之时易名《间存集》②,惜今不传世。

---

① 郭朝宾(1538—1609),字尚甫,山东汶上人。嘉靖十四年(1535)进士,历任户部主事、郎中、大同督饷及河南、陕西左右布政使、顺天府尹、浙江巡抚、工部尚书等职。应良为山东督学副使之时,曾提携过尚未出仕的郭朝宾。所以在此,我们称郭朝宾为应良之门生亦不为过。
② 《文渊阁四库全书》本《浙江通志》卷二百五十:"《间存集》,应良著,字元忠,仙居人。"

第四章　林元叙、林元伦、赵渊、金克厚、石简、林应麒合论

如前文所言：正德八年到十年(1513—1515)间，黄绾、应良、林元叙、林元伦等在浙南天台、雁荡间隐居读书，王阳明前后两次决定亲赴天台，与道友门生相聚，但因家事牵绊、政务繁忙，致使天台之行未遂。正德十一年至十六年(1516—1521)，王阳明受命至南赣汀漳平乱剿匪，随后"经宸濠、忠泰之变"，"从百死千难中得来""良知"之说，正式揭"致良知"之教。正德十六年，王阳明归省至越(绍兴)，黄绾又前往越中，在服膺"良知"之教后，正式向阳明先生行弟子礼。与此同时，金克厚、赵渊、叶慎、潘珹、李一瀚等台州籍学者亦前往绍兴，听闻并受教"致良知"学说。

本章主要对台州籍阳明学者林元叙、林元伦、赵渊、金克厚、石简、林应麒的生平学行进行综论，主要以他们与阳明学者黄绾、应良之间的交游为中心，进而考察他们与王阳明之间的学术渊源。

第一节　林元叙、林元伦与黄绾之间的交往

林元叙(1477—1525)，字典卿，号益庵，又号南江，浙江台州临海人，与弟林元伦(1487—1557，字彝卿，号颐庵)同举正德五年(1510)浙江乡试。林元叙

师事王阳明,"得求仁之旨",元伦亦"游王守仁、湛若水之门"①。黄绾《林府君传》有"(林)元叙尝游阳明王子之门","勖志圣学"云云②。正是因为黄绾与林氏兄弟皆师事阳明并服膺其心学,再加上有同乡之情,黄绾与林元叙有不少交往。黄绾与林氏兄弟的交往始于正德十年至十一年(1515—1516)间。

正德十年(1515),林元叙、元伦兄弟二人游学于(南京)太学,卒业之后拟归省(浙南台州临海),临行之前向阳明先生请益,作为业师的阳明先生赠序一篇,即《赠林典卿归省序(乙亥)》,属林典卿返乡之后以"立诚"之言劝勉讲学于天台、雁荡之间的黄绾、应良:

> 林典卿与其弟游于太学,且归,辞于阳明子曰:"元叙尝闻立诚于夫子矣。今兹归,敢请益。"阳明子曰:"立诚。"典卿曰:"学固此乎?天地之大也,而星辰丽焉,日月明焉,四时行焉;引类而言之,不可穷也。人物之富也,而草木蕃焉,禽兽群焉,中国夷狄分焉;引类而言之,不可尽也。夫古之学者,殚智虑,弊精力,而莫究其绪焉;靡昼夜,极年岁,而莫竟其说焉;析蚕丝,擢牛尾,而莫既其奥焉。而曰立诚,立诚尽之矣乎?"阳明子曰:"立诚尽之矣。夫诚,实理也。其在天地,则其丽焉者,则其明焉者,则其行焉者,则其引类而言之不可穷焉者,皆诚也;其在人物,则其蕃焉者,则其群焉者,则其分焉者,则其引类而言之不可尽焉者,皆诚也。是故殚智虑,弊精力,而莫究其绪也;靡昼夜,极年岁,而莫竟其说也;析蚕丝,擢牛尾,而莫既其奥也。夫诚,一而已矣,故不可复有所益。益之是为二也,二则伪,故诚不可益。不可益,故至诚无息。"典卿起拜曰:"吾今乃知夫子之教若是其要也!请终身事之,不敢复有所疑。"阳明子曰:"子归,有黄宗贤氏者、应元忠氏者,方与讲学于天台、雁荡之间,倘遇焉,其遂以吾言谂之。"③

遵从师命,林氏兄弟在返乡之后,即拜会了隐居力学的黄绾,并传达了乃师"立诚"的教诲。

---

① 《民国台州府志》卷一百零五《人物传六》,第3—4页。
② 《石龙集》卷二十二,第2—3页。
③ 《王阳明全集》(新编本),第250—251页。

一、林元叙与黄绾、应良之间的交往

约于正德十一年(1516)春,黄绾前往郡城临海,寻访了正在山居的林元叙,有七言绝句《过林典卿山居(二首)》:"林蹊幽处客来初,细草青泥步欲扶。谁启云庵饶我睡,一窗风雨落花疏。岭树重重浮翠霭,清溪一道湛云光。道人击磬无机事,欲省当年事已忘。"①此外,黄绾还与林元叙在郡南平岭之原踏青漫步之时,发现了郑水部墓,黄绾《题郑水部碑状后》有云:"余……偶与林典卿寻幽,漫行郡南平岭之原,见荒丘藓碑,跻而观之,即……郑水部墓也。遂与典卿考论吾邦之士……"②

正德十六年(1521)秋,黄绾至绍兴寻访从江西返越的王阳明,并正式师从之。当时,林元叙亦至绍兴。深秋时分,黄绾辞别王阳明,转道绍兴嵊州、剡溪至永康访应典,林典卿一同前往永康游学。黄绾、林典卿此次永康讲学的时间为半月有余,他们在永康方岩、寿岩等地宣讲阳明良知学,成就不小。据黄绾《游永康山水记》讲,应典、林典卿、周凤鸣、应抑之、周德纯、周晋明、周仲器"皆欢然有省","应天监、赵孟立、徐子实相继复来,论各有得","山中小生程梓、周玲、孙桐皆奋然有志"③。

此外,在正德十一至十六年(1516—1521)间黄绾与林元叙交往之时,曾受托为林元叙亡父林珵立传,即《林府君传》:

> 林府君讳珵,字士辉,号五峰,台之临海人也。以气自雄,不妄与人,非衣冠不行里巷,好义喜施,与人谋无疏戚必尽诚。自为诸生,能执义范,其侪每为师长郡守所重。塞于命,不获一第,显庸于时。晚始以贡为建州司训,尝摄建安县事。兴作工役,不扰于民。当道有索,谢之不应。适白水洞盗发,防御有方,急调兵粮,旦日而具,上下皆爱之。在建几九载,偶疾辄弃官家居,绝迹城市,卒年六十有七。子四,元叙、元秩、元伦联发解,元显未第。元叙尝游阳明王子之门,方勖志圣学,以帅诸弟云。论曰:元秩常语余:"先君孝友出于天性,先祖将终,召诸父析产,先君退,然慰以母

---

① 《石龙集》卷七,第3页。
② 同上,卷二十一,第5页。
③ 同上,卷十四上,3—5页。

苦,后竟以其居让诸伯。"於乎,昔晋王祥以孝友起家,其后江左衣冠盛于天下;林氏其昌兴,矧今元叙有志圣学者乎!①

阅读此传,可见黄绾与林元叙兄弟之间的深厚情谊。

嘉靖改元(1522),黄绾再次出仕,任南京都察院经历。林元叙至南都,或许系王阳明之举荐,吏部尚书乔宇得知林元叙之才能,举荐林元叙出任山西解州知州。临行上任之前,林元叙向黄绾道别,黄绾有《送林典卿序》:

> 林典卿将之解守,吾党之仕于朝者送之国门,作而言曰:"典卿少为举子,已表表出色,赫然驰声,既与二弟联登乡科,人益荣之。典卿不自足,亲师友,将尚跻于古人,今不获一弟以有兹命,其亦有所孤负耶!其将必有所施耶!夫丈一命而至大夫,受地几千里,可谓荣且有其时矣。况解中原沃壤,表里河山,风气所萃,稼艺茂硕,畜牧蕃滋,工贾流通,可以丰阜;其人敦质坚毅,易与为善。典卿素蕴,每意天下事若无足为者,兹行因其俗、树其政教,其不有以自见乎!虽然,昔庖丁一刃,十九年解数千牛,其锋如新发硎,盖得之於术者、进之於道矣。其言曰:'彼节者有间而刀刃无厚,以无厚入有间,恢恢乎其于游刃有余地。'典卿有志于学,砥砺岁久,亦尝有得于道矣乎!得于道则于治解亦恢恢乎有余力矣!以之自见也,何有?典卿既行,余遂录其言以为赠,请必进于道而已夫。"②

黄绾以庖丁解牛而游刃有余为例,劝勉林元叙志学而得道,在政事之中成就圣贤志业。

湛若水在嘉靖二年(1523)五月作有《送林典卿守解州序》:"山西为尧、舜、禹之都,相授一中,虽其土高气刚,亦皆丕变为浑淳之风焉。今临海林君典卿,负刚明之资,有志古人之学,求三圣之道,以治解州也,有济乎哉!然而帝王之化已远,土俗各以其性,是以不能无偏。偏则过,过则恶,其由来渐矣。典卿之往,其慕尧、舜、禹之风,高明柔克,以求执中之道也乎!不刚不柔,以复于变之

---

① 《石龙集》卷二十二,第2—4页。
② 同上,卷十一,第14—15页。

第四章　林元叙、林元伦、赵渊、金克厚、石简、林应麒合论 · 139 ·

俗,成大中之化也乎!吾不能不深有望于典卿也。闻解有卜子夏墓,为我谒而吊焉,所谓学优则仕,仕优则学,今尚可以合一而进也乎!"①湛若水的赠序与黄绾赠序所传递的信息基本相仿,即劝勉林元叙努力做到为学、为道、为政三者的有机合一。

于解州知州任上,林元叙谨记湛若水、黄绾等道友的嘱托,勤于政事,竭力改变"州政颓荒"的局面:"率耆老,问民疾苦,政令所不便辄罢行。修学校及城濠,民无所扰。藩邸校场军校杀人匿其尸,以计获之,卒置法。广慈寺僧杀人于井,发付正其辜;改寺为解梁书院,以其余地立社学,集诸生日与讲明道理,州人翕然奋兴。"②因过于劳累而积劳成疾,莅事一年有余的林元叙病卒于任上,年四十九。

时翰林院修撰吕柟(1479—1542,字仲木,号泾野,陕西高陵人)谪于解州,任判官,为治丧事,吕柟笥中所余俸金仅四十,白于上官,赙赠以归其榇。先是,嘉靖三年(1524)八月,吕柟甫至解州判官任,林元叙即为其接风洗尘,邀饮于潺湲厅中,吕柟《饮潺湲厅子诗(有序)》纪之;九月九日,林元叙、吕柟等同游解州桃花洞,吕柟有诗歌《九日同南江子及丘孟学游桃花洞(五首)》《桃花洞口次南江子韵》③。同年九月,林元叙、吕柟二人改建解州城北广慈寺为解梁书院,作为讲学之所。是年,吕柟还应林元叙之邀,为其亡父林珵(号五峰)撰《五峰先生林君墓碑》④;前文提到,黄绾曾受林元叙之托为其亡父林珵作《林府君传》。不幸的是,嘉靖四年(1525)四月十三日,林元叙卒于任上;吕柟闻讯,即作《挽南江子诗序》,同时写信与远在家乡的林元叙长子林幹(《与林幼培幹》),告知其父病卒经过及丧事料理事宜⑤。与此同时,吕柟也有《复应元忠(应良)书》,告知林元叙之灵柩归乡事。

得知林元叙卒于任的噩耗之后,黄绾有《奠林典卿文》:

於乎!君之志学凡几岁于兹矣,与予相知凡几岁于兹矣。曩予入城,

---

① (明)湛若水著,钟彩钧、游腾达点校:《泉翁大全集》卷十七,台湾"中研院"中国文哲研究所2017年版,第521页。
② 《民国台州府志》卷一百零五《人物传六·林元叙》,第3—4页。
③ 米文科:《吕柟年谱》,中国社会科学出版社2017年版,第118—119页。
④ 《吕柟年谱》,第122页。
⑤ 同上,第124—125页。

必馆君家。君视予如姻联,而予视君犹第昆,所以论心讲道,相规以期于成者何限? 既而予以召起,君以试行,复会京旅,相顾益亲。未几,君下第谒选,简治一州,予亦领职南台。君之政声日至,荐剡方胜,予方幸君向用之有期,奈何凶闻即来,不究厥施,天道之不可知有如此者! 呜呼,哀哉!①

奠文之中,黄绾简要地回顾了自己与林元叙之间的情谊与交往,并因好友的溘然长逝悲痛不已。

二、林元伦与阳明学之关联

黄绾与林元伦之间的具体交往,不如与林元叙的交往频繁。

嘉靖十四年(1535)左右,先后七次参加会试不第的林元伦,以乡荐任福建延平府通判。任上,平尤溪盗有功,建议析置大田县②,大田县人曾立生祠祀焉。时阳明学者、翰林院编修徐阶(1503—1583,字子升,号少湖,一号存斋,松江府华亭县人,系江右阳明学者聂豹弟子)因忤张孚敬被贬为延平府推官。因为有共同爱好,林元伦、徐阶二人在延平府相与讲学论道,砥砺学问,林元伦著有《学则》《养蒙说》《新泉问辨录》诸书③。在延平任上,林元伦为政廉明,兴礼让,明理学;厘正乡饮酒礼,上官巡察至延平府,令福建诸郡效法。此外,他还上疏建言以李延平(李桐)、罗豫章(罗从彦)二先生从祀庙学,以迁官而罢。

嘉靖十五年(1536)左右,林元伦由延平府通判升任滁州知州。因林元伦"素游阳明、甘泉二先生之门,所得最深",再加上正德八年(1513)左右王阳明在滁州督马政期间,在琅琊山下聚众讲学,培养了一批心学弟子,开启了王门游学之端。故而,林元伦甫上任,即在阳明先生滁州籍弟子徐子林的倡议下,在丰乐亭保丰堂右处建阳明书院(祠),书院壁刻有阳明先生石像。闲暇之日,林元伦即在阳明书院(祠)宣讲致良知之教,"民俗丕变"④。在滁州任上,林元伦还曾主持编纂了四卷本的《嘉靖滁州志》⑤。

离任滁州后,林元伦升任湖广布政司承天贰守,道经江苏泗州之时,适巡

---

① 《石龙集》卷二十七,第8—9页。
② 《雍正福建通志》卷二《建置沿革·大田县》。
③ 《民国临海县志》(下),第77、450页。
④ 同上,第77页。
⑤ 《四库全书总目》卷七十四《史部》三十《地理类》存目三《滁州志》。

抚甫至，以不过参谒，论罢。自此，林元伦回乡，日以叙《易》自课。嘉靖三十六年（1558），林元伦卒，年七十一。林元伦与同乡王宗沐之间也有诸多交集，林元伦病卒，王宗沐应林氏哲嗣之请，撰有《颐庵先生墓表》，对林元伦的生平学行予以追叙。生平著有《闽游录》《守滁录》《湖湘录》《归田录》《虚受稿》《观颐稿》《应酬稿》[①]，惜多不传世。

第二节　赵渊与王阳明、黄绾之间的往来

赵渊（1483—1537），字弘道，号竹江，浙江台州临海人。年幼即刻苦读书，工于词翰，后力求实学，不立门户。正德三年（1508）中进士，历任行人司行人、右司副、右司、司正，一度致仕还家。嘉靖改元（1522）再次出仕，任四川按察司佥事。历任贵州按察司佥事、贵州提学副使、云南布政使司左参议、江西提学副使、四川左参政等，后丁忧还乡，不再出。著有《竹江集》[②]等。

作为阳明门人，赵渊师从王阳明的时间可以判定为：正德十六年至嘉靖元年之间（1521—1522），即王阳明归越讲学之时；赵渊服阙赴任四川按察司佥事，从临海出发途径越地（绍兴）而拜见阳明先生。此外，还可以肯定，赵渊师从阳明先生是受到同乡黄绾、应良的影响。

赵渊与黄绾、应良系台州同乡，三人之间的交往主要在正德八年至嘉靖元年（1513—1522）这十年之中，黄绾隐居紫霄山，应良在仙居读书，而赵渊因丁母忧而居家。比如，在正德十五年（1520）秋，黄绾、赵渊、应良一同接待了闽中学者郑善夫的来访，黄绾《游雁山记》曾追忆往昔游雁荡之经历："正德间，又与晋安郑继之、仙居应元忠、临海赵弘道、弟宗博、荡阴章鸣仲同游，居久粮绝，有乞僧糜摘山花故事。"[③]是年（正德十五年），应良、赵渊对四十年前乡贤黄孔昭、谢铎裒辑的《逊志斋集》再加删订，凡二十四卷（文二十二卷、诗二卷），时任台州知府顾璘刊刻于郡斋，黄绾题跋，即《题重刊逊志斋集后》，其中有"太守顾公

[①] 《民国临海县志》（下），第77、503页。
[②] 同上，第37—38页。
[③] 《久庵先生文选》卷八，第20页。

(顾璘)以吾友应南洲(应良)、赵竹江(赵渊)二子再加删订,刻于郡斋"云云①。

嘉靖改元,赵渊与黄绾曾就其是否出仕(任四川按察司金事)一事,有书信往来,黄绾有《与赵弘道书(三之二)》:"承喻出处,不知三月果得行否?亦可更从容否?大抵吾人不患难出,亦不患难处,惟患胸中未有定宰。万一事出不意,便不禁当,以至狼狈,卒疑天下,岂不可惧!此正君子谨始所当知者。苟有真宰,则待价而沽、历聘而行,当久即久,当速即速,强此之衰,艰彼之进,韬光朝隐,以俟其时,何往不可?恐学未至此,孟浪而曰:我师中行,不欲一偏,是恶可哉!承惓惓,故敢及此。谚云:'凡人饮水,冷暖自知。'然决行与否,惟吾兄自裁。"②

先前,黄绾与赵渊亦有通信,即《与赵弘道书(三之一)》:"吾人气质,稍异俗流,读书粗识门径,就其近似一二,诡遇获禽,人皆为好,遂信不疑。不知蹉跎岁月,竟未闻道。平日不见如何,惟日远途长,事事切身,遇真逆境,然后疵病百出,方知不足。不知过此,又何如?可惧,可惧。"③

赵渊正式出任四川按察司金事之后,有书信咨询黄绾;黄绾覆函《与赵弘道书(三首之三)》:"承喻,仆更无别处,一切皆委之于命。惟闭户缄口,不涉世故,日读我书,养我性分,求俯仰无愧,期以卒岁。仆日来白发渐多,甚觉光阴之暮,惟惧已事不了,一旦或死,真可惜也!外物毁誉、功名通塞,皆任其去来。穷思极想,于我何有也?相见未涯,致此聊当面语。"④通过赵渊与黄绾的书函往来,我们可以看出赵渊对黄绾的信任与尊敬。

嘉靖七年(1528)十一月,王阳明卒于南安,时任江西提学副使的赵渊,在江西境内哭奠了亡师。据《阳明先生年谱》记载:(嘉靖七年)十二月,王阳明灵柩"至南昌,巡按御史储良材、提学副使门人赵渊等请改岁行,士民昕夕哭奠"⑤。《年谱》又记:"(嘉靖)八年己丑正月,丧发南昌。是月连日逆风,舟不能行。赵渊祝于柩曰:'公岂为南昌士民留耶?越中子弟门人来候久矣。'忽变西风,六日直至弋阳。"⑥于此可知赵渊对业师阳明先生的敬重。

此外,嘉靖二年至四年(1523—1525)间,赵渊任贵州提学副使,也能效仿

---

① 《石龙集》卷二十一,第6页。
② 《石龙集》卷十七,第15—16页。
③ 同上,第15页。
④ 同上,第16页。
⑤⑥ 《王阳明全集》(新编本),第1337页。

业师阳明先生正德三年至四年间(1508—1509)任贵州龙场驿丞时的讲学兴教之举,教化少数民族子弟,"以身作则,察士之贫且艰者,衣食之。尤加意诸夷,暇日单车历洞堡,老稚鱼贯迓,(赵)渊询其俗而更导之,俾随寨立姓,随生纪年,以辨氏族、别少长,授之中帽,使修容,立乡校以教子弟,稍近则升诸郡庠,于是恂恂来就。"①借此,赵渊对《中庸》所言"柔远人"有深刻的理解。

在嘉靖六年至八年(1527—1529)出任江西提学副使之时,赵渊也能效行王阳明正德十六年(1521)五月召集门人讲学白鹿洞书院之举,"拔有志行士聚白鹿洞,讲明朱子之学,以象山义利之说为学者入门第一义"②。

晚年丁忧期间,赵渊则与昔日同道(包括黄绾)砥砺切磋,"每闻过则惕然自讼,克己求益之心,方进未已",直至嘉靖十六年(1537)病卒。

第三节　金克厚师从王阳明的经历

金克厚(生卒年待考),字弘载,号竹峰,浙江台州仙居人,早年立志砥行,因困于科场,闻王阳明讲学越中而往事之,"笃信力行,若水趋壑"③。嘉靖元年(1522)二月,王阳明父王华去世,门人弟子经办丧事,因才分职,金克厚得监厨之职。《阳明先生年谱》"嘉靖元年壬午"条记曰:"二月十二日己丑,海日翁年七十[七],疾且革。……(王阳明)门人子弟纪丧,因才任使。以仙居金克厚谨恪,使监厨。克厚出纳品物惟谨,有不慎者追还之,内外井井。……是年克厚与洪(钱德洪)同贡于乡,连举进士,谓洪曰:'吾学得司厨而大益,且私之以取科第。先生常谓"学必操事而后实",诚至教也。'"④据此可知,嘉靖元年金克厚参加浙江乡试中举,嘉靖二年(1523)中进士,授六合知县,乡人应大猷撰《送人之六合序》送之,勉其推其"心"以行其"政"。后入京师,历郎中,以廉洁称⑤。

至于黄绾与乡后进金克厚最初交往时间,不可考知,可能系嘉靖二年(1523)

---

①② 《民国临海县志》(下),第 38 页。
③ 《民国台州府志》卷一百零五《人物传六·金克厚传》,第 4 页。
④ 《王阳明全集》(新编本),第 1293—1294 页。
⑤ 《民国台州府志》,第 4605 页。

秋黄绾任职南都过境绍兴之时,当时金克厚正在越中师从阳明先生。嘉靖八年(1929)正月,王阳明病逝之后,门人办理丧事,时任南京礼部侍郎的黄绾奔至越城吊唁先师,金克厚亦吊唁之;十一月,葬阳明于洪溪,"门人会葬者千余人,麻衣衰屦,扶柩而哭。四方来观者莫不交涕"①。据阳明门人程辉《丧记》云,黄绾、金克厚等"各就位哭奠"②。据此,知黄绾、金克厚对先师阳明先生的敬重之请。

第四节　石简与黄绾之间的学术交游

石简(？—1551),字廉伯,号玉溪,浙江台州宁海人(一作临海人)。

石简年少即笃于学,及长,从学于一代心学大家王阳明③。正德十四年(1519),举乡试。嘉靖二年(1523)中进士,任江西余干县令,"政洽化行,吏民怀之"。嘉靖七年(1528)升南京兵部武选司郎中,奉公不阿,黜陟允当,谒见权要;后升刑部陕西司郎中,改南京吏部文选郎中。嘉靖十一年(1532)八月,调任广东高州(高凉)知府④,"高州当猺贼焚掠之余,多方料理,民得苏息,戴之如父母"⑤。嘉靖十四年(1535)八月,转任安庆知府⑥。嘉靖十七年(1538)二月,升为云南按察司副使⑦(一说云南兵备副使)。云南壤接安南,民苦山贼荼毒,且地势险阻难以征剿;石简设计破贼,生擒二百余人,斩首不计其数,地方得以安宁。嘉靖二十年(1541)升为云南布政司右参政⑧。嘉靖二十二年(1543)六月,转湖广按察使。未几,升贵州左布政使,后抱病乞休,奉旨致仕⑨。嘉靖二

---

① 《王阳明全集》(新编本),第1340页。
② 同上,第1479页。
③ 《明一统志》卷四十七《石简墓》有"(石)简从阳明先生游,敦尚实学"云云。
④ 《万姓统谱》卷一百二十一《石简传》:(石简)知高州府,居官廉静严毅,人莫敢干以私。
⑤ (明)章诏:《都察院右副都御史石公简行状》,载焦竑编《国朝献征录》卷六十二《都察院九(巡抚三)》。
⑥ 《大清一统志》卷七十七《石简传》:"嘉靖中,(石简)知安庆府,地当冲要,民苦供亿。简为裁损,岁省费四万,遂以定式,民立祠祀之。"《江南通志》卷一百十六《安庆府志》:"(石简)知安庆府,均赋役,定为图籍。"
⑦ 《明世宗实录》卷二百十"嘉靖十七年三月"。
⑧ 同上,卷二百四十六"嘉靖二十年二月"。
⑨ 同上,卷二百八十"嘉靖二十二年十一月"。《大清一统志》卷三百九十《石简传》:嘉靖二十二年,(石简)为贵州左布政使。五溪诸蛮四出劫掠,官军剿之不克。抚按以(石)简威望,檄使招抚。简单骑往谕,蛮皆投顺。寻以病致仕。

十八年(1549),巡按浙江裴御史荐补山东左布政使。嘉靖二十九年(1550)十月,升为都察院右副都御史巡抚云南①。嘉靖三十年(1551)罢职后病卒②,葬于宁海停头渡③。

石简志行高洁,律己尤严,从政三十余载,家无余资,尝言:"作官自俸入外,丝粒皆非义。"有《玉溪先生遗稿》《石氏家藏稿》等存世。关于石简生平仕宦事迹,可参阅章诏撰《都察院右副都御史石公简行状》,称石简"平生忠信刚介,正大光明,利之所在,一介不苟,义所当为,贞志不回。故莅职精明,政迹□□而德泽之感人也深。所得俸余,悉赒亲族,囊无私藏,尝营一室,弗克落成。终之日,几不能敛。盖入仕三十年,以贫终其身"④。

关于石简师从王阳明的经过,叶良佩《答钱绪山王龙溪论学书》云:"丁亥之秋,仆(按:叶良佩)与潘五山⑤、石玉溪二兄同以考绩赴京,寓居杭城。闻先生(按:王阳明)适趋两广召命,将道于杭,因相与谋曰:'我辈浪迹多年,盍请见先生以求归宿之地乎?'于是相与斋其心,宿留于杭且半月,既而二兄皆获执役其门,而仆竟以他故先二日发舟北去。"⑥据此可知,嘉靖六年(1527)秋,石简在杭州候迎王阳明,并执弟子礼以师从之;而叶良佩则因故先行离杭,未能亲炙阳明先生。

黄绾与石简正式交往的时间,当在嘉靖七年(1528),即任职南京礼部右侍郎之后,时石简任南京兵部武选司郎中。在此(嘉靖七年)之前,因系同乡(台州),黄、石二人当互有耳闻。是年(嘉靖七年)底,阳明病卒于江西南安,翌年灵柩运抵越中。王阳明高足程辉所作《丧纪》中提道:嘉靖八年(1529)正月庚午,"(王阳明)榇抵越城,奠于明堂","门人侍郎黄绾,……主事石简,……各就位哭奠"⑦;"仲冬癸卯,奉夫子榇窆于越城南三十里之高村,会葬者数千

---

① 《明世宗实录》卷三百六十六"嘉靖二十九年十月"。《滇略》卷七:"嘉靖二十九年,元江土舍那鉴弑其主宪而自立,都御史石简讨之,不克。"
② 《雍正云南通志》卷十六下:"嘉靖三十年,元江土酋那鉴反。巡抚石简督兵往剿,鉴诈降,请官抚谕。简命左布政使徐樾往谕,为所杀。事闻,夺石简官。"
③ 《万历宁海县志》称石简墓在(宁海)停头渡。(载《雍正浙江通志》卷二百三十八)
④ (明)焦竑:《国朝献征录》卷六十二《都察院九(巡抚三)》。
⑤ "潘五山"生卒、籍贯、生平事迹等待详考,可以判定,潘五山系王阳明晚年弟子,且叶良佩与之相识。
⑥ (明)叶良佩:《海峰堂前稿》卷十六,第7页。
⑦ 《王阳明全集》(新编本),第1479页。

人。……门人……侍郎黄绾……,主事……石简,……各就位哭奠"①。可见,在嘉靖八年正月、十一月,同在南都任职的黄绾与石简一同至越中哭奠业师。

嘉靖十一年(1532)冬,石简由南京吏部文选郎中升任广东高州知府,临行之际,黄绾受任职南都的"阳明后学"之请,成《赠石廉伯守高州序》:

> 嘉靖壬辰冬,以南京吏部文选郎中石君廉伯为高州守。或曰:"高为南海瘴乡,乃唐宋迁人所居,非所以处君。"咸谓必有谗嫉于当路,为之戚戚。君则欣然若弗芥意,众乃惑。予曰:"岂不见古之君子,立德有常基,建功无二道,所以无入不自得而大过人也乎!何则?君子之道仁而已,是故依仁则道尽,修道则德懋,所以君子之道参伍造物、覆冒群生,先民利用变通不穷,而非九流百家所能同也。君子知仁为己任,专心致志,惟仁是存;恭慎履道,惟仁是由;撙节无闷,惟仁是凭;以故优游逸豫,非仁不守;贫贱忧戚,非仁不安;庙朝堂陛,非仁不立;穷荒夷裔,非仁不行。故曰:'君子无终食之间违仁,造次必于是,颠沛必于是。'"或曰:"若然。石君其仁乎?"予曰:"石君心地昭旷,才识果敏,固将履仁而远到,且尝为余干令,食禄余三载,其贫犹布衣。既而居郎署数载,其贫犹为县,日惟孳孳,惟仁是求,谓之非仁,可乎?然今高州之行,又焉知非天所以成之,将欲熟其仁而树之于不朽也?"众皆跃然,乃请书以为赠②。

与此同时,邹守益、钱德洪等王门同志,皆有书遗之。与石简同年(乡试)的程文德(浙江永康人,亦系阳明先生门人)在石简知高州之后,与之有书函往来。在《复石玉溪同年书》③中,程氏以"立真志"与石简共勉。稍后,石简覆函,程文德作《又复石玉溪书》,以自己对乃师阳明先生的"良知"之教的解读、体证相告④。任职高州之时(嘉靖十三、十四年,1534、1535),石简还邀请信宜典吏程文德主教于高明书院,教导一州五县诸生,与之会讲论道⑤。嘉靖十三年腊月

---

① 《王阳明全集》(新编本),第1480页。
② 《石龙集》卷十三,第7—8页。
③ 《程文德集》,第190页。
④ 同上,第192—193页。
⑤ 同上,第594页。

十二日,高州城改造南门,石简邀程文德同登,因落日余晖成火烧云美景,不忍舍去,遂呼酒共酌,"相与究白沙、阳明二子绪余,高明超旷,心神欲飞"①。嘉靖十四年,石简与程文德之间的交游颇为频繁,正月元日同登台畅饮,人日又饮酒唱和②,有诗作《霞洞村度县陪石郡公行纪述》③。八月,石简转任直隶安庆府之时,程文德有《送玉溪石公移守安庆序》《又送玉溪公序(为诸生作)》一文④,称颂石简治理高州的政绩与成效;又赋诗《送别石郡公》⑤,诗人与道友在分手之际的恋恋不舍之情跃然纸上。是年(嘉靖十四年)秋,石简转任直隶安庆府途中,遇盗贼劫持,因无所得而释放,时在高州的程文德闻讯,有诗作《闻玉溪丈遇盗》(三首)⑥。

承上文,除王阳明之外,石简还曾问学于湛若水,《新泉问辩录》中就载有石简、湛若水之间的问答语录若干:

> 石廉伯问:"先生说格物,兼身、心、意俱至,而不及知,何也?又以知(即本)[本即]知至,而所谓本者,即格物是也。于意云何?""至之之功兼知行,盖已于上文知止、定、静、安、虑见之矣。知止,知也;定、静、安、虑,行也,已自明白。其廉伯谓不及知,徒以下文知至知本,而此乃不及知。殊不知下面知至乃是了悟处,即伊尹所谓先觉,孔子所谓闻道,《中庸》所谓聪明圣知达天德,圣学极功至此了手矣。比前所谓知行乃才去下手者不同,不可不仔细会也。下所谓知本即知至者,谓修身后兼意心一齐都了,乃知知本者修身之道也,犹上文物格而后知至也。知本及知至,知之深,即上所谓了悟、所谓先觉、所谓闻道、所谓达天德也,此是圣人地位。"
>
> 廉伯又问:"随处体认天理,则意、心、身、家、国、天下一齐俱至,此即心事合一,此即知本,此即知至否?""意、心、身、家、国、天下一齐俱至,固是心事合一,随处体认天理功夫,久久熟后,心身了悟,自达天德,乃是知

---

① 《程文德集》,第373页。
② 程文德有诗《元日登台陪石郡公酌》《人日石郡公招饮》等。见《程文德集》,第441—442页。
③ 《程文德集》,第375页。
④ 同上,第76—79页。
⑤ 同上,第376—377页。
⑥ 同上,第546—547页。

本,乃是知至,知本、知至,非浅浅闻见测度之知也。"①

此外,石简与浙中王门学者万表、王畿、叶良佩有交游。比如石简与叶良佩,同中嘉靖二年进士,故而二人结识较早。关于石简师从王阳明的经过,叶良佩《答钱绪山王龙溪论学书》②称,嘉靖六年(1527)秋,石简在杭州候迎王阳明,并执弟子礼以师从之;而叶良佩因故先行离杭,未能亲炙阳明先生。在阳明殁后,石简曾托人转赠自己收藏的王阳明著作《抚夷节略》及《居夷录》;叶良佩读后,"惨然不能终卷"③,并对阳明心学深信不疑。嘉靖九年(1530)冬,叶良佩与石简约会于佛室——青林堂,此时二人对佛教皆有兴趣,有七律《青林堂同石玉溪待月限韵》为证④。不久,叶良佩又同石简一起寻访灵谷寺,并有诗作《同石玉溪重寻灵谷寺次韵》⑤。嘉靖十八年(1539),赋闲在家的叶良佩有诗歌《再迭韵寄陈栋塘兼简石玉溪屠竹墟》赠送即将返乡的南都好友陈良谟,诗作之中提及尚在官场的石简:"怅别都门岁月遥,元龙宾榻故嶕峣。……石子谈禅发海潮。十载朋簪嗟异地,五更风雨梦连宵。……"⑥嘉靖二十六年(1547),叶良佩有诗作《〈双剑篇〉赠玉溪方伯》⑦。

此外,石简与江右王门学者邹守益、欧阳德、泰州王门学者王艮等亦交好。嘉靖九年(1530),石简在南京与邹守益、欧阳德、王艮、万表等聚讲鸡鸣寺。《明儒学案》卷十五《浙中王门学案五·都督万鹿园先生表·鹿园语要》:"嘉靖庚寅,先生(万表)及心斋、东廓、南野、玉溪会讲于金陵鸡鸣寺。"⑧嘉靖十二年(1533)石简正式出任高州知府之时,邹守益有《复石廉伯郡守》,与之探讨"良知"之教并鼓励石简在高州"持慎独之教"以行事:"良知之本体,本自廓然大公,本自物来顺应,本自无我,本自无欲,本自无拣择,本自无昏昧放逸。若戒慎恐惧、不懈其功,则常精常明,无许多病痛。特恐工夫少懈,则为我、为欲、为

---

① (明)湛若水著,钟彩钧、游腾达点校:《泉翁大全集》卷六十七《新泉问辩录》,台湾"中研院"中国文哲研究所 2017 年版,第 1638—1639 页。
② 《海峰堂前稿》卷十六,第 7 页。
③ 同上,第 8 页。
④ 《海峰堂前稿》卷四,第 15 页。
⑤ 同上,第 17 页。
⑥ 同上,第 26 页。
⑦ 同上,第 29—30 页。
⑧ 《黄宗羲全集》第 7 册,第 358 页。

第四章　林元叙、林元伦、赵渊、金克厚、石简、林应麒合论

昏、为放，虽欲不拣择，有不可得尔。高州虽远，其为天地万物一也。持慎独之教以往，勿怠勿息，以收中和位育之效。譬诸舟坚舵固，又何巨浪飓风之患？此吾兄今日之素位实学也。索居之虑，正是吾辈通患。然独知之明，即是严师。为其所为，欲其所欲，无为其所不为，无欲其所不欲，便是终日在阳明洞中矣！"①

嘉靖二十三年至二十八年（1544—1549）间，以病致仕的石简，家居台州宁海，多次至黄岩寻访好友黄绾。如在嘉靖二十五年冬，赋闲家居的黄绾作《玉溪图歌》赠与石简："玉溪子家住玉溪，里草堂正接玉溪。云日日窗开玉溪，水穿岩绝谷足幽。趣清涟濯芬兰芷，早见乘云蹑九州。今也扫迹躬耒耜，耒耜方闲即我邀。顷属秋残百卉凋，驱驰不惮开石迥。跋涉特上铜岩遥，铜岩一宿最堪忆。席地谈玄俱意超，我今岁暮倚山舍。晤言一室无可者，邻靡二仲偏苦心。苦心念尔郁不解，忽漫穷冬气已严。上天同云雪花下，雪花纷披大于手。顷刻吾溪如玉泻，乘兴为扫玉溪图，尔溪吾溪两无假。君不见，昔日洛阳子忍饥，白昼且高卧如何。昌黎翁冻僵蓝关尚骑马。千秋此意更谁怜，缄图寄尔吾何言？"②嘉靖二十八年（1549）秋，王畿来访黄绾于黄岩，叶良佩、石简参与接待，并同游雁山；王畿离开雁山，拟同石简一道前往临海桐岩游玩，叶良佩有诗歌《奉陪久翁送石玉溪王龙溪至桐岩作》相赠③。

值得一提的是，黄绾三子黄承德（1525—1564，字伯明，号海曲逸叟）与石简有交游，系"莫逆"之交④。

第五节　林应麒、黄绾同为王阳明"辩诬"

林应麒（1506—1583），字必仁，号介山，浙江台州仙居人。嘉靖十五年（1536）进士，授吴县令，后除国学博士，调金溪令，寻升惠州府同知，因仗义执言而得罪严世蕃、万镗二权贵，落职归家。著有《介山稿略》二十卷，其中诗、文

---

① 《邹守益集》，第511—512页。
② 《久庵先生文选》卷二，第9页。
③ 《海峰堂前稿》卷六，第16页。
④ 《洞山黄氏宗谱》卷四，1945年重修本，第61页。

各十卷,刻于惠州,由门人金少滨、叶韡夫校梓,有何维柏、利宾二序;隆庆年间,仙居知县赵善政重刊之时亦有序①。

　　林应麒幼年颖悟,乡前辈、王阳明门人应良钟爱之,"尝为弟二女择婿,一以妻李一瀚,一以妻(林)应麒"②。在应良举荐之下,林应麒"少登王守仁之门","讲明绝学而所造益精";又因应良而拜谒江右王门学者邹守益。林应麒在《上邹东郭先生》书中云:"某自壬午(1522)童岁获侍阳明先师,又因南洲妻伯引谒门下。"③

　　林应麒一生笃守阳明心学,暮年曾有书信与邹守益,以求证自己四十余年受教、受益良知学之所得:"四十余年听诵训规,心皆未尝有所疑逆。备遭顿挫险阻,颇能不为所困。内省默然,遂自以为得力。"④王阳明良知之学对林应麒的"受用",可见一斑。同时,林应麒为同门叶慎撰《恒阳叶贞士墓志铭》,其中对王阳明良知学在士人中所产生的社会影响有生动的刻画:"嗟呼!由濂洛来五百有余岁,而阳明先生出于绝学之后,其指良知示人如披积翳、揭白日悬之中天,一时声应景从,及门者四三千人。凡经指授,罔不快心满意、自谓有得,皆先生精诚神化所感受耳!"然而在王阳明殁后,阳明后学内部因以"习气意见之私"而对"良知"的解读有别并产生分歧:"今先生(王阳明)没而仪刑远,同志散而观摩空,各以习气意见之私,缘饰所闻为工,证匪心传,谈均耳食,原情充类,半同操戈。"⑤

　　林应麒与乡前辈阳明学者黄绾、应良一样,与广东江门心学传人湛若水交谊颇深,嘉靖三十一年(1552)九月,时任惠州府同知的林应麒得到母亲病故的消息,日夜兼程返归故里,至五羊驿时,湛若水手书《奠林母王安人文惠州同知林应麒母》:"维嘉靖三十一年,岁次壬子,十月庚戌朔,越初十日己未,前南京兵部尚书湛谨以特羊卤酒香币,寓告于故安人林母王氏之灵曰:於维安人,爰

---

① 序文均见王棻撰:《台学统》卷四十三《性理之学》三十一,第 34 页。
② 《民国台州府志》卷一百零五《人物传六·林应麒传》,第 4 页。至于李一瀚是否从学于王阳明,我们不可得知,但是李一瀚对前辈学者黄绾是十分敬重的,黄绾卒后,李一瀚成《礼部尚书兼翰林院学士黄公行状》[文见焦竑辑《国朝献徵录》(明万历刻本)卷三四,《续修四库全书》第 526 册,上海古籍出版社 2002 年版,第 635 页]。
③ 转引自王棻撰:《台学统》卷四十三《性理之学》三十一,第 29—30 页。
④ 《民国台州府志》卷一百零五《人物传六·林应麒传》,第 4 页。
⑤ 王棻撰:《台学统》,第 593 页。《恒阳叶贞士墓志铭》又见《光绪太平续志》卷十三《艺文志三·外编下》。

第四章　林元叙、林元伦、赵渊、金克厚、石简、林应麒合论 · 151 ·

有麒子,仁而不杀,生草不履。昔子求道,爰及南洲,以子知母,三迁匹休。维子直道,途穷不悔,以子知母,圣善之诲。维子清勤,德及循民,以子知母,义方宿闻。约上罗浮,讲习旧业,母逝不待,归奔东浙。念非此母,不有此子,奠以陈词,情以义起。尚飨。"①湛氏"昔子求道,爰及南洲"语,说明应良对林应麒有教诲之恩。

至于黄绾与林应麒之交往,我们可以从林应麒《上久庵黄侍郎》书中略窥一二:"某方入都,窃闻时事,大可骇叹,恐将来酿成元祐党祸,为国家患害不少。俭夫怙恃行私,忍心灭理,以白为黑,以功为罪,颠倒狂悖,变乱国事,至于如此。凡有人心,皆怀愤懑。而旧在先师门下一二谗贼,顾谵訑相煽造,为谤讪横语,以悦怙恃行私者之意,为其口实。此人虽剉尸粉骨,讵足以泄万世神人之怒哉!窃尝以犬喻之,方其食腥秽、盘旋主人栏楯之下,伺有外客辄嗔目张口应之,声气俱狠,必搏必噬,然后为快于心。视其狺狺悻悻,真若不负其主者。暮夜有黠盗焉,投之以骹骨,餧之以饼饵,彼即垂头摇尾,欣然就之,拜舞驯服,盗虽尽发主人盖藏,岂复顾耶!虽然未至于反噬也,此辈又诚狗彘之不若矣。嗟呼,先师日月也,毁不毁固无伤于其明!然某等皆受罔极之恩义,与此辈不共戴天。我公忠诚体国,方为天子所重;而元山、西樵、渭厓诸老同心同德,力足以请于天子,肆此辈于市朝,以少沮怙恃行私之羽翼爪牙,庶于世道大有所裨也。不然,亦宜率诸同志之士二三百人待罪阙门,决以身之去就、生死为先师求,尽白其心迹,彰显其功烈,录其嫡嗣世袭封爵之典,配享孔庙,必得请而后已,他日方可见先师于上帝左右也。倘依违而不言,言之而不尽,使俭夫羽翼爪牙布置已成,终无以白先师之幽微,则将何面目以自解哉!某激懑不识机宜,惟门下察而教之,甚幸!"②

分析林应麒语气、态度,称黄绾为侍郎,称王阳明为"先师",则在王阳明辞世不久,即在嘉靖八年(1929)间事。据《阳明先生年谱》三"嘉靖八年二月"条下载:"是时朝中有异议,爵荫赠谥诸典不行,且下诏禁伪学。"③林应麒致书于黄绾,即针对桂萼、杨一清等对王阳明的恶意攻击以及阳明门下一二弟子依附于当权派甘心为走狗,并对昔日业师进行诋毁;面对此种场景,"是可忍孰不可

---
① 《甘泉先生续编大全》卷十五《祭告文》,第358页。
② 王棻撰:《台学统》卷四十三《性理之学》三十一,第35—36页。
③ 《王阳明全集》(新编本),第1337页。

忍",林应麒希望黄绾能与席书(此时已经谢世)、方献夫、霍韬联手向嘉靖帝施压,遏制桂萼等对王阳明的诋毁。与此同时,林应麒还提出鼓动王门同志二三百人"待罪阙门"的主张,"决以身之去就、生死为先师求,尽白其心迹,彰显其功烈,录其嫡嗣世袭封爵之典,配享孔庙,必得请而后已"。对于林应麒的建议,黄绾基本上是接受并付诸行动。

尔后,黄绾即上疏为王阳明辩诬[①],"功高而见忌,学古而人不识,此守仁之所以不容于世也",并且指出阳明学之大要者有三,即"致良知""亲民""知行合一",皆"本先民之言",一言以蔽之:"守仁之学,弗诡于圣,弗畔于道,乃孔门之正传也。"与此同时,黄绾对朝中针对王阳明而有的"爵荫赠谥诸典不行,且下诏禁伪学"不公平待遇予以控诉:"以守仁之功德,劳于王事,乃常典不及,削罚有加,废褒忠之典,倡党锢之禁,非所以辅明主也。守仁客死,妻子孱弱,家童载骨,蒿埋空山,鬼神有知,当为恻然。"言辞凯切,可见一斑。尽管如此,嘉靖帝依旧对黄绾的奏疏置之不理。在此之前,给事中周延亦抗疏论列,结果受罚而谪为判官。

---

① 《王阳明全集》(新编本),第 1338—1339 页。此《辨王守仁理学疏》又见于《久庵先生文选》《洞黄黄氏宗谱》。

第五章　叶良佩的生平学行与著作文献

为展开对浙中王门先驱黄绾的生命历程及其儒学思想之研究,笔者一直关注并搜集浙江台州温岭洞黄黄氏家族(以黄彦俊、黄孔昭、黄俌、黄绾祖孙四代为中心)的相关文献资料。而在探究黄绾与浙中王门弟子交游时,叶良佩进入了笔者研究的视野,发现叶良佩亦可以称为"阳明后学"。如果按照黄宗羲《明儒学案》的编纂体例,可以归入"浙中王门学案"之中;或许是因为叶良佩的仕宦历程、学术影响有限,黄宗羲未为之立学案。

令人遗憾的是,当今学界围绕叶良佩的生平、著作、思想进行的学术研究尚未完全开展;检索各类学术期刊网站,竟然搜索不到一篇以叶良佩为选题的学术论文。缘此,笔者检录了叶良佩存世文集《海峰堂前稿》《叶海峰文集》《嘉靖太平县志》以及《雍正江西通志》《雍正浙江通志》《嘉庆太平县志》《光绪黄岩县志》《民国台州府志》《台州艺文略》等方志史料,小有收获:基本掌握了叶良佩的生卒年月、为学仕宦经历、与黄绾等阳明后学的学术交游及其著述存世情况。兹分述如下,使读者对台州阳明学者叶良佩的生平学行有所了解。

第一节　叶良佩的为学仕宦经历

叶良佩(1491—1570①),字敬之,号海峰,一号旗峰②,又自号海峰居士。

---

①　目前网络资料对叶良佩的生卒年均未有明确结论,皆称:"约公元一五三八年前后在世","生卒年均不详,约明世宗嘉靖十七年前后在世"。本书对叶良佩生卒年代的确定,出自《镜川叶氏宗谱·文献录》(1925)所载秦鸣雷所撰《海峰叶公墓志铭》,确载叶良佩生于弘治辛亥年九月十四日,卒于隆庆庚午年二月二十九日。

②　海峰、旗峰系浙江太平(今温岭)县域东南的一处山脉名,因叶良佩生于斯、长于斯,(转下页)

明浙江台州府太平县十四都江洋镜川①（今台州温岭市泽国镇八份村）人，系明代中期的一位儒学家、思想家、经学家、文学家、方志学家。

叶良佩出生于"耕读之家"，"少小业文学，诗书日穷探"，先后有幸受教于多位饱学之士②：太平学者应纪③、叶侔④乃其养蒙师；以社学童子身份，受教于时任太平县尹卢英⑤；弱冠之后，师从太平教谕潘禄⑥；还师从过黄岩学者符匡⑦。"以六籍为师"的叶良佩，在正德二年（1507）成为学官弟子⑧，习举业颇有声，益精究《坟》《典》《史》《汉》及星历图纬，于百家之言无不披览。正德十一年（1516），

（接上页）故以海峰、旗峰为别号。《太平县山川记》："自括苍而东行，北为天台，南为雁荡。复由雁荡折而东北，至盘山入我镜。盘山东行五里所，分而为二：其一稍折而北，……其一稍折而南为王城山，东至于楼旗山，亦曰海峰山。"（［明］叶良佩著：《海峰堂前稿》卷十，日本内阁文库藏嘉靖刻本，第7页。下引版本同。）

① 关于"镜川"的具体地理位置及其名称的由来，叶良佩《镜川记》有提及："镜川在唐岭白塔之南，方岩之东，海峰山之北，厥地四平而中洼，靡迤且三十余里。当四山之间，众水趋之，如归釜腹，即溢则东北行以归于海，实吾邑之汇流也。旧名致江，相土者以其盘绕四周，不缺不窾，厥形于镜为特肖，故更名镜川。"（《海峰堂前稿》卷十，第28页）

② 据《先伯父尚忍公行状》文称，叶良佩之所以能够受教于诸位乡先贤，主要得力于伯父叶修的大力提携："（叶修）岁宾礼名师，教育子姓，若应继休氏、陈养斋氏、潘云塘氏三先生者，皆其西席宾也。……予（叶良佩）少孤，多外侮，赖公（叶修）御捍，得游三先生门，以有成立。"（《海峰堂前稿》卷十七，第21页）

③ 关于应纪的生平传记，可以参阅叶良佩《七先生传·应纪传》。其文云"（应纪）家故贫甚，常授徒于家以自给，实予（叶良佩）之养蒙师也"（《海峰堂前稿》卷十六，第37页）。

④ 叶良佩《世父闇斋先生墓铭》有云："世父闇斋先生（叶侔）者，予之养蒙师也。……吾族尝礼先生为家塾师，若良佩者，其弟子也。先生之教人，务以修治德性、闲习容止为先。……"（《海峰堂前稿》卷十八，第22页）

⑤ 关于卢英的生平事迹，可以参阅叶良佩《故县尹卢公传》（文载《海峰堂前稿》卷十六，第22—23页）。

⑥ 潘禄（1470—1545），字洪量，号云塘，浙江太平（今温岭）沈岙里人。少年有才气，补学官弟子，受《毛诗》于章文韬，经学造诣颇深；然屡试不第，后以岁贡上京师，循例擢福宁州训导，后擢升莘县教谕。著有《云塘初稿》藏于家。关于叶良佩师从潘禄经过及师生二人的交往，《海峰堂前稿》相关文献有记载。比如《先师故莘县教谕云塘先生潘公墓铭》："良佩从先生受业且十年，见先生攻苦淡薄，其授徒率在僧舍，鸡三鸣辄起盥栉，黎明坐书案，手未尝释卷，夜必二鼓乃就睡，率以为常。教良佩看书，先读经文且寻思；后读朱氏传，又寻思，则自然通晓，慎弗为近时摘题诸小说所眩，久当有得。为文稍骋逸、少拘检，辄曰：'此非本色，务约之使入彀率。'佩之得成经学、取进士，皆先生之功。"（《海峰堂前稿》卷十八，第10页）《关南赵君哀辞》："予少而孤，弱冠始知学，学于吾师古莘潘先生。"（同上，第27页）《祭云塘先生文》："余之童年，愚钝无似。甲子之春，幸事夫子。渚之引之，譬彼蒙泉。……从公十年，业果有成。掇取科第，滥以文名。铨曹集选，出宰新城。……"（同上，第34页）此外，在嘉靖二年，叶良佩观政吏部之时，潘禄因公来京，师生二人秉烛夜谈。临别之际，叶良佩有七言古诗《留别云塘先生（二首）》："离家日久心易哀，京国幸值余师来。掌摇贱子复南去，对榻烧灯直至曙。康成门下余最蠢，入室升堂劳接引。青毡做客情何之，望断西江双鲤鱼。"嘉靖十四年（1535），潘禄辞官归田，叶良佩又有诗作《闻业师云塘先生归田喜而有作》《谒云塘先生次韵》（《海峰堂前稿》卷五，第15页）。

⑦ 关于符匡（1460—1524）生平事迹，可以参阅叶良佩《先师正斋先生符公行状》（文载《海峰堂前稿》卷十七，第15—20页）。又《明故亳州知州养斋林君墓碣铭》有云："予（叶良佩）少时，尝……受业于邵阳符公之门。时予始受《毛氏诗》，蒙侗靡所识，……"（《海峰堂前稿》卷十八，第1页）

⑧ 叶良佩《明故亳州知州养斋林君墓碣铭》："正德丁卯年，……予（叶良佩）始入学官，为弟子员。"（《海峰堂前稿》卷十八，第1页）

以《诗经》举浙江乡荐,列第三十一名。此后,良佩还曾至南都受业,有诗句"少年曾记业南雍,日日营神课业中"为证①。

嘉靖二年(1523)春,叶良佩中姚涞榜进士,即"三十占科名"。先是观政吏部,叶良佩有诗云:"嘉靖龙飞第一科,南宫先用礼为罗。"嗣后,授江西建昌府新城县知县,因新城"邑小民醇",良佩"则尽出古意为之,律身必端,制度必节,祀典必严,赋役必简。与民相安,邑乃大治"②。《雍正江西通志》载良佩于嘉靖三年(1524)在新城县安济桥西"筑石堤(西堤)以御暴涨"之事③,深得民众拥戴。对其政绩,《雍正江西通志》称:"(叶良佩)知新城县,清节雅度,专务以德化民,延访耆德,奖课生儒,讼简狱空,旦日焚香诵书,百费省节。至有'里役一年止用八钱'之谣。自署其楹曰'空庭不扫三分雪,太史常函一物春(一作'泰宇长流一脉春'),至今传诵。"④

嘉靖三年秋,叶良佩出宰新城不到一年,"部使者以其能",调任江西广信府贵溪县知县⑤。嘉靖四年(1526)冬,叶良佩北上朝正;并在嘉靖五年(1526)元日上早朝,有七律《元日早朝》为证。《雍正江西通志》记有良佩新修"贵溪县署"事:"嘉靖四年,知县叶良佩因犴狱湫隘,撤而新之。"⑥嘉靖五年,良佩还重建了贵溪玉溪书院,"嘉靖丙戌,知县叶良佩规地于县治东,重建书院,内为祠堂,外为讲堂"⑦。此外,《民国台州府志》《嘉庆太平县志》《雍正浙江通志》"叶良佩传"还载有叶良佩任贵溪县令之时依法惩治权珰之事,"会权珰督造真人府,怙势横敛,里下受害。良佩一至,一绳以法,不敢肆。案牍丛委,谈笑立决,政声籍甚"⑧。

嘉靖六年(1527)秋冬之时,叶良佩考绩北上京师。嘉靖七年(1528)夏,良佩依例得简为台谏官,却"偶坐他事,忤时宰",仅擢南京刑部四川清吏司主事。叶良佩《斗山书院记》:"予成进士,宰新城,转贵溪,又五年调南都比部郎。"⑨由

---

① 叶良佩《诗传存疑序》云:"予正德间以诸生游学南都。"(《海峰堂前稿》卷十二,第 6 页)
② (明)秦鸣雷:《海峰叶公墓志铭》,载《镜川叶氏宗谱》卷末《文献录》,1925 年叶遇春重修本。
③ (清)谢旻等监修:《雍正江西通志》卷十五。
④ 《雍正江西通志》卷六十二。
⑤ 叶良佩《关南赵君哀辞》:"予(叶良佩)成进士,……出宰新城,……莅官无一岁,太宰檄予治巨邑。"(《海峰堂前稿》卷十八,第 28 页)
⑥ 《雍正江西通志》卷二十。
⑦ 《雍正江西通志》卷二十二。
⑧ (清)庆霖修、戚学标等纂:《嘉庆太平县志》卷十一《仕进·叶良佩传》,清嘉庆十六年刻本。
⑨ 《海峰堂前稿》卷十,第 25 页。

江西贵溪北上南都任职之时,良佩曾假道返家归省。任职西曹期间,良佩"以刑为民命所关,加意详慎,丝毫无所假贷",史载"有富阉当论死者,夜馈二百金,良佩拒之,竟抵于法,闻者快焉"①。

嘉靖十年(1531),朝廷以郊祀覃恩;同年,叶良佩以主事三年考满,领本身及父母敕命:良佩授为承德郎,父叶钊赠为承德郎南京刑部四川清吏司主事,母符氏封为太安人。叶良佩有五言古诗《郊祀貤封志喜(辛卯)》:"城头鼓声统,旭日明扶桑。樽罍溢户外,嘉客俨成行。诸孙将寿母,承恩登北堂。珠翠照华发,襜如霞帔长。霜闱教子心,食报愉且康。过庭服严训,五鼎不得将。高天浩无际,喜极成感伤。"②

嘉靖十一年(1532)左右,叶良佩转任南京刑部河南司郎中,"任久,法益精,诸司有纷讼难解者,咸咨良佩而行",同侪皆悦服之,誉之谓"名法师"。清人编《春明梦余录》就辑有叶良佩讨论国家(明朝)刑法制度的两篇文稿——《刑法》③。在南都任职期间,叶良佩曾与邹守益、吕柟等创办"五经讲会",相与会讲论道。此外,叶良佩还与时任礼部尚书的夏言有交往,《镜川叶氏宗谱·文献录》中有夏言撰《送叶旗峰之京》《赠叶海峰归省》等诗文;而叶良佩《海峰堂前稿》中也载有《同桂洲游潜谷》《次韵答桂洲相公》等诗歌。

嘉靖十二年(1533)夏六月,叶良佩以"部院考察"事而受无端诬陷,并遭弹劾,当路不察,遂怡然拂袖而归。叶良佩《誓志赋》有"遇党人之馋嫉兮,诼余疵垢而弃之"云云④。对此,叶良佩有七律《部院考察后飞语日至予方病居山寺次韵答竹墟二首》以回应:

> 病暑来依石洞阴,野云淡沲见初心。亦知世路机关恶,赖有山居道趣深。市上几人看虎迹,月明终夜听鹃音。凭君传语西台客,落魄时常梦故林。
>
> 萧萧兰薄动回风,晶晶浮云接大东。末伎岂应憎命达,雅怀犹复叹

---

① (清)嵇曾筠、李卫等修:《雍正浙江通志》卷一百六十九《循吏传》。
② 《海峰堂前稿》卷二,第18页。
③ (清)孙承泽编:《春明梦余录》卷四十四、四十五。
④ 叶良佩《鸣泉赞》序文云:"癸巳夏六月,叶子被劾免官归海峰堂。"(见《海峰堂前稿》卷九,第25页)《贞淑三祠记》:"顾予有官职于郎署,乃不能靖共以守之,至为人所谗构,迄于免其官以归。"(见《海峰堂前稿》卷十,第21页)

交穷。山门杳霭迷行迹,江路依稀见断鸿。便合为农归旧隐,艰难宁肯坐书空①。

对于自己罢官缘由,良佩《送翁君存治应贡序》文称:"在比部,会南都考察庶官,予故与考功况子善,众遂哗然曰:'况子之核也,是叶子之核,阴有以助之也。'群猜丛怒,昌言于朝,竟坐是败其官归。"②《答周学山同年书》:"仆(叶良佩)横遭口语,夺职归田……仆生也不辰,祸出意外。去岁(嘉靖十二年,1533),当考察京官之期,仆旧尝与况郎中伯师会讲经书,自渠转任考功之后,绝迹不相往还逾一年矣。既而留都科道官之以考察去者,咸疑伯师取论与仆。于是,逗其舟于上新河且一月,相与罗织仆之罪过,嗾使当事者公行举劾,以阴快其报复之私,遂使仆与伯师同受其谴,岂不冤哉!且伯师本刻核之人,即使有所问及,仆随事救解,尚惧其已甚。而谓钩评诸人之过失以阴助之,则天地鬼神将殛之使遄死矣,尚肯赦之使徒夺其职已耶?"③《嘉庆太平县志》卷十一《人物志二·仕进·叶良佩传》云:"(叶良佩)先在留都,与况伯师会讲经书,伯师转考功郎中,科道官之以考察去者,皆谓伯师受良佩指,因罗织其罪,嗾当事举劾。报罢。"而据《明世宗实录》:"南京科道官以拾遗例,劾南京刑部郎中叶良佩等贪污,……宜罢黜。部覆,得旨:……良佩……冠带闲住。"④此外,叶良佩还有《被论得夺官邸报二首》以纪之⑤。

因无故被夺官,是年(1533)秋叶良佩不得不与南都诸友好道别,正式结束了"四任逾十年"的官宦生涯。赋闲之后,叶良佩归隐山林,读书嵩岩绝顶⑥,"与图籍为伍","以文墨自娱";"日惟兀坐一室,翻阅校雠,思以著述名世",著书尤富。此外,《嘉庆太平县志·叶良佩传》称其"为人孝友俭约出天性。晚寄

---

① 《海峰堂前稿》卷五,第6页。
② 同上,卷十三,第23页。
③ 同上,卷十六,第9页。叶良佩《答齐蓉川京兆书》:"仆曩与况伯师会讲经书,此蓉川子所目睹也。去岁,当考察京官之期,会伯师转为考功郎中,于是留都科道官之以考察去者,咸疑伯师取论于仆。乃相与罗织罪过,嗾使当事者公行举劾,以阴快其报复之私,遂使仆与伯师同受其谴,冤亦甚矣!"(同上,第16页)
④ 《明世宗实录》卷一百五十一"嘉靖十二年六月"。
⑤ 《海峰堂前稿》卷五,第6—7页。
⑥ 叶良佩《处士莞南季公墓铭》:"嘉靖癸巳夏秋之交,予被劾放归,读书于松岩绝顶。"(《海峰堂前稿》卷十七,第41页)

情于酒,酣而不乱,言貌温恭,士人恒乐亲之"①。值得一提的是,嘉靖三十九年(1560)叶良佩七十寿辰之时,乡贤名宿多有祝寿诗文,并汇编成《海峰华诞卷》以传世。

隆庆四年(1570)二月,叶良佩无疾而终,享年八十岁;同年十二月,葬于县邑(太平)之北、白山之原。临海学者、致仕南京礼部尚书秦鸣雷(1518—1593)撰《海峰叶公墓志铭》②,对其生命历程予以总结:"鉴于铜或可匿也,铭于石不可易也。彼美叶公,乡之特也。出展其猷,底厥绩也。退葆其真,完乃璧也。名寿并隆,孰通塞也。太史勒铭,匪私昵也。有揭斯阡,过必式也。"③此外,台州知府、太平知县等皆有祭文称颂其道德文章。

对于自己一生"为学入道"之经历,叶良佩自称少年攻文学词章之学,中年治经世济民之学,晚年专养心修身之学,学凡三变而近于道。《赠陆田二子序》:"予少而居乡,见世以文词举进士,心穷慕之,则学为文词之学。累字以为句,比句以成章。凡一乡之善于属文者,尽求而纳交焉,如是者亦有年,始得名荐书升国学。既与中州之士人游,又闻古有经济之士,则慕之益甚。于是弃其旧而学为经济之学,校度古今,思议经权。凡一国之达于世务者,尽求而纳交焉,如是者又有年。然从从仕服官政,以顺逆无穷之变乘喜怒不平之心,眩瞶撞搏,往往失其故守,又知古之所谓经济必有道德以为之本,于是复弃其旧而学为身心之学。求其友于天下,盖于同官得二人焉,曰嘉善陆子秀卿、钱塘田子叔禾,而二子皆天下士也。……田子之师为甘泉公,公之执友为阳明公,二公皆振古豪杰而当代之儒宗也。"④清末民初黄岩学者杨晨在《叶海峰文集·序》文中所录叶良佩"自述生平"语即源于此:"始为文词之学,累句成章,善文者咸纳交焉。继为经济之学,校度古今,思议经权。久乃知古人为学,必有道德以为之本,于是尽弃其旧而为身心之学。"⑤杨晨以为叶良佩"学凡三变而益进于道"主要是受王阳明、湛甘泉心学影响,洵非虚言!下文着重对叶良佩与王阳明及王门学人交游做一番探讨。

---

① 《嘉庆太平县志》卷十一《仕进·叶良佩传》。
② 《镜川叶氏宗谱·文献录》,1925年叶遇春重修本。
③ 《嘉庆太平县志》卷十四《坟墓·叶郎中海峰墓》。
④ 《海峰堂前稿》卷十二,第8—9页。
⑤ (清末民初)杨晨:《叶海峰文集·序》,首都图书馆藏清光绪二十七年刻本。

第二节　叶良佩与黄绾等
阳明后学的交游

嘉靖三年至七年间(1524—1528),即叶良佩任职江西新城、贵溪县令之时,肯定对王阳明平定宁王朱宸濠叛乱之功有所耳闻,再加上"姚江之学,惟江右为得其传。……盖阳明一生精神,俱在江右。"(黄宗羲《明儒学案·江右王门学案》首语)此时,叶良佩已经倾慕王阳明之为人、为学。据叶良佩在《答钱绪山王龙溪论学书》(嘉靖八年,1529)记载:

> 阳明老先生下世,仆(叶良佩)置而不忍问。非不欲问也,自伤无禄,将无由以闻大道也。往者丁亥之秋,仆与潘五山、石玉溪二兄同以考绩赴京,寓居杭城。闻先生适趋两广召命,将道于杭,因相与谋曰:"我辈浪迹多年,盍请见先生以求归宿之地乎?"于是相与斋其心,宿留于杭且半月,既而二兄皆获执役其门,而仆竟以他故先二日发舟北去。后一年为戊子之夏,始得遇兄于先生书院,语更仆偶有合焉,自庆辛苦数年来偶独得于心者,将自此有所印证。复窃计先生他日或以成功告于朝,必道京口,倘得于此时伏谒旅邸,以终吾愿见之心,庶几得其门有日矣!嗟乎,讵意其有是哉![1]

研读此段材料,我们可以得知如下信息:嘉靖六年(1527)秋,时任贵溪知县的叶良佩,与潘五山、石玉溪同以考绩赴京;寓居杭城之时,得知王阳明将假道于杭城、赴两广平定叛乱的讯息,于是良佩等决定在杭城恭候阳明先生并行弟子礼。遗憾的是,等候半月之后,叶良佩因故先二日发舟北去,未能成为阳明先生的入室弟子。翌年即嘉靖七年(1528)夏,叶良佩转任南京刑部主事之时,在阳明书院结识了钱德洪、王龙溪这两位王门高徒,并与之论道切磋,借此印证自己多年"独得于心者"与阳明先生倡导的良知(心)学相契合。此时,叶

---

[1] 《海峰堂前稿》卷十六,第7页。

良佩又设想阳明先生完成使命告朝之时必将假道南京,借此可执弟子礼以师事之。再次遗憾的是,阳明先生于是年十一月二十九日卒于江西南安,而良佩终究没能成为王阳明的入室弟子。无怪乎,叶良佩对于阳明先生的谢世颇为悲恸,如前文所述:"阳明老先生下世,仆置而不忍问。非不欲问也,自伤无禄,将无由以闻大道也。"阳明先生离世之后,石简(石玉溪)也为叶良佩未能亲炙阳明先生为憾,特托人转赠王阳明的传世著作《抚夷节略》《居夷录》。叶良佩拜读之后,"惨然不能终卷",进而追忆、冥想阳明先生的心学历程:

> 盖先生……尝于居闲处独之时,返观吾心喜怒哀乐未发以前作何景象,盖邈乎其难为言也。絪缊晃朗,静之极也;闪歘升萌,动之初也;感而遂通天下之故,动之极也;通而不失其平,使吾心顺适焉,静之初也。若乃晃朗之知,静之动也;感通之理,动之静也。循是以往,周环无穷,向者所应之迹亦渐陈矣。陈则终归于幻耳,而吾心自如也。推是则知异日吾身既坏之后必当有不坏者在,而不可知其如何也?识得此意,宜乎不为事物侵乱,而临事之时又不觉动气逐物,爱其屋而及其乌,怒于室而色于市。若此者,时时有之,要之,合下赋得气质不纯,故一时摆脱不尽。又磨试之功未熟,体用不相浑合尔!①

据此,我们可以判定,良佩虽非阳明先生入室弟子,但良佩对阳明先生和他的心学推崇之极;所以,这绝不影响我们称叶良佩为阳明后学(浙中王门)的论断。至少钱德洪、王龙溪、石简以及下文将要提到的黄绾等浙中王门学者,完全可作为见证人。

嘉靖七年(1528)至嘉靖十二年(1533),浙中王门先驱黄绾任职南都礼部,与任职南京刑部的叶良佩结识,再加上二人同为台州人,又皆敬重乡贤夏鍭、谢铎以及心学大家王阳明,故而友谊笃深。约正德元年(1506)前后,黄绾在父亲黄俌的介绍下,结识了天台学者夏鍭②。叶良佩与夏鍭结交亦较早,在正德十一年(1516)中举之后,"于天台得见廷评夏赤城公"③;嘉靖元年(1522),有古

---

① 《海峰堂前稿》卷十六,第8页。
② 张宏敏:《黄绾生平学术编年》,第31页。
③ 《海峰堂前稿》卷十四,第12页。

诗《奉次赤城先生北窗韵(壬午)》:"息交谢世纷,危坐日观静。海曙入疏林,藜床动高映。家僮闻扣关,启扃扫花径。喜是求羊来,幽贞本同性。"①黄绾青少年时期师从谢铎精研程朱道学,而叶良佩亦曾拜谒谢铎并有一面之缘。其《石翁家藏集序》有云:"予(叶良佩)成童时,尝以诸生进谒谢文肃公。不自意得见于归来园私第,令坐与言。"②叶良佩在嘉靖二年观政吏部之时因怀故里(太平)七先生而作《七怀诗》,其中有《宗伯文肃谢公(鸣治)》,并有"小子愚且冲,尝获亲杖屦"云云③。

在南都之时,黄绾以王阳明"良知说"为主题与叶良佩论学,而叶良佩此时坚定地认为:"阳明先生之学,其果圣学之的欤!"兹有黄绾所撰《良知说》为证:

> 叶敬之与予论学,曰:"阳明先生之所谓良知者,但可以语生知而不可以语困知。"予曰:"夫良知云者,人人自足,圣愚皆同。但气习之来有浅深,故学问之工有难易,故有安、有利、有勉之或异,而良知则无不同也。学者苟能专心笃志,察之于隐微独知之中,以循天然自有之则,是是非非,毫发不欺,则私意一无所容而天理纯矣。"曰:"若然,则学、问、思、辩之工将安措乎?"予曰:"良知固无不知,然蔽于气习,故知善而不能存,知恶而不能去。博学者学此也,审问者问此也,慎思者思此也,明辨者辨此也,笃行者行此也,无时而非存善,无时而非去恶,皆所以慎独而致吾之良知也,非于致知之外而又有所谓学、问、思、辩也。今有人焉,舍其良知,徒事闻见以为知,故谓之支离而非学。亦有知求良知,溺志忘情、任其私意以为知,故谓之虚妄而非学。此圣人之道所以不明不行也。"敬之天资英茂,博闻洽辩,皆有以过人者。闻予言,以为然。曰:"阳明先生之学,其果圣学之的欤!"④

嘉靖十年(1531)春,黄绾在留都家中举办聚会,叶良佩应邀与会。主宾互有诗歌唱和,叶良佩有七言律诗《龙窝雅集四首久庵先生宅作》:

---

① 《海峰堂前稿》卷二,第1页。
② 《海峰堂前稿》卷十四,第12页。
③ 《海峰堂前稿》卷二,第4页。
④ 《石龙集》卷九,第5—6页。

凤有林泉好,官居亦草堂。云霞开俎豆,竹树净冠裳。散步巡花径,乘醺坐石床。悠然清兴发,言咏自成章。

白帢闲居地,清尊对客时。远峰方寂历,近水自差池。实有东山望,能无北极思。偶来陪杖屦,谈笑得吾师。

地僻尘嚣远,庭阴晚酌宜。天风吹客袂,海月照金卮。萍会怜新侣,林居忆故茨。自怜无厚禄,料理卜邻资。

水槛杯盘净,江城鼓角稀。兰风归点瑟,槐月散尧衣。河汉思今古,烟云识是非。生平真契谊,良夜此因依①。

嗣后,在黄绾丁内艰(1535—1538)期间,叶良佩已罢归,独居山中;此时与黄绾交往甚密。比如嘉靖十五年(1536)七月,叶良佩母符氏谢世,黄绾亲临吊唁并成《奠叶母符氏文》以表哀悼②;同年十二月,叶良佩合葬亡母符太安人、父叶封君于白山西原,叶良佩持父母行状请黄绾作墓碣铭文,友情难却,黄绾成《叶封君符太安人合葬墓碣铭》③。是年冬,黄绾自委羽山至太平桃溪观谒业师谢铎之墓,时人包括黄绾在内皆以为谢铎原墓葬大梦山"疑于天道,不吉子孙",黄绾"恻然伤感,思尽其心",遂择善地并捐赀迁葬,叶良佩因为全程参与了此次迁葬,成《谢文肃公迁墓记》④,其中对黄绾善行义举极力表彰,以期垂范后学:"呜呼! 今世俗之交,类以存亡易心,有不蹈朱公叔所讥者鲜矣。讵谓文肃公(谢铎)殁且三十年而有秩宗公(黄绾)为之经营其后事如是哉! 工既讫功,有谂于众者曰:'行一物而三善皆得者,是役有之。'盖秩宗公不忘先故,为之经营其后事,于人情衰歇之余而民俗归厚。文肃公获有身后之佑而为善者劝,且俾师友家子弟咸视以为世讲法而流泽可久。夫是之为之三善。又曰:'文肃公可谓有动天之德,盖以其后佑占之也。'"⑤值得一提的是,在为谢铎选择新墓地之时,黄绾还请一位叫姜居简的相士勘察新择墓穴之凶吉,有诗作《赠相地南昌姜居简》为证:"埋玉青山觉未安,最怜策杖远相看。殷勤三岁情

---

① 《海峰堂前稿》卷四,第18页。
② 《石龙集》卷二十八,第12—13页。
③ 《石龙集》卷二十六,第10—13页。
④ (明)叶良佩:《叶海峰遗集》卷二,首都师范大学图书馆藏清光绪二十七年刻本,第18—20页。
⑤ 《叶海峰遗集》卷二,第25—26页。

无限,写赠新诗鼻欲酸。"①在送别姜地师之时,叶良佩在座,并有七律《久翁席上送姜地师还南昌》一首:"江楼蔼蔼闻清话,关树迢迢念远征。郭簿盖曾传葬法,滕公今已得佳城。但凭止鹤占天意,会向藏风识地情。我欲卜居山涧曲,烦君寄示锦囊经。"②

嘉靖十六年(1537)年,黄绾与叶良佩二人的交往最为频繁。是年春,黄绾与叶良佩一道凭吊了乡先贤符匡之墓。叶良佩有七言律诗《谒先师正斋先生墓》:"澄江回首殿山青,游子归来鬓欲星。隔岁松楸看扫墓,分斋灯火忆谈经。鱼龙水动连湘浦,兰玉春深长谢庭。谁向康成裁后传,大书剡石为公铭。"③黄绾次韵和之成《吊符邵阳墓次叶敬之韵》:"江上新坟宿草青,拜迟斜日带春星。极怜君去无知己,诅意儿贤又执经。振铎十年淹楚水,盖棺旬月在门庭。山阳笛泪吾先陨,况读平生有道铭。"④是年秋,叶良佩再次造访了黄绾所创建的石龙书院。叶良佩有七言律诗《石龙书院题画四首》:

  玉堂秋杪桂花丹,海月天风满石坛。阆苑分明在平地,故招仙侣与同看。(《桂》)
  瑶琴白日奏清商,远水苍林鸣凤皇。为有故人江口住,锦囊携去晚风长。(《琴》)
  百万貔貅起渭阴,神蓍应识钓璜心。眼中白马英贤尽,来与苍生续传霖。(《钓》)
  江汉波涛天际悬,渡头争渡净云烟。傅岩舟楫依然在,好与中兴济大川。(《渡船》)⑤

尔后,黄绾、叶良佩二人偕游澄江之畔的江云阁,黄绾有七言绝句《江云阁次叶敬之韵》⑥。同时,二人受邀至天台参加许太恭人的寿宴,黄绾作有《许太恭人寿歌》⑦。再后来,黄绾与叶良佩偕游黄绾四弟黄约即空明山人在黄岩县城之西松岩三

---

① 《石龙集》卷七,第19页。
② 《海峰堂前稿》卷五,第20页。
③ 同上,第24页。
④ 《石龙集》卷六,第9页。
⑤ 《海峰堂前稿》卷五,第20—21页。
⑥⑦ 《石龙集》卷七,第19页。

仙岙之西谷所经营之别业——少白堂。此次访游经过,黄绾有《少白堂记》[①],叶良佩有《西谷记》[②];而后者对黄约经营少白堂之良苦用心有揭示:"山人其有道者乎!夫以宗伯公为时名卿,山人其季氏也,且多才猷,顾独擅一丘一壑以自终焉?非有遗世独立之见,讵能是耶?"[③]在少白堂,黄绾为黄约所创作的《松竹梅》《鹅》《鸡》《芙蓉》《芭蕉》《菊》《鹤洲图》等七幅画作题诗,有《与四弟空明山人题画(九首)》:

  岁寒松竹相依翠,更接疏梅绚日红。可是幽斋新雪后,淡烟寒月忆山中。(《松竹梅》)
  习家池中新水生,襄阳城外春日晴。坐看浴鹅归去晚,绿杨阴转蓼花汀。(《鹅》)
  塞上霜寒月在天,邻鸡初唱促程先。今于山馆听鸡唱,坐引秋光翠竹边。(《鸡》)
  江上西风万卉开,水边烟际有芙蓉。坐凭草阁林间暮,岁晚相看幽意同。(《芙蓉》)
  溪上人家低粉墙,绿蕉丹蕊静相将。忆我当年京国返,虚窗阴合正秋凉。(《芭蕉》)
  昔年欲勒燕然石,跨马天山未拟还。今日菊畦思自艺,披图忽尔见南山。
  少日长安白雁来,金风摧卖菊花开。萧骚白发山城夜,坐嗅寒香独举杯。(《菊》)
  最爱吾家遗世者,鹤船长傍水云吟。怜予苦被簪缨缚,每负春江翠柳阴。
  魏野山中同鹤舞,不知山中翠华过。君今引鹤沙边立,怅望苍茫意若何。(《鹤洲图》)[④]

---

① 《石龙集》卷十四下,第12—13页。
② 《叶海峰遗集》卷二,第21—22页。
③ 《海峰堂前稿》卷十一,第9页。
④ 《石龙集》卷七,第19—20页。

叶良佩次韵和之,成《为空明山人题画五首奉次久翁韵》:

> 横塘水长春草多,平林北去是关河。野人曾听桥门雨,倚杖归来自牧鹅。(《鹅》)
> 霜冷竹房山月高,野农蓐食听鸡号。豆田零落秋风里,回首金门忆早朝。(《鸡》)
> 中酒卧淹秋日长,芭蕉分绿上人床。梦中忽听雨声紧,起傍幽窗爱晚凉。(《芭蕉》)
> 积翠岩前白露团,菊丛低压竹枝寒。此中定有神仙侣,命酒携朋我去看。(《竹菊》)
> 石龙古松梁栋材,空明修竹亦奇哉。寒予步雪旗山下,短鬓萧骚愧鼎梅。(《三友图》)①

此外,黄绾还曾与叶良佩共登黄岩县西南之松岩绝顶,眺望黄岩之澄江,纵谈古昔:江北有南宋丞相杜范亭池遗址,江西有任旭、黄寿云、赵纳斋之故居,江南有道教胜地委羽山,江东系元将泰不华死节处。叶、黄二人共睹此景,惆怅感慨:"壮哉,先民之遗泽乎!殆将与此江争厥长雄也。后死者共勉之!"② 嘉靖十六、七年间,黄绾于黄岩县南委羽山下,捐赀贾地,建重屋二十楹为义楼,床笫、炀灶、汲浴、樵采、什器靡不整具,免费供过路旅客晨饷夕宿。此时叶良佩从黄绾游于委羽,亲睹义楼之役,特作《黄氏义楼记》。又,叶良佩对黄绾祖父黄孔昭的生平宦迹尤其是任职吏部颇为熟悉:"往予(叶良佩)为进士,观政吏部,吏部人犹能道公(黄孔昭)事。曰:'公之为文选也,散部适邸舍,未尝脱冠带。外户洞开,客至,辄延之入,访以人才高下、县道简繁。客去,辄疏之册。由是因才授任,罔不称官。客或以手帕书册为贽,亦辄受,人亦罔敢以厚馈馈公。迨弘治、正德间,选部官始杜门不接宾客'云"③。叶良佩视黄孔昭为明代台州籍五位名臣之一,并在《名臣五公传》中为之立传。

"君子以文会友,以友辅仁",叶良佩虽然与黄绾交往频仍,并就儒家经典

---

① 《海峰堂前稿》卷五,第21页。
② 《叶海峰遗集》卷二,第22—23页。
③ 《海峰堂前稿》卷十六,第27—29页。

进行切磋、交流；但是叶良佩对黄绾的见解主张并非一味附和，而是在某些议题上有着自己的见解。比如，叶良佩对于黄绾关于《论语》"志道"、《大学》"诚意"的疏解曾予以质疑，并有《奉久庵先生书》：

> 日者造拜，得侍教浃旬，幸甚！所讲"志道""诚意"二章，揆之往日管见，尚不能无少疑，故敢辄申其说。
>
> 董子训"道"为"路"，盖谓本吾人出入所必由之路也。今因其言而绎之，其出也为作用，所谓"显诸仁"是已；其入也为退藏于密，所谓"藏诸用"是已。此盖以吾心之虚灵而言。昔人尝以比物谷神，谓其能象声而应之，而性情具是矣。顾百姓日用而不知，又率在人心上出入，故非君子之所谓"道"耳！君子之志于道也，则欲精求尧舜之道心，率而行之，由是无往而非大中至正之路。然曰"志"者，特以是为的耳，固非曰可一蹴而至也。德者，得也，实理得之于心谓之德。自吾得之于天而言，谓之"天德"；自其行道而有得而言，谓之"崇德"。然随其气禀，不能无偏重处，即皋陶所陈"九德"，亦有宽柔、愿扰、直简、刚强之别。姑以孔门之诸子明之，如损之孝、雍之简、曾子之笃实，要皆学于圣人而得其性之所近。惟颜子则具体，圣人故曰："回也，其庶乎！"据者，守而勿失之谓也，直至于"依于仁"，始称全德。何以谓之仁？盖天以全德付于我，我受之不能无坏，至是始得复其全体，故谓之仁。夫曰"依"，则从容中道而无所事乎据矣。如损之孝，得仁之柔，至季氏以费召，则确乎有不可拔之操，斯非谓柔而立乎？雍之简，得仁之良，而能以居敬为主，斯非谓简而廉乎？曾子之笃实，得仁之刚，然至于得闻一贯之后，大病易箦，则心即理、理即心，斯非谓刚而塞乎？故三子皆以德行名，然谓之"依于仁"则未也。故必如颜子之三月不违，始可谓之"依"。顾犹未达一间，又必如孔子之无终食之间违仁、造次颠沛罔不在是焉，然后乃与天道之於穆同其不已。盖至是，则圣人之能事毕矣。若使闵、冉以下诸子，果能循循不已，则到此地位非难，子思子所谓"及其成功则一"是也。艺者，吾人日用云为，凡有业可习，谓之艺。即如由求之政事、予赐之言语、游夏之文学，皆是矣。故以文学一事言之，今之学为文者，殚其一生之精力以为之，仅足以成名，斯谓"玩物丧志"。曰"游者如息焉"，"游焉"之"游"，即孔子"行有余力则以学文"之意。自其文理之粲然

而言则谓之文，自其有业可习而言则谓之艺。志道之人，心志专一，其游于艺也，随在而悟。至于据德，则随在而能精。又至于依仁，则如真人御风，游于六合，神领意会，靡所不造其极矣。且如圣人之于文也，无所事学，而《六经》之言与天地并，非以其依于仁故耶！

若夫"诚意"一章，先儒已有成说，其曰"自欺、自慊"云者，此实人鬼关头。程明道曰"人须知自慊之道"，则其说传自濂洛，非朱子倡为之也。往见阳明先生《与朱白浦、陆原静书》，皆以"谦虚"为说，深谓未然，近闻高明之说亦如之。考诸字书，《史记·乐毅传》"嗛于志"，从口；《孟子》"行有不慊于心"，则从心；《汉书·艺文志》引《易》之"嗛"，"嗛"亦从口。要之，"嗛"之与"慊"与"谦"，古皆通用。如《易》读"亨"为"享"，又读为"烹"；《书》读"孳"为"字"，读"厎"如"旨"音，又读如"支"音。吴才老谓某字读为某字，此古字通用之凡例。又与"亲民"当作"新民"，音义不同，似不必引《系辞》"德之柄"解"谦"字也。

昔者，曾子之问礼于孔子也，千转万变而不穷，先儒谓为穷理尽性之学。及其闻子游之论祖奠，则曰："多矣乎，予出祖者！"且子游其能庶几曾子之万一乎？而其言云然，此圣贤不自满足之心也。若不肖浅薄，又非敢以此为况。《诗》不云乎"投我以木瓜，报之以琼琚"？今兹之说，特欲借所疑以为木瓜耳！窃悱然终日，有待于公之琼琚，用持以自赐也。不宣①。

嘉靖十七年（1538），有"乡善士"之称的黄岩人童悦谢世，嗣后受其子嗣之请，叶良佩为作墓表《明故善士南城童君墓表》②，对童悦一生善举予以追溯、纪实："我谁云思？惟乡善士。俗漓人偷，里则无美。里之有美，自我童君。周穷泽死，冤狱获伸。郡将监司，大书特书。厥名濯濯，厥堂用辉。其宅群行，亦多可纪。我著斯辞，镌为石史。"而黄绾在童悦生前即敬重之，曾有《南城童悦画像赞》文："践名者何？濡毫好歌。或斫桐棺，以殓殍夫。人不我与，无或冲冲。将必与之，是曰南城之童。"③

---

① 《海峰堂前稿》卷十六，第11—14页。
② 同上，卷十七，第27—30页。
③ 《石龙集》卷九，第10页。

嘉靖二十年(1541),台州知府周志伟任满三年,赴京考绩,应黄岩县令林人纪之请,黄绾成《赠周太守考绩序》①;而叶良佩则应太平县令曾才汉之邀,有《郡守阳山公政绩记》②。二人均对周知府治台功绩大为称赞。又,嘉靖二十一年(1542),台州知府周志伟离开台州,至湖南岳阳任职,黄绾为之饯行,作七言古诗《感慨歌送周士器太守》③:

送君将上天台路,感慨欲言愁不能。感慨愁言更何谓,丈夫胸次元崚嶒。欲叩天关排阊阖,白日倏烁烟雾昏。欲登祁连控大漠,雪花如掌飞沉轮。欲渡黄河凌陇坂,寒风割人冰塞津。拔剑四顾长太息,因君一吐胸中赤。君今西陟巴陵道,欲穷蚕丛鱼凫之旧迹。下俯转壑惊雷之奔涛,上窥横云拂汉之绝壁。将铲太白平瞿塘,谈笑经营不遗力。我今胡为亦杞人,对酒悲歌抱忧色。伯牙常怀钟期远,管仲惟怜鲍叔识。渭川空垂三千六伯钓,鲁阳挥戈竟何得?於乎!西瞻紫阁落日明,怅望浮云白发生。

而叶良佩则有五言律诗《送郡守周阳山公擢官重夔兵备四首》:

四年歌北李,六月赋西征。衮觐今何及,棠思与日生。霜清夔子国,树澹尉迟城。落照诸山外,犹闻去马声。

辛丑风潮变,流亡溢海滨。循行烦露冕,呼哺若慈亲。重镇须严武,遗氓恋寇恂。遮邀争卧辙,延伫尽沽巾。

涂山基运业,峡水孕文章。后代谁兼美,惟公独擅场。政通歌乐职,赋似奏长杨。应有南来雁,瑶华得远将。

采寺讹言及,园庐俗眼嗔。来之逢坎窖,然否向谁陈。鹁鹕旗亭酒,骅骝驿路尘。飞腾公复去,汩没养吾真④。

嘉靖二十三年(1544),黄绾四弟黄约病逝,叶良佩有挽诗《挽空明山人》:

---

① 《久庵先生文选》卷七,第16—18页。
② 《海峰堂前稿》卷十一,第17—19页。
③ 《久庵先生文选》卷二,第6页。
④ 《海峰堂前稿》卷六,第6页。

空明山人去不返,丽藻惟余旧鹤园。康乐半生池草细,求羊三径雨堂昏。论文哲匠才何叅,抗迹明时道自尊。畴昔风流今已矣,祖筵吾欲赋招魂①。

嘉靖二十四年(1545)四月,浙中王门主将王畿被黜罢官。黄绾作诗安慰他,叶良佩亦次韵和之,成七律《王龙溪驾部免官归次久翁韵奉讯二首》:

瑞言鸾凤孽言鸱,善恶分明我自知。平地洪涛翻海岳,茫茫世事总堪疑。
仰止阳明旧讲庐,越中风气古来无。荷衣朱绂谁轻重,要识今吾是故吾②。

嘉靖二十五年(1546)春,江右王门陈九川入越省先师(王阳明)之墓,并拟入台州寻访王正亿、黄绾、叶良佩。先是,汪青湖③、陈九川有书函与叶良佩,告知拟寻访好友、游玩雁荡,叶良佩有《答汪青湖陈明水约游雁山二首》:

云间鸑鷟正联翮,海上珊瑚不记年。冒雪昔会寻剡曲,濯缨长自梦临川。故情且尽招提酒,高兴还听雁荡篇。已分逃虚寡良觌,宁知胜地得攀缘。
抱瘵青湖懒出门,忍饥明水色清温。游探禹穴真灵觏,贼拟湘潭亦圣恩。花径小松谙系马,雁湖支涧曲通村。援琴却候高轩过,细取钟期旧谱论④。

是年夏,黄绾、叶良佩一同接待了陈九川、汪青湖一行的造访,并陪同他游览天

---

① 《海峰堂前稿》卷六,第9页。
② 同上,第12页。
③ 汪应轸(生卒年待考),字子宿,号青湖,浙江山阴人。明世宗嘉靖初前后(公元一五二二年前后)在世。正德十二年(1517)进士,选庶吉士。嘉靖三年(1524)春,出任江西提学佥事。著有《青湖文集》十四卷。
④ 《海峰堂前稿》卷六,第13页。

台、雁荡等名山大川。在雁荡山，叶良佩有诗歌《宿灵岩寺》《由瑞鹿抵能仁寺》①。

嘉靖二十八年(1549)秋，王畿访黄绾于黄岩，叶良佩参与接待，并同游雁山；王畿离开雁荡山，拟同石简一道前往临海桐岩游玩，黄绾、叶良佩有诗相赠，叶良佩诗题为《奉陪久翁送石玉溪王龙溪至桐岩作》②。是年冬，湖州学者唐枢来台州寻访好友黄绾、叶良佩，一同前往金鳌山望海，并有诗歌唱和。黄绾《金鳌山望海有感》："孤城溟岛登临处，阆苑蓬壶有所思。横海楼船秋尚在，入云鼓角暮方悲。玉关万里吾何为，铜柱当年策未亏。此日天涯愁欲绝，萧条白首一低垂。"③叶良佩《陪唐一庵金鳌山观海同黄久翁符松岩作》："绝顶鳌峰海上台，晨光坐看晚潮回。天空不见一鸟度，岁暮偶同诸客来。阆苑永怀珠树老，瑶池回首紫云开。中流砥柱分明在，夜夜祥烟属上台。"④是年前后，黄绾有《写海峰图赠叶敬之》："秋野朝看万木枯，悠然海上一峰孤。谁云不及蓬莱岛，时听天风鹤背呼。"⑤

叶良佩与黄绾还互为好友著作题序撰跋，以切磋论道。叶良佩为黄绾政论著作《云中疏稿》作过序⑥："公(黄绾)在云多有所疏请，间尝汇为如干卷，以视良佩，俾序之"云云。叶良佩还为黄绾《洞黄黄氏世德录》撰"序"，其中对《世德录》评论颇高："斯固黄氏之敦彝閟宫也，足以贻其子若孙，以为世守之典则矣。公之为是书也，推其法度渊源，远有所自，将天下之人得之，取法传家，又岂非尚友之一助也哉！"⑦黄绾诗文集《石龙集》再次付梓之后，叶良佩特作《〈石龙集〉后序》："有刻久庵公所撰诗若文曰《石龙集》者，授新本于予，俾卒业焉"云云⑧。叶良佩诗文集《海峰堂前稿》编成，也请黄绾作序，黄绾自然乐意为之⑨。《海峰堂稿·序》文中提到，叶良佩与黄绾一道交流过诗文创作心得：叶良佩主张"诗必曰盛唐，文必曰西汉"，对此，黄绾不以为然，而是主张诗文创作必须在遵循各种文体格式（"格"）前提之下，以各人之所谓"自得"为指导思想，

---

① 《海峰堂前稿》卷六，第13—14页。
② 同上，第16页。
③ 《久庵先生文选》卷三，第11页。
④ 《海峰堂前稿》卷六，第20页。
⑤ 《久庵先生文选》卷四，第9页。
⑥ 《海峰堂前稿》卷十三，第1—2页。
⑦ 同上，卷十四，第6页。
⑧ 同上，卷十三，第2—3页。
⑨ (明)黄绾：《海峰堂稿序》，转引自《洞山黄氏宗谱诗文集》卷一，1915年重修本，第38页。

创作文章贵在独创,有自得之见。黄绾之"自得"观念来源于《孟子·离娄下》:"君子深造之以道,欲其自得之也。自得之,则居之安;居之安,则资之深;资之深,则取之左右逢其原,故君子欲其自得之也。"①作为君子,必自得而后有言,"有言而后有声,有言有声而后有格,格之为言随其所成之品格而云也。经有经之格,骚有骚之格,史有史之格,汉魏李唐有汉魏李唐之格。"也就是说在诗文创作过程之中,"自得"的"意义追求"(即内容)比经、骚、史、诗等体裁格式(即"形式追求")更具有本体意义。缘此之故,《诗》《易》《书》《礼》《春秋》乃至骚史、汉文、唐诗等经典名作的产生,"乃是群圣贤之自得而后"所成,"古格"之体式亦相随而有。所以,黄绾希望好友叶良佩在诗文创作中,"如古人之所谓自得,则取之左右逢其源,雕刻泯而蹊径亡,又何古格之不在我乎?"②

另外,叶良佩与黄绾子嗣也有交往。黄绾长子黄承文离家前往京城任职之时,叶良佩有诗作《送黄伯粤上舍之京》相赠:"祖饯王孙赋远游,小山丛桂勿淹留。中流击楫行李发,高柳鸣禽官路修。云𪾔几回悲鹳鹤,天衢含合让骅骝。王堂旧有书香地,瑞日常悬五凤楼。"③至于叶良佩与黄绾三子黄承德④的交往,据叶良佩《赠李可书序》所云,良佩曾与黄承德偕游黄绾创建的石龙书院,观摩院壁之上由当时丹青名家李可书创作的绘画,大加称赞;同时,期许李可书在石龙书院墙壁之上再进行创作,并以《五经》的代表符号——龙马、神龟、雎鸠、狩麟、羔羊等为绘画摹本:"(叶良佩)偕海曲子伯明游于石龙书院,见有若豹蔚虎变者,曰:'此久庵公小影也。'及观所绘山水、花木、禽鱼、亭舍,靡不各极其妙已。又于海曲子书室中见《行乐园》,宛然麋鹿之姿,曰:'斯鄙容也,谁与貌此?'海曲子曰:'此可书手笔也,欲籍此以请公文耳!'予曰:'文,吾当为之。且吾闻久庵公将著述《五经》于书院中,可书其能绘为龙马、神龟、雎鸠、狩麟、羔羊以及诸名物乎?吾将梓之为《五经图》,尚当序之,独兹

---

① (宋)朱熹:《四书章句集注》,中华书局1983年版,第292页。
② 《海峰堂稿序》,转引自《洞山黄氏宗谱诗文集》卷一,第38页。
③ 《海峰堂前稿》卷六,第19页。
④ 据《洞山黄氏宗谱》载:"黄承德,字伯明,号海曲逸叟。幼颖异,习《易经》,补邑庠生。乡试不利,以例入监,又不第。授广西奉议军民指挥使司经历,将二载,丁父尚书公(黄绾)忧。服阕,补广西桂林卫经历,以才能称委收铎木,以奉法宪委掌县印,县多尊称之,遂以疾终。府君(黄承德)生平喜读古书,作文崇秦汉,诗宗盛唐,胸襟飘洒,潦倒不羁,效晋人风。凡交游皆海内名士,同乡则有石公简、李公一瀚,尤为莫逆。所著有《樗栎稿》《海曲谈林》《黄参军集》。生于明正德四年二月十八日酉时,卒于嘉靖四十三年□月□日□时,享年五十有六。配孺人,南京周氏,葬委羽山文毅公墓左。子二,允庚、允广。"(《洞山黄氏宗谱·黄承德传》卷四,第61页)

文也哉!'"①

　　当然了,今存《海峰堂前稿》之中有不少叶良佩与浙中王门主将钱德洪、王畿及江右王门邹守益的诗歌酬对,比如《送东郭先生(五首)》《奉次东郭先生韵》《简王龙溪驾部》《(王龙溪)洗心亭诗》《奉陪久翁送石玉溪王龙溪至桐岩作》等②;还录有书函《答钱绪山王龙溪书》等。而在与邹守益的书信《奉邹东郭先生书》中,叶良佩向邹守益请教阳明先生"致良知"之教,邹守益覆函《简叶旗峰秋卿》,对乃师"良知"之论予以详细阐释,供叶良佩参悟良知本体义③。

　　我们还知道,王阳明独子王正亿在与黄绾之女黄姆完婚后,主要生活在浙南台州黄岩。而王畿等阳明门人前往探访之时,叶良佩也参与过接待王门诸子。比如,嘉靖十六年(1537)秋冬之时,王阳明继子王正宪偕王畿、郑邦瑞④自越地(绍兴)来访黄绾及王正亿于黄岩紫霄山。郑邦瑞此次远行随身携带有王阳明手书《与郑邦瑞尺牍(三通)》⑤,其卷末已有王阳明门生黄弘纲、萧敬德的题跋,先是呈请黄绾观摩,黄绾"观讫抚卷三叹",而有《书宝一官藏阳明先生三札卷》⑥。此时叶良佩也在场,在王阳明《与郑邦瑞尺牍(三通)》上亦有题跋,跋文如下:"余姚郑子邦瑞手其家宝卷来视予,予展而视之,则见阳明先生所与郑子之手札也,则见诸君子所题识字若文也。作而言曰:先生之道行于天下,予尝得其《传习》《居夷》法轮,与有志斯道,在共宝之矣。子今兹复表章其所与云札以为家宝。然则若与予也,厥宝同乎?夫予之所宝者,先生之公诸人也;子之所宝者,宝其亲诸己者也。公诸人者,道也;亲诸己者,情也。情亦有道存焉。于是还卷郑子而谓之曰:'嘻,予与若也,各传其所宝矣。'台南叶良佩书。"⑦

　　行文至此,我们通过对叶良佩与浙中王门黄绾、王畿、钱德洪及江右王门

---

① 《海峰堂前稿》卷十四,第34—35页。
② 载《海峰堂前稿》卷二、六。
③ 《邹守益集》,第574页。
④ 据钱明、张如安《〈王阳明全集〉未见诗文散曲补考》文称:郑邦瑞,名官贤,小名宝一、宝一官,号邦瑞。王阳明在书函之中称郑邦瑞为"侄","疑为阳明生母郑氏的二哥之子,其母被阳明称为'二舅母'"。氏著载张新民主编:《阳明学刊》(第五辑),巴蜀书社2011年版,第46页。
⑤ 王阳明《与郑邦瑞尺牍(三通)》详细内容见钱明、张如安:《〈王阳明全集〉未见诗文散曲补考》,载《阳明学刊》(第五辑),第44—46页。
⑥ 《石龙集》卷二十一,第14—15页。
⑦ 转引自钱明、张如安:《〈王阳明全集〉未见诗文散曲补考》,载《阳明学刊》(第五辑),第45—46页。

第五章　叶良佩的生平学行与著作文献　·173·

邹守益等人的交游活动之梳理,完全可以把叶良佩视为"阳明后学"之一员。

第三节　叶良佩的著作

据杨晨编《台州艺文略》所录①,叶良佩主要著作有《周易义丛》《易占经纬》《周易发蒙集解》《春秋测义》《洪範图解》《周礼易传》、《燕射古礼》《太玄经集解》《天文便览》《皇极经世集解》《绿野青编》《读书记》《地理粹言》《重编三才》《事类蒙求》《海峰堂前稿》《国华集》《韵语类编》等。当时学者以为叶良佩的著述成就可以"并驾于秦汉诸文人",千百世颂之而不衰②;我们以"著述等身""昭代宗工"称之,当不为过。

令人惋惜的是,叶良佩大部分著作已经遗失不存。据笔者初步盘点,叶良佩存世著作仅有《海峰堂前稿》十八卷、《叶海峰文(遗)集》二卷、《周易义丛》十六卷(首一卷)、《嘉靖太平县志》八卷,凡四种,明代学者黄虞稷撰《千顷堂书目》均录之。兹对这四种著作的创作缘起、版本目录略作交代。

一、《海峰堂前稿》十八卷

《海峰堂前稿》,亦作《海峰堂稿》,凡六册十八卷,今日本内阁文库藏明嘉靖三十年(1551)题跋刻本。检索台湾中研院文哲所图书馆文献目录,知傅斯年图书馆善本室亦藏有明嘉靖刻本;检录"台湾地区善本古籍联合目录",知台湾"国家图书馆"藏有日本内阁文库之复印文本③。

《海峰堂前稿》卷首有序文两种,即黄岩学者王爌《海峰堂前稿·序》、黄绾《海峰堂稿·序》;卷末有太平知县魏濠④写于嘉靖辛亥春三月的跋文《题〈海峰

---

① (清末民初)杨晨编:《台州艺文略》,黄岩友amento局 1936 年印,第 6、28、46 页。《嘉庆太平县志》卷十五上《艺文志一》对叶良佩著作存目,并简述之。
② (明)林元栋:《赠少峰先生八旬齐寿诗》,载《镜川叶氏宗谱·文献录》,1925 年叶遇春重修本。
③ 2013 年 6 月,笔者委托台湾青年学者吴孟谦博士、林胜彩博士,据台湾"国家图书馆"所藏复印文本再次复印,从而获得在大陆已经失传的《海峰堂前稿》十八卷。在此,谨对吴、林两位博士的热忱帮助表示感谢!
④ 叶良佩与时任太平县尹魏濠相识且有交情。嘉靖丁未夏,魏濠主持了太平孔庙的修葺工程,叶良佩目睹此役;事竣之后,受人之托,叶良佩有《太平县重修儒学记》(《海峰堂前稿》卷十,第 21—24 页)。嘉靖乙己年,魏濠夫人林氏病卒于太平,叶良佩前往哭奠,嗣后受魏濠之请,成《明故魏孺人林氏墓志铭》(《海峰堂前稿》卷十八,第 13—16 页)。

叶先生文集〉后言》。王爌序文对《海峰堂前稿》所录诗文的起讫时间、刊刻经过进行了说明："(叶良佩)是稿也,盖自昔在仕途间亦有作,而里居以来,所积益富,皆手自编校,定为若干卷。吾浙少方伯晋江蔡公见而爱之,乃举以授太平邑令魏侯,俾锓梓以传。"据此判定,《海峰堂前稿》诗文的创作年限大约为嘉靖二年(1523)(叶良佩中进士)至嘉靖三十年(1551)之间,系叶良佩中年时期的著作①。嘉靖二十九年(1550)左右,时任浙江右参政的蔡克廉②看到了昔日好友叶良佩亲手编校的诗文集,大为赞叹;于是嘱咐太平知县的魏濠,缮工绣梓,付梓刻印。今存《海峰堂前稿》卷一版心下部有"宁波张鳌刻"字样,卷二版心下部有"台岩周奇刻"字样。

《海峰堂前稿》十八卷具体目次如下。卷一:辞赋十一首;卷二:古诗六十二首;卷三:古诗九十四首;卷四:律诗一百二十一首;卷五:律诗一百三十三首;卷六:律诗一百三十四首;卷七:杂著十二篇;卷八:杂著十四篇;卷九:杂著六十三篇;卷十:记十三篇;卷十一:记十七篇;卷十二:序十五篇;卷十三:序十八篇;卷十四:序十九篇;卷十五:题跋二十篇;卷十六:书、传,共十一篇;卷十七:碑传、行状、墓表,共十六篇;卷十八:墓铭、哀辞、祭文,共二十篇。

二、《叶海峰文集》二卷

据上文知,叶良佩诗文集《海峰堂前稿》共计十八卷,并在生前已经刊刻。然而至清乾隆年间编纂《四库全书》之时,浙江巡抚未能搜访得《海峰堂前稿》十八卷;只是以宁波天一阁所藏《叶海峰文》钞本一卷上缴了事。对此,《四库全书总目》有记:"《叶海峰文》一卷,明叶良佩撰,良佩有《周易义丛》已著录。

---

① 叶良佩在晚年即嘉靖三十年至隆庆四年(1551—1570)所成诗文集,名曰《海峰堂续(后)稿》,今不传。
② 蔡克廉(1511—1560),字道卿,号可泉,福建泉州晋江青阳蔡厝人。嘉靖七年(1528)乡试中举,嘉靖八年(1529)中进士。初授户部主事,后调刑部主事,升员外郎中。后以张延龄案被贬,谪任广德州同知,移任庐州同知。后擢南京礼部主客郎中,出为贵州提学佥事。丁外艰返乡,服除之后,起补江西提学佥事,升广东提学副使。又升任浙江右参政、江西按察使、右布政使、江西巡抚等职。后升都察院右副都御史,总督漕运。后又入为户部右侍郎,并转左侍郎。不幸病卒邸中,年仅四十九。著有《可泉集》等传世,《四库全书》收录。《海峰堂稿》之中有不少叶良佩题赠蔡克廉的诗作,比如:《秋日同屠竹墟蔡可泉眺燕子矶作》《九日登蒋山效蔡可泉追次杜韵二首》《次韵答蔡可泉省中见招不赴之作二首》《省中集赏牡丹以病不赴次韵答竹墟可泉》《江口留别竹墟可泉》《奉讯大参可泉公二首迭留都旧韵》等。

《天台志》称良佩所著有《海峰堂前稿》十八卷,此册乃天一阁钞本所载,皆杂文,仅四十二页。盖后人所摘录,非其全集也。"①

今首都图书馆藏有《叶海峰文(遗)集》两卷,系清光绪二十七年(1901)刻本②。今上海图书馆古籍部亦藏有同版刻本。卷首有黄岩学者杨晨于光绪二十七年正月所撰《叶海峰文集·序》、叶良佩后裔叶绍蘧于同年秋所成《海峰集·序》,对光绪刻本《叶海峰文集》的编刻缘由、遗文裒辑经过进行了说明。据杨、叶二序内容可知,《叶海峰文集》两卷之卷一系《四库全书总目》所提到的天一阁所藏《叶海峰文》一卷,而卷二则是叶绍蘧、叶小鲁、叶茂才等叶氏后裔"从散见诸处者采辑"而汇编。此时,杨晨、叶绍蘧等也未能寻访到《海峰堂前稿》十八卷本。

《叶海峰文集》卷一即《叶海峰文》录文有:《闵独赋》《誓志赋》《吊古赋》《才论上》《才论下》《说劝赠岩潭王公》《宾东说》《渔对》《贞淑三祠记》《镜川记》《赠陆田二子记》《送曾君致政南归序》《序诗送藕塘秦子》《赠康山子序》《赠别楝塘子序》《送同年盛严州序》《赠畸亭黄君序》《潘省元文集序》《诗传存疑序》《名臣五公传》《七先生传》《祭外舅尚斋先生文》《祭潘屏翁文》《祭云塘先生文》。

《叶海峰文集》卷二即《叶海峰遗集》录文有:《太平县山川记》《游天台山记》《南松岩记》《省观堂记》《太平县重修儒学记》《斗山书院记》《冠山记》《耕渔亭记》《百岁堂记》《新河所重修城隍庙记》《祠墓田记》《谢文肃公迁墓记》《瘦石记》《西谷记》《澄江草堂记》《怀德堂记》《黄氏义楼记》《次山记》《郡守阳山公政绩记》《青山草堂记》《练溪里均赋记》《王氏六老清游记》《玉坡记》《龛和园记》《月亭记》《两川记》《齐君升陕西金事兵屯宁夏序》《送郧西令邵君序》《送金金事之官广右序》《送同年郑广南序》《赠应子考绩序》《椿萱荣寿图序》。

值得注意的是,《叶海峰文集》所录文稿均见于《海峰堂前稿》。

三、《周易义丛》十六卷

《周易义丛》于嘉靖二十六年(1547)秋九月正式刊刻。

---

① 《钦定四库全书总目》,中华书局1997年版,第2435页。引文所云"此一册"卷一系"浙江范懋柱家天一阁藏本"。

② 收录于《四库存目丛书》集部第84册,齐鲁书社1997年版,第146—189页。

关于《周易义丛》的主要内容及编辑理路，叶良佩在《周易义丛·自序》文中交待颇详："自汉至今，专门《易》学不啻百有余家，或传象数，或明义理，或推之互体，卦变五行；求其真有以见天下之赜、之动，得四圣人所不传之秘者，什无二三焉。乃于百有余家内，摘取精要者，汇为是编。仍以《朱子本义》冠之端首，盖以其兼明象占故也。至若程《传》则备书，而不敢有所删节，厘为若干卷。僭不自量，辄缀测语，附之章末，名曰《周易义丛》。用传同好，聊备千虑一得之采择云。"①《四库全书总目》称：叶良佩《周易义丛》"用王弼本，采辑古今《易》说，自子夏传迄元龙仁夫，凡一百七十七家；或自抒己见，则称测曰以附于后。诸家皆有去取，惟程《传》全录；诸家皆以时世为次，惟《朱子本义》则升列众说之首，其大旨可以概见也。"②总之，《周易义丛》系叶良佩通过披览历代易学名著而详加采择汇辑的一部易学著作，但对《程氏易传》及朱子《周易本义》则不敢有所删节，可以说程朱《易》学之"理"统摄了《周易义丛》全书。

今北京国家图书馆、上海图书馆、台湾"国家"图书馆均藏有《周易义丛》的明嘉靖年间刻本。版本附注为"半叶10行22字，白口，左右双边"。《周易义丛》同时收录于《续修四库全书》经部第7册、《四库存目丛书》经部第4—5册。兹将其目录内容摘抄于下：

《周易义丛》卷端有叶良佩亲撰《周易义丛·引》、仙居学者应大猷作《周易义丛·叙》。

卷首有《图说》一卷，收录《河图说》《洛书说》《伏羲六十四卦次序图》《伏羲六十四卦方位图》《河图序数图》《洛书序数图》《先天则河图生数图》《先天则河图方位图》《先天合洛书图》《先天变后天图》《周易反对卦变图》《周易爻变图》《太玄准京氏卦气图》。

正文共计十六卷：卷一：乾、坤；卷二屯、蒙、需、讼；卷三：师、比、小畜、履、泰、否；卷四：同人、大有、谦、豫、随、蛊；卷五：临、观、噬嗑、贲、剥、复；卷六：无妄、大畜、颐、大过、坎、离；卷七：咸、恒、遁、大壮、晋、明夷；卷八：家人、睽、蹇、解、损、益；卷九：夬、姤、萃、升、困、井；卷十：革、鼎、震、艮、

---

① （明）叶良佩：《周易义丛·引》，载《周易义丛》卷首，明嘉靖刻本。
② 《钦定四库全书总目》，第82页。

渐、归妹；卷十一：丰、旅、巽、兑、涣；卷十二：节、中孚、小过、既济、未济；卷十三：系辞上传；卷十四系辞下传；卷十五：说卦、序卦传；卷十六：杂卦传、总义。

卷目末附有"先贤先儒姓氏"，即自卜子夏始，下迄明代易学名家之姓氏，计一百七十八家。

四、《嘉靖太平县志》八卷

《嘉靖太平县志》系叶良佩于嘉靖十九年(1540)夏六月纂成。

嘉靖十七年(1538)，曾才汉①出任太平知县，以太平自成化五年(1469)析治至今垂七十年而无"志"以纪往事为憾。叶良佩《送翁君存治应贡序》："嘉靖戊戌冬，……会邑侯曾公(曾才汉)议修邑志，进诸生父老问地里、沿革、山川之故，……已复问贡赋、士俗，……已又问人物、艺文。"②嘉靖十九年(1540)初曾才汉拜访了"独居山中"的叶良佩，以纂修《太平县志》一事嘱托；叶良佩欣然受命，并赋诗《曾明府枉驾请修县志》一首以纪之："极知文献千年事，谁信图书一县难。凡例讨裁稽古制，词章芟琢畏旁观。分枝国史从刘向，秉笔乡儒有谢安(文肃公尝修《郡志》)。令尹高才应自见，柴门浊酒且交欢。"③嗣后，叶良佩设馆于县西墅之精舍，聚诸书于馆，选学官弟子博达者四人郑珂、金庆章、沈升、吴中孚佐助，"凡四阅月而《志》成"。《嘉靖太平县志》设六目，共八卷，署名曾才汉修、叶良佩纂，卷目依次为《地舆志上》《地舆志下》《食货志》《职官志上》《职官志下》《人物志上》《人物志下》《外志·杂志》等。

除却叶良佩作自序外，时人王度有《太平县志·序》、高贲亨成《题〈太平县志〉》、曾才汉有《书〈太平志〉后》，并对《太平县志》的纂修经过、谋篇布局、文献价值等进行了中肯的评价。《嘉靖太平县志》今宁波天一阁有藏本，上海古籍书店在1963、1981年据此本连续两次影印出版。又，叶良佩纂《嘉靖太平县

---

① 曾才汉(生卒年不详)，江西泰和人，字明卿，号双溪。由举人授将乐县知县，未任；丁外艰，起复改除，于嘉靖十七年六月至太平，任知县。精勤敏有，有守有为。曾才汉师从王阳明，系江右王门学者。叶良佩《省观堂记》文称曾才汉"问道阳明先生，得其正传"(《嘉靖太平县志》卷四《职官志上·公署》)；故而曾才汉知太平县事而创社学之时，"选儒士为师，取阳明先生《小学教约》畀之，令民间子弟八岁以上、十五岁以下皆入焉，教以习礼歌诗"(《嘉靖太平县志》卷四《职官志上·社学》)。上文论及阳明道(心)学对叶良佩影响颇深，所以曾才汉任职太平期间，叶良佩与之交往颇多即源于此。
② 《海峰堂前稿》卷十三，第22页。
③ 同上，卷六，第1页。

志》已经作为《太平古志三种》(温岭市地方志办公室主持编校)之一种于1997年由中华书局出版①。

---

① 据笔者所知,当代学人中对叶良佩最早开展研究的当属浙江温岭地方志研究专家吴小谦先生,著有《明代宗匠叶良佩》一文(刊于《浙江方志》1998年第4期,收入《温岭市乡贤传略》,社科文献出版社2008年版,第106—110页),对叶良佩事迹有简要记载。此外,吴小谦还为2009年重修的《镜川叶氏宗谱》做过"序"(参见温岭市孔子学会网站 www.wenlingkongxue.cn),从此"序"文中,笔者获知:今温岭市泽国镇八份村、大溪镇纶丝洋村居住有叶良佩直系后裔,并藏有1526年叶遇春主持修订的《镜川叶氏宗谱》。2013年5月31日,笔者在温岭市孔子学会秘书长曾孔方先生的协助下,至温岭市图书馆古籍部检阅了《镜川叶氏宗谱》(2009年重修本),并复印了"文献录"内容;6月2日上午,笔者又前往温岭市泽国镇八份村进行学术考察,在叶氏后裔叶启梅、叶松林先生的帮助下参观了近年新修的"叶氏宗祠",拜会了叶良佩直系后裔叶福聪先生,考察了叶良佩纪念堂、叶氏台门遗迹;2日下午,在叶启梅先生帮助下来到了大溪镇纶丝洋村,在叶明梅、叶春友父子家中检阅了1925年叶遇春主持重修的《镜川叶氏宗谱·下宅桥房》(凡四十三卷)。在此,谨对叶氏后裔及曾孔方先生的热情襄助表示感谢!

第六章　黄承文的生平学行及其阳明学之间的关联

我们在编校整理《阳明后学文献丛书续编》①时，无意之中，从浙江省台州市黄岩博物馆中发现了浙中王门主将王畿为台州黄绾之子黄承文所撰墓志铭一种，曰《明故南京通政司经历石洞黄公墓志铭》（以下简称"石洞黄公墓志铭"）。该文不见于阳明学研究专家吴震教授编校整理的《王畿集》②，故为王畿佚文。该文的发现，不仅对我们研究王畿与黄绾、黄承文父子之间的学术交游，全面了解黄承文的家世渊源、求学经历、仕宦生涯、学术交游等有一定的文献价值，而且还为我们研究黄承文与阳明学之间的关系提供了有益的学术信息。兹誊录并考释于下。

第一节　王畿《明故南京通政司经历石洞黄公墓志铭》

阳明学者王畿所撰《明故南京通政司经历石洞黄公墓志铭》全文如下：

　　嘉靖庚申三月初一日，南京通政司经历石洞黄公卒。山阴龙溪王子闻讣，挥泪以叹曰："呜呼！才笔超越之士，志有余而位不足；脂韦秽浊之

---

① 《阳明后学文献丛书续编》项目入选《2011—2020 年国家古籍整理出版规划》，主要包括《薛侃集》《黄绾集》《刘元卿集》（上下册）、《胡直集》（上下册）、《张元忭集》《王时槐集》《北方王门集》（上下册），共计 7 种 10 册，2014 年 1 月至 2017 年 10 月，由上海古籍出版社陆续完成出版。
② （明）王畿著，吴震编校整理：《王畿集》，凤凰出版社 2007 年版。

流、国家无毫毛可赖者,顾久于位而命为有余。芝荣不逾旬,蔓草剃而复繁,天地之生物固然也。然则石洞非其人耶?"

十一月戊子,嗣子惟嵩以鲁府纪善吴君所为《状》修币遣使踵予门以请,曰:"先君子遗命:'吾葬必迩吾父母。'将以明年辛酉正月初九日祔葬于净土先大母淑人钟氏兆次,敢乞玄堂之铭!"予曰:"奚忍辞哉!况遗命乎?"

公讳承文,字伯敷,石洞其别号也。黄氏其先闽人,石晋时昭武镇都监讳绪徙黄岩之洞山,越十五世至国朝。公高祖兵部职方公讳彦俊,曾祖南京工部右侍郎文毅公讳孔昭,祖吏部文选公讳俌,父礼部尚书久庵公讳绾。诸赠谥勋猷,详于谱牒恩典中。

公自幼天性颖悟,负大志。比长,修躯美姿,神气英迈,识见过人。时圣天子方兴"大礼"之议,廷论纷然,各持所见。公方随侍久庵公①,与之商确,公酌古准今,佐翁以定其礼,遂为昭代不易之典。既为邑庠生,以文章相砥砺,尤长于翰墨。嘉靖戊子乡试,主司取中式,以谗,遂不及录。

癸巳,以久庵公之命,奉恩例入太学,益力于艺场,慨然有匡济之志。尝过予阳明书院,与之论性,见其能外器以融道;与之论治,见其能怀古以超今,始知其能推原寻绎久庵公之蕴,盖述者也。既而南畿屡试屡奇。因伤己之不遇也,不乐仕进,筑精舍、探群书,与久庵公朝野故旧名流,聚论古今。四方豪杰皆愿与之交游,若自肆于园池竹石之间。

壬子春,翁力谕谒选。阁老介溪严翁②先于留都时,知公负才猷、伟器度,欲选比后府,次第大用之。以久庵公高年,因请南畿,图归侍养,乃除受前官。堂上何公云雁考公廉勤明敏,屡询利弊,见之施行,士民悦服。尚书张公经以公练达知兵务,每诣公署,咨询机宜,复以屏翰期之。每接久庵公家报,未发缄而涕泗交颐。力请奉表北上,以图南还省侍。迨入京邸,闻讣音,既绝复苏,奔丧还家,朝夕哀恸,几于伤生。

壬子五月,倭寇焚劫合邑,复营构室庐居止,宦情微矣。虽遭焚荡,犹发未焚仓廒与宗族姻娅,虽疏戚之贫者悉赒之,其济人也如此;戚里有孜

---

① 久庵公,即黄绾的别号。
② 介溪严翁,即严嵩,介溪系严嵩的别号。

孜向学者,公资以薪水、助以膏火,务欲其成就,其做人也如是;为钟氏立外思庵祭扫,复以恩德报外祖。美行类此,莫述也尔。

著有《石洞集》《青崖漫录》。今正寝卒矣。距生弘治庚申二月十八日午时,享年六十有一。惜乎食报于天,于□未能尽偿其才,俾勋名不得以竟于世。四方豪杰之士,无不以知公才猷,尚奚憾哉!

公娶典膳竹窗施公之女,与公合德。伯仲七人,交相友爱。子男三人:惟嵩为邑庠生,能读祖父书,克绳先德者,娶舅氏施两桥女;次惟龙,性倜傥,聘土屿张信泉女;次惟峻,幼,未聘。女一,适两桥仲子施如镒,文雅远器也。孙男二:学孔,学孟,皆髫年。

嗣子远遣以请铭,以予知公。谨次序之,不使失实也。铭曰:

于穆岩邦,惟黄发系。王国其祯,勋名奕世。宣郎如□,列祖允继。荆玉其温,南金其厉。阔步无俦,清尘谁俪。越水淬锷,银台建旒。有才尔纵,无位尔高。时不我与,乃屯其膏。净土公堂,山昂水韬。兰芬桂馥,远遗后曹。

嘉靖三十九年岁在庚申季冬既望,赐进士出身、南京兵部武选司郎中、眷生山阴龙溪撰。

第二节 黄承文的生平学行及其阳明学之间的关联

如果以上录《石洞黄公墓志铭》为蓝本,结合《洞黄黄氏宗谱》、黄绾《石龙集》,以及涉及黄承文的相关文献资料,我们就可以对黄承文其人、其学、其事进行一番"历史还原"。

关于黄承文的传记文献,今存 1915 年铅印本《洞黄黄氏宗谱》[①]卷四载有"黄承文小传"。其文云:

---

① 关于1915年重修本《洞黄黄氏宗谱》,系笔者于2011年10月5日前往浙江台州温岭实地考察黄绾、黄承文先祖居住地洞黄时,在玉环县沙门镇路上村黄氏后人家中发现。据张英风所撰《洞黄黄氏宗谱》(1915年)跋文称,此次修谱具体由黄鹤楼发起。而根据黄岩林苕棠于1915年仲冬之月所撰《重修〈宗谱〉序》文所记,此次宗谱修订系由黄哲明偕其族人琴霞、鹤士、志均等同修。

黄承文，字伯敷，号石洞。由官生仕南京通政司经历，升知府。为人规模阔大，胸次倜傥，善谈吐、多才干，富冠乡邑，声弛远近，亦一世之雄也。生于明弘治十三年二月十八日午时，卒于嘉靖四十年三月初一日卯时，享年六十有一。配孺人东浦施氏。葬净土寺西脊，与母钟淑人同穴。子三，惟嵩、惟巃、惟峻①。

与王畿《石洞黄公墓志铭》文比照，此传不但简略，而且似有不少纰漏②。

浙南台州洞黄黄氏，其先祖黄绪系闽人，为昭武镇都监。五代石晋开运（942—946）年间，黄绪避王审知兄弟之乱，携家徙居而来③。至黄绾、黄承文父子生活的明代中叶，子孙繁衍生息，已经七百余年。黄绾《贞七叔墓志铭》曰："洞黄自唐末至今，几七百年，世以读书耕稼为业。"④黄承文高祖黄彦俊（生卒年待考），系洞黄黄氏十五世，名愉，字彦俊，以字行，明正统元年（1436）进士，任兵部主事，居职有政声，大臣屡欲论荐，彦俊力辞，卒赠工部侍郎⑤。黄承文曾祖黄孔昭（1428—1491），名曜，字孔昭，以字行，更字世显，号定轩，晚号洞山迂叟，天顺四年（1460）进士，历任工部屯田司主事、都水员外郎、吏部文选员外郎、吏部文选郎中、通政司右通政、南京工部员外郎等职，嘉靖年间赠礼部尚书，谥文毅⑥。黄孔昭中秀才之后，携家至黄岩西城司前街定居。《嘉靖太平县志》卷七《黄孔昭传》称："（黄孔昭）既游学，乃迁居旧邑之西。"《光绪太平续志》卷十八《杂志》："黄孔昭本居洞黄，后迁黄岩西城司前街。"黄承文祖父黄俌（1450—1506），字汝珍，号方麓，成化十七年（1477）进士⑦，官至吏部文选郎中，嘉靖中赠詹事府詹事兼翰林院侍讲学士⑧。黄承文之父黄绾（1480—1554），字

---

① 《洞山黄氏宗谱》卷四，第59页。
② 据《洞山黄氏宗谱》，黄承文生于明弘治十三年（1500），卒于嘉靖四十年（1561），享年当为六十有二。王畿《石洞黄公墓志铭》作嘉靖庚申，即嘉靖三十九年（1560）卒，与"享年六十有一"合。《家谱》误，当改。
③ （明）叶良佩纂修《嘉靖太平县志·黄绪传》："黄绪，其先闽人，为昭武镇都监。石晋时，避王审知兄弟乱，徙居邑之洞山，以忠厚立家传世，历宋元至国朝（明）而子孙益蕃且显。"
④ 《石龙集》卷二十三，第22页。
⑤ 关于黄彦俊生平，详参黄绾《曾祖职方府君碑阴记》（载《石龙集》卷十四下，第4—5页）。
⑥ 黄绾《先祖文毅公行状》（载《石龙集》卷二十三，第6—18页）对黄孔昭生平事迹记载最为翔实。
⑦ 多洛肯：《明代浙江进士研究》，上海古籍出版社2004年版，第250页。黄承文祖父（即黄绾父亲）黄俌与王阳明父亲王华系同年，王华系成化十七年辛丑科状元。
⑧ 黄绾《先府君行状》（载《石龙集》卷二十三，第17—21页）对黄俌生平有详细介绍。

宗贤，号石龙、久庵，学者称久庵先生、久翁先生，历任后军都督府都事、南京都察院经历、南京工部营缮司员外郎、光禄寺少卿、大理寺左少卿、詹事府少詹事兼翰林院侍讲学士、詹事府詹事、南京礼部右侍郎、礼部左侍郎、礼部尚书兼翰林院学士等。中年黄绾曾一度服膺于阳明先生"致良知"之教，"称门弟子"。黄宗羲《明儒学案》卷十三《浙中王门学案三》有"尚书黄久庵先生绾"学案①。

黄承文生于弘治十三年（1500）二月十八日，系黄绾长子，生母钟氏。黄绾《亡室淑人钟氏墓志铭》有云："亡室淑人钟氏……生于成化丙申五月□日，卒于正德庚辰二月廿九日，享年四十有五。淑人初封孺人，后赠淑人。子男七，女二……淑人以某年某月某日葬于静土山之原"②七男分别是：黄承文、黄承廉、黄承德、黄承礼、黄承忠、黄承孚、黄承惠。二女分别是：黄娟，嫁县学生高洄。黄姆，嫁王阳明之子王正亿。其中，黄承文、黄娟为钟氏所生③。《石洞黄公墓志铭》文云"（黄承文）伯仲七人，交相友爱"。

嘉靖二年（1523）秋，在御史朱节（浙中王门学者）的举荐之下，黄承文之父黄绾"再次出山"④，任南京都察院经历。《洞山黄氏宗谱·黄绾传》称："时世宗龙飞，收天下遗逸。御史朱公节疏荐府君'志专正学，素行孚于士论；心存王佐，学术明于泽物'，起升南京都察院经历。"⑤黄绾离家赴南都任职，临行之际，曾有诗予黄承文。兹有《石龙集》所存《示儿承文》五言古诗为证：

> 揽涕与尔别，风尘路歧修。欲言千万端，气结语不休。
> 要领惟立志，舍圣将何求。念之在静一，良知足嘉谋。
> 啬精固神气，百德将自遒。莫疑老与释，此言非谬悠。

---

① 沈善洪主编，吴光执行主编：《黄宗羲全集》第七册，浙江古籍出版社 2005 年版，第 320—328 页。
② 《石龙集》卷二十六，第 6—8 页。嘉靖七年六月，以《明伦大典》成，黄绾为亡室钟氏请赠，嘉靖帝特推恩，赠钟氏淑人。黄绾《亡室钟氏焚黄文》："予叨侍从，仰荷皇仁。特赐推恩，赠尔淑人。"（《石龙集》卷二十八，第 2 页）
③ 《石龙集》卷二十六，第 8 页。
④ 黄绾先是在正德五年至正德七年间（1510—1512）任京城后军都督府都事。此间与王阳明、湛若水结识，以期共证圣人之学［详见黄绾《阳明先生行状》，载《王阳明全集》（新编本），浙江古籍出版社 2010 年版，第 1428 页］。黄绾正式师从王阳明的时间是嘉靖元年（1522）秋，王阳明讲学绍兴之时，黄宗羲《明儒学案·黄绾传》："阳明归越，先生过之，闻'致良知'之教，曰：'简易直截，圣学无疑，先生真吾师也，尚可自处于友乎！'乃称门弟子。"（载《黄宗羲全集》第七册，第 318 页）
⑤ 《洞山黄氏宗谱》卷四，第 44 页。

造化妙一身，毋忽终见酬①。

这是一首对儿子寄托期望的诗，"要领惟立志，舍圣将何求"句表明，黄绾告知黄承文读书之"要领"惟在"立志"二字，以成为儒家式圣贤为志业追求。"念之在精一，良知足嘉谋"句说明，在中年黄绾看来，儒学（"儒教"）之要义在"精一"与"良知"二说。前者（即"精一"说）系黄绾读书紫霄山之时（正德八年至嘉靖元年）从《尚书》"虞廷十六字"②之中体知与证悟所得，后者（即"良知"之教）系黄绾于嘉靖元年（1522）前往越地从王阳明处闻"致良知"之教后所"接受"与"受用"。易言之，黄绾希望黄承文对阳明先生"良知"之说予以关注，进而体知其中之"三昧"。"莫疑老与释，此言非谬悠"句说明，黄绾在家居读书期间对佛、道二教"同情地了解"，对二教亦曾信奉。在儒者黄绾看来，佛、道二教并非如他者所论系"谬悠"之见，所以告诫黄承文莫要怀疑佛、道二教。该诗同时也反映了中年黄绾对儒学（以王阳明良知学为代表）、佛、道三教之看法，是研究黄绾思想的重要资料。

是年，即嘉靖二年冬，黄绾在前往南都的途中，曾有书函与女婿高洵③，勉其习举业之时当以"圣学"为先，并希望高洵与黄承文在明年即嘉靖三年（1524）能够一同前往越中师从王阳明，研习、传承"致良知"之教。黄绾《寄婿高洵书》云："行时辱承尊翁及世仁厚饯且远送，其情何如！欲往阳明先生门下受业，此意甚好，已备道之。世仁明年必当与小儿同往一拜，以为终身依归。"④限于史料，我们尚不能证实黄承文、高洵是否成行，并师从阳明先生问学，但可以肯定的是，"往阳明先生门下受业"是黄绾本人对黄承文及高洵的热切期望，这为我们研究黄承文、高洵与阳明学派的关系提供了一个很好的线索。

《石洞黄公墓志铭》云："时圣天子方兴'大礼'之议，廷论纷然，各持所见。公（黄承文）方随侍久庵公，与之商确，公酌古准今，佐翁以定其礼，遂为昭代不易之典。"

"'大礼'之议"是指发生在明正德十六年（1521）到嘉靖三年（1524）间的一

---

① 《石龙集》卷二，第7页。
② "虞廷十六字"为："人心惟危，道心惟微，惟精惟一，允执厥中。"见《尚书·大禹谟》。
③ 黄绾长女黄娟嫁于高洵。黄绾《先府君行状》有"娟适高洵"语（《石龙集》卷二十三，第21页）。
④ 《石龙集》卷十八，第7页。

第六章　黄承文的生平学行及其阳明学之间的关联

场有关皇统问题的政治争论。争论的双方一是刚即位的嘉靖皇帝朱厚熜,一为武宗旧臣杨廷和、毛澄等。争论的焦点是如何确定嘉靖帝生父尊号的问题。杨廷和、毛澄等前朝旧臣认为嘉靖帝既然是由小宗入继大宗,就应该尊奉正统,以明孝宗为皇考,以其生父兴献王为"皇叔考兴献大王",母妃蒋氏为"皇叔母兴国大妃",祭祀时对其亲生父母自称"侄皇帝"。此为"护礼派"。新科进士张璁则上疏支持嘉靖帝,建议嘉靖帝仍以生父为考,在北京别立兴献王庙。此为"议礼派"。由于嘉靖帝即位不久,政权未稳,张璁等又起于微末,且人单势孤,难以服众,嘉靖帝只能先行妥协。三年之后,嘉靖帝的地位渐趋稳固,"议礼"之争再起。黄绾时任南京都察院经历,亦积极参与其中,与张璁、黄宗明等联名上疏支持嘉靖帝,而为"议礼派"重要成员之一。墓志铭称黄承文"酌古准今,佐翁以定其礼",足以体现出黄承文对于"大礼"问题的态度和立场。这对于黄承文其人事迹以及"大礼议"问题的研究均有一定的参考价值。

又据《石洞黄公墓志铭》,嘉靖七年(1528)秋,二十九岁的黄承文赴杭城参加了乡试,主考官原本打算录取黄承文为举人,因受谗言干扰,"遂不及录"。嘉靖十一年壬辰(1532)春,黄绾因任南京礼部右侍郎秩满,荫子黄承文为国子生①。翌年,即嘉靖十二年(1533),黄承文即入京师太学读书,继续为参加科考、求取功名而努力。《石洞黄公墓志铭》作"(黄承文)以久庵公之命,奉恩例入太学,益力于艺场,慨然有匡济之志",即此之谓也。

在嘉靖十二年(1533)左右,嘉靖帝以推恩加赠黄绾祖妣蔡氏为夫人。黄绾有《祖妣蔡夫人焚黄文》曰:"昔蒙朝廷特赠祖考礼部尚书,今蒙推恩,加赠祖妣夫人。……谨令长男(黄)承文,祗奉诰命,爰录以焚,及洁牲醴,用申虔告。"②据此可知,嘉靖十二、三年间,入太学读书的黄承文随父居于京师官邸。此间,《石洞黄公墓志铭》撰文者、王阳明晚年高足王畿适在京师③。易言之,黄承文与王畿结识的时间当在嘉靖十二、三年间。

王畿《石洞黄公墓志铭》还称:"(黄承文)尝过予阳明书院,与之论性,见其能外器以融道;与之论治,见其能怀古以超今,始知其能推原寻绎久庵公之蕴,

---

① 《明世宗实录》卷一百三十七"嘉靖十一年四月己丑条",第3226页。
② 《石龙集》卷二十八,第10页。
③ 嘉靖十三年,王畿离京至南京任职方主事,临行之际,同志之士请时任礼部左侍郎的黄绾赠言,黄绾成《赠王汝中序》(见《石龙集》卷十三,第17—19页)。

盖述者也。"王畿所云"阳明书院",亦称"天真精舍""天真书院",是王阳明病卒之后,王畿与钱德洪、薛侃等在杭州共建以祀阳明先生。查彭国翔教授撰《王龙溪先生年谱》称:"(嘉靖十六年,1537),龙溪因病归故里,与薛侃聚学天真精舍。"①则嘉靖十六年左右,黄承文可能前往或因外出路经杭城,前往天真书院("阳明书院")向王畿请益,二人就天人性命之学、治国理政之道进行过一番探讨、交流。在王畿看来,此时的黄承文对于乃父久庵公(黄绾)之学已经相当的谙熟,并"能推原寻绎久庵公之蕴"。

黄绾中年曾一度服膺于王阳明"致良知"之教,推崇王学"简易直截,圣学无疑",并"称门弟子",前文有述。但晚年黄绾却背叛王学,批评"致良知"之学违背圣人之言,是"禅学";这与王畿主张"本体即工夫"的良知现成说截然不同。因而,王畿此处的"能推原寻绎久庵公之蕴,盖述也"云云,意蕴深长,值得玩味。

嘉靖十八年(1539)秋,时年六十岁的黄绾正式结束了自己的仕宦生涯,开始了归隐田居的晚年生活。《南京都察院志·黄绾传》称:"(黄绾)归抵家,迁居翠屏山中,杜门谢客,日事注述,布衣草履,超然于尘埃之外,虽极寒暑,手未尝释卷,远近有志士咸趋事之。"②王畿《石洞黄公墓志铭》称:黄承文在嘉靖十二年进入太学至嘉靖十八年间,曾多次参加乡试,结果均不尽如人意,"屡试屡奇",故而黄承文本人对科举亦有厌倦之心,于是乎干脆放弃科举,与家父久庵公一道归隐田野,"筑精舍、探群书,与久庵公朝野故旧名流,聚论古今,四方豪杰皆愿与之交游,若自肆于园池竹石之间"。由此看来,黄承文与乃父之学术志趣庶几相同。

黄绾父亲、祖父、曾祖三代皆进士出身并为官朝廷,而黄绾本人亦官至礼部尚书兼翰林院学士,所以不甘心,也不情愿自己的长子黄承文在四五十岁之时,与六七十岁的自己一样"于园池竹石之间"挥霍生命,故而在嘉靖三十一年(1552)春,黄绾以致仕礼部左侍郎的身份,向时任内阁首辅的严嵩举荐黄承文,以求给黄承文谋得个一官半职。其实在嘉靖十一、二年间,严嵩至南都任

---

① 彭国翔:《良知学的展开——王龙溪与中晚明的阳明学》,生活·读书·新知三联书店2005年版,第531页。
② (明)施沛撰:《南京都察院志》卷三十九《人物三·经历列传·黄绾传》,日本内阁文库藏明天启年间刻本,第47页。

礼部尚书、黄绾任南京礼部右侍郎之时,黄承文侍父客居南都官邸,严嵩即认识青年黄承文,并寄予厚望,知其"负才猷、伟器度",原本打算在这年(嘉靖三十一年)选调黄承文至后府,次第大用之,但是黄承文以家父高年(黄绾是年七十三岁)为由,力请南畿任职,图归侍养,故而除受南京通政司经历之职。缘此,嘉靖三十一至三十三年(1532—1554)间,黄承文任南京通政司经历。

查《明史·职官志二》:"通政使司。通政使一人,左、右通政各一人。……通政使掌受内外章疏敷奏封驳之事"①。"通政司"系一收受、检查内外奏章和申诉文书的政府机构,官阶是从五品至正八品。早年侍父在两京任职的经历,使得供职南都通政司的黄承文在本职工作中也是"游刃有余",并深得上司欣赏。比如时任吏科都给事中的何云雁在考察官吏之时,发现黄承文"廉勤明敏","屡询利弊,见之施行,士民悦服"。时任南京兵部尚书参赞机务张经②,也以黄承文练达知兵务,"每诣公署,咨询机宜,复以屏翰期之"。于此,黄承文的政治才干,可见一斑。

嘉靖三十三年(1554)九月四日,黄承文之父、七十五岁的黄绾病卒于黄岩。《明世宗实录》"嘉靖三十三年九月壬寅"条记载:"壬寅,原任礼部尚书兼翰林院学士黄绾卒。"③黄绾病卒之时,黄承文时任南京通政司经历,不在身边。《石洞黄公墓志铭》文云"(黄承文)每接久庵公家报,未发缄而涕泗交颐。力请奉表北上,以图南还省侍。迨入京邸,闻讣音,既绝,复苏,奔丧还家,朝夕哀恸,几于伤生",说明其父病重期间,黄承文克尽孝思,无时无刻不在挂念着生病在家的父亲。闻听噩耗后的表现,更是表现了其大孝之行。

家父黄绾病卒,遵礼制,黄承文于嘉靖三十四、三十五年间(1555—1556)丁忧家居。其后无意仕进,遂正式隐居,以读书著述终老,并成《石洞集》《青崖漫录》等。

嘉靖三十九年(1560)三月初一日,黄承文病卒于黄岩,享年六十有一。时四处奔波讲学以弘扬先师"致良知"之教的王畿,得知道友黄承文谢世的音讯,内心十分凄凉,挥泪以叹曰:"呜呼!才笔超越之士,志有余而位不足;脂韦秽

---

① 《明史》,中华书局 1974 年版,第 1780 页。
② 《明世宗实录》卷四百三"嘉靖三十二年十月丁酉"条:"改南京户部尚书张经为南京兵部尚书参赞机务。"
③ 《明世宗实录》卷四百十四"嘉靖三十三年九月"条,第 7195 页。

浊之流、国家无毫毛可赖者,顾久于位而命为有余。芝荣不逾旬,蔓草剃而复繁,天地之生物固然也。然则石洞非其人耶?""惜乎食报于天,于□未能尽偿其才,俾勋名不得以竟于世。四方豪杰之士,无不以知公才猷,尚奚憾哉!"字里行间,王畿对于黄承文的怀才不遇,充满了惋惜与遗憾。

嘉靖三十九年冬十一月戊子日,黄承文嗣子黄惟嵩①以鲁府纪善吴君所成黄承文"行状",修币遣使,至绍兴拜访王畿,恳请王畿为乃父撰写墓志铭。王畿与黄绾、黄承文父子之间的关系非同一般:一则,王畿、黄绾同为阳明先生的弟子门生,黄承文亦"能推原寻绎久庵公之蕴",且王畿与黄绾、黄承文父子交好;二则,黄绾早年把自己的小女黄姆许配于阳明先生哲嗣王正亿,这其中,正是在王畿等人的周旋之下而成。如此种种,使得王畿与黄绾、黄承文父子之间的关系非同一般,面对黄承文嗣子黄惟嵩的请托,王畿感慨"奚忍辞哉?况遗命乎",便答应为黄承文撰写墓志铭。

---

① 《洞山黄氏宗谱·黄惟嵩传》:"黄惟嵩,字仲高,号二室。幼以《诗经》入邑庠生,既而援例入太学。性缜密多干才,于世事胸中了然,且不逐时辈作好恶,而独维持家难。惜乎,年不永耳!生于明嘉靖十六年二月初六申时,卒于万历五年七月二十日午时,年四十一。"(《洞山黄氏宗谱》卷四,第78—79页)

第七章　王宗沐的生平学行与著作文献

　　王宗沐(1523—1592)，字新甫，号敬所，又号樱宁子，学者称樱宁先生，浙江临海城关人，系明代中后期的文学家、史学家、思想家、政治家与教育家，又是一位重要的阳明学者。作为浙中王门学者的王宗沐，师从江右王门学者欧阳德，与江右王门学者邹守益、聂豹、陈明水、罗洪先、魏良弼、李材、裘衍，浙中王门学者钱德洪、王龙溪，南中王门学者胡宗宪、唐顺之，泰州王门学者赵贞吉，黔中王门学者孙应鳌等，皆有学术交往；刊刻过《传习录》《阳明先生与晋溪书》《欧阳南野先生文集》，并为邹守益的《阳明先生图谱》作"序"；任职广西、江西等阳明先生过化地，又复建阳明祠堂、创建阳明书院。这足以说明，王宗沐与阳明学之间存有深厚的学术渊源。

　　本章主要通过"王宗沐年谱"的编纂、王宗沐"不息之学"的概述以及王宗沐著作版本的考证，力求系统全面地梳理王宗沐生平事迹、学术交游、思想演变等基本史实。

第一节　王宗沐年谱简编

　　关于王宗沐的生平，其哲嗣王士崧撰《通议大夫刑部左侍郎樱宁府君年谱》[1]、门人邓以讃撰《通议大夫刑部左侍郎致仕敬所王先生行状》[2]，门人曾同

---

[1]　王氏后裔编：《章安王氏宗谱》卷一下，光绪三年重修本，第1—20页。
[2]　《邓定宇先生文集》卷四，《四库全书存目丛书》集部第156册，第394—400页。《章安王氏宗谱》卷一下，第21—25页。

亨撰《撄宁先生王公传》[①],门人张位撰《明通议大夫刑部左侍郎撄宁王公墓志铭》[②],门人张鸣凤撰《撄宁王先生传》[③];又有《明神宗实录》"万历二十年三月乙丑条"《王宗沐传》、《明史》卷二百二十三《王宗沐传》[④]、《明儒学案》卷十五《浙中王门学案五·侍郎王敬所先生宗沐》[⑤]、《雍正江西通志》卷五十八《王宗沐传》、《民国台州府志》卷一百〇三《王宗沐传》[⑥]、《民国临海县志稿》卷十九《王宗沐传》[⑦]等。此外,浙江省博物馆裘樟松研究员撰《王宗沐生平考辨》,利用《明实录》文献及《王撄宁年谱》,对王宗沐的"生平经历"略有叙述[⑧]。

  本书所撰"王宗沐年谱简编"主要在王士崧《王撄宁年谱》的基础之上,同时参考裘樟松先生的部分考证性研究成果,以王宗沐存世文献史料《敬所王先生文集》《宋元资治通鉴》《漕抚奏疏》《海运详考》《海运志》《章安王氏宗谱》及《明实录》《明史》、台州及各县地方志、明清两代相关学者文集(诸如《欧阳德集》《茅坤集》《王士性集》《澹园集》)为基本素材,对王宗沐的生平学术重新进行爬梳,力求系统、全面地梳理王宗沐生平事迹、学术交游、思想演变等基本史实,从而有助于读者朋友走进王宗沐的生活世界,洞悉其学术思想。

  关于"临海税务街王氏"世系,《章安王氏宗谱》载:其祖"盖出太原,世居会稽。赵宋时有燠者为仙居县尉,殁于官,遂家焉。生子贵,贵再迁临海"。据推算,王宗沐是王燠的第十四世孙。

  嘉靖二年(1523),王宗沐生于台州府城临海。

  嘉靖三年(1524),南直隶华亭人郁山任临海知县。

  嘉靖五年(1526),浙南台州临海一带,因大旱发生饥荒,人食草木,死者相枕。安徽歙县人许琯任临海知县,至嘉靖九年离任。

  嘉靖八年(1529),王宗沐从祖父王景受学。

  嘉靖九年(1530),江西泰和县人欧阳斐任临海知县。

---

① 《章安王氏宗谱》卷一下,第 26—31 页。
② 张位:《闲云馆集》卷二十二,日本内阁文库、日本国立公文书馆藏明刊本。《章安王氏宗谱》卷一下,第 32—37 页。
③ 《章安王氏宗谱》卷一下,第 38—39 页。
④ 《明史》(简体字本),第 3919—3921 页。
⑤ 《明儒学案》,《黄宗羲全集》第 7 册,第 358—359 页。
⑥ 《民国台州府志》卷一〇三,第 4535—4538 页。
⑦ 《民国临海县志》(下册),第 45—47 页。
⑧ 裘樟松:《王宗沐生平考辨》,载《东方博物》第 12 辑,浙江大学出版社 2004 年版。

嘉靖十三年(1534),南直隶山元(今南京江宁)人尹贤任临海知县。

嘉靖十五年(1536),王宗沐由祖父王景送至绍兴姚江受学。是年,四川华阳县人刘大直任临海知县。

嘉靖十六年(1537),王宗沐在姚江从学。

嘉靖十七年(1538),王宗沐自姚江归,肄业于龙阳山舍①。

嘉靖十八年(1539),王宗沐肆力为文,千余言立就,为乡贤秦鸣夏所器重,以女妻之。是年,江西新淦县人胡叔廉任临海知县,余宽、金贲亨等编修的《嘉靖临海县志》成书。

嘉靖十九年(1540),王宗沐参加府、县考试,均获第一。

嘉靖二十年(1541),王宗沐在临海攻举业。是年六月,临海旱;七月十八日,有飓风大雨。

嘉靖二十一年(1542),台州知府周志伟建正学书院(后改名赤城书院)于白云山麓②。

嘉靖二十二年(1543),秋,王宗沐至省城杭州,参加乡试,以《春秋》举第三。是年底,王宗沐赴京,准备翌年春礼部会试。

嘉靖二十三年(1544)春,王宗沐中进士,系二甲第四十三名;秦鸣雷为状元③,谭纶亦中进士。是年,山东海阳人刘子兴任临海知县。

嘉靖二十四年(1545),王宗沐奉武录之差,事竣复命,授刑部主事。是年,葛璧(籍贯不详)任临海知县。

嘉靖二十五年(1546),王宗沐在刑部,尤习吏治。自职业之外,即杜门读书。

嘉靖二十六年(1547),王宗沐与同官李攀龙、王世贞辈,以诗文相友善④。是年,王宗沐在刑部。蓟州有巨盗七人被擒,首一人逃走,其余六人皆狡辩不服。时旨意切责,有"即日勘问"之语。宗沐承讯此案,买来丐者敝衣,令皂役一人穿敝衣伏墀左,随取六人者跪右墀下,大声曰:"某人在逃,今已获,尔复何

---

① 《民国临海县志》(下),第313页。
② 临海市志编纂委员会编:《临海县志》,浙江人民出版社1989年版,第8页。
③ 按:秦鸣雷乃王宗沐岳父秦鸣夏之弟。
④ 《明史·王世贞传》云:"世贞,……年十九,举嘉靖二十六年进士,授刑部主事。世贞好为诗古文。官京师,入王宗沐、李先芳、吴维岳等诗社,又与李攀龙、宗臣、梁有誉、徐中行、吴国伦辈相唱和,绍述何(景明)李(东阳),名日益盛。"

辞?"六人脸色皆变,尽吐实情,狱乃始定①。

是年三月初七日,王宗沐从子王士性(父王宗果、母林氏)出生②。

嘉靖二十七年(1548),王宗沐升任刑部员外郎。

嘉靖二十八年(1549),王宗沐在刑部供职。是年,王宗沐长子王士崧生③。

嘉靖二十九年(1550),二月,王宗沐升任广西按察司佥事,提调学校④。春,王宗沐离京南下之时,欧阳德、王世贞等师长、友朋有诗歌、赠序为之送行。欧阳德作《送王新甫督学广西序》⑤,王世贞撰《送王员外新甫视广西学政序》⑥,尹台《送王新甫提学广西》:"衣冠并送文旌出,岭海遥思绣斧劳。礼化新行秦郡邑,才名旧擅汉郎曹。千金市圉求奇骏,万里云霄识羽毛。若过九疑寻舜迹,应知云鸟尽箫韶。"

是年,湖南茶陵人尹尚孔任临海知县。

嘉靖三十年(1551),王宗沐修葺桂林宣成书院,建崇迪堂。是年,王宗沐次子王士琦生⑦。

嘉靖三十一年(1552),王宗沐在广西任职。由赐进士出身翰林院修撰秦鸣夏撰文,赐进士出身广东布政使司左布政使蔡云程篆额,赐进士及第工部都水司员外郎陈光哲书丹的王宗沐祖父王景《明故西野王公墓志铭》成⑧。

是年四月,倭寇入(台州)海门;五月,由黄岩攻,台州知事武暐御于㧢岭,败死,遂围郡城,太守宋治击遁之⑨。

---

① 详见王士崧《王瓔宁年谱》,载王氏后裔编《章安王氏宗谱》卷一下,光绪三年重修本。
② 《民国临海县志》(下),第50页。
③ 王士崧(1549—1598),字中叔,号禺阳。万历二年(1573)举人,万历十一年与仲弟士琦同登进士。授光州知州,以卓异擢工部员外郎。二十二年通判浙江,二十五年升刑部主事。著《浮弋稿》《吏隐稿》《支离稿》。王士崧墓,在临海县西三十里小岭。《民国临海县志稿》卷十九《人物·名臣》有传。
④ 《明世宗实录》卷三百五十七"嘉靖二十九年二月辛亥"条:"升刑部员外郎王宗沐、南京户部员外郎徐养正,俱为按察司佥事,提调学校。养正,贵州;宗沐,广西。"
⑤ 陈永革编校整理:《欧阳德集》,凤凰出版社2007年版,第247—248页。
⑥ 周颖:《王世贞年谱长编》,上海三联书店2016年版,第106页。
⑦ 王士琦(1551—1618),字圭叔,号丰舆。万历十一年(1583)与兄崧同中进士。授南京工部主事,历兵部郎中、福州知府、重庆知府,升四川按察副使。万历二十六年(1598),任山东参政,与总兵刘綎从经略邢玠出兵援朝抗倭,全歼三路倭寇,时人称为"边才"。升河南左布政使。后任山东左布政使,兼领冀北军防,又历山西右布政,山西左布政兼领冀北军防。升右都御史巡抚大同。四十六年(1618)卒于任。著《东征纪略》《封贡纪略》《三云筹俎考》,记安攘、封贡、军实、险要等事,详载其镇守边关经历。王士琦墓,在临海县西三十里石塘,即今张家渡王庄山脚。
⑧ 彭连生:《临海发现明代名臣王宗沐祖父墓志》,临海文化网,2006年8月14日。
⑨ 《民国临海县志》卷四十一《大事记》,第16页。

第七章 王宗沐的生平学行与著作文献

嘉靖三十二年（1553），王宗沐在广西。是年五月，临海一带，连日大风雨，坏田稼。是年，湖北汉阳人蔡结任临海知县。

嘉靖三十三年（1554），王宗沐由广西按察司佥事升任广东布政使司左参议，分守惠（州）、潮（州）之间。是年，倭寇自海门登岸，趋台州郡城临海①。

嘉靖三十四年（1555），王宗沐在广东。是年，谭纶任台州知府，修成浚濠，练兵御倭寇②。湖南茶陵人尹尚孔继嘉靖二十九至三十二年后，再任临海知县③。是年，倭寇复由海门登岸，劫掠黄岩；又由沙埠登岸，劫掠仙居；至天台，由嵊县趋清风岭；总督吴宗宪兵败之④。

嘉靖三十五年（1556），三月丙寅日，王宗沐升任江西按察司副使，提调学校⑤。是年，王宗沐在江西南昌重建正学书院⑥，罗洪先作有《正学书院记》⑦。

二月，倭寇自临海入黄岩西乡。九月，百户郎官追贼于两头门，死之⑧。是年，广东东莞人黄诰任临海知县⑨。

嘉靖三十六年（1557），王宗沐在江西，巡历校试阅卷。是年，王宗沐重建上饶怀玉书院。

是年二月，倭寇入台州，知府谭纶檄参将戚继光击败之。四月，贼攻府城，计二十余艘入临海岛攻海门卫，浙江佥事李三畏、知府谭纶合兵剿之，应袭、俞宪章战死⑩。秋，戚继光任台、金、严参将⑪。

---

① 《民国临海县志》卷四十一《大事记》，第 17 页。
② 同上："是年，太守谭纶到，浚濠修城，练兵训卒，民恃以无恐。"
③ 《民国临海县志·临海县历任知县（县令）简表》，第 209 页。
④ 《民国临海县志》卷四十一《大事记》，第 17 页。
⑤ 《明世宗实录》卷四百三十三"嘉靖三十五年三月丙寅"条："升广东布政使司左参议王宗沐为江西按察司副使，提调学校。"
⑥ 裴樟松：《王宗沐生平考辨》，《东方博物》2004 年第 3 期，第 78 页。按：《明一统志》卷四十九："正学书院，在府治东。嘉靖中，提学副使王宗沐建，祀周敦颐、程明道。"《王撄宁年谱》："（王宗沐）履任后即至阳明祠，阐明正学。"
⑦ 罗洪先《正学书院记》："督学宪使敬所王公，因贡院改复，取完壤成材，辅以帑币，建书院其上。于是巡抚吉阳何公、巡按五台徐公、东泉郑公咸助之成。中为崇迪堂、广几轩，后为退食之轩、燕休之馆，庖寝圊湢，巨细咸具。左右为号者凡几所，堂室门墼，各限器杂，外为夹道，缭以周垣。总为屋若干，可容生徒数百十人，扁其门曰'正学书院'。始于嘉靖戊午某月，又几月而垂成，遣使委记于余。未几，王公迁参政，而宪使沧溪黄公代为督学，增其未备，复申往命。余未尝得造其门，览书与图，其爱士良勤，而规画至弘远矣。……"（徐儒宗编校整理：《罗洪先集》，凤凰出版社 2007 年版，第 120—121 页）
⑧ 《民国临海县志》卷四十一《大事记》，第 17 页。
⑨ 《民国临海县志·临海县历任知县（县令）简表》，第 209 页。
⑩ 《民国临海县志》卷四十一《大事记》，第 17 页。
⑪ 《民国临海县志》，第 9 页。

嘉靖三十七年(1558),王宗沐由江西按察司副使升任江西布政使司参政。

嘉靖三十八年(1559),王宗沐在江西,纂修《(嘉靖)江西省大志》①,为目凡七:曰《赋书》,曰《均书》,曰《藩书》,曰《溉书》,曰《实书》,曰《险书》,曰《陶书》。王宗沐第三子王士昌生②。

是年三月,倭寇攻临海桃渚。四月,谭纶、戚继光率军至,解围③。

嘉靖三十九年(1560),王宗沐由江西布政使司参政升江西按察使。

是年,倭寇再围临海桃渚,千户翟铨率军民坚守七昼夜,戚继光驰援,里外夹击,遂破之。事后,建二敌台于桃渚城之东西角④。是年,临海知县黄浩及耆民杨景威于县城立"前郡守谭公(纶)画像"碑刻⑤。

嘉靖四十年(1561),三月戊子,王宗沐升任江西布政使司右布政使⑥。秋,王宗沐升任山西左布政司。十月,王宗沐抵任山西,见山西灾荒特甚,因进京入觐而具疏上报⑦。

是年,王宗沐第三子王士昌生⑧。

———————

① 万历二十五年(1597),都察院右佥都御史巡抚江西陆万垓在王宗沐《(嘉靖)江西省大志》纂修本基础之上,增纂《(万历)江西省大志》成八卷本,并刊刻之。关于王宗沐、陆万垓《江西省大志》的史料文献价值,可参陈殿《王宗沐纂与陆万垓增修〈江西省大志·陶书〉的比较研究》(载《东方博物》第45辑,浙江大学出版社2012年版)、施由明《论嘉靖与万历〈江西省大志〉的史学价值》文(载《中国地方志》2013年第4期)。

② 《明史》《民国临海县志稿》均有《王士昌传》。

③ 《民国临海县志》卷四十一《大事记》,第17页。

④ 《民国临海县志》,第9页。

⑤ 《民国临海县志·文物胜迹》:谭纶画像碑现藏临海市东湖小瀛洲内,碑高2.30 m,宽1.07 m。谭纶冕服正坐,两侍者立于左右,白描线刻。碑上端为"前郡守谭公画像"篆额,下行书题赞,计142字,叙谭纶在台抗倭功绩及"勒像于堂"经过。现为省级文物保护单位。(《临海县志》,第209页)

⑥ 《明世宗实录》"嘉靖四十年三月戊子"条:"升江西按察使王宗沐为本省右布政使。"

⑦ 《明史·王宗沐传》节录疏文:"'山西列郡俱荒,太原尤甚。三年于兹,百余里不闻鸡声。父子夫妇互易一饱,命曰"人市"。宗禄八十五万,累岁缺支,饥疫死者几二百人。夫山西京师右掖,自故关出真定,自忻、代出紫荆,皆不过三日。宣、大之粮虽派各郡,而运本色者皆在太原。饥民一聚,踩践劫夺,岁供宣、大两镇六十七万饷,谁为之办?此可深念一也。四方奏水旱者以十方上,部议常裁而为三,所免不过存留者而已。今山西所谓存留者,二镇三关之输也,存留乃反急于起运,是山西终不蒙分毫之宽。此深念者二也。开疆万山之中,岩阻巉绝,太原民不得至泽、潞,安望就食他所?独真定米稍可通,然背负车运,率二斗而致一斗,甫至寿阳,则价已三倍矣。是可深念者三也。饥民相聚为盗,招之不可,势必扑杀。小则支库金,大则请内帑。与其发帑以赏杀盗之人,孰若发帑使不为盗,此可深念者四也。近丘富往来诱惑,边民妄传募人耕田不取租税。愚民何知,急不暇择,长边八百余里,谁要之者。彼诱而众,我逃而虚。此可深念者五也。'(王宗沐)因请缓征逋赋,留河东新增盐课以给宗禄。"

⑧ 王士昌(1561—1624),字永叔,号斗溟。万历七年(1579)举人,十四年(1586)进士。任龙溪知县,以贤能著声,升兵科给事中,再历吏科、礼科,遇事敢言。二十九年(1601)以进言册立太子事谪贵州镇远典史。三十六年(1608)再起刑部员外郎,渐转大理寺少卿,升都察院右佥都御史,巡抚福建。时福建海寇甚炽,永叔剿抚并用,不日即告平定。后以直言罢归。永叔能诗,又善画山水,并工水墨折枝,名存画史。著有《宣召纪略》《三垣摘疏》《斗溟集》《镜园藏草》等。

是年四月,先是倭寇大掠桃渚、坼头,戚继光败倭寇于龙山。嗣后,戚继光大败倭寇于台州郡城①。

嘉靖四十一年(1562),正月丙午,梁梦龙、唐继禄等以考察拾遗,弹劾山西左布政使王宗沐不职,吏部覆,拟调用②。同年,王宗沐调任广西左布政使。

嘉靖四十二年(1563),王宗沐在广西。上疏乞休,部议不允。闻父病之报,即投劾出境,不待报而行。之后,部遂允之③。是年起,王宗沐始编纂《宋元资治通鉴》。

是年,湖北宜城人胡价任临海知县④。

嘉靖四十三年(1564),王宗沐在临海。春,钱德洪至台州,与王宗沐共举"赤城会",归趋天真书院⑤。是年,王宗沐编《阳明先生与晋溪书》,并刊刻之。王祯撰跋文《刻〈阳明先生与晋溪书〉后跋》⑥。

是年九月,临海邑人何宠、包应鳞等五十五人立《大参戎南塘戚公表功记》碑。秦鸣雷撰文,王宗沐篆额,陈锡书丹⑦。

是年,临海学者金贲亨卒,年八十二⑧。

---

① 《民国临海县志》卷四十一《大事记》:"四月二十六日,倭犯郡城,戚继光率丁邦彦、陈大成等追败之。三十日,倭犯郡城,旋由间道往仙居。五月甲子,戚继光大败之于白水洋,斩首八百。"《台州府志》载:"嘉靖四十年四月,倭犯浬浦,戚公败之于龙山。五月八日,倭寇后继部队二千余人,分乘船舰,从健跳所上岸。五月十三日登岸的另一支倭寇二千多人,自烧其船,作垂死挣扎,企图南犯台州府城。戚继光挥师迎敌,大败倭寇。"

② 《明世宗实录》卷五百五"嘉靖四十一年正月丙午"条:"给事中梁梦龙、御史唐继禄等以考察拾遗,劾奏山西左布政使王宗沐、右布政使陈效古、福建按察使刘天授、贵州按察使董策、陕西参政王光祖、河南参政何海晏、云南参政邢一凤、赣州府知府严中东、昌府知府方时学、原任浙江副使陈元珂、湖广参议赵忻及知县何廷锦等(八)[十一]人俱不职,吏部覆拟宗沐、效古、天授、策调用,光祖、海晏、一凤、忻、中东、元珂、时学罢黜,廷锦等分别去留。上谓县令匪人,民受其害,廷锦既被劾,有状令,尽黜之。宗沐等俱如拟。"按:王宗沐被弹劾不职,可能是宗沐所上"山西灾荒疏"文得罪柄臣而遭报复。《年谱》所记"会有尼之者,疏不得上,反以是获罪",是可信的。

③ 裘樟松:《王宗沐生平考辨》,《东方博物》第12辑,浙江大学出版社2004年版,第79页。

④ 《民国临海县志·临海县历任知县(县令)简表》,第209页。

⑤ 钱德洪:《答论年谱书》,《王阳明全集》(简体字本),上海古籍出版社2015年版,第1137页。

⑥ [日]永富青地:《王守仁著作的文献学的研究》,东京汲古书院2007年版,第538页。

⑦ 《民国临海县志·文物胜迹》:戚继光表功碑现藏临海市东湖小瀛洲内,系嘉靖四十三年(1564)立,高2.3米,宽0.95米。碑额由王宗沐篆书"大参戎南塘戚公表功记"10字,秦鸣雷撰文。碑文主要描述了民族英雄戚继光指挥的椒江、新河、白水洋战役经过。1962年列为浙江省省级文物保护单位。(见《临海县志》,第209页)

⑧ 金贲亨(1483—1564),字汝白,号一所,浙江临海人,学者称一所先生。正德九年(1514)进士,任扬州教授,补南京刑部主事。宁王宸濠起兵,攻安庆,南京震惊,贲亨与同僚谋划城守。转员外郎、郎中。出金江西臬事,立断淹狱,赃吏豪民震慑。改督贵州学政,迁福建督学,慨然以兴学为己任。隆庆二年(1564)卒,年八十二。著有《学易记》《学书记》《学庸议》《道南录》《台学源流》《一所文集》《象山白沙要语》《临海县志》等。

嘉靖四十四年(1565),王宗沐在临海,继续编修《宋元资治通鉴》。是年,湖北罗田人万言策任临海知县①。

嘉靖四十五年(1566),王宗沐在临海。是年,《宋元资治通鉴》定稿,并撰《十八史略》《尼山随笔》②。

隆庆元年(1567),王宗沐父王训病卒,办理丧事毕,王宗沐撰《明故敕封刑部主事联峰府君墓志铭》③。是年,王宗沐《宋元资治通鉴》定稿,时任按察司副使崔镛撰"序"并刊刻之④。

隆庆二年(1568),王宗沐在临海,丁忧家居。

隆庆三年(1569),王宗沐丁忧家居。是年,王宗沐族子王士性游学于杭州天真书院。是年,湖北麻城人周思稷任临海知县⑤。

隆庆四年(1570),服阕。《十八史略》《尼山随笔》等成书。

九月一日,为巡抚谷中虚所荐,起王宗沐为山东左布政使⑥。是年,在山东编刻《山东经会录》,亦作《东省经制全书》⑦。

隆庆五年(1571),是年,给事中李贵和请开胶莱河,王宗沐以为不可,上疏制止;建言海运可行,且历考先代运道之详。巡抚都御史梁梦龙遂以米试行,直达无壅⑧。

十月甲辰,升王宗沐为都察院右副都御史,总督漕运兼提督军务,巡抚凤阳等处⑨。

---

① 《民国临海县志·临海县历任知县(县令)简表》,第 209 页。

② 《民国临海县志》:"嘉靖癸酉(王宗沐)以父病告归,修《宋元通鉴》,始于宋建隆庚申,终于至正丁未。家居杜门,三年始成。"(转引自项元勋编:《台州经籍志》,台北文广书局 1969 年版,第 269 页)

③ 郑瑛中《明代巡抚王士琦墓葬金银器物及其世系生平》一文指出: 位于浙江省临海市汛桥镇延丰山的"王训墓"已被挖掘,王宗沐撰王训墓志铭出土,今存临海市博物馆。(文见"临海新闻网",2011 年 9 月 16 日)

④ 崔镛《宋元资治通鉴·序》,载项元勋编《台州经籍志》卷八(台北文广书局 1969 年版,第 267—269 页)。

⑤ 《民国临海县志·临海县历任知县(县令)简表》,第 209 页。

⑥ 《明穆宗实录卷》卷四十九"隆庆四年九月丙寅朔"条:"起前广西左布政使王宗沐为山东左布政使。"

⑦ 王士崧《王撄宁年谱》:(宗沐有感于山东)"差烦赋重,民偏累力,请于两台,开局会计……税粮、马草、均徭、里甲、驿传、马政、盐法,历年因革,增减那移,及各衙门条议始末,备载其中(《山东经会录》)"。

⑧ 裘樟松:《王宗沐生平考辨》,第 79 页。《明史·王宗沐传》:"给事中李贵和请开胶莱河。宗沐以其功难成,不足济运,遗书中朝止之。"

⑨ 《明穆宗实录》卷六十二"隆庆五年十月甲辰"条:"升……山东布政使司左布政使王宗沐为都察院右副都御史,总督漕运兼提督军务,巡抚凤阳等处。"

十二月丁未,王宗沐疏奏:运船漂失数多,请先将应粮坐派淮安各州县,贮常盈仓,以充来年海运之数,然后行各厂造船①。

十二月辛亥,王宗沐为解决"漕粮漂久,虽因河决,亦多有贫军侵耗,凿舟自沉"之事,再次上疏②。

隆庆六年(1572),王宗沐在江苏。正月辛未,朝廷批覆王宗沐因运务烦重,议添设一官专理之奏③。

正月癸未,户部覆总督漕运副都御史王宗沐"移驻"奏请④。

二月乙未,朝廷批覆王宗沐所奏,增设南直隶凤阳府、南归德府通判各一员,专管捕盗⑤。

二月既望,时贤李春芳、陈尧撰《海运详考·序》,陈耀文撰《海运详考·后序》⑥。《海运详考》一卷,由庐州知府张大忠正式刊刻(今台湾故宫博物院图书馆有藏)。

三月丙午,王宗沐就恢复开海运一事,条陈上奏。诏允行之⑦。

五月戊申,王宗沐与工部尚书朱衡为海运造船一事,上疏⑧。

五月二十六日,明穆宗隆庆皇帝驾崩于乾清宫。六月初十,时年十岁的皇

---

① 《明穆宗实录》卷六十四"隆庆五年十二月丁未"条:"漕运都御史王宗沐奏:'运船漂失数多,请先将应粮坐派淮安各州县,贮常盈仓,以充来年海运之数,然后行各厂造船。'报可。"
② 《明穆宗实录》卷六十四"隆庆五年十二月辛亥"条:"漕运都御史王宗沐奏:'漕粮漂久,虽因河决,亦多有贫军侵耗,凿舟自沉。宜先议优叙,凡各运船,轻赍银两,在湖广、江西、浙江原议三六者,改为三三;直隶江北、江南原议二六,改为二四;山东、河南原议一六者,改为一五。令有司各将扣下米数给军,其各军兑完,起运之后,责令五船联为一甲,中推一人有才力为之甲长,如一船有失,五船同坐。庶人乐用力,而漂损可渐少也。'户部覆奏:'从之'。"
③ 《明穆宗实录》卷六十五"隆庆六年正月辛未"条:"命山东布政司右参政潘允端移驻淮安,专理漕务,裁革漕运,协同参将。时都御史王宗沐言:'运务烦重,宜添设一官专理,以允端为之,其原设参将可罢。'故有是命。"
④ 《明穆宗实录》卷六十五"隆庆六年正月癸未"条:"户部覆总督漕运副都御史王宗沐奏请:'于春汛时移驻扬州,料理海防军务,兼催瓜仪之运;二月中还淮安,及粮船悉至,总兵乃出驻邳徐,以比督催过洪,俟入闸毕,随后管押至京。'许之。"
⑤ 《明穆宗实录》卷六十六"隆庆六年二月乙未"条:"增设直隶凤阳府、南归德府通判各一员,陕西汉中府石泉县、汉阴县主簿各一员,俱专管捕盗,从抚臣王宗沐、凌云翼奏也。"
⑥ 《民国临海县志稿》卷三十八《艺文·书录·史部》,第10—12页。
⑦ 《明穆宗实录》卷六十八"隆庆六年三月丙午"条:"总督漕运都御史王宗沐言:……因条上海运七事:一定运米,……一议船料,……一议官军,……一议防范,……一议起剥,……一议回货,……一崇祀典,……。疏下,部覆如宗沐言,诏允行之。"
⑧ 《明穆宗实录》卷七十"隆庆六年五月戊申"条:"工部尚书朱衡及漕运都御史王宗沐奏上造船积弊,请'令差委主事,不必注选,听工部于各司择有才望练达者任之。三年而后代,革去原名指挥千百户。特选经历、县丞四员于淮安府卫、山阳等县,各带衔专管造船,亦以三年考满,核其功罪。至于买木,宜解银赴湖广,布政司责成粮储道亲买,务得材实,则诸弊悉除,而船可任载'。上然之。"

太子朱翊钧正式即位,改元万历,是为明神宗。辅臣有内阁大学士高拱、张居正、高仪等。

六月辛未,王宗沭上疏条陈漕运事宜九款①。

六月十六日,高拱被张居正、冯保排陷,罢官闲居。

六月二十六日,工部制定漕运程限。工部尚书朱衡议奏:每岁十月开仓,民输粟;十一月兑完,漕卒受粟;十二月开封发船;二月过淮;三月过洪;四月到张家湾,永为定例。

七月丙戌,王宗沭奏报海运抵岸事②。

八月丙辰,朝廷以复海运功,升王宗沭俸一级,赏银三十两③。

八月丁卯,王宗沭乞罢,不允④。

九月戊子,王宗沭奏淮安、扬州二府及徐州大水,乞蠲折赈济⑤。

十月丁巳,王宗沭上疏,条陈漕宜四事:一恤重远之地,一悬预兑之令,一矜运官之情,一定海哨之法⑥。

十月五日,户部复议王宗沭上奏的海运漕米之事。户部复议:万世之利在河,一时之急在海。海道叵测,仅宜为备。自万历元年始,海运仅十二万石为限。

十月己未,先是南京户科给事中张焕上疏,言:"比闻人言啧啧,咸谓海运八舟、米三千二百石,忽遭风漂没,渺无影响。宗沭盖预计有此,令人赍银三万两籴补。"王宗沭疏辩:"海运人船,募数省之人,发行经数月之久,按历涉三省

---

① 《明神宗实录》卷二"隆庆六年六月辛未"条:"总督漕运右副都御史王宗沭条陈漕运事宜九款:一申全单之规,一严有司之限,一重旗甲之选,一并造船之厂,一增督理之官,一建通江之闸,一处疲困之总,一并水次之便,一处停造之船。部覆行之。"

② 《明神宗实录》卷三"隆庆六年七月丙戌"条:"总督漕运都御史王宗沭奏报海运抵岸,言:'海运不行已百六十余年,臣前任山东左布政使,因胶河之议,详考前代沿革始末与其必可行者,条陈十二利。时群听骤闻,相顾疑骇。其后科臣建白,抚臣试行,皆符臣言,事果不谬,因获上闻,定拟今岁海运。臣适又叨官漕司,规度发行。兹者六帮无失,相继抵岸。天下臣民始信海运可行,以此与河漕两途并输,诚为国家千万年无穷之利!'报闻。"

③ 《明神宗实录》卷四"隆庆六年八月丙辰"条:"以复海运功,升巡抚都御史梁梦龙、王宗沭各俸一级,赏银三十两、纻丝二表里;参政潘允端升一级,赏银十两;把总运官亦特加升赏,以示鼓舞。时海运船抵湾才六号,直隶巡按李栻上疏,盛推诸臣经始之劳、辅臣赞决之力,且引给事中孙博原题,分别优叙之,疏以请,户部覆行焉。"

④ 《明神宗实录》卷四"隆庆六年八月丁卯"条:"大理寺卿陈一松、总督漕运都御史王宗沭、巡抚河南都御史梁梦龙,各司陈乞罢。不允。"

⑤ 《明神宗实录》卷五"隆庆六年九月戊子"条:"凤阳抚臣王宗沭奏淮安、扬州二府及徐州大水,乞蠲折赈济。疏下户部。"

⑥ 《明神宗实录》卷六"隆庆六年十月丁巳"条:"漕运总督王宗沭条陈漕宜四事:一恤重远之地,……一悬预兑之令,……一矜运官之情,……一定海哨之法,……。疏下户部,改折、预兑二议不行。"

之途,其同事而不可欺者。各省抚按十数人,沿海守令及护行守备等官百余人,官军水手三千余人,使有沉溺,岂待言官!今日始言三万出之淮库,自有卷籍;人船出于雇募,各有贯址。乞敕户部会同法司行巡按御史查勘。"①

十月己未,因王宗沐之议,免淮安东西所班军岁赴京操,分拨海上巡哨,以防海运②。

十一月甲辰,王宗沐奏辩海运漂没事,乞回籍听勘。户部不允,供职如故③。

十二月十九日,礼科都给事中宗弘暹请会议王守仁从祀孔庙。从之。

十二月二十二日,张居正请于明年正月上旬开始经筵讲授。

是年,为漕运之事,王宗沐几乎每月有疏奏。

是年,王宗沐所编《阳明先生与晋溪书》,重刻之。陈文烛作《重刻阳明王先生手柬后语》④。

万历元年(1573),王宗沐在江苏。

三月庚子,王宗沐奏报漕粮尽数过淮⑤。

三月壬寅,王宗沐荐境内人才陈尧绩、常三省⑥。

四月癸酉,户部覆王宗沐等议"官军领兑州县漕粮派定地方,遇有灾折,即将原卫减存"之事⑦。

五月己亥,王宗沐奏请申饬运务二事:一浚河渠,以利边运;一造官船,以便民运。疏下户部⑧。

---

① 《明神宗实录》卷六"隆庆六年十月己未"条。
② 《明神宗实录》卷六"隆庆六年十月己未"条:"免淮安东西所班军岁赴京操,分拨海上巡哨,以防海运。从王宗沐议也。"
③ 《明神宗实录》卷七"隆庆六年十一月甲辰"条:"漕运总督王宗沐奏辩海运漂没事,乞回籍听勘。户部以漕运在迩,请敕宗沐矢心任事,仍照原议,习熟海道,备一时权宜之计。从之。"
④ [日]永富青地:《王守仁著作の文献学の研究》,东京汲古书院2007年版,第539页。
⑤ 《明神宗实录》卷十一"万历元年三月庚子"条:"漕运都御史王宗沐奏漕粮三百一十万一千五百石一斗,尽数过淮。去岁三月过淮已为早,然尚有闰月,今则二月甫尽,漕政更新,大计修整,宗沐以为明良合德所致云。"
⑥ 《明神宗实录》卷十一"万历元年三月壬寅"条:"凤阳抚臣王宗沐荐境内人才侍郎陈尧绩、参议常三省二人。"
⑦ 《明神宗实录》卷十二"万历元年四月癸酉条":"户部覆漕运都御史王宗沐等议:官军领兑州县漕粮派定地方,遇有灾折,即将原卫减存,刊刻成书,永为遵守,不得希图自便,另议纷更。从之。"
⑧ 《明神宗实录》卷十三"万历元年五月己亥"条:"宗沐奏请申饬运务二事:一浚河渠,以利边运。言王家浅、银鱼厂一带河道,浅涩难行,宜令挑浚深广;堤岸卑薄者,修筑高厚。一造官船,以便民运。言白粮民船,大小参差,横塞河道,宜依漕船式样打造官船。下户部。"张居正《答河漕总督王敬所书》有云:"近得乡人书,皆以打造海舟为苦,望公留神一酌处之,则疲氓更生之幸也。"

六月戊寅，朝廷批准王宗沐奏议，裁革淮、扬、凤、徐等处十一递运所①。

八月初六日，罢海运漕粮。先是六月，海运漕粮十二万石，至山东即墨县福岛，忽遇飓风雨大作，覆漕船七艘，失米近五千石，溺死运军十五人。为此，户科给事中贾三近、巡仓御史鲍希颜、山东抚按傅希挚、俞一贯等人俱上疏言海运不便，不如河运可靠，请暂停海运，原海运漕粮十二万石尽入河运。疏下户部议处，于同年八月初六日停止海运。

九月庚寅，户部批准王宗沐遮洋总之议②。

秋，王宗沐长子王士崧、从子王士性参加浙江乡试中举。

十月二十二日，户部奏密云、昌平二镇漕运未尽事宜，凡七款，有议转输，议寄囤，议粮船，议河道，议边运，议领运。其新旧漕粮数：密云为十五万四千八百一十点八石，昌平为十八万九千二百七十二点五石，专备各镇主客本色支用。

是年，王宗沐进《海运详考》，以呈御览。此书囊括了海运三百余年之因革，三千余里之曲折事③。

是年，王宗沐在理漕之暇，于淮安创建正学书院。拔两庠之秀者居之，会聚问难，示以学脉所在④。

是年，王宗沐好友、临海秦鸣雷致仕⑤。

是年，江苏镇江人张治具任临海知县⑥。

是年，张居正出任内阁首辅之后，开始酝酿改革。

万历二年（1574），王宗沐在江苏。

三月，好友王世贞过凤阳，会王宗沐，宴于其所。王世贞赋诗《余赴太仆北

---

① 《明神宗实录》卷十四"万历元年六月戊寅"条："裁革淮、扬、凤、徐等处十一递运所。从巡抚王宗沐议也。"
② 《明神宗实录》卷十七"万历元年九月庚寅"条："户部覆漕运都御史王宗沐议覆遮洋总言：国初海运岁运七十万石，以给辽海。后会通河成，海运遂废，然尚留遮洋一总，原有深意。至嘉靖末年，给事中胡应嘉建议裁革，并入山东江北诸总，前制尽罢。应嘉以乡土之故，悉变成法，有识者未尝不扼腕而叹。近因河道淤沮，当事诸臣复起新议，劳费更多。海运二年，道路稍谙，今虽议罢，宜查复遮洋一总，即改海运把总为遮洋把总，领兑河运北粮，仍知会兵部，海汛有警，暂调海口，为狼山声援。从之。"
③ 裘樟松：《王宗沐生平考辨》，《东方博物》第12辑，第81页。
④ 王士崧：《王撄宁年谱》。又见裘樟松《王宗沐生平考辨》，《东方博物》第12辑，第81页。
⑤ 秦鸣雷（1518—1593），字子豫，号华峰，浙江临海县人。嘉靖二十三年（1544）进士第一，授翰林院修撰，历侍读学士、南京国子监祭酒、太常寺卿、礼部右侍郎、吏部左侍郎兼翰林学士，隆庆五年（1571）任南京礼部尚书。万历元年（1573）正月十八日，兵科给事中赵思诚上疏弹劾秦鸣雷"只知嗜酒、不顾廉节"，疏下吏部，遂令其致仕。嘉靖二十一年七月初七日卒，年七十六。著有《谈盗》《倚云楼稿》等。
⑥ 《民国临海县志·临海县历任知县（县令）简表》，第209页。

上,宴督漕王中丞新甫所,感事有赠》①。

六月丁未,王宗沐题漕务五事:一定期限,以图善后。一禁军士,以戒不虞。一清责任,以处旧欠。一复军船,以苏疲困。一折脚米,以济修船。下户部议②。

八月甲辰,户部覆王宗沐奏请五事,议以三月过淮者,仍限二月③。

十月乙巳,礼部覆王宗沐条议凤阳高墙宗室数款④。

十月丁卯,王宗沐奏议:"徐、邳民俗犷悍,盗贼充斥,盐城地滨江海,盐徒出没,将韩荣改为徐、邳参将,专驻徐州,往来邳、宿。丁介夫改为盐城守备,常川操守六霍等处。矿山徒众垂涎,虽有巡山官兵,漫无统纪,合将麻埠巡简裁革,设立把总,率领兵勇擒剿矿徒。"⑤

十一月壬午,王宗沐任总督漕运副都御史三年考满,荫嫡次子王士琦为国子生⑥。

十二月甲寅,朝廷准王阳明从祀孔庙⑦。

---

① 《王世贞年谱长编》,第437页。
② 《明神宗实录》卷二十六"万历二年六月丁未"条:"总督漕运副都御史王宗沐题漕务五事:'一定期限,以图善后。……一禁军士,以戒不虞。……一清责任,以处旧欠。……一复军船,以苏疲困。……一折脚米,以济修船。……'下户部议。"
③ 《明神宗实录》卷二十八"万历二年八月甲辰"条:"户部覆总督漕运都御史王宗沐奏请事件:一禁军士,以戒不虞;一复军船,以苏疲困;一折脚米,以济修船,俱如原议。其定期限,以图善后,议以三月过淮者,仍限二月。其清责任,以处旧欠,各处领运官员,惟南京二总不系掌印更番,余俱更番在运,旧欠官旗,家产厚薄则其索知,俸钞兼支则分给,况运回一年,在卫□之追究,其事甚便,若复止行原卫,竟为虚文,且为见在者开一幸途矣。"
④ 《明神宗实录》卷三十"万历二年十月乙巳"条:"礼部覆总督漕运副都御史王宗沐条议凤阳高墙宗室数款:'一议宗室所犯,应入官,还官之赃变卖,随行为终身之费。夫宗室犯罪,其财产不许支带,所以示困苦一法禁也。合将入变卖者开报法司,量解凤阳府贮库,以接济高墙支给。一议宗室有犯者,亲王郡王入高墙,将军中尉入闲宅。夫高墙闲宅,论罪之轻重,非论尊卑也,但闲宅处所,须如法修葺,坚固高广,可便关防,不许名为拘禁,仍时常出外生事。一议凤阳无城可守,移高墙于泗州。夫凤阳设有守备太监等官,即以防守,若泗州城郭窄隘,既不能容,而设官搬移,费复不赀,殊为未便。一议见在庶人男女,限定几年列名请放,不必待有恩例。既普浩荡之恩,而高墙供亿亦可渐省。'当如原议。诏从之。"
⑤ 《明神宗实录》卷三十"万历二年十月丁卯"条:"总督漕运都御史王宗沐议:'徐、邳民俗犷悍,盗贼充斥,盐城地滨江海,盐徒出没,将韩荣改为徐、邳参将,专驻徐州,往来邳、宿。丁介夫改为盐城守备,常川操守六霍等处。矿山徒众垂涎,虽有巡山官兵,漫无统纪,合将麻埠巡简裁革,设立把总,率领兵勇擒剿矿徒。'部覆'俱依议分'。"
⑥ 《明神宗实录》卷三十一"万历二年十一月壬午"条:"总督漕运副都御史王宗沐三年考满,荫嫡次子王士琦为国子生。"
⑦ 《明神宗实录》卷三十二"万历二年十二月甲寅"条:"以新建伯王守仁从祀孔子庙庭。守仁之学,以良知为宗,经文纬武,动有成绩。其疏犯中壸,绥化夷方,倡义勤王,芟群凶夷,大难不动声色,功业昭昭,在人耳目。至其身膺患难,磨励沉思之久,忽若有悟,究极天人微妙,心性渊源,与先圣相传宗旨无有差别。历来从祀诸贤,无有出其右者。"

十二月乙丑，王宗沐由凤阳巡抚升任南京刑部右侍郎①。李春芳撰《中丞敬所王老先生荣擢南司寇序》②。

是年，王宗沐进《漕运指掌图》。其疏文有云："漕运如此之多，如此之难。敛之于民，则列省百姓之膏脂，输之于官，则六军万卫之命脉"；"凡一斗之粟，一两之银，必深加爱惜，而不忍侈费，以培养国脉"③。

是年，王宗沐门人、福建巡按刘良弼刊刻《敬所王先生文集》三十卷。

万历三年（1575），王宗沐在南京、北京。

正月甲寅，兵部覆王宗沐疏请，以军门捕盗之功，升郭宗抚把总、王忻等各给与冠带④。

正月乙丑，王宗沐等官员因未完成任务，被罚俸三月⑤。

二月丁亥，王宗沐等人俱以考查自陈，不允⑥。

五月庚子，先是万历元年二月间，徐、淮、扬等处数被水灾，王宗沐、舒鳌、贾三近等俱以蠲免赈济为请。户部覆议咨行⑦。

六月壬辰，王宗沐升任工部右侍郎⑧。

十月己巳，王宗沐升任北京刑部左侍郎⑨。

十二月壬午，王宗沐奏言"徒罪本轻于戍，而今戍者尚得生，而徒者远离乡里，发驿摆站，官卒凌虐，往往致死"事，奉旨议妥，刑部覆议："徒在京五年以

---

① 《明神宗实录》卷三十二"万历二年十二月乙丑"条："升凤阳巡抚王宗沐为南京刑部右侍郎。"
② 见《章安王氏宗谱》卷二，1996年重修本。
③ 王士崧：《王撄宁年谱》。又见裘樟松《王宗沐生平考辨》，《东方博物》第12辑，第81页。
④ 《明神宗实录》卷三十四"万历三年正月甲寅"条："先是，巡抚凤阳都御史王宗沐以淮、徐地素多奸豪，恐其啸聚，乃令军门捕盗。郭宗抚访获豪侠，巨计得三百余人，加以义勇、名色，责令捕盗，约以有功则为奏叙。其后义勇王忻等果有缉获功。至是，宗沐为请升郭宗抚把总，王忻等各给与冠带。兵部覆：疏以所虑为盗之人，即用以治盗，诚救荒、安民、弭怨、消衅之良策也。从之。"
⑤ 《明神宗实录》卷三十四"万历三年正月乙丑"条："查核各省抚、按官员名下未完事件，抚、按诸臣五十四人未完共二百七十三事。凤阳巡抚王宗沐、巡按张更化、广东巡抚张守约、浙江巡抚萧廪，俱以未完数多，镌俸三月。"
⑥ 《明神宗实录》卷三十五"万历三年二月丁亥"条："巡抚河南都察院右副都御史升兵部左侍郎吴道直、都察院右佥都御史陈省、总督漕运巡抚凤阳等处都察院右副都御史王宗沐，俱以考查自陈。不允。"
⑦ 《明神宗实录》卷三十八"万历三年五月庚子"条："先是元年二月间，徐、淮、扬等处数被水灾，抚臣王宗沐、按臣舒鳌、科臣贾三近等，俱先以蠲免赈济为请。户部覆议咨行。"王士崧《王撄宁年谱》载："淮安居民无岁不苦水灾，宗沐筑新堤以防之，淮安百姓感恩尸祝，建生祠于堤上，遂称'王公堤'，有碑文纪其事。"
⑧ 《明神宗实录》卷三十九"万历三年六月壬辰"条："升南京刑部右侍郎王宗沐为工部右侍郎。"
⑨ 《明神宗实录》卷四十三"万历三年十月己巳"条："升总督漕运巡抚凤阳地方兵部右侍郎王宗沐为刑部左侍郎。"

上,发遵化铁冶,余发工部各局做工。在外三年以上,发本州县修城营建。一年半以下,发夫役迎送军灶。徒犯发本处煎盐、了哨。"从之①。

是年,王宗沐所撰《南华经别编》二卷,由施观民刊刻。

万历四年(1576),王宗沐先后在北京、山西供职,后因母卒回乡(浙江临海)丁忧。

一月,刑部左侍郎王宗沐兼右金都御史,阅视宣、大、山西。职方司主事宋伯革佐之,右参政刘汉儒、原任河南副使李汶,亦随从王宗沐趋宣、大、山西,阅视边务②。

六月辛未,王宗沐奏:"阅视重务,三年一遣,文卷易湮,查阅何据。乞将开报过三镇钱粮、兵马、修工、丈尺数目、文册及驳查往复昭案,令该司收贮以竢,交付查理,永为定规。"从之③。

六月癸酉,王宗沐上疏,请另给新平、得胜二堡马各三百匹,军各二百名;平远等四堡马各二百匹,军各一百名,专供夷使往来。其沿海每城堡及宣府镇各驿堡,亦给马匹。兵部许之④。

六月甲戌,兵部据王宗沐奏议,罢大同右衔参将吴昆⑤。

六月庚辰,以王宗沐勘阅过宣、大、山西三年内边务功罪,赏罚有关官员⑥。

是年,王宗沐撰《三镇阅视录》,有云:"察抚、守、战三事之轻重,而又较量三镇

---

① 《明神宗实录》卷四十五"万历三年十二月癸未"条:"刑部侍郎王宗沐言:'徒罪本轻于戍,而今戍者尚得生,而徒者远离乡里,发驿摆站,官卒凌虐,往往致死'。奉旨议妥,刑部覆议:'徒在京五年以上,发遵化铁冶,余发工部各局做工。在外三年以上,发本州县修城营建。一年半以下,发夫役迎送军灶。徒犯发本处煎盐、了哨。'从之。"

② 《明神宗实录》卷四十六"万历四年正月己未"条。

③ 《明神宗实录》卷五十一"万历四年六月辛未"条:"阅视宣、大侍郎王宗沐言:'阅视重务,三年一遣,文卷易湮,查阅何据。乞将开报过三镇钱粮、兵马、修工、丈尺数目、文册及驳查往复昭案,令该司收贮以竢,交付查理,永为定规。'从之。"

④ 《明神宗实录》卷五十一"万历四年六月癸酉"条:"阅视侍郎王宗沐言:'宣、大二镇新平等堡,各援兵营,俱近市场,迎送夷使,人疲马瘦。乞另给新平、得胜二堡马各三百匹,军各二百名;平远等四堡马各二百匹,军各一百名,专供夷使往来。其沿海每城堡及宣府镇各驿堡,亦给马匹。有差马于市内,关支军于老营拨补。'兵部覆:'可从之。'"

⑤ 《明神宗实录》卷五十一"万历四年六月甲戌"条:"罢大同右卫参将吴昆。先是阅视侍郎王宗沐言'昆监修本卫,城工既速且壮,又多节省,特竣刑科敛,以代经费。为邀名计,至若三镇,同一修工。军士皆宜优恤,山西一镇,盐莱行粮,岂可独靳! 幸当款塞,应乘机修筑,即虏有疑惧,亦当晓服其心下。'兵部覆遂革昆。"

⑥ 《明神宗实录》卷五十一"万历四年六月庚辰"条:"以侍郎王宗沐勘阅过大、山西三年内边务功罪,赏总督王崇古、方逢时、巡抚郑雒、吴兑、崔镛及总兵等官各银币有差,仍赐敕嘉奖。罢雁平副使韩宰,谪大同副使左熙、同知贾兴等为民,下参将原于天于理。"

不同之形势,在宣府抚七而战三,大同守一而战九,山西抚三而守七,而要皆不可忘战也。"①

六月,王宗沐闻母亡讣,痛不欲生,南还奔丧②。

秋,王宗沐次子王士琦参加浙江乡试中举;四子王士业③补荫送国子监读书。

万历五年(1577),王宗沐在临海丁忧。

是年,万历帝赐公帑三百金,佐王宗沐葬母。宗沐将所赐之金建义仓,贮粟以赡不给;建义塾,延师以训子弟;又创建王氏祠堂、修祖坟等等④。春,王宗沐从子王士性中进士,任郎陵(今河南确山县)令。

万历六年(1578),临海王氏祠堂竣工,王宗沐撰《临海王氏祠堂记》,末署"万历六年十四代孙王宗沐立石"。

是年,江苏无锡人李应祥任临海知县⑤。

万历七年己卯(1579),二月朔,王宗沐撰《〈寒山子诗集〉序》。秋,王宗沐三子王士昌乡试中举。

万历八年庚辰(1580),王宗沐在临海,寓居龙阳山中⑥。是年春,王士崧、王士琦、王士昌兄弟三人与会试,偕下第归。王宗沐晓谕之,曰:"尔辈苦志力学,若将以一第为显,庸足慰吾望也";"今日落羽,正修身进学之一助也。"⑦

万历九年(1581),王宗沐被劾失职,致仕⑧。是年,临海大旱,蝗食苗,根节

---

① 王士崧:《王撄宁年谱》。又见裘樟松《王宗沐生平考辨》,《东方博物》第12辑,第82页。
② 《明神宗实录》卷五十一"万历四年六月甲申"条:"赐刑部左侍郎王宗沐父已赠右副都御史、王训母已封大淑人郑氏,祭葬如例。"
③ 《民国临海县志》(下),第155页。
④ 王士崧:《王撄宁年谱》。又见裘樟松《王宗沐生平考辨》,《东方博物》第12辑,第82页。
⑤ 《临海县志·临海县历任知县(县令)简表》,第209页。
⑥ 《民国临海县志》(下),第313页。
⑦ 王士崧:《王撄宁年谱》。又见裘樟松《王宗沐生平考辨》。
⑧ 《明神宗实录》卷一百九"万历九年二月丁未"条:"给事中秦耀、御史钱岱等以考察拾遗,论劾……丁忧刑部左侍郎王宗沐……不职,当罢。……得旨,……王宗沐……致仕。"《台州经籍志》卷八《宋元资治通鉴》条目以为王宗沐致仕原因系"因江陵(张居正)擅权,乞休"。(项元勋编:《台州经籍志》,台北文广书局1969年版,第267页)裘樟松《王宗沐生平考辨》:"王士崧《王撄宁年谱》、府、县志,皆云:'张居正擅权,御史刘台上疏列权相罪状,由此获罪,下刑部狱,宗沐曾为刘台援书调护,居正知后怨之,以意授秦、钱,遂挂宗沐名于论劾中。'方志所记此事,材料可能来自《年谱》。而《年谱》所云'授意'之事,则无可考之。是年,宗沐以母忧已守制家食,按列不得投劾,又考府、县志本传,有'居正败南北'而'荐不起'之言,《年谱》所云,似可信之。姑且存疑。"(《王宗沐生平考辨》,《东方博物》第12辑,第82页)

皆尽①。

万历十年(1582),王宗沐在临海家居,精心构建"畸园"。畸园方圆亩许,坐落临城北固山望天台西面,有松磴、竹溪、芙蓉庄、碧涧洞等二十余景点②。

万历十一年(1583),春,王宗沐长子王士崧、次子王士琦中进士,三子王士昌落第而归。

是年春,时任河南确山知县王士性作《得中叔圭叔同举南宫报》:"花满芳堤酒满楼,春风淡荡曲江头。骅骝一举常千里,鸿鹄双飞隘九州。太液波澄新月上,西山气爽晓烟收。天街车马如流水,拟向郊祁逐胜游。延津风雨两龙回,若个仙郎跨上才。四世弟兄齐得隽,三朝父子独抢魁。春深阿阁巢新凤,日暖高堂荫古槐。几向南云瞻海峤,祥光夜夜烛天台。"③

十月壬申,周邦杰等科道官荐举边才,王宗沐在荐举之列④。

万历十二年(1584),王宗沐在临海家居。是年,江西临川人周孔教任临海知县⑤。

万历十三年(1585),王宗沐在临海家居。王士性丁母忧,归临海。

万历十四年(1586),王宗沐在临海家居。春,王宗沐三子王士昌中进士。是年,王宗沐好友、临海城关人、致仕南京吏部尚书何宽卒,年七十五⑥。是年,湖北黄安人周家栋任临海知县⑦。

万历十五年(1587),王宗沐三子王士昌被任命潜山县令,欲辞之,宗沐戒之曰:"令,其易为哉。凡民生利弊,朝发堂序,夕遍闾阎。古人有不求为宰相而求为县令,以其亲民也。小子勖之。"因刻"清、慎、勤"三字于牙图上,遗之,

---

① 《民国临海县志稿》卷四十一《大事记》,第19页。
② 《民国临海县志》(下),第315页。
③ 《王士性集》,浙江古籍出版社2013年版,第421页。
④ 《明神宗实录》卷一百四十二"万历十一年十月壬申":"六科十三道周邦杰等各举边才,兵部侍郎杨俊民、王一鹗、刑部侍郎王宗沐、工部侍郎王友贤,……上曰:'这科道官荐举边才,内有曾经被论及采访未当的。吏部还仔细查核,酌量推用。'"
⑤ 《民国临海县志·临海县历任知县(县令)简表》,第209页。
⑥ 何宽(1514—1586),字汝肃,号宜山,浙江临海城关镇人。嘉靖十九年(1540)中举人。嘉靖二十九年(1550)中进士。曾任浙江司员外郎、广东司郎中。出任成都知府,治绩显著。嘉靖四十一年(1562)吏部考核第一,升任湖广按察使,后以政绩升都察院右佥都御史,隆庆年间,出任福建巡抚。之后任右副都御史,整顿长江防务。不久,升工部右侍郎,治理淮河。后升南京刑部尚书,不久改南京吏部尚书。因与权臣张居正不合,辞官返乡。著有《宜山集》十八卷。
⑦ 《民国临海县志·临海县历任知县(县令)简表》,第209页。

令其朝夕佩服。又作《居官五戒》，书大轴揭置座右①。

万历十六年（1588），王宗沐在临海家居。六月，台州海啸，廨宇多圮碎，民船、战船压溺死者甚众②。

万历十七年（1589），王宗沐在临海家居。

万历十八年（1590），王宗沐在临海家居。七月，临海大旱，推官王道显请赈③。

万历十九年（1591），十二月初四日④，王宗沐卒于临海城关家中，年六十九⑤。闻讯，茅坤撰《祭王敬所少司寇文》⑥，焦竑撰《祭少司寇敬所王公文》⑦。

晚年家居之时，王宗沐又游婺州三洞、杭州西湖等名胜，且关心故里公益，献计抗倭，"载德者不啻万口"。

晚年家居之时，王宗沐时常与致仕还乡的秦鸣雷、何宽、金立敬等四人，饮酒作诗，时人谓之"四京堂"⑧。

天启年间，在临海巾子山麓建有"王襄裕祠"，以祀王宗沐⑨。

第二节　王宗沐的"不息之学"

无疑，作为一个儒者的王宗沐，信奉孔孟儒家的"圣人之学"；同时作为一位心学家的王宗沐，则以陆象山、王阳明的心学为宗。其为《象山文集》《象山

---

① 王士崧：《王撄宁年谱》。又见裘樟松《王宗沐生平考辨》，《东方博物》第12辑，第82—83页。
②③ 《民国临海县志稿》卷四十一《大事记》，第19页。
④ 核查《中国史历日和中西历日对照表》（方诗铭、方小芳编著，上海人民出版社2007年版），知：万历十九年十二月初四日，对照西历日，则为1592年1月18日。《明神宗实录》认为：王宗沐卒于万历二十年（1592）三月乙丑。《明神宗实录》"万历二十年三月乙丑"条："原任刑部左侍郎兼都察院右金都御史，阅视宣、大、山西边防王宗沐卒。宗沐，浙江临海人。登嘉靖中进士。由刑部历督学、藩臬、总漕、工部侍郎，改今官。万历四年以原官领阅视，至是，卒于家。礼部言其学有渊源，才长经济，虽经论罢，仍奉廷推。上命与祭葬如例。"
⑤ 王宗沐墓在临海县南二十里延丰（于今临海市汛桥镇寺前），赐祭葬，赠刑部尚书。因明天启初追谥襄裕，故其墓亦称"王襄裕宗沐墓"。2004年，临海市文博部门对王宗沐墓进行了发掘，发现墓已被盗，仅得《王宗沐墓志铭》碑刻一种。
⑥ 张梦新、张大芝点校：《茅坤集》，浙江古籍出版社2012年版，第746—745页。
⑦ 李剑雄点校：《澹园集》，中华书局1999年版，第566—567页。
⑧ 《民国临海县志》（下），第574页。
⑨ 同上，第353页。

粹言》作"序",有"圣人之言心,详于宋儒,最后象山陆氏出,尽去世之所谓缴绕者,而直指吾人之应心"云云①;在江西任职期间,主持刊刻王阳明《传习录》,并亲自撰序,提出"心不息,则万古如一日,心不息,则万人如一人,(阳明)先生能用是倡之于几绝,吾人不能缘是承之于已明,而方且较同异雌黄以为长,此予之所以谓(阳明)先生始得之勤,而今之不能无忧也。"②

基于陆王心学之"学统""道统",王宗沐也主张以"心"为本体,主张学者为学工夫当落实到本体,即从本体上用功,在《与陈明水》的论学书简中提出:"自开辟以至今日,唯有一心,更何不同之有? 即于此有疏密迂径之差,亦不过目前殊异,至其收功结局,当亦不远。"③在《刻传习录序》中有云:"夫天下莫大于心,心,无对者也,博厚高明,配于天地,而弥纶参赞,际于六合,虽尧舜之治与夫汤武之烈,皆心之照也"④。

借此,王宗沐提出了自己的为学宗旨,即"不息之学",认为"心体不息":"心不息,则万古如一日;心不息,则万人如一人",此"不息之体,炯然在中,悟则实、谈则虚,譬之孤舟颠沛于冲风骇浪之中,帆橹莫施,碇缆无容,然后视柁力之强弱以为存亡。叶尽根呈,水落石出,而始强立而不返矣"⑤。从中我们可以看出:王宗沐的不息之"心体"实则源于王阳明的"良知"之"体";进而指出,"良知"有"寂"无"灭",即"有寂之名,而无灭相",所谓"良知"者,"在天为不已之命,而在人为不息之体。孔门之所谓仁者,(阳明)先生之所谓知也"⑥。在王宗沐这里,心之本体即孔孟所云的"仁心",这就将"良知"与"心体"、"良知"与"仁心"统一起来。而如何求得"仁心""不息之体"呢? 王宗沐反对空谈,主张采取"慎独""戒慎"的实修路径:"此须于静中密下戒慎功夫,使其空虚明净,了然得所谓本体者,真是不息不贰,无复文字论说所能尽。"⑦据此,王宗沐还以"志真意切"为学问之本:"今日论学,……其切当人心而为顶门上针者,惟'真'之一字,是从古以来一颗真人丹也。志真意切,虽万举万差,吾犹信之也,而况其不至于差乎?"⑧故而,王宗沐的"不息之学"也具有了"实德实用"的特

---

① (明)王宗沐:《象山粹言序》,转引自《黄宗羲全集》第7册,第364页。
② 王宗沐:《刻传习录序》,转引自《黄宗羲全集》第7册,第368页。
③ 王宗沐:《与陈明水》,转引自《黄宗羲全集》第7册,第360页。
④⑤⑥ 王宗沐:《刻传习录序》,转引自《黄宗羲全集》第7册,第367页。
⑦ 王宗沐:《与李见罗》,转引自《黄宗羲全集》第7册,第362页。
⑧ 王宗沐:《与赵大洲书》,转引自《浙学读本》,人民文学出版社2019年版,第40页。

征,故而论者有言:"宗沐少受学于欧阳文庄公,深契文成良知之旨。其学问不立门户,惟提撕知体,俾有实德实用。"①

基于"圣人之学"的立场,王宗沐还对"儒释之辨"进行考论,谓"佛氏专于内,俗学驰于外,圣人则合内外而一之",这明显带有折衷主义特点。而黄宗羲对于王宗沐的这种主张,表示不解:"此亦非究竟之论。盖儒释同此不息之体,释氏但见其流行,儒者独见其真常尔。先生之所谓'不息'者,将无犹是释氏之见乎!"②在此,我们也不必拘泥于黄宗羲的评论;毕竟,王宗沐自己也坦言"某(指王宗沐)本无所知,少自二氏入来,转徙交驰,俱不得力",在师从江右王门学者欧阳德并研读陆王心学文献(《象山文集》《传习录》)之后,根据自己的为学经历以及所思所悟,而以"不息之体"作为自己对圣人之学的切入点:"近始知有所谓不息之体者,本参天地而彻古今,如仲尼祖述尧舜一章,吾人皆与有赀分焉。离是体则无功,故戒慎即所以完是体也;离是功则无效,故位育即所以满此体也。"③

对于王宗沐"不息之学"中的佛教因子,我们也不必在意,毕竟宋明时期的每一位理学家都有出入佛老的经历,朱熹、王阳明也不例外;而王宗沐"不息之学"中加入佛教因子(主要是工夫论层面),也正是天台山和合文化中"和合圆融"之要义的体现。

第三节　王宗沐编纂的史学著述

关于王宗沐的著作文献,明代学者张九一为王宗沐族子王士性《朗陵集》所作《序》有云:"抑又闻之,恒叔(王士性)之诸父曰司寇新甫氏(王宗沐),著述数十万言,海内士人所艳慕而称说者,东山之望甚伟。"④为便于学人对王宗沐著述进行检录,兹按照经⑤、史、子、集的叙事方式,对王宗沐生平所编刻、撰著的"数十万言"的文献略作考述。

---

① 《民国临海县志》(下),第47页。
② 《黄宗羲全集》第7册,第359页。
③ 王宗沐:《与聂双江》,《黄宗羲全集》第7册,第363页。
④ 朱汝略点校:《王士性集》,浙江古籍出版社2013年版,第407页。
⑤ 笔者按:王宗沐无经学文献传世。

王宗沐的史学著述主要涉及方志文献、史料汇编、海运漕运、家族宗谱、资治通鉴等主题,共有十种,其中七种存世。

一、《嘉靖江西省大志》七卷

存,书目著录于《明史·艺文志》《雍正江西通志》《天一阁书目》《民国台州府志》《民国临海县志稿》《台州经籍志》等。

嘉靖三十五至三十八年(1556—1559),王宗沐先后出任江西提学副使、江西参政,政事、讲学之暇,凭一人之力纂修了《江西大志》,编目凡七:曰《赋书》,曰《均书》,曰《藩书》,曰《溉书》,曰《实书》,曰《险书》,曰《陶书》①。正文卷目均标"江西省大志卷之ⅹ,臬人王宗沐著"字样。卷首有王宗沐"自序":"臬史氏曰:大志,志大省也。先是,嘉靖丙辰(三十五年,1556),宗沐被命督江西学政,再按列郡。讲业之暇,颇采其俗产、山川、赋役、大都,时札留箧中。三年,移参藩政,间取读之,虽一方大故,可按眡在目而以文……""臬人"、"臬史氏"云云,意在表明,嘉靖三十九年(1560),转任江西按察使的王宗沐将《嘉靖江西省大志》正式刊刻。至于由王宗沐发凡起例的《江西省大志》的实用价值,《王㔻宁年谱》云:"事核而评计,通省常赋,指掌可按,迄今成不刊之典。"②《民国临海县志稿》亦称"至今奉以为规"③。

万历二十五年(1597),时任都察院右佥都御史、江西巡抚的陆万垓,在王宗沐纂《嘉靖江西省大志》七卷本基础上,新增《楮书》一卷而成八卷本,并刊刻,是为《万历江西省大志》。《嘉靖、万历江西省大志》版本与存世情况如下:

1. 国家图书馆古籍馆藏《嘉靖江西省大志》七卷本(索书号:01347),足本,一函四册。"缩微制品"(索取号:DJ2172)由北京全国图书馆文献缩微中心于2005年完成,藏国家图书馆古籍馆地方志家谱阅览室。

2. 浙江宁波天一阁藏《嘉靖江西省大志》七卷本的残本,仅存三卷,即《赋

---

① 《民国台州府志》卷一〇三,第4536页。
② 《章安王氏宗谱》卷一下,第7页。
③ 《民国临海县志稿》卷三十八《艺文·书录·史部》,《中国地方志集成·浙江府县志辑》,第625页。

书》《均书》《藩书》三卷及卷首"王宗沐序"①。

3. 上海图书馆古籍部藏《嘉靖江西省大志》民国年间传抄本(索书号：线普464022—25)。

4. 南京图书馆藏明万历二十五年陆万垓增修《万历江西省大志》八卷本，四册。现已影印收录于《中国方志丛书·华中地方第779号》(台湾成文出版社,1989年)、《南京图书馆孤本善本丛刊·明代孤本方志专辑》(线装书局,2003年)、《南京图书馆藏稀见方志丛刊》(国家图书馆出版社,2012年)，颇便检录。

5.《敬所王先生文集》卷二十六《杂著》，录有《赋书》《均书》《藩书》《溉书》《实书》《险书》《陶书》之纲目。

值得说明的是，由江西师范大学黄长椿、左行培、许怀林点校的《江西省大志》，历经三十五年(1983—2018)由中华书局2018年9月出版。

二、《宋元资治通鉴》六十四卷

亦作《续资治通鉴》，存。书目著录于《明史·艺文志》《千顷堂书目》《天一阁书目》《世善堂书目》《述古堂藏书目》《雍正浙江通志》《台州外书》《台州府志》《民国临海县志稿》。

关于《宋元资治通鉴》的编撰缘起与成书年限，王宗沐《宋元资治通鉴·凡例》有云："自宋受命，始于建隆庚申，迄于祥兴己卯，共三百二十年。元一天下，始于至元庚辰，迄于至正丁未，共八十八年。合辽、金、夏三姓，其兴亡治乱有足纪者，是以编而次之。始于嘉靖乙卯(三十四年)，成于隆庆丁卯(元年)，以备全史之要略。"②崔镛《资治通鉴序》云："临海王敬所先生……家居考古，乃读司马氏书(《资治通鉴》)，慨然叹曰：'可令当伊人后，而宋元竟旷典乎？'由是，上下四百十有三年之间，日扬籤而发往牒，手笔削之。"③《临海县志》称："嘉

---

① 骆兆平著：《天一阁藏明代地方志考录》，宁波出版社，2012年，第80页。项元勋编《台州经籍志》卷十三称："《江西大志》……天一阁藏本，存卷一至卷五，有自序。"(项元勋编：《台州经籍志》，台北文广书局1969年版，第583页)

② 转引自《民国临海县志稿》卷三十七《艺文·书录·史部》，《中国地方志集成·浙江府县志辑》，第1页。

③ 《台州经籍志》，第268页。

靖癸酉,(王宗沐)以父病告归,修《宋元通鉴》。……家居杜门三年始告成。"①

据此可知,王宗沐在嘉靖三十四年(1555)即有纂修《续资治通鉴》的设想,而正式动手编撰则是在嘉靖四十四至隆庆元年(1565—1567)因父病而家居之时。王宗沐所纂《宋元资治通鉴》作为一部编年体史书,纪宋、元两朝四百一十三年史事,体例皆本于司马光《资治通鉴》,"而改元正统之议、前史未尽者,则折衷以要至至当",崔镛"序"文以为"司马氏繁而有法"、王宗沐"简而有委,其事核,其旨该,均可谓有良史之才矣"②。

《宋元资治通鉴》目前存世版本有三:隆庆五年(1571)山东重刊本③,梁梦龙序,题作《续资治通鉴》;万历年间阳羡路进刊刻本,题作《宋元资治通鉴》;万历年间新安吴勉学、吴中珩父子④刊刻本,亦题作《宋元资治通鉴》。

1. 隆庆五年山东重刊本(《续资治通鉴》)

正文卷端题曰:"续资治通鉴卷第一;皇明中奉大夫山东等处布政司左布政使临海王宗沐编。"卷首载王宗沐撰《续资治通鉴义例》文,又有隆庆辛未年梁梦龙"刻叙"一种。版本描述:20.2×14.5 cm,10行,行20字;注文小字双行,字数同;左右双栏,版心白口,单鱼尾。下方记刻工名:程延令、谢义、刘本元等。

海内外图书馆馆藏情况如下:

(1) 国家图书馆古籍馆藏(索取号:13770),20册。

(2) 上海师范大学图书馆古籍部藏(索书号:403400/1033),20册。

(3) 台湾"故宫博物院"图书馆藏,24册,足本。

(4) 台湾"国家"图书馆藏,18册,非足本。存五十八卷,缺卷八至卷十、卷四十一至卷四十三。藏书印两枚:"国立中央图书馆收藏"朱文长方印、"泽存书库"朱文方印。

(5) 台湾"中研院"傅斯年图书馆藏,20册,足本。有"东莱太守崔锺善印"、"曾经沧海"等图书印。

---

① 转引自《台州经籍志》,第269页。
② 《台州经籍志》,第268页。
③ 隆庆五年在山东刊刻的《续资治通鉴》,梁梦龙称之为"重刊本";据此推断,隆庆初年,当有"初刊本"。《台州经籍志》所录崔镛"序"(《台州经籍志》,第267—269页),或为"初刊本"而作,"初刊本"版本源流则有待进一步的考证。
④ 吴中珩,字子美,为隆庆、万历间安徽歙县"师古斋"主人吴勉学之子,克承父志,专一于刻书,终成明季一代著名刻书家。

(6)湖南省社会科学院图书馆藏(索书号：312/42),20册,足本。

2. 万历年间阳羡路进刊刻本(《宋元资治通鉴》)

(1)上海图书馆古籍部藏"阳羡路进刊刻本"两种(索书号：线普541555—70,线善834523—34)。

(2)台湾大学图书馆藏"阳羡路进刊刻本",2函20册。

(3)国家图书馆古籍馆普通古籍阅览室藏"明路进校辑"本(索取号：69262),系崇祯年间《资治通鉴》合刻本之一种。

(4)湖南省社会科学院图书馆藏"明万历路进刻本"(索书号：312/43),20册。

3. 万历年间新安吴勉学、吴中珩父子刊刻本(《宋元资治通鉴》)

(1)上海图书馆古籍部藏"新安吴勉学刊刻本"(索书号：线善T271452—67)。

(2)浙江大学图书馆古籍善本库"明万历间吴勉学刻本"(索书号：2/129)。64册,缺卷一首二页,无序跋；钤"张叔平"、"吴兴刘氏嘉业堂藏书印"、"刘承干字贞一号翰怡"印。

(3)台湾大学图书馆藏"新安吴中珩刊刻本",4函16册。钤"龚少文收藏"印。

(4)上海图书馆古籍部藏明崇祯十年(1637)"新安吴氏刊刻本"《资治通鉴》,系司马光、金履祥、王宗沐三人合辑本(索书号：线普427100—219)。

(5)湖南图书馆古籍部藏"吴勉学校刻本"、"佚名圈点"本,29册。

(6)《四库未收书辑刊》(北京出版社,2000年)第1辑第14册,影印收录了《宋元资治通鉴》明吴中珩刻本。

与撰修《宋元资治通鉴》同时,王宗沐还编著了另一种史学文献——《十八史略》。

三、《十八史略》,卷数不明

佚,书目著录于《台州府志》《浙江通志》《台州外书》《台州经籍志》《民国临海县志稿》。

《台州经籍志》载："《十八史略》,明临海王宗沐撰,今佚。"[①]裘樟松《王宗沐

---

① 《台州经籍志》,第541页。

生平考辨》认为：《十八史略》系王宗沐中年时期，即嘉靖四十三年（1564）至隆庆三年（1569）因父病、卒而照料、丁忧家居之时所完成的一种著作①。"十八史略"，顾名思义，即是以"编年体""节略"方式简明扼要地叙述自司马迁《史记》以下直至《元史》的所谓正史中史事梗概的文献。值得关注的是，元代江西庐陵学者曾先之撰有二卷本的同名著作——《十八史略》②。

四、《东省经制全书》十二卷

一作《山东经会录》，存。书目著录于《民国临海县志稿》《台州经籍志》。

隆庆四年（1570）九月，丁忧服阕的王宗沐，由巡抚谷中虚举荐，起为山东左布政使。任上，编撰了山东财政册籍性质的《东省经制全书》。至于该书编刻缘起与内容，王士崧撰《王璎宁年谱》云：王宗沐有感于山东"差烦赋重，民偏累力，请于两台，开局会计，概一省差税粮、马草、均徭、里甲、驿传、马政、盐法，历年因革、增减、那移及各衙门条议始末，备载其中"③。隆庆五年（1571）二月，王宗沐为编纂《东省经制全书》事，有公文一种呈请时任钦差巡抚山东等处地方兼督理营田都察院右佥都御史梁梦龙、巡按山东监察御史张士佩批准，并有"公移"一种——《山东等处承宣布政使司为开局会计以定一省经制事》为证④。在此公移中，王宗沐对《东省经制全书》的内容、样式、体例有说明："第一，先横图，载各县所派之额也，方寸之纸，载数甚多，颇为简便；第二，载一省总数，以便寻览；第三，载历年因革、增减、那移及各衙门条议始末，唯此条最多且详；第四，载附录，以因革条载所不尽及，或议论有可采者，附缀於此，以俟他日采择。书中所载大事，一税粮、马草，二均徭，三里甲，四驿传，五马政，六盐法。"王宗沐拟定的体例、内容，也得到了上司即山东巡抚梁梦龙的认可："详阅今录，纲举目张，事核议正，山东经会，方有成规，自是沿革损益，便民裕国，有所考据，兹岳牧先务也。依拟刊刻，以便垂久。"⑤经过大半年的努力，隆庆五年十月，十二卷本的《东省经制全书》正式刊刻。

---

① 裘樟松：《王宗沐生平考辨》，《东方博物》第 12 辑，第 79 页。
② 《钦定四库全书总目》，中华书局 1997 年版，第 700 页。
③ 王士崧：《通议大夫刑部左侍郎璎宁府君年谱》，载《章安王氏宗谱》卷一下，光绪三年重修本，第 11 页。
④⑤ 王宗沐：《敬所王先生文集》卷三十《公移·山东省》，《四库全书存目丛书》集部 111 册，第 655—657 页。

《台州经籍志》卷十六:"《东省经制全书》,明临海王宗沐撰,官山东左布政使时编,今未见。"①实则《山东经会录》的孤本文献,今藏于日本京都大学文学部图书馆,京都大学人文科学研究所汉字情报中心和北海道大学图书馆亦藏有影印本。有学者考证:日本京都大学藏本原为内藤湖南恭仁山庄旧藏②。《山东经会录》的版本描述如下:《山东经会录》十二卷,刻本,12册,高25.5厘米,宽16.1—17.1厘米不等。正文部分半面十行二十一字,白口,双鱼尾,四周双边。版心上方刻"经会录"。外封面题签,按十二地支——子、丑、寅、卯、辰、巳、午、未、申、酉、戌、亥——编序。《山东经会录》内容依次为:卷首《山东等处承宣布政使司为开局会计以定一省经制事》、目录、正文。正文分为税粮、均徭、里甲、驿传、马政、盐法六部分,每部分又分为横图、总额、因革、附录四小部分③。

五、《海运详考》一卷

存,书目著录于《四库全书总目》《澹生堂藏书目》《绛云楼书目》《千顷堂书目》《明史·艺文志》《浙江通志》《台州经籍志》《台州外书》《民国临海县志稿》。

《海运详考》乃王宗沐在隆庆五年(1571)于山东布政使任上时,议复开海运而作,所载皆其议事呈文。隆庆六年(1572)二月,由庐州知府张大忠刊刻,卷首载吏部尚书李春芳、刑部左侍郎陈尧撰《海运详考序》,卷末系浙江提刑按察司副使陈耀文撰《海运详考·后序》④。其中,李春芳《序》文称:"(王宗沐)详考海运,自前代迄国初,始之所以行、终之所以罢,如何而为利、如何而为弊,与夫法久变通之宜、造舟通运之制,考核区画,纤悉详明,览者不待其竟而即知其必可行也。"⑤万历元年(1573),刊刻成书的《海运详考》由王宗沐进呈朝廷⑥。

海内外图书馆的《海运详考》藏存情况如下:

---

① 《台州经籍志》,第807页。
②③ 申斌:《明代官文书结构解读与行政流程复原:以〈山东经会录〉的纂修为例》,《安徽师范大学学报》(人文社会科学版)2016年第6期。
④ 《民国临海县志稿》卷三十八《艺文·书录·史部》,第10—12页。
⑤ 李春芳:《海运详考序》,载《原国立北平图书馆甲库善本丛书》第442册《海运志》,国家图书馆2013年版,第563页。
⑥ 《章安王氏宗谱》卷一下,第13页。

1. 台湾"故宫博物院"图书馆藏有明隆庆壬申(六年,1572)庐州知府张大忠刊刻的《海运志》上、下卷。上卷为《海运详考》,前有清光绪戊申(三十四年,1908)罗振玉手书题识。

2. 台湾"国家"图书馆藏有台湾"故宫博物院"图书馆原藏本即罗振玉手书题识本的"缩微胶片"。

3. 明季学者陈子龙编《皇明经世文编》,卷三四五录《海运详考》,系"崇祯平露堂刻本"[①],1962年由中华书局影印出版。

4. 《原国立北平图书馆甲库善本丛书》(国家图书馆,2013年)第442册,影印收录了原国立北平图书馆甲库藏"明隆庆壬申庐州知府张大忠刊刻、清光绪戊申罗振玉手书题识本"的《海运志》,上卷为《海运详考》。

5. 临海博物馆藏清抄本《海运详考》,不分卷。

六、《海运志》二卷

存,书目著录于《四库全书总目》《澹生堂藏书目》《绛云楼书目》《千顷堂书目》《明史·艺文志》《浙江通志》《台州经籍志》《台州外书》《民国临海县志稿》。

关于《海运志》《海运详考》二者之关联,《四库全书总目》称:"是编(《海运详考》)乃隆庆六年(1572)二月,宗沐任山东布政使时议开海运而作,所载皆其议事呈文。是年(隆庆六年)七月,复锓《海运志》,于《详考》之外,增入《海运图》,并《海运路程》《奏疏事宜》。考宗沐官右副都御史总督漕运时,请复海运,其疏载所著《敬所文集》中,本传亦载其略。"[②]也就是说,《海运志》上下两卷:上卷为《海运详考》,再增入《海运图》(《海道新图》《海道总图》)、《海运路程》(《海运里程》);下卷是《奏疏事宜》,亦作《海运题疏》,末附《八卦时风图》于后。

此外,时任山西提刑按察司按察使王世贞作《海运志·序》,直隶庐州府知府张大忠于"隆庆壬申(六年,1572)夏月既望"撰《海运志·后语》,对《海运志》的刊刻、卷目予以说明。海内外图书馆《海运志》的馆藏情况为:

1. 美国国会图书馆于1961年摄制有北平图书馆藏善本书——《海运志》胶片。

---

① 张杰:《浙东海洋古文献述略》,载张伟主编《浙东文化研究》第1辑,浙江大学出版社2014年版,第334页。

② 《钦定四库全书总目》,第1119页。

2.陈子龙《皇明经世文编》卷三四三至三四五,录《海运详志》文稿①。

3.《原国立北平图书馆甲库善本丛书》(国家图书馆,2013年)第442册影印收录了"明隆庆壬申庐州知府张大忠刊刻、清光绪戊申罗振玉手书题识本"两卷本《海运志》②。

与王宗沐撰《海运详考》《海运志》同时,梁梦龙撰《海运新考》三卷,郑若曾撰《海运图说》一卷。这说明在隆庆年间,恢复海运的主张与建言,乃是一股时代潮流,而非王宗沐的一家之言。

七、《漕抚奏疏》四卷

亦称《敬所王先生漕抚奏疏》《王侍郎奏疏》《王敬所奏疏》等,存,书目著录于《明史·艺文志》《千顷堂书目》《天一阁书目》《脉望馆书目》《台州经籍志》《民国临海县志稿》。《民国临海县志稿》③《台州经籍志》④误作"十卷",实为四卷。

隆庆五年(1571)十月至万历二年(1574)十二月,王宗沐任都察院右副都御史总督漕运兼提督军务,巡抚凤阳等处。在淮安任职的这三年间,王宗沐对漕运之河运、海运事,几乎月月有上疏,建言献策。《漕抚奏疏》四卷,即是王宗沐在隆庆五年至万历元年(1573)间所上奏疏的汇编。万历元年,潘允端作"序",嗣后命陈文烛刊刻,并嘱作序,陈文烛《漕抚奏疏序》文有"《漕抚奏疏》,临海王先生先后陈阙下者。……按察潘公(允端)命(陈文)烛董梓事,书成一言,以为天下虑者告也"云云⑤。王世贞亦应潘允端之请,作《海漕奏疏序》,称"(王宗沐)著书十万言,皆谈皇王经济之略"⑥。万历二年,王宗沐上《漕运指掌图疏》⑦,是为《漕抚奏疏》之一种。

---

① 张杰:《浙东海洋古文献述略》,载《浙东文化研究》第1辑,第334页。
② 范凡:《晚明士人王宗沐经世思想研究》文称"国家图书馆藏有《海运志》缩微胶卷"(杭州师范大学2013年硕士学位论文,第5、32页)。为求证此事,2015年6月10日,笔者从杭州赶到国家图书馆古籍馆访查,并咨询了工作人员,根本不见"《海运志》缩微胶卷";6月19—20日,又委托中国人民大学国学院袁新国博士前往"国图"查找此"缩微胶卷",亦无收获。
③ 《民国临海县志稿》卷三十七《艺文·书录·史部》,第7页。
④ 《台州经籍志》,第319页。
⑤ 陈文烛:《二西园文集》卷一,《四库全书存目丛书》集部第139册,第19—20页。
⑥ 转引自《台州经籍志》,第807—809页。《台州经籍志》把王世贞《漕抚奏疏》"序"误以为《海运详考》"序",当正之。
⑦ 《章安王氏宗谱》卷一下,第14页。

海内外图书馆馆藏《漕抚奏疏》情况如下：

1. 国家图书馆古籍馆善本室藏（索取号：00654）。4册，10行20字，白口，左右双边。又制成缩微胶片，供检录。

2. 台湾"中研院"傅斯年图书馆藏。

3. 宁波天一阁图书馆可能有藏，待查访。

此外，《台州经籍志》有"今江南图书馆藏有（《漕抚奏疏》）明刊本。凡四册"云云①，至于江南图书馆藏明刊本，今在何处，亦有待考证。

兹据国家图书馆藏本，迻抄卷目于此：

卷首为"万历元年首夏朔日督理漕务粮储山东等处提刑按察司按史上海潘允端顿首拜书"——《漕抚奏疏序》。

卷一：《漕抚履任谢恩疏》《乞优恤运士以实漕政疏》《乞留常盈仓米疏》《乞破格处分因陈足国大计疏》《换置文武职官以裨漕运疏》《预防黄河迁徙疏》《乞设官捕盗以安重地疏》《遵例查复有司官员俸级疏》《乞广饷道以备不虞疏》《恭报海运粮船启行疏》《乞铨定造船厂官以裨漕政疏》。

卷二：《恭报漕船尽数过淮疏》《恭报漕船悉数过洪疏》《条例议单款目永为遵守疏》《飞报海运抵岸疏》《自陈疏》《条列漕宜四事疏》《更换县令疏》《淮扬水灾疏》《乞勘海运疏》《谢恩疏》。

卷三：《海运叙功疏》《谢恩疏》《荐地方人材疏》《表扬节妇疏》《定派漕粮疏》《恭报漕船悉数过淮疏》《恭报海运粮船启行疏》《恭进〈漕运指掌图册〉疏》《恭报漕船悉数过洪疏》《浚河造船疏》《归并驿递疏》《地方灾伤疏》《覆海运疏》。附《海运初议公移》二件：《呈为海运事》《勘报海道事》。

卷四：《瓜仪制造漕船疏》《更置将领疏》《恭报粮船悉数过淮疏》《恭报漕船过洪疏》《条议漕运事宜疏》《异常灾伤疏》。

此外，《漕抚奏疏》部分疏文还散见于《敬所王先生文集》卷二十一至二十三。《明神宗实录》相关卷目中，亦录有部分奏疏节文。

八、《三镇阅视录》（附《三镇图说》），卷数不明

亦作《阅视三镇录》《巡视三边纪略》，佚，书目著录于《违碍书目》《民国临

---

① 《台州经籍志》，第319页。

海县志稿》《台州经籍志》。

《王撄宁年谱》对《三镇阅视录》《三镇图说》成书缘起有记:"(王宗沐)初奉玺书,阅视宣、大、山西诸镇,周行数阅月,悉得边臣比年所以修守、练兵、利器、积粮、屯田高下差等等实状,条上之。又访稽擘画三镇机宜利害,以及山川隘险与粮饷兵马,沿革损益之旦,画图附说。"①《台州经籍志》卷十四:"《阅视三镇录》。明临海王宗沐撰。万历丙子,敬所奉敕阅视宣府、大同、山西三镇,因采录各镇风土事宜为此书,末附各边图谱。今未见。"②据此可知,万历四年(1576),时任刑部左侍郎王宗沐兼右佥都御史,阅视宣、大、山西三镇时,撰成《三镇阅视录》;附录《三镇图说》,即宣、大、山西三镇的"边防地图"及相关文字。书成,拜疏进呈,"优诏褒许,悉见施行"。

《阅视三镇图说》成,王宗沐赠宁藩镇国中尉朱多炡一册,多炡赋诗酬谢,即《答敬所所寄〈阅视三镇图说〉诗》(亦作《司寇临海敬所王公阅视三镇远以图说见遗赋诗》):"一望重关塞草枯,主恩持节视防胡。九边烽火塞帷净,三镇军声指掌呼。上谷去天低倚剑,黄河如带稳飞凫。平收聚落风沙色,并入山阴笔阵图。"③

九、《章安王氏宗谱》,卷数不明

原编修本已佚,但今传世本《章氏王氏宗谱》中,尚存王宗沐原编本部分内容。《章氏王氏宗谱》系万历五年(1577)后,王宗沐丁内艰家居时所编创。《章氏王氏宗谱》传世版本有:清嘉庆二十一年(1816)、光绪三年(1877)、民国三十五年(1946)修订本,和1996、2014年重修本。

十、《皇(明)朝名臣言行录》,卷数不明

存,今国家图书馆编《原国立北平图书馆甲库善本丛书》第242册(国家图书馆,2013年),录有《皇(明)朝名臣言行录》影印本,题记有"王宗沐补编"字样。《哈佛燕京图书馆藏史部典籍珍本汇编·传记类》,亦录署名"王宗沐撰"、"明嘉靖刊本"的《皇明名臣言行录》。

---

① 《章安王氏宗谱》卷一下,第15页。
② 《台州经籍志》,第699页。
③ 转引自项元勋编:《台州经籍志》,第699页。

第四节　王宗沐汇编的子学及其他文献

王宗沐汇编的子学文献，主要是对先贤大儒诸如朱熹、陆九渊、王阳明，以及道家学者庄子传世文献的选辑与刊刻，即《朱子大全私钞》《象山粹言》《陆象山全集》《阳明先生与晋溪书》《欧阳南野先生文集》[①]《南华经别编》。这六种文献，隐隐约约地透露出了王宗沐"和会朱陆""兼容佛道"的阳明心学立场。

一、《朱子大全私钞》十二卷

亦作《明嘉靖王宗沐本〈朱子大全私钞〉》，存。书目著录于《千顷堂书目》《雍正浙江通志》《台州经籍志》。

《朱子大全》系宋儒朱熹诗文集之集大成，嘉靖三十二年(1553)春，时任广西按察金事提督学政的王宗沐从中遴选出"论学书""杂著""奏劄"若干，易题曰《朱子大全私抄》而辑编、刊刻之，凡六册十二卷。

卷首有《刻〈朱子大全私抄〉引》，系明进士文林郎广西道监察御史海宁后学朱有孚于嘉靖三十二年春三月望日撰，纪王宗沐编次《朱子大全私抄》的缘起："(王宗沐)得其(朱子)最切于心学者，先《论学书》六卷，次《杂著》九卷，次《奏劄》二卷，名曰《大全私抄》，捐俸付梓。"选编"凡例"由王宗沐撰写，落款"嘉靖三十有二年三月既望"。正文卷端题"朱子大全私抄卷之 X，临海后学王宗沐次"，每卷卷末署有"桂林生员项懋、管惟乾教正"字样。

版本描述：18.9×13.1 cm；四周单栏，版心花口。中缝上记"私钞"，中记卷之 X，下记叶次。半叶十行，行二十字；小字双行，字数相同。海内外图书馆馆藏情况如下：

1. 浙江图书馆古籍部藏(索书号：善 2282)。
2. 浙江省台州市黄岩区图书馆藏，入选《第一批国家珍贵古籍名录》。

[①] 严格意义上讲，由王宗沐编刊的这五种文献非"子学文献"，因考虑到这五种文献性质相同，故且置于"子学文献"中。

3. 苏州大学图书馆古籍部藏,亦入选《第一批国家珍贵古籍名录》。
4. 上海图书馆古籍部藏(索书号:线 T271468—73)。
5. 国家图书馆古籍馆藏残本(索取号:15033),存十卷,即卷一至卷十。
6. 台湾"故宫博物院"图书馆藏(索书号:故善 003667—003672)。

二、《象山粹言》六卷

存,书目著录于《光绪台州府志》《台州经籍志》。

《台州经籍志》卷十八:"《象山粹言》六卷,明临海王宗沐编。嘉靖间刻于广西,有自序。"《象山粹言》系宋儒陆九渊原著,王宗沐在明嘉靖三十二年(1553)任广西按察司佥事提督学校之时辑编、刊刻,有(王宗沐)"自序"。

《象山粹言》卷首有"序"文三种,先是"开禧元年夏六月乙卯门人四明杨简敬书"、"正德辛巳七月朔后学余姚王守仁书"的两种《象山先生文集序》,以大号字刻版;继以小号字刊刻的"嘉靖癸丑十二月吉临海后学王宗沐谨识"《序》文。卷一:书二十五首(论学);卷二:书三十四首(论学);卷三:书十七首(论学)、奏表五首、记七首、序赠二首;卷四:杂著十一首、杂说十六首、讲义七首、语录一百三十三条;卷五:语录一百六十六条;卷六:语录三百一十条。正文卷目题作"象山粹言卷之 X,临海后学王宗沐次"。

《象山粹言》的馆藏情况如下:

1. 上海图书馆古籍善本室藏(索书号:线善 759339—41)。
2. 国家图书馆古籍馆善本室藏两部(索取号:13672、17272)。

三、《陆象山全集》三十六卷

存。嘉靖四十年(1561),王宗沐升任江西右布政使,任上主持刊刻了《象山先生全集》。主要传世版本有:

1. 1919 年上海商务印书馆《四部丛刊》初编集部收录的《象山先生全集》(1929 年重印)。

卷首"序"文四种,即"正德辛巳七月朔阳明山人王守仁书"《象山先生全集叙》、"嘉定五年九月戊申门人四明袁燮书"《象山先生文集序》、"开禧元年夏六月乙卯门人四明杨简敬书"《象山先生全集序》、"大明嘉靖四十年岁次辛酉五月吉赐进士出身中奉大夫江西布政司右布政使前奉敕提督江广两省学政临海后学王宗沐撰"、"嘉靖癸丑十二月吉临海后学王宗沐谨识"的《象山集序》。序文卷末即正文卷首附录有徐阶《少湖徐先生学则辩》。时任荆门州儒学学正廖恕作"补记",曰:"右《学则辩》,华亭少湖徐公所作也。辩朱、陆二夫子之学同归一致,不容有毫发之疑矣。今因补刻《象山全集》,附刻是辩,俾求象山之学者则焉。荆门州儒学正闽尤溪廖恕谨识。嘉靖己未(三十八年)秋九月吉旦。"

抛开王守仁、袁燮、杨简、徐阶文不论,我们来分析一下王宗沐《象山集序》文落款,其中署有两个日期,一是"嘉靖四十年岁次辛酉五月"、一是"嘉靖癸丑(三十二年)十二月"。据此可以判定:嘉靖三十二年王宗沐任广西按察司佥事提督学校之时,编辑、刊刻了六卷本的《象山粹言》;嘉靖四十年王宗沐升任江西布政司右布政使之时,则刊刻了三十六卷本的《象山先生全集》。

2. 1937年世界书局出版的《陆象山全集》三十六卷本,系"王宗沐编"本,称"据明嘉靖江西刊本校印"。

3. 1980年中华书局出版"理学丛书本"的《陆九渊集》,钟哲撰写的《点校说明》云:"这部《陆九渊集》是以上海绥芬楼影印嘉靖本为底本,与传世另一嘉靖本、清道光二年金溪槐堂书屋刻本勘校,并参校明成化陆和刻本,正德十六年李茂元刻本、万历四十三年周希旦刻本。"[1]此处所云"嘉靖本为底本",即是王宗沐于嘉靖四十年所刊刻的《象山先生全集》。

4. 2010年台北世界书局出版《中国文化经典·哲学丛书》,其中收录并影印出版了署名"宋陆九渊撰、明王宗沐编"的三十六卷本《象山先生全集》。

四、《阳明先生与晋溪书》,不分卷

亦作《阳明先生手柬》。存。嘉靖四十二年(1563),王宗沐于湘江舟次,检阅自己先年手录的《阳明先生与晋溪书》,即正德十二至十六年王阳明抚南赣时写给兵部尚书王琼的十五通书函[2];读罢,感慨之余,即寄交时在婺州任职的友人王祯。嘉靖四十三年(1564),在婺州刊刻;王宗沐作《刻阳明先生手柬小序》[3],

---

[1] 钟哲点校:《陆九渊集》,中华书局,1980年版,第1页。
[2] 吴光等编校:《王阳明全集》(简体字本),第827—834页;束景南撰:《王阳明佚文辑考编年》(增订版),上海古籍出版社2015年版,第499—516页。
[3] (明)王宗沐:《敬所王先生文集》卷五,《四库全书存目丛书》第111册,第116—117页。

王祯撰《刻〈阳明先生与晋溪书〉后跋》①。隆庆六年(1572),在王宗沐的过问下,《阳明先生与晋溪书》得到重刻,陈文烛作《重刻阳明王先生手柬后语》(《王阳明手柬序》)②。《阳明先生与晋溪书》隆庆六年刻本,现存上海图书馆古籍部。

五、《欧阳南野先生文集》三十卷

存。欧阳南野即欧阳德,是王阳明的嫡传门人,而王宗沐于嘉靖二十六年(1547)在京师师从欧阳德,故而系阳明先生的再传门人。《王撄宁年谱》云:"(王宗沐)少受学于欧阳文庄公,深契文成'良知'之旨。其学问不立门户,惟提撕'知'体,俾有实得实用而已。"③

嘉靖三十三年(1554)欧阳德病逝,嘉靖三十五、三十六年间(1556—1557)左右,时任江西提学副使的王宗沐,与同门沈科、陆九成、王春复、黄铸、黄国卿等共同汇编刊刻了业师生前信函、奏疏、诗赋、序记等文字,厥成《欧阳南野先生文集》三十卷,王宗沐撰《南野先生文集序》④。

六、《南华经别编》二卷

存,书目著录于《明史·艺文志》《千顷堂书目·道家类》《雍正浙江通志·经籍·道藏》《台州经籍志》等。

《台州经籍志》载:"《南华经别编》二卷,明临海王宗沐撰。今未见。"⑤《明史》《千顷堂书目》《雍正浙江通志》《台州经籍志》等以为《南华经别编》佚而不存,实则王宗沐辑录的《南华经别编》尚存世间,今已影印出版。

1. 北京师范大学图书馆藏明万历刻本《南华经别编》二卷,八行十六字,白口四周双边。今北京师范大学图书馆编、杨健主编的《北京师范大学图书馆藏明刻孤本秘笈丛刊》,第15册即全文影印收录⑥。

---

① [日]永富青地:《王守仁著作的文献学的研究》,东京汲古书院2007年版,第538页。
② 陈文烛:《二酉园文集》卷三,《四库全书存目丛书》集部139册,第37—38页。
③ 《章安王氏宗谱》卷一下,第13—14页。
④ 王宗沐:《敬所王先生文集》卷五,《四库全书存目丛书》第111册,第33—35页。王传龙:《阳明心学流衍考》,厦门大学出版社2015年版,第196—200页。
⑤ 《台州经籍志》,第1228页。
⑥ 杨健主编:《北京师范大学图书馆藏明刻孤本秘笈丛刊》第15册,广西师范大学出版社,2010年,第309—380页。

2. 华东师范大学中文系方勇教授总编纂《子藏·道家部·庄子卷》,第57册据北京师范大学图书馆藏明刻本,影印收录"明万历三年施观民刊本"、王宗沐撰《南华经别编》二卷①。

《南华经别编》系王宗沐对《庄子》文本的选编。黄宗羲《明儒学案》称王宗沐"少从(佛道)二氏而入"②,《南华经别编》于万历三年(1575)刊刻,这说明王宗沐在青年、中年时代对道家道教文献有过深度的关注。王宗沐"号撄宁",即源于《庄子·内篇·大宗师第六》:"其为物,无不将也,无不迎也;无不毁也,无不成也。其名为撄宁。撄宁者,撄而后成者也。"③"撄宁"的意思就是,不受外界事物的纷扰,而后保持心境的宁静。王宗沐晚年"构畸园以自适"④,"畸园"之"畸"之命名亦源于《庄子·内篇·大宗师第六》:"畸人者,畸于人而侔于天。"⑤意谓为人清高,而不流于世俗,这是一种儒道贯通的豁达境界。

第五节　王宗沐撰著的诗文集

王宗沐撰著的诗文集,汇编刊刻后题曰《敬所王先生文集》《敬所王先生文集续编》,此外尚有《撄宁语录》《探匏集》《山居随笔》等三种。

一、《敬所王先生文集》三十卷

存,简称《敬所文集》。书目著录于《明史·艺文志》《千顷堂书目》《四库全书总目》《浙江通志》《台州府志》《台州外书》《民国临海县志稿》。

《四库存目提要》:"《敬所文集》三十卷(江苏巡抚采进本),明王宗沐撰。……此集自一卷至十卷,为序、颂、书、启,曰《内编》;十一卷至二十卷为诗、论、碑、赋、说、传、书后、约、策问、祭文、行状、铭志、讲义,曰《别编》;二十一卷至三十卷,为奏疏、杂著、文移,曰《外编》。《明史·艺文志》载:宗沐《奏疏》

---

① 方勇总编纂:《子藏·道家部·庄子卷》第57册,国家图书馆出版社2011年版,第57—344页。
② 《明儒学案》,《黄宗羲全集》第7册,第359页。
③ 郭庆藩:《庄子集释》,中华书局1961年版,第253页。
④ 《民国临海县志》(下),第315页。
⑤ 《庄子集释》,第273页。

四卷,《文集》三十卷,此本止三十卷,而《奏疏》在焉,卷首题门人张位选集。然则史所载者其全集,此为位所编定欤?抑其《奏疏》,又有集外别行之本,史并载之也?"①

《敬所王先生文集》卷首有万历元年(1573)张位序、万历元年刘良弼序、万历二年贺一桂序。张序、刘序均言刻书事,殆始刻于万历元年,成于万历二年。借此而有"明万历元年至二年福建巡按刘良弼刊刻"本。《敬所王先生文集》于海内外图书馆馆藏情况如下:

1. 浙江大学(原杭州大学)图书馆古籍善本库藏(索书号:4/409)。版本描述:32册,9行18字,白口,单黑鱼尾,四周单边,版框高19.5厘米,宽13.8厘米;版心下镌刻工名:"余二""六一""仙""刘甫""子""五""文""好""刘臣""张四"等。钤"张叔平""南林刘氏求恕斋藏""刘承干印""方永祯印""德符"。《四库存目丛书》集部第111册所收录的《敬所王先生文集》,即据杭州大学(现浙江大学)图书馆古籍部藏本景印出版。

2. 国家图书馆古籍馆善本库藏残本一种(索书号:11951),实存二十四卷,即卷一至十、卷十五至二十四、卷二十七至三十。

3. 台湾"国家图书馆"藏本。描述如下:线装本32册,19.3×14.1厘米;每叶9行,行18字;单栏,版心白口,单鱼尾。上方记书名,下方刻工名,如余二(或作"二")、杨七乙(或作"杨七"、"杨乙"、"七乙"、"七")、杨好(或作"好")、刘臣(或作"臣")、刘甫(或作"甫")、张四(或作"四")、江文(或作"文")等。

正文卷端题"敬所王先生文集卷之一","翰林编修张位选集;门人翰林检讨习孔教编次;福建巡按刘良弼校刊"。并钤藏书印三种,分别是"刘承干字贞一号翰怡"白文方印、"吴兴刘氏嘉业堂藏书印"朱文方印、"国立中央图书馆考藏"朱文方印。

4. 浙江临海博物馆藏《敬所王先生文集》三十卷,系清黄瑞抄本。临海博物馆还藏有《王敬所先生诗略》一种,不分卷,亦系清抄本。

5. 湖南图书馆古籍部藏《敬所王先生集》一卷(索书号:△436/147),系残本。

此外,杨一凡、刘笃才主编《中国古代地方法律文献·甲编》第五册,影印

---

① 《钦定四库全书总目》,第2455页。

辑录《〈敬所王先生文集〉[卷二十七至卷三十]所载地方法制资料》①。

二、《敬所王先生文集续编》八卷

佚。亦称《撄宁王先生续集》,简称《敬所续集》《撄宁续集》,书目著录于《千顷堂书目》《浙江通志》《台州经籍志》等。

《台州经籍志》卷二十九《敬所续集(八卷)》:"明临海王宗沐撰。子士崧编,赵用贤序。今未见。"②赵用贤《撄宁王先生续集序》对王宗沐晚年的文学造诣评价颇高:"退而处山林者复十余年矣,道日益以尊,而文日益以富",进而又对《撄宁续集》的编刻经过予以说明:"(撄宁)先生前是,有集行世。乃冢嗣水部公(王士崧)复裒先生自行塞诸疏及归田所论著,通得八卷。既梓成,使使抵(赵)用贤,俾叙末简。"③《敬所王先生文集》三十卷于万历二年刊刻成书,可以推断《敬所续集》系王宗沐晚年时期,主要是万历三年至万历十九年(1575—1591)间所作的诗文汇编,由其子王士崧汇编并刊刻成书。

三、《撄宁语录》,卷数不明

佚,书目著录于《台州府志》《浙江通志》《台州经籍志》。

《台州经籍志》卷十八:"《撄宁语录》,明临海王宗沐撰,今未见。"④《王撄宁年谱》于"万历元年"条下载:"(王宗沐)于理漕之暇,创正学书院,拔两庠之秀者居之,与之期会聚问难,示以学脉所在。淮固孔道,四方之士,闻风负笈而至;缙绅先生往来南北者,樯帆相错也,至则必停舟请质,莫不闻所未闻焉,有《语录》行于世。"⑤此处所云"语录",即《撄宁语录》。借此可判定,《撄宁语录》系万历元年(1573)王宗沐于总督漕运之暇,在正学书院向两庠之秀、四方之士、缙绅先生弘道传业之时所成讲学语录的汇编。与王阳明《传习录》相仿,其编纂者可能系王宗沐的门人。

---

① 杨一凡、刘笃才主编:《中国古代地方法律文献·甲编》第5册,世界图书出版公司北京公司2006年版,第150—560页。
② 《台州经籍志》,第1671页。
③ 赵用贤:《松石斋集》卷八《撄宁王先生续集序》,《四库禁毁书丛刊》集部第41册,北京出版社1998年版,第103—104页。
④ 《台州经籍志》,第881页。
⑤ 《章安王氏宗谱》卷一下,第14页。

四、《探匏集》,卷数不明

佚,书目著录于《明文苑》《台州经籍志》。《台州经籍志》卷二十九:"《探匏集》,明临海王宗沐撰。陈尧序,盖初稿之名也。今佚。"①

五、《山居随笔》,卷数不明

存。亦作《尼山随笔》。陈文烛《山居随笔序》文称之曰《临海王先生山居稿》②。书目著录于《内阁书目》《浙江通志》《台州经籍志》《敬所王先生文集》。

《王撄宁年谱》载:"隆庆三年。……(王宗沐)家居。著《尼山随笔》,大约意之所至则笔之书,然皆有关于心术、风教者,他不漫及也。近二百,则梓行于世。"③裘樟松《王宗沐生平考辨》借此考证:《尼山随笔》系王宗沐在中年时期,即嘉靖四十三年至隆庆三年(1564—1569)间,因父病、卒而照料、丁忧家居之时所完成的一种著作④。《台州经籍志》卷二十二载:"《山居随笔》,明临海王宗沐撰。今未见。"⑤其实,《山居随笔》主体内容尚存世间,见于《敬所王先生文集》卷二十五《杂著》。

本章行文至此,我们认为:编校整理浙中王门学者王宗沐传世的全部文献著作——《王宗沐全集》,不仅有助于我们详尽地考察与研究王宗沐的生平、学问与事功,而且对于推动阳明后学研究、阳明学与佛道交涉研究、明代中后期的海运漕运研究,亦有重要的学术与文献价值。

---

① 《台州经籍志》,第 1671 页。
② 陈文烛:《二酉园文集》卷三,《四库全书存目丛书》集部第 139 册,第 39—40 页。
③ 《章安王氏宗谱》卷一下,第 11 页。
④ 裘樟松:《王宗沐生平考辨》,《东方博物》第 12 辑,第 79 页。
⑤ 《台州经籍志》,第 1118 页。

第八章 台州阳明学在阳明学发展史上的学术地位与理论特质

通过上述七章的论述,我们完全可以认为"台州阳明学"学术命题的成立。而在书稿最后,对阳明学在传播发展过程中所形成的"台州阳明学"的基本特质以及它在阳明后学中所具有的特殊地位予以揭示,也是必要的。

第一节 台州阳明学的学术流派传承谱系

从学术传承谱系上讲,台州阳明学的传播时间跨度长,且人数众多、传承有序。

从明中期正德年间黄绾、应良在京师亲炙阳明先生得闻"圣人之学"(心学),到明末崇祯年间王立准(王宗沐孙)在福建平和移建阳明祠、助刊《阳明先生集要》,可以说自阳明先生"龙场悟道"后在京师传播"知行合一"之学,至明朝灭亡阳明学"沉寂",阳明良知学在浙南台州一直有学术传人。

如上文所言,台州籍学者众多,既有亲炙阳明先生的第一代阳明弟子,诸如黄绾、应良、林元叙、林元伦、金克厚、赵渊、叶慎、李一瀚、林应麒、石简、潘珹;还有虽未能行弟子礼但私淑阳明先生的叶良佩;也有黄承文、林文相、吴国鼎、李汝玉、冯子通、钱介夫、李源甫、林治征等师承黄绾的再传弟子;再有,师从江右阳明学者欧阳德的王宗沐,属于阳明先生的再传弟子;王宗沐族侄王士性师从王畿,也属于阳明先生的再传弟子;吴时来,师从南中阳明学者徐阶(徐阶师从阳明弟子聂豹),则属于阳明先生的三传门人;王宗沐的儿子王士崧、王士琦、王士昌也是阳明学者,他们属于王阳明的三传弟子;最后是,王士琦的儿子王立准出任福建漳州府平和知县之时,协助漳州知府施邦曜(余姚人)刊刻《阳明先生集要》,王立准还拓建了平和县的阳明祠,后来自己也陪祀其中,故而王立准属于阳明先生的四传弟子,也是台州籍最后一位传承良知学脉的阳明学者。进而言之,临海王(王宗沐)氏一家三代都是阳明心学的信奉者、景仰者。

此外,嘉靖二年(1523),黄绾至南都任职之后,有书函与女婿高洵①(字世仁),劝勉其习举业之时,当以"圣学"为先,并希望高洵与黄绾小儿(黄承文)择机一同前往越中师从阳明先生,传承良知心学。黄绾《寄婿高洵书》有云:"欲往阳明先生门下受业,此意甚好,已备道之。世仁明年必当与小儿同往一拜,以为终身依归。"②同时,告诫高洵"举业与圣学原不相妨",当立志"为真圣贤、讲真下手工夫",以辅助举业。而黄绾把自己的女儿黄姆许配给阳明先生的哲嗣王正忆,王正忆童年、青年、中年时代均在黄绾身边,主要在台州黄岩度过,故而王正忆也通过黄绾以及其他阳明弟子门人的熏陶而成为良知心学的传承者,在此,我们称王正忆为"台州阳明学"的一员也说得过去。仙居人李一瀚幼年颖悟,阳明门人应良钟爱之,"尝为弟二女择婿,一以妻李一瀚,一以妻(林)应麒"③。在应良举荐下,林应麒"少登王守仁之门","讲明绝学而所造益精";又因应良而拜谒过邹守益,一生笃守阳明心学,终身推服之。

阳明学在台州传播发展的学术助缘是明正德、嘉靖之交的两位台州知府。正德末年的台州知府顾璘、嘉靖元年的台州知府罗侨,与王阳明私交甚笃。如顾璘(顾东桥)是阳明的道友,王阳明在《答顾东桥书》中提出了著名的"拔本塞源论";罗侨则协助王阳明在江西南昌平定宁王朱宸濠叛乱,借此军功,罗侨出任台州知府。这为阳明学在台州郡府以及各县域的传播留下了铺垫。

再有,明嘉靖、隆庆、万历年间发生的浙东沿海的抗倭斗争中,那些抗倭英雄与阳明学有千丝万缕的联系,而王阳明的军事思想与军功业绩曾感染并熏陶了这些抗倭志士。比如胡宗宪与王宗沐一样,他的业师也是江右王门学者

---

① 黄绾长女黄娟嫁与高洵。黄绾《先府君行状》有"娟适高洵"语(《黄绾集》,第456页)。
② 《黄绾集》,第349页。
③ 《民国台州府志》卷一〇五《人物传六·林应麒传》,第4页。

(按：指阳明门人)专事党护勾引，以立门户，自相标榜，自为尊大，……且勾引日众，类多浮夸，至有恶少，亦不知择，皆谓'一体之仁'。如此共谈清虚，遗弃人道，切恐将来为患不细，或致伪学之禁，以为衣冠之忧，吾党可不戒哉！"进而批判王阳明的"良知之说"废"学"与"思"，以强合释氏"不思善、不思恶"、杨慈湖"不起意"之旨，最终必然导致阳明心学流向"以任情为良能"，"私智为良知"之弊①。

黄绾离世(嘉靖三十三年，1554)若干年之后，浙中王门另一主将——钱德洪在隆庆六年(1572)所成《大学问·跋》中，对阳明后学"以己见立说"而致师传"纷错若此"的场面进行了一番"善意"的批判："(阳明)师既没，音容日远，吾党各以己见立说。学者稍见本体，即好为径超顿悟之说，无复有省身克己之功。谓'一见本体，超圣可以跂足'，视师门诚意格物、为善去恶之旨，皆相鄙以为第二义。简略事为，言行无顾，甚者荡灭礼教，犹自以为得圣门之最上乘。噫！亦已过矣。自便径约，而不知已沦入佛氏寂灭之教，莫之觉也。"②不难看出，钱德洪关于"学者稍见本体，即好为径超顿悟之说，无复有省身克己之功"的批判主要针对王畿而发，"简略事为，言行无顾，甚者荡灭礼教"的批判主要针对王艮(泰州学派)而发。

黄宗羲成书于清康熙十七至十八年间的《明儒学案》一书③以为："阳明先生之学，有泰州、龙溪而风行天下，亦因泰州、龙溪而渐失其传。泰州、龙溪时时不满其师说，益启瞿昙之秘而归之师，盖跻阳明而为禅矣。然龙溪之后，力量无过于龙溪者；又得江右为之救正，故不至十分决裂。泰州之后，其人多能赤手以搏龙蛇，传至颜山农、何心隐一派，遂复非名教之所能羁络矣。"④可以说，中晚明时期阳明学发展的历史事实，也证实了黄绾、钱德洪等王学内部的"批判家"("修正派")对"左派王学"的规劝、警告是"持之有故，言之成理"的。这也许就是晚年黄绾"批判"王学的意义之所在吧！

黄绾还是明代学术发展的一个"缩影"。当代中国哲学史研究专家葛荣晋

---

① 《明道编》，第10页。
② (明)钱德洪：《大学问·跋》，转引自《王阳明全集》(新编本)，第1020—1021页。
③ 关于黄宗羲《明儒学案》成书时间，学界有争议，有康熙十五年(1676)说(黄炳垕撰《黄梨洲先生年谱》)、康熙二十四年(1685)说(陈祖武《黄宗羲生平事迹考》文)；拙著主要参照吴光教授之说，详见氏著《黄宗羲著作汇考》(台湾学生书局1990年版)，第17—19页。
④ 王维和、张宏敏编校：《〈明儒学案〉〈宋元学案〉黄宗羲之案语汇辑》，第113页。

桐、周莹、黄宗明、王应鹏、万表、顾应祥、陆澄、董沄、董穀、唐枢、许相卿、沈谧等有交往。（2）黄绾与江右王门学者邹守益、黄弘纲、何廷仁、魏良弼、魏良政、魏良器、欧阳德、聂豹、王臣、罗洪先、陈九川、曾才汉等有交游。（3）黄绾与南中王门学者戚贤、薛应旂、黄省曾、徐阶等结识。（4）黄绾与泰州王门学者王艮、徐樾、林春、杨名等有交际。（5）黄绾与北方王门学者穆孔晖、南大吉、王道、梁穀之间有接触。（6）黄绾与粤闽王门学者方献夫、薛侃、薛俊、薛侨、薛宗铠、陈洸、郑一初、马明衡、林以吉、郑善夫、米荣等均有往来。

浙中王门学者王宗沐，师从江右王门学者欧阳德，与江右王门学者邹守益、聂豹、陈明水、罗洪先、魏良弼、李材、裘衍，浙中王门学者钱德洪、王龙溪，南中王门学者胡宗宪、唐顺之，泰州王门学者赵贞吉，黔中王门学者孙应鳌等，皆有学术交往。王宗沐还刊刻过《传习录》《阳明先生与晋溪书》《欧阳南野先生文集》，并为邹守益的《阳明先生图谱》作"序"；任职广西、江西等阳明先生过化地，又复建阳明祠堂、创建阳明书院。这足以说明，王宗沐与阳明学之间存有深厚的学术渊源。

毋庸置疑，黄绾在阳明先生众多弟子门人中属于一个独特的学术案例。笔者认为，黄绾系王学内部"自觉"并系统批判、修正阳明心学（尤其是"左派王学"）的先驱，创建了独具特色的"艮止"心学理论体系，丰富了阳明心学内涵，直接促成了"王学修正运动"在明代中后期的发生、发展。力倡"复古""原古"的学术研究范式，主张回归孔孟原儒乃至"儒家经典"，乃是黄绾对阳明学修正、转型的努力方向，这在阳明后学中也是独树一帜的。

晚明阳明学者刘宗周对阳明良知学的弊端（主要针对"阳明后学"）有过尖锐的批判，并为当今学人反复引用："今天下争言良知矣，及其弊也，猖狂者参之以情识，而一是皆良；超洁者荡之以玄虚，而夷良于贼，亦用知者之过也。"[1]"超洁者荡之以玄虚"就是对以王龙溪为代表的"虚无派"的评判，因为王龙溪"借以通佛氏之玄览，使阳明之旨复晦"；"猖狂者参之以情识"则是对泰州学派的批判。

其实，在刘宗周之前，黄绾《明道编》就对王门后学（特指"左派王学"）"共谈清虚"之举，发出过"恐将来为患不细"即可能引发"学禁"的警告："今日朋友

---

[1] 吴光主编：《刘宗周全集》第2册，浙江古籍出版社2007年版，第278页。

殊关系,即"亦友亦师亦亲家"。这就使得黄绾在阳明后学之中的地位极为特殊与重要。与此同时,黄绾在与王阳明近二十年的交往过程中,与阳明门人即阳明后学之间也建立了亲密无间的道友关系。

毋庸置疑,徐爱系王阳明首席门生,"及门莫有先之者"(黄宗羲语)。正德五年(1510)冬黄绾与王阳明结识,因此之故,在王阳明的众弟子中,黄绾与徐爱结交最早。正德六年(1511)春,礼部会试天下贡士,王阳明为会试同考试官,借此之故,不少会试及第的青年才俊成为王阳明的门生,如邹守益、郑杰、梁穀、王道、王元正等便是其中翘楚,而黄绾与阳明后学的交往则主要始自正德六年的这批新科进士;与此同时,在京士大夫之有志者比如应良、方献夫、顾应祥等皆相率从游于王阳明,并师从之,故而黄绾与应良、方献夫等之间也开始了交往。

除却正德六年与王门弟子的结识之外,黄绾与王门弟子的接触还有以下几个时期:(1)正德八年至正德十六年间(1513—1521)在黄绾隐居紫霄山之时,黄绾、应良一同接待了永康应典、闽中郑善夫的来访,促成了阳明学在金华、福建的传播。(2)正德十六年深秋,黄绾前往金华永康讲学,并结识了不少青年才俊,诸如程梓、程文德、卢可久等,日后这批后进纷纷前往越中师从阳明,从而促成了"永康阳明学"派系的形成。(3)在嘉靖元年至嘉靖五年间(1522—1526)往来于家乡(台州黄岩)与两京(南京、北京)时途经越中(绍兴)拜访王阳明,与不少王门弟子结识,诸如钱德洪、季本、王畿等。(4)嘉靖改元,黄绾正式任职南都之后,因参与嘉靖三年(1524)再次兴起的"大礼议"而与席书、黄宗明等王门高足结识。(5)嘉靖八年(1529),黄绾前往越中参加业师王阳明葬礼之时,又结交了不少来自大江南北的王门弟子。(6)嘉靖十一年(1532)春,黄绾进京进表之时,也结交了一批王门高足。(7)黄绾晚年罢官归乡之后,因为王正亿由黄绾携之台州黄岩抚养,不少阳明门人为了探视王正亿,纷纷前来台州黄绾家中。黄绾、王正亿与这些阳明学者偕游天台、雁荡等浙南胜景,进而开展学术争鸣。

检录笔者编撰的《黄绾生平学术编年》《黄绾年谱简谱》,可以得知黄绾与阳明学者的交际。(1)黄绾与浙中王门学者徐爱、蔡宗兖、朱节、王琥、闻人铨、季本、钱德洪、王畿、杨珂、唐仲珠、应良、林元叙、林元伦、赵渊、金克厚、石简、叶良佩、叶慎、林应麒、潘珹、李一瀚、应典、程文德、卢可久、李琪、程梓、周欧阳德,可见王宗沐、胡宗宪(胡宗宪亦曾师从邹守益)就是同门师兄弟,皆是阳明先生的再传弟子;胡宗宪在任余姚知县时,从阳明后裔手中获得阳明先生的《武经七书评》,如获至宝,并以"私淑阳明先生"自居;胡宗宪任直浙总督(总督浙江、南直隶和福建等处的兵务),在杭州主持东南沿海抗倭斗争之时,即起用戚继光前来台州海门卫抗倭。因为师从王畿的缘故,戚继光的诗文中多次提到"良知",毫无疑问,此处所指的"良知"不是《孟子》的"良知",而是王阳明"致良知"中的"良知",这足以说明,戚继光就是一个阳明学者,确切说是王阳明的再传弟子;而胡宗宪的抗倭幕僚——徐文长(徐渭,绍兴人),作为一个绍兴师爷,则是阳明门人季本的学生;再有,胡宗宪、谭纶、戚继光抗倭的又一幕后支持者——徐阶(徐阁老)本身就是阳明学者(聂豹的学生)[①],而作为同科进士的王宗沐、谭纶(曾任台州太守)与戚继光私交甚笃,今存临海市东湖小瀛州内的谭纶画像及戚继光表功碑,即为凭证。还有,王宗沐之子王士琦对王阳明、戚继光的军事理论与事功颇为钦佩,曾以监军身份援朝抗倭。

第二节　台州阳明学在阳明学发展史上的学术地位

　　从阳明学派上讲,台州阳明学在阳明学(阳明后学)发展史上具有重要的学术地位,且属于阳明后学中的"修正派"。

　　台州阳明学作为"浙中王学"的重要组成,在阳明后学发展史上具有重要的学术地位,尤其促成了浙中阳明学与江右王学、南中王学、粤闽王学、北方王学、泰州学派之间的交往。我们不妨以黄绾、王宗沐与同时代阳明学者的交往为例进行分析。

　　黄绾与王阳明之间既有的道友之谊、师生之情,还有"儿女亲家"的一层特

[①] 黄宗羲《明儒学案》卷二十七《南中王门学案三·文贞徐存斋先生阶》有云:"聂双江(聂豹)初令华亭,先生(徐阶)受业其门,故得名王氏学。及在政府,为讲会于灵济宫,使南野(欧阳德)、双江、松溪程文德分主之,学徒云集,至千人。"胡宗宪、王宗沐师从欧阳德,而徐阶师从聂豹,也就是说:欧阳德、聂豹作为阳明先生的亲炙门人,胡宗宪、徐阶、王宗沐则是阳明先生的再传弟子。再加上戚继光有师从王畿的经历,徐文长是阳明弟子季本的学生,故而在东南沿海从事抗倭军事斗争者大多是阳明先生的再传或三传弟子。

先生有文对黄绾以毕生工夫"穷经"以"求道"的心路历程予以揭橥:"黄绾一生,治学三变,早年初师谢铎,学宗程朱;后转师王阳明,笃信王学;晚年,偏离王学,又转向实学。他的思想的变化,是明代学术思想演变过程的一个缩影。"①据此,可知台州阳明学在阳明后学思想演变史上的学术价值。

第三节　台州阳明学的"实学"品格与"实践"属性

从学术本质上讲,台州阳明学具有传统儒家"实学"品格与"实践"属性。

先秦时期,周孔开创儒家学派,就具有"经世致用"的学风、倾向。梁启超《清代学术概论》就以为"所谓'经世致用'之一学派,其根本观念,传自孔孟。历代多倡道之,而清代之启蒙派、晚出派,益扩张其范围"②。熊十力《读经示要》有云:"'实学'一词,约言以二:一指经世有用之学言;二指心性之学,为人极之所由立,尤为实学之大者。"故而,"实学"一词所指称的是一种"经世致用"的学术取向。

众所周知,明清之际的"儒者之学"有一种"经世致用"的学术取向,抑或说有一股强调"通经致用"的学术思潮。比如,晚明东林学者多以"儒学经世"论批评王学末流"空谈心性"的"讲学"之举,黄宗羲《明儒学案》品论东林领袖顾宪成之论学即"与世为体":"尝言官辇毂,念头不在君父上;官封疆,念头不在百姓上;至于水间林下,三三两两,相与讲求性命,切磨德义,念头不在世道上,即有他美,君子不齿也。"③顾允成在与乃兄顾宪成交谈之时,有"吾叹夫今之讲学者,恁是天崩地陷,他也不管,只管讲学耳"云云④。对于清初的"致用之学",梁启超有"自亭林以迄颜李,当时几成学者风尚"云云⑤。晚明学者陈子龙、宋

---

① 陈鼓应、辛冠洁、葛荣晋主编:《明清实学简史》,社会科学文献出版社1994年版,第50页。
② 梁启超:《清代学术概论》,天津古籍出版社2003年版,第94页。
③ 王维和、张宏敏编校:《〈明儒学案〉〈宋元学案〉黄宗羲案语汇辑》,第189页。
④ 《〈明儒学案〉〈宋元学案〉黄宗羲案语汇辑》,第198—199页。黄宗羲原文:"一日,喟然而叹,泾阳曰:'何叹也?'曰:'吾叹夫今之讲学者,恁是天崩地陷,他也不管,只管讲学耳。'泾阳曰:'然则所讲何事?'曰:'在缙绅只明哲保身一句,在布衣只传食诸侯一句。'泾阳为之慨然。"
⑤ 梁启超:《清代学术概论》,第3页。

在此，笔者想要强调的是台州阳明学属于明代浙东学派的重要组成部分，具有"经世致用"的学术属性。在此，我们不妨对黄绾、王宗沐的学术思想予以揭示。

陈子龙等选辑的《皇明经世文编》，为黄绾设有《黄宗伯文集（疏）》，主要依据《久庵先生文选》卷十二至卷十五"奏疏"之文献，辑录黄绾向嘉靖帝所上的四道奏疏即《大礼第三疏》《论治河理漕疏》《上明罚安边疏》《遵圣谕敷王道以永定人心疏》①。据此而言，黄绾的道学思想即是"经世之学"。进而言之，黄绾晚年之时所形成的成熟的道学思想——"艮止执中之学"即是追求"功效"的"有用之学"（意即"经世致用"之学）。黄绾《复王汝中书》（约写于嘉靖十五年左右）对"圣学经世"论有过阐述："夫圣学者所以经世，故有体则必有用，有工夫则必有功效，此所以齐家而治国平天下也。……圣学工夫则在体上做，事业则在用与功效上见。"②在《寄吴行斋书》（写于弘治十八年左右）中，黄绾以为"六经"之《春秋》，记有圣人经世之心法："夫《春秋》，载圣人经世心法，于此有得，则圣人之学过半矣。"③黄绾《明道编》又有云："盖学固不可无工夫，亦不可无功效，若不知有功效，则必不知所抵极矣。"④"盖以圣人之学，不为则已，为之必要其成；学而不成，不如无学。故曰'五谷不熟，不如荑稗'。若无功效，更说何学？此功效所以决不可无，工夫所以决不可错用。若错用而不求功效，此所谓'毫厘之差，千里之谬'，所以必堕于支离空虚而无归也。"⑤"功效"即讲求实效、实功、实用。"圣人之学，不为则已，为之必要其成；学而不成，不如无学"云云，也突出强调了原始儒家一直强调的"力行近乎仁"的实践性格。

《明道编》还提及后世儒者研读儒家经典，当在"人事上理会"："今之经典，古之人事也，不在人事上理会到极致处，则性终不明，道何由著？"⑥陆九渊云："《孝经》十八章，孔子于践履实地上说出来，非虚言也。"⑦黄绾通读《孝经》并

---

① （明）陈子龙等编：《皇明经世文编》卷一百五十六，中华书局1962年影印明刻本。
② 《黄绾集》，第401页。
③ 同上，第307页。
④⑤ 《明道编》，第22页。
⑥ 同上，第68页。
⑦ （宋）陆九渊著、钟哲点校：《陆九渊集》卷三十四《语录上》，第432页。

"实地践履"之后,即"信乎象山之知学、知道也,人若不实践,岂知《孝经》之切于身而为圣学之的也"!从而得出结论:《孝经》一书真不在《大学》《中庸》之下①。这就是一种"经学经世"的主张。

黄绾《春秋原古·序》开篇即曰"《春秋》者,夫子经世之志、处变之书也"②;进而还针对时人对"《春秋》史也,而可为夫子经世处变欤"的疑惑,予以解答:"史载当时天下之事,夫子观史而见其义,因义而见其所载之当否。其义有关于天下之故者,则书而存之,所谓夫子笔之也。其义无关于天下之故者,则削而去之,所谓夫子削之也。或笔或削,皆观其义,因其义,设以身处之,以权其轻重,定其是非,则当时天下之事,皆夫子所以经纶裁制之宜也,故曰'其文则史,其义则丘窃取之矣'。"③在此,黄绾通过对孔子"笔削《春秋》"诸事的解读,不仅有《春秋》作为一部经书的"经学经世"主张,而且还包含了《春秋》作为一部史书所具有的"史学经世"理念。由此可见,黄绾阐释经学、史学的"经世"学风。

我们也知道,儒家圣人之学"合内外之道",其学理体系是"成己"与"成物""内圣成德"与"开物成务"的统一。在《明道编》中,黄绾多次强调了"儒学"乃"经世之学"的观念:"有为,正圣人所以经世","儒则经世之学也"④。而王廷相在《石龙书院学辨》中即以"志于圣贤经世之学者"赞许黄绾,指出黄绾之学"非世儒空寂寡实之学"⑤。

王宗沐传承王学经世的理念,以"志真意切"为学问之本:"今日论学,……其切当人心而为顶门上针者,惟'真'之一字,是从古以来一颗真人丹也。志真意切,虽万举万差,吾犹信之也,而况其不至于差乎?"⑥基于陆王心学之"学统""道统",王宗沐也主张以"心"为本体,主张学者为学工夫当落实到本体,即从本体上用功,在《与陈明水》的论学书中提出:"自开辟以至今日,唯有一心,更何不同之有?即于此有疏密迂径之差,亦不过目前殊异,至其收功结局,当亦

---

① 《明道编》,第36页。
② (明)黄绾:《春秋原古序》,转引自《明儒学案》卷十三《尚书黄久庵先生绾》,《黄宗羲全集》第7册,第324—325页。
③ 《明儒学案》卷十三《浙中王门学案三》,《黄宗羲全集》第7册,第324—326页。
④ 《明道编》,第37页。
⑤ 转引自方克立、李兰芝编著:《中国哲学名著选读》,南开大学出版社1996年版,第397页。
⑥ (明)王宗沐:《与赵大洲书》,转引自《浙学读本》,人民文学出版社2019年版,第40页。

不远"①；在《刻传习录序》中有云："夫天下莫大于心，心，无对者也，博厚高明，配于天地，而弥纶参赞，际于六合，虽尧舜之治与夫汤武之烈，皆心之照也。"②借此，王宗沐提出了自己的为学宗旨，即"不息之学"，认为"心体不息"："心不息，则万古如一日；心不息，则万人如一人"，此"不息之体，炯然在中，悟则实、谈则虚，譬之孤舟颠沛于冲风骇浪之中，帆橹莫施，碇缆无容，然后视柁力之强弱以为存亡。叶尽根呈，水落石出，而始强立而不返矣"③。从中我们可以看出：王宗沐的不息之"心体"实则源自王阳明的"良知"之"体"，王宗沐的"不息之学"也具有了"实德实用"的特征，故而论者有言："宗沐少受学于欧阳文庄公，深契文成良知之旨。其学问不立门户，惟提撕知体，俾有实德实用。"④

　　隆庆五年（1571），王宗沐在山东布政使任上，议复开海运而作《海运详考》，时任吏部尚书李春芳撰《海运详考序》称："（王宗沐）详考海运，自前代迄国初，始之所以行、终之所以罢，如何而为利、如何而为弊，与夫法久变通之宜、造舟通运之制，考核区画，纤悉详明，览者不待其竟而即知其必可行也。"⑤而后升任都察院右副都御史在淮安总督漕运，又有《漕抚奏疏》之作，王世贞《海漕奏疏序》称"（王宗沐）著书十万言，皆谈皇王经济之略"⑥。王宗沐对明代中后期的漕运、海运诸事关注颇多并有具体的操作实践，此即为"经世实学"，也是"王学经世"论的一个案例。此外，作为史学家的王宗沐编撰《宋元资治通鉴》《十八史略》及《东省经制全书》《嘉靖江西省大志》等史学文献，理应属于"史学经世"。

　　一言以蔽之，黄绾、王宗沐等台州籍阳明学者主张学术为社会现实服务即"为学"与"为政"的统一，这一学术取向与明清之际颜元、顾炎武、黄宗羲等思想家所倡导的"经世致用"的实学学风是颇为吻合的。

---

① 王宗沐：《与陈明水》，转引自《黄宗羲全集》第7册，第360页。
②③ 王宗沐：《刻传习录序》，转引自《黄宗羲全集》第7册，第367页。
④ 《民国临海县志》（下），第47页。
⑤ 李春芳：《海运详考序》，载《原国立北平图书馆甲库善本丛书》第442册《海运志》，国家图书馆2013年版，第563页。
⑥ 项元勋编：《台州经籍志》，台北文广书局1969年版，第807—809页。

附录　王宗沐遗迹考察散记

我对临海阳明学者王宗沐的关注，是在读硕士研究生期间（2004年9月至2007年6月），因为要完成业师吴光教授布置的科研任务——从黄宗羲《明儒学案》中辑录出"黄宗羲案语"，并单独出版①。《明儒学案》卷十五《浙中王门学案五》中有"王宗沐学案"，其中有黄宗羲所撰"侍郎王敬所先生宗沐（小传）"，黄宗羲选录的王宗沐"论学书"五通（《与裴鲁江》《与陈明水》《与江少峰》《与李见罗》《与聂双江》）、"文集"五种（《象山集序》《象山粹言序》《朱子私钞序》《刻传习录序》《寿龙溪序》）②。通读黄宗羲辑文献，我们可以初步研判出：师从江右王门学者欧阳德的王宗沐，与王阳明及阳明学之间有着深厚的学术渊源。

2008至2014年，在温州工作期间，受吴光教授及浙江国际阳明学研究中心委托，我开始系统编校台州籍阳明学者黄绾的存世文献，进而整理出版了《黄绾集》③《黄绾生平学术编年》④《黄绾年谱简编》⑤；并在2011年9月至2014年6月间，师从陈卫平教授完成了题为《从理学、心学到经学：黄绾道学思想之进展》的博士学位论文⑥。研究黄绾期间，我曾前后十多次前往台州路桥、天台、黄岩、玉环、温岭、临海等地进行学术考察，还发现明朝正德年间的两位台州知府顾东桥、罗侨与王阳明有关联（比如《传习录》中的《答顾东桥书》；罗侨在协助王阳明平定宁王叛乱后，接任顾璘出任台州知府），也梳理出台州籍阳明学者十多人：除去黄绾、王宗沐，尚有林元叙（1477—1525，字典卿，临

---

① 王维和、张宏敏编校：《〈明儒学案〉〈宋元学案〉黄宗羲案语汇辑》，杭州出版社2012年版。
② 《黄宗羲全集》第7册，第358—369页。
③ 张宏敏编校整理：《黄绾集》，上海古籍出版社2015年版。
④ 张宏敏：《黄绾生平学术编年》，浙江大学出版社2013年版。
⑤ 张宏敏：《黄绾年谱简编》，上海古籍出版社2017年版。
⑥ 张宏敏：《黄绾道学思想研究》，中国社会科学出版社2018年版。

海人)、林元伦(1487—1557,字彝卿,临海人)、应良(1480—1549,字原忠,仙居人)、金克厚(生卒年待考,字弘载,仙居人)、赵渊(1483—1537,字弘道,临海人)、叶慎(1488—1564,字允修,仙居人)、林应麒(1506—1583,字必仁,仙居人)、石简(?—1551,字廉伯,宁海人)、潘珹(生卒年待考,字子良,天台人)、李一瀚(1505—1567,字源甫,仙居人)等亲炙王阳明的弟子,以及王宗沐、叶良佩、黄承文、黄承德、林文相、吴国鼎、王士崧、王士琦、王士昌、王士性、王立准、吴时来等王阳明的再传、三传乃至四传门人①。

为进一步了解黄绾在台州郡城(临海)的活动足迹,2013年6月1日,我寻访至临海,考察了巾子山、临海古城紫阳街、台州文庙、东湖(临海博物馆)、灵江等处;由于行程匆忙,上述场所只能"到此一游"。尽管如此,在紫阳古街还是寻访到了"三抚基""十伞巷",了解到"三抚基"就是阳明学者王宗沐的故居所在地,并注意到王宗沐"一门四进士",其四个儿子有三个考中进士,另外王宗沐的族侄王士性也是进士出身。

2014年9月,我由温州调到浙江省社会科学哲学所工作,主要从事阳明学与浙学的学术研究工作。其实在《黄绾集》《叶良佩集》②的整理接近尾声时,我产生了整理《王宗沐集》的设想。因为在上海读书期间,我已查阅了上海师范大学图书馆古籍部、上海图书馆古籍部所藏的王宗沐存世文献,诸如《续资治通鉴》《朱子大全私钞》《象山粹言》《嘉靖江西省大志》,并复印了其中的部分文献。

2014年10月30日至11月2日,我参加了在浙江余姚举办的"第三届国际阳明学研讨会",提交的参会论文是《浙中王门学者叶良佩》。会议期间,了解到日本东北大学三浦秀一教授也在关注王宗沐③,遂与三浦教授分享了我于2013年6月前往临海拍摄来的王宗沐故居图片,告知三浦教授:"我正在整理《王宗沐集》,如果可能,在版本文献方面,希望得到他的帮助。"

大约在2014年6月至2015年6月间,我利用自己手上掌握的资料,对王宗沐的存世文献及其版本情况进行了梳理。2015年8月28日至30日,参加

---

① 张宏敏:《阳明学与天台山:兼论台州阳明学学术命题之成立》,《浙江社会科学》2017年第8期。
② 张宏敏等编校整理:《叶良佩集》,浙江大学出版社2016年版。
③ [日]三浦秀一:《提学官王宗沐的思想活动与王门高弟》,余姚国际阳明学研究中心编《第三届国际阳明学研讨会论文及提要》(未刊稿),2014年11月,第126—135页。

了在北京大学召开的"阳明后学文献丛书整理推进会",提交了《王宗沐的著作及存世文献版本考》的参会论文,并同与会同仁分享了自己近年来搜集到的王宗沐存世文献。会议期间,我到国家图书馆古籍馆查阅了"国图"所藏的王宗沐文献版本,主要是《漕抚奏疏》,申请复制了其中的四分之一图文资料。需要说明的是,范凡《晚明士人王宗沐经世思想研究》一文称:北京国家图书馆藏有"《海运志》缩微胶卷"[1]。为核实这一信息,2015年6月10日,我从杭州赶到国家图书馆古籍馆访查,并咨询了工作人员,根本不见"《海运志》缩微胶卷";6月20日,又委托中国人民大学国学院博士生袁新国再次前往"国图"查找,亦无收获。

在搜集文献版本的同时,我也关注学界同仁对王宗沐研究的最新进展。诸如浙江博物馆裘樟松先生撰有《王宗沐生平考辨》一文[2],还与王方平合撰《王士琦世系生平及其墓葬器物》[3],从中得知:王士琦是王宗沐的儿子,也留意到王宗沐的直系后裔王卫斌先生对自己先人王宗沐、王士琦的生平事迹有一定的了解,手中藏有《章安王氏宗谱》以及一些珍贵的图文资料(诸如墓志铭碑刻图片)。由于工作单位省社科院距离浙江博物馆(位于西湖孤山)较近,我曾前往浙江博物馆去寻访裘樟松、王方平二位先生,工作人员告知:裘樟松先生已经退休,联系不上;而后我又去过浙博,联系王方平先生,他又不在。通过检索学术期刊网,我还了解到临海市人大常委副主任何林晖先生,对王宗沐的生平事迹有过关注,并有研究王宗沐的论文公开发表[4]。

因为《章安王氏宗谱》中存有王宗沐长子王士崧编撰的"王宗沐年谱"即《明通议大夫刑部左侍郎撄宁府君年谱》,我便留意寻访章安王氏后人。因为上文提到的王卫斌先生联系不上,就通过网络搜索引擎查询"章安王氏宗谱",有两个发现:一是临海博物馆的丁伋、梁光军先生,一起寻访到临海城关龙须巷11号敖雪贞老太太家,其家藏有《章安王氏宗谱》光绪丁丑年(1877)重修本

---

[1] 范凡:《晚明士人王宗沐经世思想研究》,杭州师范大学硕士学位论文,2013年5月,第5、32页。

[2] 裘樟松:《王宗沐生平考辨》,载浙江博物馆馆刊《东方博物》第11辑,浙江大学出版社2003年版。

[3] 裘樟松、王方平:《王士琦世系生平及其墓葬器物》,载浙江博物馆馆刊《东方博物》第12辑,浙江大学出版社2004年版。

[4] 何林晖:《名臣学者各风骚:王宗沐评传》,《台州学院学报》2014年第1期。

和民国丙戌年(1946)重修本;二是在2014年8月31日,章安王氏协会主要负责人在台州市黄岩区院桥镇岙里街村,访问了王守河老人,发现王守河的叔公王均修早年保存下来的《章安王氏宗谱》三种,即清嘉庆二十一年丙子年(1816)、光绪三年丁丑年(1877)、民国三十五年(1946)本,而王守河老人家也有《章安王氏宗谱》1996年修订本、2014年重修本。

根据这两条线索,一方面,我通过浙江省地方志办公室的韩锴、袁新国先生,去联系临海市方志办,有收获:临海市方志办原主任丁式贤先生退休后住在杭州,新近出版了《王士性研究论集》①;韩锴先生还电话联系上了丁式贤先生,告知他,省社科院哲学所一位同志有意研究临海阳明学者王宗沐,希望临海方志办同志提供帮助,丁先生表示,愿意提供帮助。不多久,丁式贤先生写了题为《王阳明心学的再传门人王宗沐应深入研究》的文稿,文中写道:"前些天,浙江省志办主任助理、综合处处长韩锴研究员来电告诉笔者,省社科院将派员来临海收集王宗沐史实并开展专题研究"②。毫无疑问,"省社科院将派员来临海"云云,就是指笔者。由于工作繁忙,临海之行迟迟未成,我也辜负了韩锴、丁式贤这二位方志理论工作者的一番美意。

另一方面,我通过QQ及电子邮件的方式联系上了"章安王氏宗亲会"的一位王氏后裔王为民先生,告知王先生:我是浙江省社科院的一位科研人员,正在研究临海王宗沐,希望得到相关帮助。第一次通信,等了很久,有回信:说自己是章安王氏后裔。然后,我再试图联系对方,希望在寻找《章安王氏宗谱》事宜上得到帮助;此后,一直杳无音信。不得已,我放弃了这条线索。寻找《章安王氏宗谱》事,也暂时搁置下来。

2017年9月14日,以"讲好浙江故事,传承发展优秀传统文化"为主题的"浙江省2017年社科普及周"在台州市路桥区图书馆举办。受浙江省社联副主席陈先春先生的委托,我前往路桥图书馆作了题为《王阳明·天台山·浙东学派》的主题报告,其中提到临海籍的阳明学者王宗沐、王士琦等"一门四进士",王士性系"人文地理学"的开创者,民族英雄暨阳明学者戚继光在台州抗倭之时对王阳明的军事理论、兵法思想有继承等。报告完毕,在路桥图书馆四

---

① 丁式贤主编:《王士性研究论集》,黄河出版社2014年版。
② 丁式贤:《王阳明心学的再传门人王宗沐应深入研究》,临海新闻网,2015年11月2日。丁式贤:《阳明心学及再传门人王宗沐研究究思》,《浙江方志》2016年第1期。

楼,结识了临海市委宣传部原部长、现任临海市人大常委副主任的卢如平先生。他当时正在接受《钱江晚报》记者的采访,因为省社联与《钱江晚报》正在策划报道"东海人文纪行"栏目,系列介绍宁波、台州、温州等沿海城市的历史人文与现代发展,从历史与现实中寻找浙江的人文精神。卢部长作为一名学者型官员,长期研究临海历史人文,故而受邀参与座谈。无意中,我听到卢部长对戚继光有"钟情",2015年底央视热播的《抗倭英雄戚继光》,卢部长就是剧本的"总策划"之一。因为戚继光抗倭与阳明学这一共同的话题,再加上我对临海阳明学者王宗沐"一门四进士"有些了解,便与卢部长交换了联系方式。我特意提道:9月底,我打算到临海城实地考察王宗沐故居、墓葬情况,希望卢部长提供帮助。卢部长热情地欢迎我前去考察,说:来的时候,提前一天通知,会安排临海社联同志来接待。

从路桥回到杭州,我马上着手准备前往临海考察王宗沐故居、墓地,以及寻访《章安王氏宗谱》的"预"热工作。省社科院哲学所副所长王宇研究员通过浙江省图书馆古籍部的朋友,查阅到临海档案馆藏有清代、民国的《章安王氏宗谱》;省方志办袁新国博士,也联系上了台州、临海方志办的工作人员,请求给予必要的帮助。

因缘和合,2017年9月29日至10月1日,我以浙江国际阳明学研究中心秘书长的身份,通过临海市委宣传部原部长卢如平先生的牵线联系,前往临海、椒江、路桥、黄岩等地,进行了台州阳明学遗迹主要是临海王宗沐的遗迹考察活动。

一、临海博物馆召开"王宗沐遗迹座谈会"

因考虑到临海有关部门在接待方面可能会有困难,我便以"浙江国际阳明学研究中心"的名义,发函临海市委宣传部、社联寻求帮助:

临海市委宣传部、社科联有关同志:
　　临海古城紫阳古街,明代嘉靖、隆庆、万历年间有"一门四进士"之称的王宗沐、王士琦、王士昌、王士性,与王阳明、阳明学有着千丝万缕的联系。为此,我院特派浙江国际阳明学研究中心秘书长张宏敏同志于9月29日—30日,前往贵市,寻找考察王氏故居(巡抚基)、章安王氏宗谱(族谱)、王宗沐存世文献与碑刻遗迹、王宗沐或王士琦墓地、明清年间的《临海县志》等,请贵市有关部门予以协助为盼。

致礼

浙江国际阳明学研究中心
2017年9月26日(盖章)

因为先前有卢部长的精心安排,在9月27日、29日,我已经与临海市社联副主席潘晓春女士有过微信联系,告知临海调研的设想。潘主席还热心地提供了《民国临海县志稿》卷十九、《民国台州府志》卷九十六至卷一百二十五的PDF电子文本,其中便有"王宗沐""王士琦""王士性"等阳明学者的传记资料。

9月29日(周五)上午,乘坐杭州到临海的D3111次列车,9点35分到临海站。潘主席已经在车站等候,寒暄之后,直接乘车到位于临海市区东郭巷73号的临海博物馆会议室。因为卢部长已经联系并召集了临海市人大原副主任何林晖先生,临海博物馆原馆长徐三见先生、现任馆长陈引奭先生、馆员王海波先生,临海市文保所副所长彭连生先生,临海市方志办王荣福主任,还有一家拍摄"一门三巡抚"的影视公司的工作人员,加上市社联潘主席,还有我,共11个人(台州学院胡正武教授因故未到),召开了一场小型的"王宗沐遗迹研究座谈会"。

刚到临海博物馆门口,陈引奭馆长就前来迎接。陈馆长听说我是省社科院来的,便说:"前些日子(5月12日),省社科院的吴光教授来过临海博物馆,进行学术考察。"我说:"吴教授是我的老师。前些天,他是来参加台州和合文化研究院成立揭牌仪式的。"在博物馆门口,恰好碰到何林晖先生,何先生与我虽未曾谋面,但也一见如故:因为我已经不止一次拜读过他的《王宗沐评传》一文;何主任还提到他的大学同学——余姚的阳明学研究专家华建新教授,华建新教授也向何主任提到过省社科院哲学所的张宏敏(笔者)在研究台州阳明学。何主任这次还特意带来了他的学术论文集——《学海泛舟》[①],赠送给我。

在临海博物馆一楼会议室,卢部长主持座谈会,先是介绍了与会人员的基本情况与研究专长,尤其提到徐三见先生是从事临海历史文化研究高手中的高手。

---

① 何林晖:《学海泛舟》,中州古籍出版社2015年版。

接着，我说明了来意，并介绍了自己十多年研究"台州阳明学"的心得与体会：

一是明朝正德末年的台州知府顾璘、嘉靖元年的台州知府罗侨，与王阳明私交甚笃。如顾璘（顾东桥）是阳明的道友，王阳明在《答顾东桥书》中提出了著名的"拔本塞源论"；罗侨则协助王阳明在江西南昌平定宁王朱宸濠叛乱，借此军功，罗侨出任台州知府。这为阳明学在台州府以及各县域的传播做好了铺垫。

二是台州籍的阳明门人有黄绾、应良、林元叙、林元伦、金克厚等，临海王宗沐是江右王门学者欧阳德的高足，属于王阳明的再传弟子，故而黄宗羲《明儒学案·浙中王门学案》专辟"王宗沐学案"来介绍王宗沐的生平与学术；尤其值得注意的是，王宗沐的儿子王士崧、王士琦、王士昌也属于阳明学者，他们属于王阳明的三传弟子；还有，王宗沐的族侄王士性也是阳明学者，曾至杭州天真书院问学于王龙溪，王士性还担任过南京太仆寺卿（王阳明亦出任过此职），对滁州阳明祠的修建有功；再有，王士琦的儿子王立准在出任福建漳州府平和知县之时，协助漳州知府施邦曜（余姚人）刊刻《阳明先生集要》，王立准还拓建了平和的阳明祠，后来自己也陪祀其中；故而临海王氏一家三代都是阳明良知心学的信奉者、景仰者。

三是明嘉靖、隆庆、万历年间的发生的浙东沿海的抗倭斗争中，那些抗倭英雄与阳明学有千丝万缕的联系，而王阳明的军事思想与军功业绩曾感染并熏陶了这些抗倭志士。如胡宗宪与王宗沐一样，他的业师也是江右王门学者欧阳德，可见王宗沐、胡宗宪（胡亦曾师从邹守益）就是同门师兄弟，皆是阳明先生的再传弟子；胡宗宪任余姚知县时，从阳明后裔手中获得阳明先生的《武经七书评》，如获至宝，并"私淑阳明先生"。胡宗宪任直浙总督（总督浙江、南直隶和福建等处的兵务），在杭州主持东南沿海抗倭斗争之时，即起用戚继光，前来台州海门卫抗倭。戚继光对阳明先生的军功及其军事理论有一定研究，王阳明的军事活动在山林、内陆展开（属于陆地战），而戚继光的抗倭则是在东南沿海进行（属于海战）。因为师从王畿的缘故，戚继光的诗文中多次提到"良知"，毫无疑问，此处所指的"良知"不是《孟子》的"良知"，而是王阳明"致良知"中的"良知"，这足以说明，戚继光就是一个阳明学者，确切说是王阳明的再传弟子。而胡宗宪的抗倭幕僚——绍兴师爷徐文长（徐渭），则是阳明门人季本的学生；再有，胡宗宪、谭纶、戚继光抗倭的又一幕后支持者——徐阶（徐阁老）

本身就是阳明学者(聂豹的学生)①,而作为同科进士的王宗沐、谭纶(曾任台州知府)与戚继光私交甚笃,今存临海市东湖小瀛州内的谭纶画像及戚继光表功碑即为凭证。还有,王宗沐之子王士琦对王阳明、戚继光的军事理论与事功颇为钦佩,曾以监军身份援朝抗倭;而王宗沐的好友李遂,作为江右王门学者,也有带兵御倭的经历。再有,袁黄、唐顺之等阳明后学也有抗倭事迹。而深度挖掘阳明学者在东南沿海一带乃至援助朝鲜的抗倭事迹,可以为实现新时代的"强军梦"提供助力。

可以说,临海籍的阳明学者在阳明学的事功方面有开拓,这还是南宋以来浙东事功(经制)学派的精神传承,唐仲友出任台州知府期间的所作所为,即是例证。而对王阳明心学理论的拓展,临海学者或许比不上绍兴的王畿,以及江右王门诸学者。

最后,我提到自己这次前来临海的主要目的,是要:详细考察一下临海阳明学者——王宗沐、王士琦、王士性、王立准的故居("三抚基""十伞巷")及其墓地,蒐集一下王氏父子存世的文献版本,还有《章安王氏宗谱》,以便为自己编校整理《王宗沐集》《王宗沐全集》)做准备,尤其希望得到临海历史文化学者的帮助。

临海市人大原副主任何林晖先生在发言中指出:自己因为研究王宗沐的生平,对阳明心学有兴趣;但也应注意,现今的"阳明学热"有点儿过头,我们作为学者,应保持一种理性的思考。阳明学与佛教的关系究竟如何,应该说清楚。比如黄岩籍阳明学者黄绾,为什么最终走出"王学"的阵营,这个问题也应该引起思考。对于何主任的"疑问",我以自己十多年来研究黄绾的学术经历,略作了回应。

临海博物馆老馆长徐三见先生介绍了临海博物馆馆藏王宗沐文献,主要有清抄本的《海运详考》《王敬所诗略》《敬所文集》三种,王士性的馆藏文献有《五岳游草》;前些年,复旦大学周振鹤教授编校出版了《王士性地理书三种》②,

---

① 《明儒学案》卷二十七《南中王门学案三·文贞徐存斋先生阶》有云:"聂双江(聂豹)初令华亭,先生(徐阶)受业其门,故得名王氏学。及在政府,为讲会于灵济宫,使南野(欧阳德)、双江、松溪程文德分主之,学徒云集,至千人。"胡宗宪、王宗沐师从欧阳德,而徐阶师从聂豹,也就是说:欧阳德、聂豹作为阳明先生的亲炙门人,胡宗宪、徐阶、王宗沐则是阳明先生的再传弟子。再加上戚继光有师从王畿的经历,徐文长是阳明弟子季本的学生,故而在东南沿海从事抗倭军事斗争者大多是阳明先生的再传或三传弟子。

② (明)王士性著,周振鹤编校:《王士性地理书三种》,上海古籍出版社1993年版。

现在浙江古籍出版社出版的《王士性集》已经收录了王士性的全部文献①，可以查阅。目前，临海博物馆要搬迁至新馆，古籍已经打包，馆藏文献一时无法查阅。《章安王氏宗谱》有1996年、2014年的重修本，其中错误较多，建议去查找清代或民国的刻本。徐先生还拿出了自己研究临海历史文化的学术论文集——《默墨斋集》《默墨斋续集》，供我参阅。

临海博物馆王海波馆员补充说：临海博物馆90岁的资深馆员丁伋先生，对王宗沐、王士琦有过研究，他的学术论集《堆沙集》中有《王士性行迹》《王士琦功绩》的论文②；再有，浙江博物馆馆刊《东方博物》第11、12辑中，有裘樟松先生研究王士琦、王宗沐的论文。临海市方志办的丁式贤先生，编有《王士性研究论集》。这些可以用来参阅。

台州府城保护和开发管理委员会的同行，提供了《历史文化名城：临海》③《台州府城史迹寻踪》④这两种书籍；介绍了临海古城"十伞巷王氏故居"的复建情况，第一期工程已完工，下一步将进行故居内部装修与设展，希望得到有关学者、专家的帮助。

临海市文保所彭连生所长，多年来一直呼吁政府有关部门应重视对王士琦、王士性的墓地保护，促成这两座墓地成为"省级文保单位"。彭所长向我们讲述了王宗沐、王士琦墓地的被盗经过与墓道的破坏情况，王士昌、王士性墓地的后期保护工作进展缓慢。他特别提道：现存的"大参南塘戚公表功记"，是王宗沐篆额；王宗沐妻秦氏墓志，现保存在东湖碑林；王宗沐的墓志，出土后保存在临海城一位王氏后人家中；王宗沐祖父王景的《明故东野王翁墓志铭》，前些年在临海大田刘村小溪西岸发现，今藏临海郑广文纪念馆⑤；王宗沐父亲

---

① 《王士性集》，浙江古籍出版社2013年版。
② 丁伋：《堆沙集》，中国社会科学出版社2007年版。
③ 周向潮、徐三见执行主编：《历史文化名城：临海》，浙江人民出版社2002年版。
④ 何达兴、徐三见：《台州府城史迹寻踪》，中国文史出版社2013年版。
⑤ 彭连生：《临海发现明代名臣王宗沐祖父墓志》，临海市文化广电新闻出版局网，2006年8月14日。据彭文介绍：2006年7月30日，临海市文化广电新闻出版局文物科在大田街道刘村"骑尉第"古宅调研时，从孙如法家征集到明嘉靖三十一年(1552)"明故西野王公墓志铭"。此志系青石，长66厘米，宽56厘米，厚8厘米，行49，每行33字，字径1厘米。由赐进士出身、翰林院修撰秦鸣夏撰文，赐进士出身、广东布政使司左布政使蔡云程篆额，赐进士及第、工部都水司员外郎陈光哲书丹。据捐献者孙如法、刘端芬夫妇讲，墓志系1965年在屋后中央》山东麓出土，当地人称为"王都堂坟"，墓朝东，墓系石板构筑，初墓志有盖，但无文字。志石一直当作洗涤板用，今墓址已开辟为村道。墓主王东野，字逸卿，隐士，系明山东左布政使、刑部左侍郎王宗沐之祖父，亦是援朝抗倭名将、右副都御史、巡抚大同的王士琦之曾祖。此志的发现对于了解明代临海和王氏望族的历史有一定的参考价值。

王训的《明故敕封刑部主事联峰府君墓志铭》,出土于临海汛桥镇延丰山,今存临海市博物馆(未见)。彭所长还向我们现场展示了自己制作、收藏的《明故东野王翁墓志铭》拓片;徐三见馆长则现场进行了鉴定,并随即拿出自己的藏书《历史故镇:大田》,其中录有《明故东野王翁墓志铭》全文[①]。

由于接近午饭时间,卢部长布置了这次考察行程安排:(1)先去东湖石刻碑林,查看与王宗沐有关的碑刻;(2)今天(29日)下午,由社科联潘主席、文保所彭所长、博物馆王海波馆员,协助我去实地考察王宗沐、王士性墓地;(3)明天(30日)上午,先去考察三抚基、十伞巷,再去临海档案馆查阅《章安王氏宗谱》。

二、考察王宗沐妻秦氏墓志碑、王宗沐篆额"大参戎南塘戚公表功记"

座谈会毕,我们十多人一同寻访了位于临海博物馆后方的——"东湖石刻碑林"。由于东湖石刻碑林由临海博物馆移交给临海市文保所代管,彭连升所长在前面引路,权为导游,向我们讲述了东湖石刻碑林的现状,尤其是相关碑刻的学术与文物价值。

王宗沐妻秦氏墓志碑,作为出土文物,镶嵌于碑林门廊右侧墙壁间。谭纶画像及戚继光表功碑作为浙江省重点文物保护单位,置于东湖石刻碑林的显要位置。"戚继光表功碑",全称《大参戎南塘戚公表功记》。碑高220厘米、宽94厘米、厚9厘米,系明嘉靖四十三年(1564)九月临海人何宠、包应鳞等55人所立。表功碑由王宗沐篆额,秦鸣雷撰文,陈锡书丹。碑额"大参戎南塘戚公表功记",垂直5行,每行2字并列。"表功碑"正文21行,满行82字;其中第6行因抬头加2字,第9、18、19行均因抬头加1字;第20行与21行之间为立碑名款,自上而下,分6组排列。碑文叙述了戚继光于嘉靖三十四年(1555)和嘉靖四十年(1561)在浙东沿海一带两次较大规模抗击倭寇的战斗经过,歌颂了戚继光"心在国家,而身先士卒;勇不畏难,而谋善料敌"的丰功伟绩。

由于时间紧张,保存于郑广文纪念馆的关于王宗沐祖父王景《明故东野王翁墓志铭》,未能实地勘察。王宗沐父亲王训的《明故敕封刑部主事联峰府君墓志铭》,也未见到。

[①] 何达兴等主编:《历史古镇:大田》,中国文史出版社2015年版,第573—575页。

三、寻访王宗沐、王士昌、王士琦、王士性墓址

29日午饭后,临海市社联潘主席、文保所彭所长、博物馆馆员王海波,加上我,还有一位司机师傅,一行五人前去寻找王宗沐、王士昌、王士琦、王士性墓址。

1. 王宗沐墓址

下午2点15分左右,我们来到汛桥镇延丰山脚下的王宗沐墓址[①]所在地。

据彭所长介绍:万历十九年(1591),王宗沐病逝后,赠刑部尚书,赐祭葬,后朝廷追谥"襄裕",故称"赠刑部尚书王襄裕宗沐墓"。其哲嗣王士崧、王士琦、王士昌等在治墓时,因为延丰院(寺)正好在墓道上,故而迁建了延丰院(寺)。今人在迁建的原址上复建延丰禅寺,寺院内也藏有不少古碑刻、院基石。

据当地村民介绍:王宗沐墓地、墓道,当地人称作"王都堂坟";在1951年修建水库、水道的时候,遭到破坏性挖掘,石椁、墓面石、牌坊石、墓志碑、墓道石等都被搬运挪走;而遭到破坏的墓道,现已成为农田。

根据村民提供的线索,我们在田间水道上找到一块残损的墓面石雕,其纹饰是一匹骏马(海马)、一头白鹿。历经400多年沧桑岁月的洗礼,海马、白鹿明眸发光、鬃毛发亮,神奇的是,马蹄处的簇簇毛发依旧发黑,这就是古人的石雕工艺!已易为农田的墓道,田埂上随处可见残损的墓面石、牌坊石。而在寺前村的两侧河道间,也散落着大小不一、数不胜数的墓面石、牌坊石、墓道石,其中一条石面上的龙形纹饰,也是清晰夺目。我们又到附近的西山村,寻到一个破损的石狮,村民说,这是从"王都堂坟"处运来的。

王宗沐的墓地已被盗挖,其中的文物也下落不明。查阅"7788收藏网""孔夫子旧书网",我们可以发现:王宗沐的印章"新甫",系老寿山石所制,长3.1厘米,宽1.4厘米,重15.4克,拍卖价为20 000元。毋庸置疑,王宗沐的印章"新甫"[②],如果是真的,就是被盗文物。

或许王宗沐的墓地原是一块风水宝地,其墓穴上现已有两家新坟茔。

[①] 《民国临海县志》(下),中国文史出版社2006年版,第335页。
[②] 2017年10月7日晚,彭连生所长通过微信告知我:"网上的'新甫'印章,不一定是王宗沐的,明代的印风好像有点不对。古玩市场鱼龙混杂,不要轻信,我们要看原物。"

2. 王士昌墓址

离开王宗沐墓址,我们又去江南街道的紫砂岙倒插金钗去寻访王士昌墓址①。随行的王海波介绍说,前些年进行文物普查的时候,自己来找过王士昌墓,这里也是王宗沐的祖墓所在地。

3点左右,我们来到紫砂岙。在一位村民的指引下,找到了王氏祖墓。当地村民称这是"六部尚书墓"。王氏祖墓连同王士昌墓址,如同王宗沐墓地一样,也已经遭到严重的破坏:墓址上方修建了高速公路,墓道上建有临海看守所,紫砂岙附近的路基下、水道旁随处散落着牌坊石、墓道石、墓面石。

3. 王士琦墓道

29日下午3点30分左右,我们来到括苍镇张家渡村王庄山,寻访王士琦墓。

先是在汛桥镇镇政府办公楼右侧的一间小屋中,寻到了王士琦墓前的牌坊石——"天恩赐地"(残损严重)。

在探访王士琦墓前,我先是拜读过临海市郑广文纪念馆馆长、临海市非遗保护中心主任郑瑛中先生撰写的《明代巡抚王士琦墓葬金银器物及其世系生平》,其中转述了1956年第12期《文物参考资料》上刊登的一则讯息——《临海县许多明墓被挖毁》:

> 王士琦墓在临海县西30里石塘山,墓前有石坊(上镌"天恩赐地"四个大字)、华表、翁仲及御碑亭,是天启五年赐葬的。今年(笔者按:1956年)4月14日张家渡农业社社员借建筑猪圈和粪坑为名,搬移墓前石板,发现许多金银器物,群众知道以后将器物送交区委。由区委通知文物管理小组前往勘查,并将出土文物收回,计有金银饰物多种,如金冠、金簪、各种金银钱币、金银用品及玉器玛瑙等②。

根据浙江博物馆收到浙江省文物管理委员会移交的文物单据,王士琦墓随葬器物共计107件:其中金丝发罩1件;金带板20件;各种金饰包括戒指、

---

① 《民国临海县志》(下),中国文史出版社2006年版,第336页。
② 郑瑛中:《明代巡抚王士琦墓葬金银器物及其世系生平》,临海新闻网,2011年9月16日。

耳环等33件(计重6两5钱2分);各种杂金饰连宝石、玉、银29件(计重10两9钱6分);各种银饰20件(计重14两6钱);青花小方瓷盒1件(内贮小玉饰数件);银花1件(补漏登记);玛瑙虬龙佩1件(完整);唐代海马葡萄铜镜1件(破断)。

王士琦墓葬器物,现藏浙江省博物馆①。上文提到的裘樟松、王方平合撰的《王士琦世系生平及其墓葬器物》文,对王士琦的墓葬文物也有详细介绍,兹不赘言。

王士琦墓系"赐葬",1983年被列为临海县文物保护单位,2017年成为省级文保单位。墓地在原址复建,墓表题曰"明故右副都御史巡抚大同王公士琦暨德配夫人邓氏之墓"。墓道及墓道两侧,今存有石马、石虎、石羊、石华表、石碑亭等,据说"为临海规模最大、雕刻最为精美的墓前石刻"。令人痛心的是,或许是经费有限,现在王士琦墓地、墓道是杂草丛生,石马、石虎、石羊旁堆置着木条、木板、砖石、水泥等建筑材料。石华表,也多次被人开车撞折,破损状也是不堪入目。

据彭所长介绍:1982年7月的一场台风,致使墓道前的石牌坊坍塌,仅存"天恩赐地"石匾(现存括苍镇政府)。墓前右侧的御碑亭,毁于"文革"时期,现今墓道则据御碑亭规格、样式进行复建。

由于时间有限,位于临海城西三十里小岭的王士崧墓②,未能寻访。

4. 王士性墓址

离开王士琦墓,下午4点多,我们来到了白水洋镇水晶坦村寻访王士性墓。

向当地村民询问王士性墓地位置,老乡说,王士性的儿子墓(具体那位儿子,有待查证)尚存。我们前去寻找,在一块木鱼石后方看到此墓。彭所长上前勘察,发现该墓已被盗,墓地左右两侧尚存两处盗洞。

离开王士性儿子墓,来到环翠山东麓的王士性墓址。彭所长介绍:民国时期,墓前尚有"大中丞王公士性之墓"碑;"文革"中墓被掘,碑被毁;2009年,

---

① 2020年7月18日,笔者前往浙江省博物馆武林馆区一层实地寻访了"越地长歌:浙江历史文化陈列"中王士琦墓葬出土的金银饰物等,并拍照存留。

② 《民国临海县志》载:"王鸿胪士性墓,在(临海)县西北五十里,黄奢保宁寺东。"[《民国临海县志》(下),第335页]

重立碑"明故南鸿胪寺卿王士性之墓";2017年,"王士性墓"成为浙江省文物保护单位。

离开王士性墓,回到村中,彭所长又同几位上了岁数的村民交谈,村民回忆了"文革"以前王士性墓道的规制、样式。借此,彭所长草绘了王士性墓地、墓道图。

离开白水洋镇,在车上,彭所长又向我们讲述了戚继光当年在白水洋一带抗击倭寇的历史场景。

四、寻访王宗沐墓志铭碑、《章安王氏宗谱》

傍晚5点左右,我们回到了临海古城。

因为事先彭所长已经与王宗沐直系后裔王卫斌先生联系,说是要看一下王卫斌先生寄存在临海古城其岳母家中的"王宗沐墓志铭碑"。临海古城为了冲刺"5A景区",街道正在整修,费了好大劲,我们来到了位于三台坊桂花巷的王卫斌先生的岳母家。老太太很热情,带领我们来到她家后院一房间,找到了"王宗沐墓志铭碑"。由于是傍晚时分,再加上横放的墓碑上堆有不少物件,墓碑上的文字无法阅读,我们不得已放弃了辨别文字的工作。临走时,彭所长与老太太约定,过段时间再来,制作墓碑的拓片①。

5点15分左右,彭所长带我们沿着府前街来到县直街1号,说:"这里是为嘉靖二十三年进士总漕大中丞王宗沐立的'七藩节镇坊'②牌坊所在地,现已拆毁。"

因为事先拜读过临海博物馆资深馆员丁伋先生的大作——《王士性资料的新发现:关于〈章安王氏宗谱〉》。文中写道:"(丁伋)与梁光军同志一起,访见到王氏所属的《章安王氏宗谱》,……此谱现藏临海城关龙须巷11号敖雪贞老太太家。有二种版本:光绪丁丑(1877)重修本和民国丙戌(1946)重修本,均二册九卷。二种皆属房谱,仅其中三卷(卷一谱序、文献,卷二系图,卷三世传)较全……"③由于丁伋先生已90高龄,我们不便打扰。但是根据丁伋先生

---

① 2017年10月28日上午,彭连生所长来到王卫斌先生的岳母家,对王宗沐的"墓志铭"进行了拓片;晚上通过微信,向笔者发来图片。
② 《民国临海县志》(下),中国文史出版社2006年版,第326页。
③ 丁伋:《王士性资料的新发现:关于〈章安王氏宗谱〉》,转引自"章安王氏宗亲博客":xjxgxgws.blog.163.com。

提供的线索,《章安王氏宗谱》"现藏临海城关龙须巷11号敖雪贞老太太家"。龙须巷有大、小之分,我们先是找到大龙须巷11号,这里不是敖雪贞老太太家;又来到小龙须巷11号,由于火灾,小龙须巷11号中已空无一人。王海波说:"丁伋先生写的《王士性资料的新发现:关于〈章安王氏宗谱〉》文,或许是十多年前的文章。敖雪贞老太太在不在世,不能确定。"由于时间太晚,对于《章安王氏宗谱》这条线索的追寻,我们只能到此为止。

穿过紫阳街的永靖坊、清河坊,来到回浦路48号,彭所长介绍:"这是为万历十一年进士大同巡抚王士琦立的'安攘茂烈坊'①的大概位置。"由于夜幕降临,为万历四十年进士福建巡抚王士昌立的"大中丞坊"、为万历五年进士鸿胪寺卿王士性立的"文章经国坊""德业匡时坊"以及与王士性有关的"鸿业初试坊""群材济美坊"遗址②,未能实地寻访。

晚饭毕,彭连生把我叫到他的文保所办公室,送我《民国临海县志稿》《临海市文物保护单位简介》各一种,供研究王宗沐之需。我也表达了感激与谢意。同时,彭所长把王宗沐后人王卫斌先生的手机号码给了我。晚上九点多,在住宿处,我联系上了王宗沐的后人、现供职于台州市人民政府办公室的王卫斌先生。说明了自己近年来对王宗沐存世文献的搜集情况,以及对王宗沐、王士琦、王士性的研究心得,热情好客的王卫斌先生也谈起了自己研究祖辈生平事迹的心得体会。这时,我提出了查阅嘉庆或光绪本《章安王氏宗谱》的要求。虽未谋面却热心王氏家族事业的王卫斌先生说:"明天(9月30日)我没空儿,10月1日那天你来椒江吧?"我自然满口答应。

五、考察临海古城"三抚基""十伞巷"

"父子四进士,一门三巡抚"的王宗沐故居,位于临海古城"三抚基""十伞巷"一带。王宗沐有士崧、士琦、士昌、士业四子,除士业为贡生外,其余三子皆中进士,加上王宗沐,是谓"一门四进士"。而王宗沐本人和次子士琦、三子士昌,官至都御史兼巡抚,故有"一门三巡抚"的说法。昔日的"王府"已经不在,人们便把"王府"遗址称为"三抚基"。此外,临海巾山脚下"十伞巷"的街道命名,也与王宗沐父子有关,因为王氏父子为官廉节,家有百姓所送"万民伞"十

---

①② 《民国临海县志》(下),第327页。

把;故而南起"三抚基",北到水门街,这条长约一百二三十米的巷道,由此得名"十伞巷"。

8点20分,潘主席、王海波馆员和我三人从台州府城墙(全国重点文物保护单位)兴善门进来,转弯来到临海紫阳古街一侧的"三抚基"。在"三抚基"1号的墙壁上,有"三抚基"的介绍:"东起兴善门,西至府前街。全长328米,宽4米。明代望族王氏居此。因王家一门三巡抚而得名。"旧色斑驳的廊檐,墙垣上恣意横生的藤蔓,就是今日"三抚基"的建筑风格。

沿着"三抚基"小巷从东往西直走,北转弯,有个小岔口,进去就是"十伞巷"。"十伞巷"是南北走向,南起"三抚基",北至"税务街",全长172米,宽2米。

查阅《章安王氏宗谱》,我们发现:王宗沐父子一系的"王氏",称为"税务街王氏"。"三抚基""十伞巷""税务街"一带,就是王宗沐父子故居旧宅所在地,即"王府"所在的大致范围。可惜"王府"早已坍塌,今天在"三抚基""十伞巷""税务街"居住的人家,多不姓"王",王宗沐的直系后人已搬迁他处。

近年来,为提升国家历史文化名城临海的"人文含量",临海古城保护开发有限公司委托广厦东阳古建园林工程有限公司,翻修重建"十伞巷""税务街"之地的古建筑,辟为"临海十伞巷王氏故居"。现在,一期工程已经结束,下一步要做的主是内部装修和布展。

因"十伞巷王氏故居"尚未开放,我们沿着"十伞巷"往"税务街"方向走出,映入眼帘的是佛教古刹——"临海龙兴寺"(今临海市赤城路2号)。从"税务街"走出,便来到"紫阳街"(2012年被国家文化部和文物局授予"中国历史文化名街"称号),它"因道教南宗始祖紫阳真人张伯端世居而得名"。

这次在考察"三抚基""十伞巷""税务街"王府过程中,黄宗羲《明儒学案·王宗沐传》:"先生师事欧阳南野,少从二氏而入……"[1]云云,始终在我的脑海中打转,"少从二氏而入",无疑是说王宗沐少年之时对佛、道二教有深刻的钻研与体悟;易言之,王宗沐作为一个儒家学者,其对阳明心学核心范畴"良知"本体即"仁"体的解读,也是从佛、道二教转入,故而黄宗羲有"少从二氏而入"之说。

---

[1] 《〈明儒学案〉〈宋元学案〉黄宗羲案语汇辑》,第56页。

目睹"龙兴寺"(与佛教天台宗关联甚多)、"紫阳街"(因道教南宗始祖而有名)这两处佛教、道教场景,我对王宗沐"少从二氏而入"有了深层次的感悟:王宗沐"号樱宁",即源于《庄子·内篇·大宗师第六》:"撄宁者,撄而后成者也。"①"撄宁"的意思就是,不受外界事物的纷扰,而保持心境的宁静。王宗沐晚年"构畸园以自适","畸"之命名亦源于《庄子·内篇·大宗师第六》:"畸人者,畸于人而侔于天。"②意谓为人清高,而不流于世俗,这是一种儒道贯通的豁达境界。王宗沐辑校刊刻《南华经别编》,足以证明其本人与道教之间的特殊因缘。王宗沐还曾为贞观年间台州刺史闾丘胤所辑编的《寒山子诗集》作过"序"文一篇,这也足以说明,王宗沐与佛教天台宗有关联。

王宗沐年少之时,为考取功名,必然要熟读儒家经典以及程朱理学论著(以《四书章句集注》为代表);然而王宗沐少年时代所住的居所(今"三抚基""十伞巷""税务街"一带),距离唐宋佛教古刹——临海"龙兴寺"颇近,只有几百米的距离,可以推断少年王宗沐曾多次光临"龙兴寺",进而对佛教天台宗教义有了解;再有,道教南宗始祖张伯端(紫阳真人)为临海人,亦可推断,王宗沐曾受张伯端《悟真篇》中"三教一理"及其内丹术的影响。此外,临海城的巾子山也是佛道名山,王宗沐年少时必多次登临过巾子山。由此可见:王宗沐"少从二氏而入"进而接受阳明良知心学的学思历程,与王阳明的人生经历有相似之处,这样我们就不难理解王宗沐"辨儒释之分"的学理依据了。

六、考察唐仲友主持设计的"中津浮桥"遗址

离开紫阳街,从台州府城墙"兴善门"走出,我们来到"灵江"边。同行的王海波先生介绍说:"灵江"是台州市第一大水系,被誉为"台州的母亲河";以前临海人出府城,如何横渡"灵江"是一大难题,南宋台州知府唐仲友,为了解决这一难题,在灵江南北两岸,开辟了一条"中津浮桥"。年长一些的潘晓春副主席,这时插话了,说:"自己小时候在临海城读书时,出城门,要过'中津浮桥'。而这座'中津浮桥'的来历,就与唐仲友有关。"

---

① (清)郭庆藩:《庄子集释》,中华书局1961年版,第253页。
② 同上,第273页。

南宋淳熙七年(1180),金华人唐仲友出任台州知府。一到台州,唐仲友就为百姓做了一件好事——修建"中津浮桥"①。来到灵江边,唐仲友意识到台州府"城临三津,其中(中津渡)最要",因为中津渡口"出黄岩,引瓯闽",是出入台州府城的要道。他还发现了津渡的弊端:"飓风无时,篙师牟利,敝船重载,命寄毫发。"为此,唐仲友决定中津渡口架设一座浮桥,"分官吏,庀工徒,度高下,量广深"。然而潮汐升降,依然是个难题,唐仲友便按照百分之一的比例做了一个浮桥模型,放置在水池中,依照潮水升降、进退原理,反复进行实验,终于解决了浮桥随潮汐升降的难题。中津浮桥工程于淳熙八年(1181)四月动工,历时半年,当年九月完工,改写了"灵江无桥、全靠船渡"的历史。浮桥长86丈,由50只船组成,每两船为一节,以铁链联接,上铺木板。桥成后,唐仲友作《中津桥记》纪之②。

据潘主席介绍:唐仲友设计的"中津浮桥"及其制作原理,在元、明、清、民国直到20世纪90年代一直存留。后来随着钢筋水泥结构的现代大桥的出现,历经800年岁月洗礼的"中津浮桥",就从灵江上消失了。后人为纪念唐仲友以及"中津浮桥",就在"中津渡口"的遗址上,就是现在江滨公园的金鸡岩附近,利用巨石仿制了一个渡船,船体用篆书镌刻"普渡"二字。

王海波先生又补充道:渡船下有一石碑,上面刻有《中津古渡记》,而碑文则是临海博物馆的老馆长徐三见先生所撰。

考察完灵江南岸的"中津渡口",我突然意识到:唐仲友这种注重实干的政风、讲究科学的学风,其实与主张事功、经制、经世的浙东学派学风有关。

我们知道,唐仲友离任后,时任提举浙东常平茶盐公事的朱熹,行部台州,弹劾唐仲友。所谓的"朱唐之争"就是以"醇儒"自居的朱熹对浙东"功利"之学的敌视与厌恶,就是对唐仲友"经世立治之术"即南宋讲"事功"的"浙学"(包括叶适的永嘉学派、陈亮的永康学派)的不满。还有,淳熙八年(1181),唐仲友主持刻印了荀、扬、文中、韩文四子书,即《荀子》《法言》《文中子》《昌黎先生集》。淳熙九年(1182),朱熹弹劾唐仲友的罪状,六道奏疏中就有两道是专门弹劾唐仲友以官钱刻书,其第四状说:"(唐)仲友以官钱开荀、扬、文中、韩文四子……

---

① 《民国临海县志》(上),第151页。
② 李忠芳:《中津渡怀古》,临海新闻网,2011年4月14日。

所印四子曾送一本与臣,臣不合收受……"①朱熹继承儒家正统,主张"性本善",而唐仲友所刻《荀子》则有《性恶》一篇,主张"性本恶";加上唐另刻"三子"学说,与朱熹的道学主张形同水火,唐仲友送书给朱熹,实际上是抬出"古人"来和他"论战",无怪乎朱熹要把唐仲友刻书事作为"罪状"来弹劾他。

朱子学研究专家束景南教授认为:"朱学与浙学在文化精神的对立,可以归纳为以道德拯世与以事功用世的不同,朱熹一生同浙东学派的对立论战都是围绕这一中轴展开的",因为在朱熹看来——"功利败坏人心,惟有道德才能拯世!"②

今天的浙江人,"秉持浙江精神,勇立潮头,干在实处,走在前列",又何尝不是对以唐仲友、叶适、陈亮为代表的浙东学派学者所极力倡导的"以事功用世"的"经世立治之术"的继承与宏扬呢?

七、查阅临海市档案馆馆藏《章安王氏宗谱》

上文提到《章安王氏宗谱》中有《明通议大夫刑部左侍郎撄宁府君年谱》,此次前来临海,查阅《章安王氏宗谱》,我也是志在必得。尽管昨天(9月29)傍晚时分寻访"现藏临海城关龙须巷11号敖雪贞老太太家"的《章安王氏宗谱》,未果。

这次来临海调研之前,我委托同事——省社科院哲学所副所长王宇研究员,通过他在浙江图书馆古籍部工作的朋友帮忙,查阅"浙江图书馆家谱数据库",得知浙江图书馆古籍部没有《章安王氏宗谱》,但是临海市档案馆藏有清代、民国的《章安王氏宗谱》。

离开临海古城,上午10点10分左右,我们来到位于临海市东方大道99号市政府办公大楼中的临海市档案馆。事先,卢部长、潘主席已经与档案馆工作人员打过招呼,我们来到档案馆资料查阅室,工作人员已把馆藏的四套《章安王氏宗谱》搬了过来。

第一套是光绪戊申年(1908)重修谱,存卷二、卷七、卷八、卷十、卷十一,共

---

① 朱熹弹劾唐仲友的详细经过,可以参阅束景南教授的《朱熹年谱长编》(增订本),华东师范大学出版社2014年版,第734—740页;束景南的《朱熹大传》(增订本),复旦大学出版社2016年版,第391—408页。

② 《朱熹大传》(增订本),第408—426页。

五册，无疑，这是一套残谱。翻阅卷首的"行第"，"旧讳行"云："士立宜先志，方贤必正躬。""新讳行"云："克家光世德，华国间奇才。""旧讳行"之"士"则是王宗沐的儿子辈王士崧、士琦、士昌、士业。借此亦可推断，《章安王氏宗谱》最早由王宗沐创修。

第二套是民国三十五年（1947）重修谱，仅存卷四下，一册，系残谱。王海波翻阅了《章安王氏宗谱》的"民国谱"，有收获，得知：王宗沐属于"税务街王氏"，王宗沐的族侄王士性则属于"郡城兰道派王氏"。

第三套是 1996 年重修谱，共十卷，十册。据卷一《重修王氏宗谱·新序》得知：《章安王氏宗谱》始修于明万历丙子年（1576），系王宗沐亲自编纂，二修于康熙辛末年（1691），三修于乾隆甲午年（1774），四修于嘉庆二十一年（1816），五修于光绪六年（1877），六修于宣统元年（1909），七修于民国三十五年（1947）年，八修于 1996 年。在卷一《序》中，找到了"万历丙子年（1576）秋月上浣之吉"撰写的"序"文。在卷一《遗像》中，看到"第十四世祖敬所公遗像"，像后有文字介绍："讳宗沐，字新甫，号敬所，别号撄宁。明嘉靖甲辰进士，官至刑部侍郎，赐谥襄裕。"

第四套是 2014 年新修谱，共十卷，十册。这是章安王氏第九次修谱。由于时间紧张，只是匆匆翻阅了《章安王氏二〇一四年完善重修宗谱说明》，提到"入谱人数达到八千五百多人"。

由于我这次查阅《章安王氏宗谱》带有"功利性质"，主要是查阅谱头中的《明通议大夫刑部左侍郎撄宁府君年谱》，由于"光绪谱""民国谱"的残缺，故而直接去翻阅 1996、2014 年新修谱。对宗谱、族谱文献稍有了解的同行，大都知道宗谱史料记载的可靠性，年代越久远越靠谱，比如有"宋谱"就不用"元谱"，有"明谱"就不用"清谱"，有"清谱"不用"民国谱"，实在没有，就用现代人新修谱。也就是说《章安王氏宗谱》的"清谱"即嘉庆、光绪谱，对于我们了解王宗沐、王士琦、王士性等人的生平学行，较之于"民国谱"以及 1996、2014 年的"新修谱"，更为靠谱。

在翻阅临海档案馆藏《章安王氏宗谱》的时候，王卫斌先生打电话过来，说："你明天（10 月 1 日）不用来椒江了。我今天（9 月 30 日）上午，已经从椒江开车到黄岩院桥镇岙里街村，拿来了祖公王守河老人收藏的嘉庆、光绪本《章安王氏宗谱》的卷首，其中有你想看的《明通议大夫刑部左侍郎撄宁府君年谱》。下午，我给你送到临海去吧？"考虑到明天是国庆长假，潘主席、卢部长、海波已经陪我调研两天了，他们都有工作要做、家庭要照顾，无论如何，我也要离开临海。再有，我与卫斌先生先前不认识，只是打了一个电话，人家就驱车到百里外的黄岩院桥镇取回了嘉庆、光绪谱，为表示尊重，我还是决定亲自到椒江去拜会他。

在临海档案馆待了一个半小时，临近 11 点 30 分，因考虑到工作人员要下班吃午饭；再加上王卫斌先生已经拿到嘉庆、光绪本《章安王氏宗谱》的卷首，我决定离开临海档案馆。

来到市政府办公楼一楼的市社科联办公室，潘主席赠送一套《临海丛书》，西泠印社出版社 2014 年出版，署名"临海市委市政府"编，共五册五卷，分别是"文学卷""人文卷""书画卷""市情卷""名胜卷"。无意之中，我翻阅了"书画卷"，从中发现了王士崧的《题少林寺面壁石拓本》、王士性的《撰书李果墓志铭拓本》[①]。

在市社科联办公室，潘主席联系了卢部长，说是中午一块儿吃饭，由于卢部长还在开会，我便借用潘主席的电话与卢部长道别，大意是：一是十分感谢卢部长的精心安排，自己此行也收获满满；二是，鉴于临海籍阳明学者与明代中后期的抗倭斗争关系密切，我愿意也乐意牵线，在适当的时候，邀请中国军事科学院专门研究中国明代军事思想史的同行，前来台州进行学术考察，一起推动戚继光抗倭的研究；三是今天下午，我要到路桥参观黄绾纪念馆，恭祝卢部长国庆节、中秋节吉祥！卢部长说："谢谢你对临海历史上阳明学者的关心与研究，欢迎下次再来临海进行学术考察！"

离开临海之时，海波又去临海博物馆找陈引奭馆长，为我送来了《东湖志》《巾山志》《台州史事杂著三种》，供我进一步了解临海、研究临海。

八、参观台州路桥"黄绾纪念馆"

开头说过，近十年来，我的学术研究中心就是台州籍阳明学者黄绾的文献整理、年谱编撰与儒学思想研究。

《孟子·万章下》有云："集大成也者，金声而玉振之也。金声也者，始条理也；玉振之也者，终条理也。"我清楚地记得 2008 年 9 月 28 日，路桥黄绾纪念

[①] 临海市委市政府编：《临海丛书·书画卷》，西泠印社出版社 2014 年版，第 5—6 页。

馆的林筠珍馆长,助我实地勘察了路桥东盘山的"黄绾生圹自铭"摩崖石刻;2011年10月1日,她与我一起到温岭实地考察黄绾祖居地——岙环镇洞黄村。这些可以说是我研究黄绾的"始条理",而"终条理"则是我的博士论文《黄绾道学思想研究》即将出版,我对黄绾的研究基本宣告结束,是为"终条理"。于情于理,我都应该到"黄绾生圹自铭"摩崖石刻处观瞻,参观一下"黄绾纪念馆"。

9月30日下午3点半,我辗转来到路桥区桐屿街道凉溪村后的"黄绾纪念馆"。自2008年9月以来,我也记不清楚这是第几次来黄绾纪念馆,应该是第五、六次了吧。"黄绾纪念馆"是浙江省儒学学会的常务理事单位,今年又加盟了中国孔子基金会的"孔子学堂"(第602号)。"黄绾纪念馆"大门两侧,是浙江省儒学学会会长吴光教授撰联、浙江省社科院图书馆王玮女士书写的楹联:"仁爱为本义礼信和敬五德常明,佛道援儒东西南北中三教互补。"

"黄绾纪念馆"前,是林馆长在今年(2017)孔诞日前夕(9月26日),特意从中国孔子基金会定制而来的"孔子标准像"(半身)。在"孔子像"前三鞠躬后,林馆长介绍:从中国孔子基金会定制而来的孔子标准像,是"国"字脸、宽鼻、阔嘴、浓眉、长髯,这就把一个仁爱宽厚、正气浩然、朴实庄重、令人景仰的且具有山东人相貌特征的长者形象呈现给我们。

或许是为了突出黄绾也是孔子儒家学派的传人,"孔子标准像"就立在"黄绾纪念馆"的正前方。"孔子标准像"的左侧,是林馆长请人从"黄绾纪念馆"后方的东盘山下临摹下来的"黄绾生圹自铭"全文:

青山不极,吾生有涯。有涯必尽,终归此家。后千百载,过者兴嗟。曰谁之藏,或否或嘉。是非得失,孰可掩遮?路碑日远,青史世遐。平生周孔,志愿匪夸。达施穷敛,易地则皆。穷非有损,达非有加。一朝屈伸,千载端邪。履道听命,圣轨弗差。遁世独立,无闷无哗。亹勉卒世,顺俟靡他。一息尚存,无自疵瑕。

嘉靖二十有三年秋九月甲子
久庵居士黄绾识

应林馆长的邀请,我一字一句把自己所理解的"黄绾生圹自铭"文字大意,讲给她听。在"平生周孔,志愿匪夸"处,我特意提道:"黄绾一生的志业,就是要自己作周公、孔子的学生。林馆长现在把'孔子像'从山东请来,这也正合黄绾的毕生志业。作为后之学人,我们要向孔子、黄绾学习,努力做到'一息尚存,无自疵瑕'。这也是王阳明'知行合一'要义之所在。"

在"黄绾纪念馆"不远处,就是近年来新修建的(路桥区桐屿街道)"凉溪村文化礼堂",两层独立庭院式结构,走进去,四处空荡荡的。我在想,眼下在浙江各地农村如火如荼开展的"文化礼堂"建设,其内部的"文化"展示,好像缺些什么?

九、寻访王宗沐、王士琦的直系后人王卫斌

按照约定,10月1日上午,我要去椒江区拜会王宗沐、王士琦的直系后人王卫斌先生。9点30分左右,到了椒江区东升街博物馆对面的一个经营古董的商铺。后来得知,这里是卫斌先生的一处住宅,因为忙于单位的工作,无暇打理古董生意,权作"王氏祠堂"。

卫斌先生很热情,我也有受宠若惊的感觉。以前压根儿不认识他,只是通过裘樟松先生的文章,知道王卫斌先生是王宗沐直系后人。这次,卫斌先生与我从张居正"江陵夺情"谈起,谈到王阳明和他的心学,徐阶、高拱、张居正等阁臣对阳明学的态度;又聊到王宗沐、王士琦、王士性、王立准与阳明学关系,王士琦的军功与援朝平倭事迹,还有戚继光、谭纶、徐文长与阳明学的关联。

从交谈中,我得知:王卫斌先生的谱名是"王光华",是章安王氏第27世孙。根据《章安王氏宗谱》"旧讳行"的"士立宜先志,方贤必正躬","新讳行"的"克家光世德,华国间奇才",可以推知,卫斌先生是王宗沐第12世孙。

卫斌先生还提道:1953年朝鲜最高领导人金日成访问北京时,向我国领导人谈到了王士琦援朝抗倭事,这是在北京工作的临海人带回家乡的信息。临海王家族人还雇人看守王宗沐、王士琦墓;1956年,王士琦墓地被盗挖,随后王宗沐墓被盗挖,就是王家雇佣的守墓人受人唆使所为。这时,我补充道:"王宗沐墓被盗后,一枚'新甫'的印章被人倒卖,现在价格已经炒到20 000元。"对此,卫斌先生既气愤,也无奈:"就是我们出高价,赎买回来,也无济于事。"[①]

[①] 2017年10月3日,王卫斌先生通过微信发来信息,告诉我:他自己从网上下载了"新甫"印章图片,自己动手仿制了一枚。

我还提到自己与临海市文保所、社科联、博物馆同行，去江南街道寻找王士昌墓地事。卫斌说："那里，不是王士昌的墓地，而是王氏祖上的墓地。"

卫斌先生还说：小时候，自己在临海地委工作的父亲就告诉他，自己是王士琦的后人，他们父子一家以前生活在临海古城王氏故居；自己对王氏祠堂、故居，还有王氏牌坊的位置，有深刻的记忆，近年来，城市改造，再加上临海古城经常着火，现在破坏得也差不多了；自己父亲过世后，再加上1994年台州市政府从临海搬迁到椒江，自己到椒江上班后，除春节外很少回临海；自己在临海工作时，经常去勘察王宗沐、王士琦等先祖的墓地，并找到了"王宗沐墓志碑铭"，因一时找不到合适的地方安置，就寄存在自己的岳母家中；自己从20世纪90年代初开始，为保护王宗沐、王士琦墓地以及临海城王氏故居，通过写信、写文章等多种方式建言临海市委市政府（包括汛桥镇）有关部门重视对王宗沐、王士琦墓地及临海城王氏故居、王氏祠堂的保护，但是，收效甚微。

与此同时，卫斌先生了解到自己先祖王士琦的墓地被人挖掘后，墓葬器物收藏在浙江博物馆。2003年左右，他特意到杭州查看，并得到浙江博物馆裘樟松、王方平先生的帮助；还提供自己收藏的《章安王氏宗谱》（1996年重修本）、王宗沐墓志铭、王宗沐妻秦氏墓志铭、王宗沐篆额的"大参戎南塘戚公表功记碑"照片，王士琦及其夫人的画像照片，给裘樟松、王方平先生，供他们研究王宗沐、王士琦。卫斌先生还说：裘樟松先生是学者出身，很认真、很敬业，在研究王宗沐的生平后发现，王宗沐的著作实在太多，再加上快要从博物馆退休，不得已放弃了相关研究。

卫斌先生还提道：前些年，上海《新民晚报》社的记者方毓强先生，因为对中韩文化交流有兴趣，再加上王士琦援朝平倭的显赫军功，时常到椒江来找自己；方毓强打算利用到韩国出差的机会，把王士琦的生平事迹介绍给韩国友人。方毓强每次到访椒江，卫斌先生都热情接待，为他提供了不少关于王士琦的图文资料。这两年来，由于韩国政府执意部署"萨德"而损害了中韩关系，方毓强近来也就很少来椒江。

我也介绍了自己近年来对王宗沐存世文献的寻访、查阅情况，也汇报了自己有意整理《王宗沐全集》的设想，故而需要参阅《章安王氏宗谱》。说话间，卫斌先生拿出自己昨天（9月30日）上午特意从黄岩院桥镇借出来的嘉庆、光绪本《章安王氏宗谱》各一卷，即谱头存录的"艺文"史料，还拿出自己收藏的王士琦及其夫人画像。我小心翼翼地翻阅了嘉庆、光绪本的《章安王氏宗谱》，查看了其中的文字记录，其文献价值自不待言。

这时候已经快11点了，我提出了整本复印嘉庆、光绪本《章安王氏宗谱》卷首"艺文"，还有卫斌先生收藏的1996年新修谱卷一、卷二"艺文"的想法，卫斌先生马上带我去找文印店。由于是国庆假期，文印店多关门休业，好不容易找到一家文印店，老板娘看到我们带来的厚厚的四大本家谱，说要复印一个下午，估计晚上五、六点才能印完。我提议，能不能再找一家复印店，一家复印两本，这样快些，这家复印店的老板娘就介绍了邻居家的文印店一并复印。

因为复印要等上几个小时，我便与卫斌先生找一家快餐店吃午餐。这时，我又向卫斌先生提出了一个"无理要求"："您能否带我到黄岩院桥一趟，我想看一看那套完整的'民国谱'，还有'嘉庆、光绪谱'的剩余卷册。"由于是国庆假期，我知道自己提出这样的"要求"实在"无理"；没想到卫斌先生说："好的，等会儿，我们就去；你放弃假期，这么远赶来，研究我的先祖。还要谢谢你。"

十、寻找嘉庆、光绪、民国年间的《章安王氏宗谱》

中午12点半，王卫斌先生开车带我，从椒江到黄岩，去寻找目前保存最为完整的三套《章安王氏宗谱》。

由于是中午时分，想到卫斌先生开车一定会困乏，坐在副驾驶位置上的我，尽力开动脑筋，寻找有关"章氏王氏""临海王氏父子"的共同话题来提神儿。交谈中得知：王宗沐、王士琦这一系到卫斌先生这一代，由于多在城市生活，人丁较少；自己的儿子现在国外留学，在留学地选择时，儿子想到日本去留学，自己则坚决反对，主要是自己的祖上王宗沐、王士琦是"抗倭"的，再加上日本侵华期间派飞机轰炸临海城时，在祖上故居所在地投掷的炸弹数量最多，"王府"的破坏最严重，故而反对孩子到日本留学。

我提到目前存世流传的王宗沐画像，尤其提到"民国谱"中王宗沐画像。卫斌先生告诉我："现在淮安博物馆藏有王宗沐画像，可能最为接近王宗沐的本人形象。临海博物馆也有王宗沐画像，属于士绅像，临海博物馆老馆长徐三见先生知道此画像。"

大约下午2点20分，我们来到黄岩区院桥镇岙里街村145号，卫斌先生的祖公王守河老人，热情地接待了我们。交谈中得知：王守河老人去年生了一场大病,身体不是很好;家中的三套《章安王氏宗谱》,是自己家族的"宝贝"。在王守河老人老伴的帮助下,终于看到了我盼望已久的三套最为完整的——嘉庆二十一年、光绪三年、民国丙戌年重修的《章安王氏宗谱》。在民国本《章安王氏宗谱》中,我们找到了王氏先祖的画像。卫斌先生和我小心翼翼地翻阅、观摩、拍照。因为嘉庆、光绪年间重修的《章安王氏宗谱》卷一"艺文"中不少地方有虫蛀、水渍。我打算复印一套民国本《章安王氏宗谱》卷一、卷二,希望卫斌先生与王守河老人打个招呼。

当提出复印"民国谱"卷一、卷二时,老人家二话没说,说:"拿去复印吧,我们还要谢谢你们浙江省社科院呢!前些年,你们省社科院研究我们的祖宗王士性,有《王士性传》。现在你们研究王宗沐,我们全力支持。"随后,卫斌、我还与守河老人合影留念。卫斌先生答应复印完后,马上把嘉庆、光绪、民国本《章安王氏宗谱》(卷一、卷二)一并送回来。我也知道,近些年不少文物贩子低价收购、高价抛售家谱事,提醒老人家:"这三套全谱,是您家族的'镇族之宝',千万不要出售!天气干燥的时候,要及时拿出来晒谱,这样的话,保存时间会久远一些。"老人家握住我的手,不停地道谢!其实,我应该感谢善良、淳朴的王氏后裔才对!

十一、拜谒椒江戚继光纪念馆

从黄岩院桥驱车赶回椒江,已经是下午4点。上午找的第一家复印店还没复印完,而隔壁一家的文印店已经装订完毕。于是,就干脆继续让这两家文印店复印我们带来的两册民国本《章安王氏宗谱》,为了赶时间,一家复印一册。

因为复印至少还要一个小时,卫斌先生说:"我们出去走走吧!"我知道:椒江有一条以抗倭英雄戚继光命名的"戚继光路",还有戚继光纪念馆,而戚继光也是王阳明先生道德文章、事功的崇拜者。我提议:"我们去参观戚继光纪念馆吧!"卫斌先生见我对戚继光有兴趣,也听我说道戚继光与阳明学的关联,就答应一同前往。

4点10分左右,来到椒江区东山西南麓"戚继光路"100号的"戚继光纪念馆(戚继光祠)",由于是国庆节,纪念馆4点15分要关门。我们说明了来意,工作人员破例同意我们观看10分钟。与卫斌先生的交谈中,我提道:"中国军事科学院的范中义、王珏先生,还有临海市委宣传部的卢如平部长,多年来一直从事戚继光的研究。前些年央视热播《抗倭英雄戚继光》,就是卢部长的功劳。"一位准备关闭纪念馆展厅馆门的工作人员,听到我口中说"卢部长",误听为是"罗馆长";马上说:"我们纪念馆的罗馆长,今天值班,我带你们到她的办公室去找她。"原来工作人员口中说的"罗馆长",是椒江"戚继光纪念馆"的罗小萍女士。

其实,卫斌先生以前也认识罗馆长。我们说明来意,罗馆长向我们介绍了目前椒江海门卫的来历以及椒江区政府正在实施的"一江两岸"海门卫城修复计划,提道:现在的椒江"戚继光纪念馆"原是海门卫卫城的城隍庙,曾是戚家军的屯兵处,后来改建为"戚公祠",现存建筑是清同治、光绪间重修;"戚继光纪念馆"占地面积2 010平方米,陈列面积640平方米,现在为浙江省重点文物保护单位、浙江省爱国主义和国防教育基地。罗馆长还介绍了馆藏文物以及纪念馆的日常运营、接待参观等情况,还特意说,前些天纪念馆组织椒江区各中小学进行了"'戚继光抗倭民间故事'比赛",效果特别好,以后还会继续进行。

我说:"目前山东(蓬莱)、福建、河北,还有省内的宁波(余姚)、义乌、温州、临海、温岭等地,都重视戚继光抗倭事迹的挖掘与研究,几乎这些地方都有戚继光遗迹,建有戚继光祠堂、纪念馆。还有,中国军事科学院的范中义研究员是研究戚继光的权威专家。我们椒江纪念馆应该与全国各地的戚继光纪念馆,加强沟通、联系,共同研究、宣传这位民族英雄。还有,戚继光的爱国精神,可以与社会主义核心价值观的宣讲相结合。"

罗馆长表示认同,说:"前些年我们去山东蓬莱的戚继光故里参观过,他们的'戚继光纪念馆'做得很好,我们要向他们学习。你说的范中义先生,好像来过我们的纪念馆,纪念馆的老馆长接待过他的来访。"这时,我注意到罗馆长办公室的书柜中摆放着一套中华书局出版的《戚继光研究丛书》,有《纪效新书》《练兵实纪》《戚少保奏议》《止止堂集》《戚少保年谱耆编》《戚继光传》《明代倭寇史略》。罗馆长补充说:"这是我们这些年,征购来的戚继光研究书籍。以后我们还会加大采购量。"我说:"范中义先生今年新出的《戚继光大传》[①],通俗易懂,最近我看过这本书,应该是范先生研究戚继光的'集大成者',建议贵馆采购几本。范中义先生对王阳明、戚继光的军事思想都有过研究,而现在党和国

[①] 范中义:《戚继光大传》,海洋出版社2017年版。

家领导人十分重视王阳明、戚继光的军事思想,眼下,对于戚继光、王阳明的研究,我们应该也可以大有所为。"

听到这里,罗馆长高兴地说:习近平总书记从小就崇拜岳飞、戚继光等民族英雄,总书记后来在福建、浙江两地工作,对戚继光抗倭的历史故事,了然于胸。比如,2014年4月28日,习近平在新疆喀什市公安局乃则尔巴格派出所视察工作时,借用了戚继光打倭寇的故事鼓励民警:"看到你们的长警棍,我不由想起明代时戚继光训练怎么打倭寇。他就地取材,把毛竹削尖,很长,5人或7人一组。先用毛竹竿挡住倭寇,使他们近不了身。盾牌兵再上去击杀,非常有效。我们也要有好的兵法和有效的武器。"①总书记提到的戚继光战法,在兵书中叫"鸳鸯阵法",可见,戚继光又是一位杰出的兵器专家和军事工程家。

随后,罗小萍馆长还带领我们参观了椒江"戚继光纪念馆"镇馆之宝——戚继光抗倭报警时所用的"庆善寺铜钟"。

十二、瞻仰"解放一江山岛烈士陵园牌坊"

参观完戚继光纪念馆,卫斌先生和我赶回文印店,复印店的机器出现了故障,民国本《章安王氏宗谱》尚未复印完毕,老板说还要1个小时才能完事。时间已经到了5点半,我原本打算(10月1日)当天晚上乘坐椒江到杭州的最后一趟汽车赶回杭州(因为"国庆节",10月1日的高铁、动车票已售罄),现在看来,不可能了。

因考虑到我是北方人,卫斌先生带我找了一家面食馆吃晚餐。餐毕,我们来到椒江古街——海门关参观。

离开海门关,转个弯就是"解放一江山岛烈士陵园"和"一江山岛登陆战纪念馆"。因为我的祖辈、父辈都曾是共和国的军人,我打小对革命军人的英雄事迹就有兴趣,也知道张爱萍将军指挥了解放一江山岛战役,就跟卫斌先生说:"现在还有点儿时间,我们去瞻仰一下烈士陵园吧。"因为是晚上,纪念馆已经关门,我们只瞻仰了"烈士墓道牌坊""烈士桥""浙东前指群雕""张爱萍许世友题词碑"等。

---

① 习近平的原话,转引自中国网新闻中心发布的"新华视点"图文:《习近平看望军警部队谈戚继光打倭寇》,2014年4月29日。又见"新华网"新闻:《习近平新疆考察:对付暴恐分子要有有效手段》,2014年4月28日。

离开"一江山岛登陆战纪念馆",我们来到文印店,结了账,取走复印好的《章安王氏宗谱》。这时,我突然联想到:王阳明当年在江西南赣、广西八寨断藤峡,平定山寇作乱,主要是在山林、陆地间进行,用兵如神的王阳明,可谓是陆战、山林战的高手;戚继光在台州湾外的一江山岛、大陈岛①操练过水师,他和谭纶在东南沿海一带联手抗击倭寇,包括王士琦在朝鲜平倭,他们可以称得上是海战的高手;张爱萍指挥的"解放一江山岛战役",则是陆、海、空三军联合作战。时代不同,战争、战役的方式、方法、策略,也在与时俱进。

其实,从王阳明的"用兵何术?但学问纯笃,养得此心不动,乃术尔";到戚继光的"封侯非我意,但愿海波平","南北驱驰报主情,江花边草笑平生。一年三百六十日,多是横戈马上行";再到党和国家领导人习近平同志所强调的:

> 王阳明的心学正是中国传统文化中的精华,也是增强中国人文化自信的切入点之一②。

> 看到你们的长警棍,我不由想起明代时戚继光训练怎么打倭寇。他就地取材,把毛竹削尖,很长,5人或7人一组。先用毛竹竿挡住倭寇,使他们近不了身。盾牌兵再上去击杀,非常有效。我们也要有好的兵法和有效的武器③。

> 我们的英雄军队有信心、有能力打败一切来犯之敌!我们的英雄军队有信心、有能力维护国家主权、安全、发展利益!④

这足以说明,在新的历史时期,王阳明、戚继光的哲学智慧、战争理论和军事思想,需要我们进行深入、系统的研究与继承,进而对中国古代传统的军事理论、战术观念进行创造性转化与创新性发展。

当天(10月1日)晚上七点多,卫斌先生送我到椒江区的一家旅店投宿。第二天,我从椒江乘车返回杭州,圆满结束了此次以王宗沐为中心的台州阳明

---

① 2020年5月16日至17日,在浙江省社科院政治学所长徐友龙编审及椒江区委宣传部的协助下,笔者实地考察了台州湾外的大陈岛、一江山岛,对戚继光当年操练水师、海上抗倭的历史场景有了感官的体会。
② 2014年3月,习近平同志在参加十二届全国人大二次会议贵州代表团审议时的讲话。
③ 《习近平来到喀什基层派出所:平时多流汗 战时才能少流血》,人民网,2014年4月28日。
④ 《我们的英雄军队有信心有能力打败一切来犯之敌!》,新华社,2017年7月30日。

学遗迹考察活动。

趁着2017年"国庆节"的七天假期,我完成了这篇《王宗沐遗迹考察散记》。

附记:

2017年10月5日上午,王卫斌先生实地考察了位于江西上饶的怀玉书院遗址,怀玉书院是王宗沐在嘉靖三十三年(1554)倡议创建的,并撰《怀玉书院记》。卫斌先生还告诉我:"怀玉书院,正准备重建!"

10月5日下午,临海博物馆陈引奭馆长,通过微信传来一些临海博物馆收藏有关王阳明图像、石刻书法作品的清代拓片。这也从一个侧面说明至清代,阳明学在台州(临海)一带仍有影响。

在2017年9月29日至10月1日的进行的"王宗沐遗迹考察"行程中,我有幸得到临海市委宣传部原部长卢如平,临海市人大原副主任何林晖,临海市社科联副主席潘晓春,临海市文广新局局长苏小锐、临海市文保所副所长彭连生,临海市博物馆原馆长徐三见、现任馆长陈引奭、馆员王海波,路桥黄绾纪念馆馆长林筠珍,还有台州市政府办公室工作人员暨王宗沐后裔王卫斌先生、黄岩区院桥镇岙里街村的章安王氏后人王守河先生的精心指导与热忱帮助,在此,一并谨致谢忱!

参考文献

（汉）王弼著，（唐）孔颖达疏，《十三经注疏》整理委员会整理：《周易正义》，北京大学出版社2000年版。

（宋）朱熹著，廖名春点校：《周易本义》，中华书局2009年版。

唐明邦主编：《周易评注》，中华书局1995年版。

金景芳、吕绍刚：《周易全解》，上海古籍出版社2005年版。

李民、王健：《尚书译注》，上海古籍出版社2000年版。

黄怀信整理：《尚书正义》，上海古籍出版社2007年版。

《十三经注疏》整理委员会整理：《毛诗正义》，北京大学出版社2000年版。

（宋）朱熹著，赵长征点校：《诗集传》，中华书局2011年版。

周振甫译注：《诗经译注》，中华书局2002年版。

杨伯峻：《春秋左传注》（修订本），中华书局1990年版。

顾馨、徐明点校：《春秋公羊传》，辽宁教育出版社1997年版。

顾馨点校：《春秋穀梁传》，辽宁教育出版社1997年版。

（宋）胡安国：《春秋传》，岳麓书社2011年版。

崔高维点校：《周礼》，辽宁教育出版社1997年版。

崔高维点校：《仪礼》，辽宁教育出版社1997年版。

杨天宇：《礼记译注》，上海古籍出版社2004年版。

杨伯峻译著：《论语译注》，中华书局1980年版。

杨伯峻译著：《孟子译注》，中华书局1960年版。

（宋）朱熹撰，张茂泽整理：《四书集注》，三秦出版社1998年版。

（宋）朱熹：《四书章句集注》，中华书局1983年版。

（清）王先谦撰，沈啸寰、王星贤点校：《荀子集解》，中华书局1988年版。

安继民注译:《荀子》,《国学经典》本,中州古籍出版社2010年版。

(汉)董仲舒著,袁长江主编:《董仲舒集》,学苑出版社2003年版。

(汉)司马迁撰:《史记》,中华书局1982年第2版,2003年重印本。

(汉)班固撰,(唐)颜师古注:《汉书》,中华书局1962年版。

(汉)王充撰,(民国)黄晖校释:《论衡校释》,中华书局1990年版。

(宋)周敦颐著,谭松林、尹红整理:《周敦颐集》,岳麓书社2002年版。

(宋)程颢、程颐著,王孝鱼点校:《二程集》,中华书局1981年版。

(宋)张载著,章锡琛点校:《张载集》,中华书局1978年版。

(宋)邵雍著,郭彧整理:《邵雍集》,中华书局2010年版。

(宋)陆九渊著,钟哲点校:《陆九渊集》,中华书局1980年版。

(宋)朱熹撰,朱杰人等主编:《朱子全书》,上海古籍出版社、安徽古籍出版社2003年版。

(宋)黎靖德编,王星贤点校、邓艾民审阅:《朱子语类》,中华书局1986年版。

(宋)朱熹、吕祖谦编订,陈永革注评:《近思录》,江苏古籍出版社2001年版。

(宋)杨简:《慈湖遗书》,《文渊阁四库全书》本。

(宋)叶适著,刘公纯、王孝鱼、李哲夫点校:《叶适集》,中华书局1961年版。

(元)陶宗仪著,徐永明、杨光辉整理:《陶宗仪集》,浙江人民出版社2005年版。

(元)赵汸:《春秋师说》,《文渊阁四库全书》本。

(元)脱脱等撰:《宋史》(简体字本),中华书局2000年版。

(明)宋濂等撰:《元史》(简体字本),中华书局2000年版。

(明)方孝孺撰,徐光大整理:《方孝孺集》,浙江古籍出版社2013年版。

(明)王守仁著,吴光、钱明、董平、姚延福编校:《王阳明全集》,上海古籍出版社1992年版,2011年修订版(简体字本)。

(明)王守仁著,吴光、钱明、董平、姚延福编校:《王阳明全集》(新编本),浙江古籍出版社2010年版。

陈荣捷:《王阳明传习录详注集评》,华东师范大学出版社2009年版;重庆出版社 2017 年版。

（明）王阳明撰，邓艾民注：《传习录注疏》，上海古籍出版社 2012 年版。

（明）王守仁原著，（明）施邦曜辑评：《阳明先生集要》，中华书局 2008 年版。

（明）王守仁著、施邦曜辑评，刘宗碧点校：《阳明先生集要三编》，西南交通大学出版社 2019 年版。

（明）黄绾：《知罪录》三卷，明嘉靖四年黄绾自序刻本，藏上海图书馆古籍善本室。

（明）黄绾：《石龙集》二十八卷，明嘉靖十二年王廷相序刻本，分藏台湾"国家"图书馆、"中研院"历史语言研究所傅斯年图书馆。

（明）黄绾：《石龙集》二十八卷，1921 年抄本，藏浙江省图书馆古籍部善本室。

（明）黄绾：《阳明先生行状》一卷，载《王阳明全集》（新编本），浙江古籍出版社 2010 年版。

（明）黄绾：《五经原古序》一卷，载《黄宗羲全集·明儒学案》，浙江古籍出版社 2005 年版。

（明）黄绾著，刘厚祜、张岂之标点：《明道编》（《久庵日录》）六卷，中华书局 1959 年版。

（明）黄绾：《家训》一卷，载《洞黄黄氏宗谱》1915 年修订本，藏浙江台州玉环路上村黄氏后裔家。

（明）黄绾：《久庵先生文选》十六卷，明万历十三年汤聘尹序刻本，藏日本尊经阁文库。

（明）黄绾著，张宏敏编校整理：《黄绾集》四十卷（《阳明后学文献丛书》本），上海古籍出版社 2014 年版。

（明）徐爱等著，钱明编校整理：《徐爱·钱德洪·董澐集》，凤凰出版社 2007 年版。

（明）邹守益著，董平编校整理：《邹守益集》，凤凰出版社 2007 年版。

（明）欧阳德著，陈永革编校整理：《欧阳德集》，凤凰出版社 2007 年版。

（明）王畿著，吴震编校整理：《王畿集》，凤凰出版社 2007 年版。

（明）聂豹著，吴可为编校整理：《聂豹集》，凤凰出版社 2007 年版。

（明）罗洪先著,徐儒宗编校整理：《罗洪先集》,凤凰出版社 2007 年版。

（明）罗汝芳著,方祖猷等编校整理：《罗汝芳集》,凤凰出版社 2007 年版。

（明）季本：《说理会编》,《四库全书存目丛书》子部第 9 册,齐鲁书社 1997 年版。

（明）季本：《季彭山先生文集》,《北京图书馆古籍珍本丛刊》集部第 106 册,书目文献出版社 1998 年版。

（明）程文德著,程朱昌等编校：《程文德集》,上海古籍出版社 2012 年版。

（明）徐渭：《徐渭集》,《中国古典文学基本丛书》本,中华书局 1983 年版,2003 年重印版。

（明）陈献章著,孙通海点校：《陈献章集》,中华书局 1987 年版。

（明）边贡：《边华泉集》,《文渊阁四库全书》本。

（明）何瑭：《柏斋集》,《文渊阁四库全书》本。

（明）王廷相著,王孝鱼点校：《王廷相集》,中华书局 1989 年版。

（明）吕柟著,赵瑞民点校：《泾野子内篇》,中华书局 1992 年版。

（明）杨一清著,唐景绅、谢玉杰点校：《杨一清集》,中华书局 2001 年版。

（明）夏鍭：《夏赤城先生文集》,映南轩刊本。

（明）黄孔昭著,徐三见点校：《定轩存稿》,《赤城遗书汇刊》本,巴蜀书社 2011 年版。

（明）林光撰,罗邦柱点校：《南川冰蘖全集》,《岭南丛书》本,中国文史出版社 2004 年版。

（明）魏校：《庄渠遗书》,《文渊阁四库全书》本。

（明）郑善夫：《少谷集》,《文渊阁四库全书》本。

（明）严嵩：《钤山堂集》,明嘉靖二十四年刻增修本,《续修四库全书》第 1336 册,上海古籍出版社 2002 年版。

（明）李东阳：《李东阳集》,岳麓书社 1984 年版。

（明）李东阳著,钱振民辑校：《李东阳续集》,岳麓书社 1997 年版。

（明）储巏：《柴墟文集》,明嘉靖四年刻本,《四库全书存目丛书》集部第 42 册,齐鲁书社 1997 年版。

（明）谢铎著,林家骊点校：《谢铎集》,中华书局 2002 年版。

（明）张璁著,张宪文校注：《张璁集》,上海社会科学出版社 2008 年版。

（明）叶良佩：《叶海峰遗集》，首都师范大学图书馆藏清光绪二十七年刻本。

（明）叶良佩：《海峰堂前稿》，日本内阁文库藏明嘉靖刻本。

（明）叶良佩撰，张宏敏等点校：《叶良佩集》，浙江大学出版社 2016 年版。

（明）侯一元著，陈瑞赞编校：《侯一元集》，黄山书社 2011 年版。

（明）钱薇著：《海石先生文集》，《四库全书存目丛书》集部第 97 册，齐鲁书社 1997 年版。

（明）方献夫：《西樵遗稿》，清康熙三十五年方林鹤刻本，《四库全书存目丛书》集部第 59 册，齐鲁书社 1997 年版。

（明）湛若水著，钟彩钧、游腾达点校：《泉翁大全集》，台湾"中研院"中国文哲研究所 2017 年版。

（明）湛若水著，钟彩钧、游腾达点校：《甘泉先生续编大全》，台湾"中研院"中国文哲研究所 2017 年版。

（明）湛若水著：《甘泉先生文集》，广西师范大学出版社 2014 年版。

（明）湛若水编著：《春秋正传》，广西师范大学出版社 2015 年版。

（明）陈九川：《明水陈先生文集》，《四库全书存目丛书》集部第 72 册，齐鲁书社 1997 年版。

（明）顾应祥：《静虚斋惜阴录》，《四库全书存目丛书》子部第 84 册，齐鲁书社 1997 年版。

（明）王宗沐：《敬所王先生文集》，《四库全书存目丛书》集部第 111 册，齐鲁书社 1997 年版。

（明）王道：《顺渠先生文录》，浙江省温州市图书馆藏明嘉靖刻本。

（明）薛侃著，陈椰编校：《薛侃集》，上海古籍出版社 2013 年版。

（明）唐顺之：《荆川集》，《文渊阁四库全书》本。

（明）张溪、张居正等撰：《明世宗实录》，台湾"中研院"历史语言所校 1962 年版。

（明）杨一清、熊浃等纂修：《明伦大典》，上海图书馆藏嘉靖七年刻本。

（明）施沛：《南京都察院志》，日本内阁文库藏明天启刻本。

（明）何乔远：《名山藏》，《续修四库全书》第 427 册，上海古籍出版社 2002 年版。

（明）雷礼：《国朝列卿记》，明万历年间徐鉴刻本。

（明）谈迁：《国榷》，中华书局1988年版。

（明）高岱著，孙正荣、单锦珩点校：《鸿猷录》，上海古籍出版社1992年版。

（明）焦竑辑编：《国朝献徵录》，《四库全书存目丛书》本，齐鲁书社1997年版。

（明）黄道周撰，翟奎凤、郑晨寅、蔡杰整理点校：《黄道周集》，中华书局2017年版。

（明）刘宗周著，吴光主编：《刘宗周全集》，浙江古籍出版社2007年版。

（明清之际）黄宗羲著，沈善洪主编、吴光执行主编：《黄宗羲全集》（增订版），浙江古籍出版社2005年版。

（清明之际）黄宗羲编：《明文海》，《文渊阁四库全书》第1453—1458册，上海古籍出版社1987年版。

（明清之际）黄宗羲著，王维和、张宏敏编校：《〈明儒学案〉〈宋元学案〉黄宗羲案语汇辑》，杭州出版社2012年版。

（清）顾炎武撰，华忱之点校：《顾亭林诗文集》，中华书局1959年版。

（清）顾炎武著，张兵选注评点：《顾炎武文选》，苏州大学出版社2001年版。

（清）顾炎武著，黄汝成集释，栾保群、吕宗力点校：《日知录集释》，上海古籍出版社2014年版。

（清）孙奇逢著，朱茂汉点校：《夏峰先生集》，中华书局2004年版。

（清）孙奇逢：《理学宗传》，清康熙六年张沐、程启朱刻本，《续修四库全书》第514册，上海古籍出版社2002年版。

（清）颜元著，王星贤等点校：《颜元集》，中华书局1987年版。

（清）李颙著，陈俊民点校：《二曲集》，中华书局1996年版。

（清）邵廷采著，祝鸿杰点校：《思复堂文集》，浙江古籍出版社2010年版。

（清）张廷玉等撰：《明史》（简体字本），中华书局2000年版。

（清）夏燮：《明通鉴》，中华书局1959年版。

（清）谷应泰：《明史记事本末》，中华书局1977年版。

（清）王鸿绪纂：《明史稿》，敬慎堂刊本，台北文海出版社1962年版。

（清）全祖望原著、黄云眉选注：《鲒埼亭文集选注》，齐鲁书社1982年版。

（清）全祖望著，朱铸禹汇校集注：《全祖望集汇校集注》，上海古籍出版社2000年版。

（宋）陈耆卿撰：《赤城志》，《文渊阁四库全书》本。

（明）袁应祺修纂：《万历黄岩县志》，上海古籍书店1963年影印本。

（明）释传灯撰、（清）释敏曦重刻：《天台山方外志》，光绪二十年佛陇真觉寺刻本。

（明）曾才汉、叶良佩修纂：《嘉靖太平县志》，宁波天一阁藏明嘉靖刻本。

（明）潘珹编，胡正武点校：《天台胜迹录》，浙江大学出版社2010年版。

（明）金贲亨撰，徐三见点校：《台学源流》，上海古籍出版社2013年版。

（清）吴观周撰，徐三见点校：《续台学源流》，上海古籍出版社2013年版。

（清）曾元澄、陈宝善等修纂：《同治黄岩县志》，清同治七年刻本。

（清）陈宝善等修纂：《光绪黄岩县志》，《中国地方志集成》本，上海书店1993年版。

（清）洪若皋纂：《康熙临海县志》，清康熙十二年重刻本。

临海市志编纂委员会编：《临海县志》，浙江人民出版社1989年版。

（清）李德耀修：《康熙天台县志》，清康熙二十二年刻本。

（清）嵇曾筠、李卫等修纂：《雍正浙江通志》，《文渊阁四库全书》本，上海古籍出版社1991年版。

（清）庆霖等修：《嘉庆太平县志》，清嘉庆十六年刻本。

（清）顾震宇纂修：《道光仙居县志》，清道光十八年重刻本。

（清）陈汝霖等修：《光绪太平县续志》，清光绪二十二年刻本。

（清）王寿颐等修：《光绪仙居县志》，清光绪二十年刻本。

（清）王瑞成等修纂：《光绪宁海县志》，清光绪二十八年刻本。

（清）李登云等修撰：《光绪乐清县志》，1912年高谊校印本。

（清）王棻撰：《台学统》，1918年吴兴刘氏嘉业堂刻本。

何奏簧纂，丁伋点校：《民国临海县志》，中国文史出版社2006年版。

喻长霖等纂修：《民国台州府志》，1936年排印本。

喻长霖等编纂，胡正武等点校：《民国台州府志》，上海古籍出版2015年版。

杨晨编：《台州艺文略》，黄岩友成局1936年印。

项元勋编：《台州经籍志》，台北广文书局1969年版。

金渭迪编著：《黄岩金石志》（增订本），中国文史出版社2013年版。

容肇祖：《明代思想史》，开明书店1941年版。

嵇文甫：《晚明思想史论》，商务印书馆1944年版。

嵇文甫：《左派王学》，开明书店1934年版。

杨天石：《泰州学派》，中华书局1980年版。

陈来：《有无之境：王阳明哲学的精神》，人民出版社1991年版。

东方朔：《刘蕺山哲学研究》，上海人民出版社1995年版。

张祥浩：《王阳明评传》，南京大学出版社1997年版。

东方朔：《刘宗周评传》，南京大学出版社1998年版。

吴光主编：《阳明学研究》，上海古籍出版社2000年版。

左东岭：《王学与中晚明士人心态》，人民文学出版社2000年版。

钱明：《阳明学的形成与发展》，江苏古籍出版社2002年版。

钱明主编：《良知学新探》，江苏古籍出版社2002年版。

吴震：《阳明后学研究》，上海人民出版社2003年版。

吴震：《明代知识界讲学活动系年：1522—1602》，学林出版社2003年版。

陈来：《中国近世思想史研究》，商务印书馆2003年版。

杨国荣：《王学通论：从王阳明到熊十力》，华东师范大学出版社2003年版。

吴震撰：《王阳明著述选评》，上海古籍出版社2004年版。

张新民主编：《阳明学刊》（第一辑），贵州人民出版社2004年版。

鲍世斌：《明代王学研究》，巴蜀书社2004年版。

彭国翔：《良知学的展开：王龙溪与中晚明的阳明学》，生活·读书·新知三联书店2005年版。

蔡仁厚：《王学流衍：江右王门思想研究》，人民出版社2006年版。

吕妙芬：《阳明学士人社群：历史、思想与实践》，新星出版社2006年版。

钱明：《儒学正脉：王守仁传》，浙江人民出版社2006年版。

张新民主编：《阳明学刊》（第三辑），巴蜀书社2008年版。

张新民主编：《阳明学刊》（第四辑），巴蜀书社2009年版。

董平：《王阳明的生活世界》，中国人民大学出版社2009年版。

钱明：《浙中王学研究》，中国人民大学出版社2009年版。

吴震：《泰州学派研究》，中国人民大学出版社 2009 年版。

何俊、尹晓宁：《刘宗周与蕺山学派》，中国人民大学出版社 2009 年版。

吴光：《黄宗羲与浙东学派》，中国人民大学出版社 2009 年版。

吴光主编：《阳明学综论》，中国人民大学出版社 2009 年版。

钱明：《王阳明及其学派考论》，人民出版社 2009 年版。

张卫红：《罗念庵的生命历程与思想世界》，生活·读书·新知三联书店 2009 年版。

刘聪：《阳明学与佛道关系研究》，巴蜀书社 2009 年版。

姚才刚：《儒家道德理性精神的重建：明中叶至清初的王学修正运动研究》，中国社会科学出版社 2009 年版。

俞樟华：《王学编年》，吉林大学出版社 2010 年版。

陈多旭：《教化与工夫：工夫论视域中的阳明心学系统》，巴蜀书社 2010 年版。

束景南：《朱熹年谱长编》，华东师范大学出版社 2001 年版。

黎业明：《湛若水年谱》，上海古籍出版社 2009 年版。

米文科：《吕柟年谱》，中国社会科学出版社 2017 年版。

钱明主编：《阳明学派研究：阳明学派国际学术研讨会论文集》，杭州出版社 2011 年版。

吴震：《〈传习录〉精读》，复旦大学出版社 2011 年版。

张新民主编：《阳明学刊》（第五辑），巴蜀书社 2011 年版。

秦家懿：《王阳明》，生活·读书·新知三联书店 2011 年版。

张海晏、熊培军主编：《国际阳明学研究》（第一卷），国际阳明学研究中心主办，中国社会科学出版社 2011 年版。

张海晏、熊培军主编：《国际阳明学研究》（第二卷），国际阳明学研究中心主办，上海古籍出版社 2012 年版。

束景南：《阳明佚文辑考编年》，上海古籍出版社 2012 年版。

张海晏、熊培军主编：《国际阳明学研究》（第三卷），国际阳明学研究中心主办，上海古籍出版社 2013 年版。

张艺曦：《阳明学的乡里实践：以明中晚期江西吉水、安福两县为例》，北京师范大学出版社 2013 年版。

张新民:《阳明精粹·哲思探微》,贵州人民出版社2014年版。

[日]冈田武彦著,吴光、钱明、屠承先合译:《王阳明与明末儒学》,上海古籍出版社2000年版;重庆出版社2016年版。

[日]冈田武彦著:《王阳明大传》(中译本),重庆出版社2015年版。

[日]永富青地:《王守仁著作の文献学的研究》,东京汲古书院2007年版。

张卫红:《邹东廓年谱》,北京大学出版社2013年版。

周颖:《王世贞年谱长编》,上海三联书店2016年版。

王传龙:《阳明心学流衍考》,厦门大学出版社2015年版。

蔡亮、陈雪军:《宁波阳明文化》,宁波出版社2019年版。

李一、周琦主编:《台州文化概论》,中国文联出版社2000年版。

周琦:《一带一路:天台山与中外文化交流史》,宗教文化出版社2017年版。

严振非主编:《黄岩道教志》,香港天马图书有限公司2002年版。

严振非:《台州理学南湖学派史》,上海古籍出版社2015年版。

严振非:《台州儒学史》,上海古籍出版社2019年版。

叶哲明:《台州文化发展史》,云南民族出版社2006年版。

林家骊:《谢铎与茶陵诗派》,中华书局2008年版。

任林豪、马曙明:《台州道教考》,中国社会科学出版社2009年版。

马曙明、任林豪:《台州历代郡守辑考》,上海古籍出版社2016年版。

张宏敏:《黄绾生平学术编年》,浙江大学出版社2013年版。

张宏敏:《黄绾年谱简编》,上海古籍出版社2017年版。

张宏敏:《黄绾道学思想研究》,中国社会科学出版社2018年版。

后 记

2019年6月5日,我以自由投稿的方式把《台州阳明学研究》的书稿投递给《台州文献丛书》编纂委员会办公室;一年后,《台州文献丛书》文化研究编辑部同意录用书稿,作为《台州文化研究丛书》之一种由台州市文化和广电旅游体育局资助出版。

与此同时,台州文史研究专家周琦、严振非、洪卫先生,浙江大学哲学系何善蒙教授,先后审读拙稿,并提出了颇为中肯的修改建议;而后,我也做了力所能及的修改。在此,谨对台州市文化和广电旅游体育局、《台州文献丛书》文化研究编辑部,还有负责本书编辑出版工作的上海古籍出版社,表示衷心的感谢!

2020年7月1日晚,谨记于杭城西子湖畔

作者简介

张宏敏,1982年5月生于河北邢台。哲学学士、硕士、博士。现系浙江省社会科学院哲学研究所副所长、副研究员,兼任浙江国际阳明学研究中心秘书长、浙江省社会科学院浙学研究中心副秘书长、浙江省儒学学会副秘书长、浙江省朱子学研究会副会长、浙江省温州市刘基文化研究会副会长、中华孔子学会阳明学专业委员会理事、(中国)朱子学会阳明学研究专业委员会副会长、中国明史学会王阳明研究分会理事、中国明史学会戚继光研究分会副会长、中国实学研究会理事,入选"浙江省之江青年社科学者""浙江省宣传思想文化青年英才",系香港中文大学中国哲学与文化研究所访问学者、台湾"中研院"中国文哲研究所访问学人。

主要从事中国哲学与浙江学术思想史学派研究。主持国家社科基金、浙江省哲学社会科学规划、浙江省教育科学规划、浙江省哲学社科重点研究基地等课题12种,出版有《刘基思想研究》(浙江人民出版社,2011)、《〈郁离子〉笺注与评点》(合编,浙江大学出版社,2019)、《百年刘基研究》(浙江大学出版社,2020)、《黄绾生平学术编年》(浙江大学出版社,2013)、《黄绾年谱简编》(上海古籍出版社,2017)、《黄绾道学思想研究》(中国社会科学出版社,2018)、《王阳明的人生智慧》(合著,中国方正出版社,2016)、《王阳明的心路历程》(合著,中国文史出版社,2017)、《阳明学研究综合报告》(浙江人民出版社,2020)、《阳明学研究年度报告》(华夏出版社,2020)、《浙江儒学通史·清代卷》(浙江人民出版社,2020)、《浙学研究综合报告》(浙江人民出版社,2020)等著作10余部,参与编校整理《阳明后学文献丛书》之《黄绾集》《叶良佩集》《王宗沐集》,《清代浙东经史学派文献丛书》之《忧患学易》《〈明儒学案〉〈宋元学案〉之黄宗羲案语汇辑》等古籍5种,在《光明日报》《中国社会科学报》《浙江日报》《世界宗教研究》《浙江社会科学》《浙江学刊》《国学学刊》《阳明学刊》《阳明学研究》等报刊论集中公开发表学术论文110余篇。